[handwritten:] Minden, 23.2.10

[signature]

[handwritten notes:]

Übertragung auf die organisatorischen
Verhältnisse an Schulen bzw.
im Bildungssystem

Ziel: Erhöhung der Rationalität
der strategischen Entscheidungen

Vermeidung nicht notwendiger
emotionaler Verstrickungen

Einbezug der Rationalität (der Handlung) von Emotionen
($\leftrightarrow$ RET)

(Rationalität und Emotionalität schließen
sich nicht (notwendigerweise) aus!)

Peter-J. Jost

Strategisches Konfliktmanagement in Organisationen

Eine spieltheoretische Einführung

2., durchgesehene und erweiterte Auflage

GABLER

Professor Dr. Peter-J. Jost lehrt Organisationstheorie an der Wissenschaftlichen Hochschule für Unternehmensführung (WHU) in Koblenz.

Die Deutsche Bibliothek - CIP-Einheitsaufnahme

Jost, Peter-Jürgen:
Strategisches Konfliktmanagement in Organisationen : eine spieltheoretische Einführung.
Peter-J. Jost. - 2., durchges. und erw. Aufl. - Wiesbaden : Gabler, 1999
ISBN 3-409-22256-1

1. Auflage 1998
2. Auflage 1999

© Betriebswirtschaftlicher Verlag Dr. Th. Gabler GmbH, Wiesbaden 1999
Lektorat: Ralf Wettlaufer / Renate Schilling

Der Gabler Verlag ist ein Unternehmen der Bertelsmann Fachinformation GmbH.

http://www.gabler.de

Höchste inhaltliche und technische Qualität unserer Produkte ist unser Ziel. Bei der Produktion und Verbreitung unserer Bücher wollen wir die Umwelt schonen: Dieses Werk ist auf säurefreiem und chlorfrei gebleichtem Papier gedruckt. Die Einschweißfolie besteht aus Polyäthylen und damit aus organischen Grundstoffen, die weder bei der Herstellung noch bei der Verbrennung Schadstoffe freisetzen.

Die Wiedergabe von Gebrauchsnamen, Handelsnamen, Warenbezeichnungen usw. in diesem Werk berechtigt auch ohne besondere Kennzeichnung nicht zu der Annahme, dass solche Namen im Sinne der Warenzeichen- und Markenschutz-Gesetzgebung als frei zu betrachten wären und daher von jedermann benutzt werden dürften.

Druck und Buchbinder: Lengericher Handelsdruckerei, Lengerich/Westf.
Printed in Germany

ISBN 3-409-22256-1

Für Jan Niklas und Simon Lukas

Inhaltsverzeichnis

II Die Analyse strategischen Verhaltens in Konfliktsituationen

VIII

Verzeichnis der Beispielkonflikte

Vorwort zur ersten Auflage

Konflikte in Organisationen gehören zum Alltagsleben, ob in der Freundschaft, in der Kindererziehung, im Kegelclub oder im Unternehmen. Sie sind in fast allen Lebensbereichen unvermeidbare Begleiterscheinungen jeden menschlichen Zusammenlebens und somit auch integraler Bestandteil jeder Organisation: Wann immer sich eine Gruppe von Individuen zusammenfindet und miteinander interagiert, um ein gemeinsames Ziel zu erreichen, kann es aufgrund unterschiedlicher individueller Präferenzen der Organisationsmitglieder zu Interessengegensätzen kommen. Eine Konfliktsituation ist entstanden. Manifestieren sich in dieser Konfliktsituation die Interessengegensätze und versucht jedes Individuum, seine eigenen Handlungspläne zu verwirklichen, kommt es zu einem Konflikt. In der Organisation "Ehepaar" kann etwa ein Konflikt entstehen, wenn zwischen den beiden Ehepartnern Uneinigkeit darüber besteht, wie man den gemeinsamen Urlaub verbringen möchte. Beispielsweise möchte die Frau gerne einen Aktivurlaub in den Bergen machen, der Mann hingegen lieber am Strand faulenzen. Jeder der beiden Organisationsmitglieder hat also eine andere Vorstellung über die Gestaltung des Urlaubs. Versuchen beide, ihre Vorstellungen durchzusetzen, manifestiert sich dieser Interessengegensatz, und sie stehen vor einem Konflikt.

Neben solchen Konflikten innerhalb einer Organisation, sogenannten internen Organisationskonflikten, gibt es auch Konflikte zwischen der Organisation als Einheit und ihrer Umwelt, die sogenannten externen Organisationskonflikte. Diese entstehen zwangsläufig, da jede Organisation durch zahlreiche Beziehungen mit ihrer Umwelt vernetzt ist. Aufgrund unterschiedlicher Zielvorstellungen des Gesamtsystems Organisation und der jeweiligen Akteure der Organisationsumwelt kommt es auch hier zu unterschiedlichen Interessen, die zu Konflikten führen können. Externe Konflikte der Organisation "Ehepaar" können so etwa durch Meinungsverschiedenheiten mit der Schwiegermutter oder dem Finanzamt entstehen.

In diesem Buch werden wir uns eingehend mit Organisationskonflikten beschäftigen. Die Ausführungen konzentrieren sich dabei auf Organisationskonflikte, die bei der Organisation Unternehmung auftreten können, wobei uns insbesondere unternehmensinterne Konflikte interessieren. Konflikte der Unternehmung im Zusammenspiel mit Externen, etwa mit staatlichen Stellen bezüglich der Erfüllung von Umweltschutznormen, mit Lieferanten im Hinblick auf Lieferkonditionen oder mit Konkurrenten beim Wettbewerb um neue Kunden werden in diesem Buch nur am Rande erwähnt. Zwar gibt es viele Parallelen zwischen unternehmensinternen und -externen Konflikten, jedoch bestehen im Hinblick auf das Management solcher Konflikte wesentliche Unterschiede: Unternehmensinterne Konflikte können grundsätzlich immer durch eine übergeordnete Instanz gehandhabt werden, wohingegen dies bei externen Organisationskonflikten im allgemeinen nicht möglich ist. Somit stehen zum Management von internen Organisationskonflikten aber ganz andere Maßnahmen zur Konfliktbewältigung zur Verfügung, was wiederum einen Einfluß auf den Verlauf der zugrundeliegenden Konflikte hat.

Bei der Diskussion und Analyse von unternehmensinternen Konflikten werden wir einen wissenschaftlichen Ansatz wählen, der sich mit strategischen Aspekten von Konfliktsituationen befaßt: Wir untersuchen, wie Konfliktparteien mit ihren individuellen Zielvorstellungen in einer Konfliktsituation strategisch handeln, und stellen einfache Prinzipien auf, aus denen sich ihr Handeln erklären lassen kann. Die Ableitung dieser Prinzipien strategischen Konfliktverhaltens erfolgt anhand von Beispielen aus dem Organisationsbereich. Darauf abbauend werden wir einige Maßnahmen des Konfliktmanagements analysieren, die versuchen, das strategische Handeln der Konfliktparteien zu beeinflussen und zu steuern bzw. das Handlungsumfeld der Konfliktparteien neu zu gestalten.

Dabei ist es nicht Ziel unserer Ausführungen, für jede Form von Organisationskonflikten allgemeine Handlungsanweisungen für ein strategisches Konfliktmanagement zu geben. Jede Konfliktsituation ist von ihren spezifischen Rahmenparametern geprägt: Die Zielsetzungen der Parteien, die Ursachen ihrer Auseinandersetzung ebenso wie die Beziehung zwischen den Parteien sind von Situation zu Situation verschieden. Eine Art Rezeptbuch für strategisches Konfliktmanagement kann deshalb nicht gegeben werden. Wir können aber zeigen, welche Überlegungen notwendig sind, um Konfliktsituationen strategisch zu gestalten bzw. in Konfliktsituationen strategisch zu handeln. Da irrationales Verhalten unsystematisch ist, kann es auch nicht Gegenstand einer systematischen Untersuchung zum Konfliktmanagement sein. Strategisches Handeln setzt also Rationalität der Konfliktparteien voraus.

Der wissenschaftliche Ansatz, der strategisches Handeln von Akteuren bei ihrer Interaktion mit anderen Akteuren untersucht, wird Spieltheorie genannt. Die Analyse von Konflikten ist originärer Gegenstand der Spieltheorie. Das vorliegende Buch kann daher auch als eine Einführung in die Spieltheorie bezeichnet werden. Dabei steht weniger die reine Spieltheorie mit formalen Definitionen und mathematischen Beweisen im Vordergrund als vielmehr die Anwendung der Spieltheorie auf das strategische Konfliktmanagement im Unternehmen. Anhand von Beispielen unternehmensinterner Konflikte werden wir sukzessive die grundlegenden Konzepte und Begriffe der Spieltheorie einführen und veranschaulichen. Die Beispiele sind in der Unternehmenspraxis ebenso wie in der Management- und betriebswirtschaftlichen Literatur wohl bekannt und werden dort aus den verschiedensten Blickwinkeln diskutiert. Daß wir gerade auf diese bekannten Beispiele zurückgreifen, hat den Zweck, unsere Intuition bezüglich des Verhaltens von Konfliktparteien zu schärfen und aufzuzeigen, wie wir über bekannte Konfliktphänomene neu nachdenken können. Der Leser soll so in die Lage versetzt werden, Konfliktsituationen, mit denen er konfrontiert wird, strategisch zu beurteilen.

Das Buch ist in drei Teile gegliedert: In Teil I werden wir zunächst eine Typologie von Organisationskonflikten erarbeiten. Hierzu werden wir unternehmensinterne Konflikte systematisieren und auf ihre Gemeinsamkeiten hin untersuchen. Wir werden dann die Spieltheorie als einen konflikttheoretischen Ansatz zur Diskussion und Analyse von unternehmensinternen Konflikten vorstellen.

Teil II des Buches ist dann der Analyse von Konflikten gewidmet. Wir werden hier Prinzipien strategischen Handelns diskutieren und sukzessive in die wesentlichen Konzepte der Spieltheorie einführen. Dabei unterscheiden wir zwischen zwei Konflikttypen:

- Konflikte bei unabhängigen Entscheidungen, in denen keine der Konfliktparteien ihr Handeln auf das Handeln der anderen konditionieren kann - diese Konfliktsituationen werden in der Spieltheorie statische Spiele genannt; und
- dynamische Konflikte, in denen die Konfliktparteien auf das Verhalten von anderen reagieren können bzw. das Verhalten von anderen zu beeinflussen versuchen - diese Konfliktsituationen werden in der Spieltheorie als sequentielle Spiele bezeichnet.

4

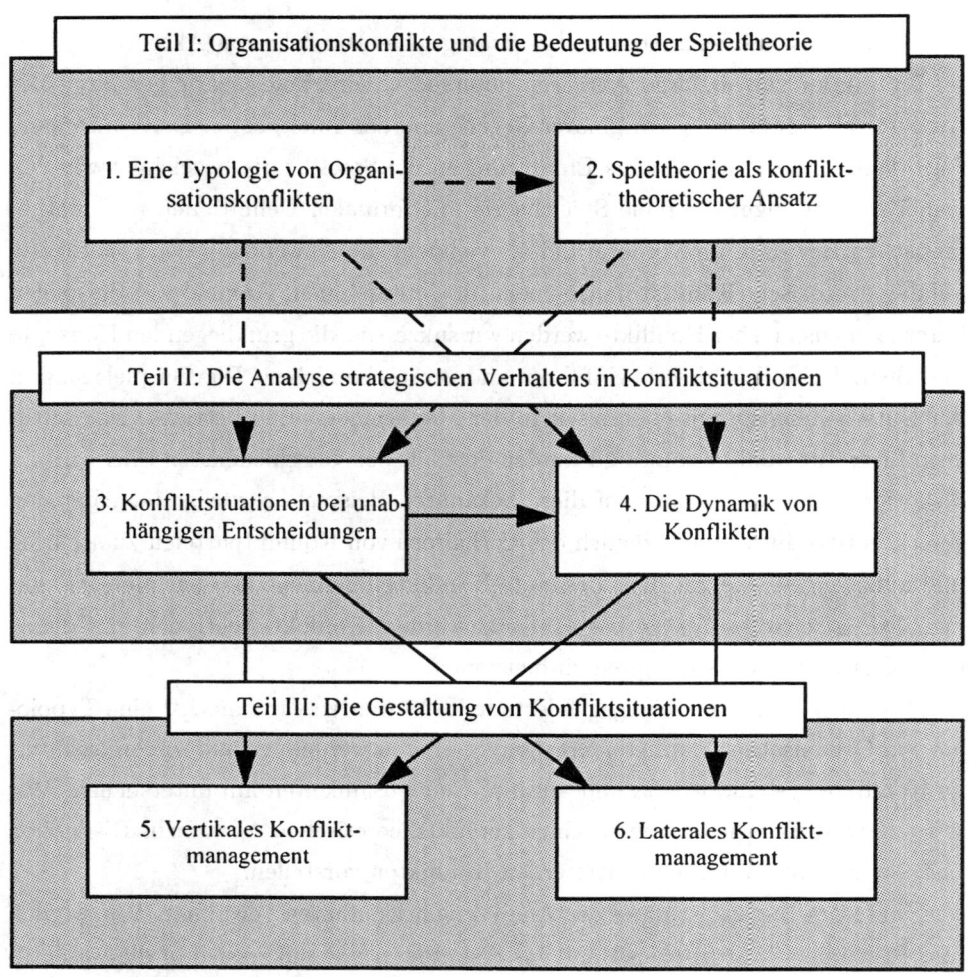

Abbildung: Die Struktur des Buches und die wesentlichen Verbindungen zwischen den Kapiteln (durchgezogene Pfeile zwischen zwei Kapiteln deuten an, daß ein Kapitel vom anderen abhängt, gestrichelte Pfeile zwischen zwei Kapiteln deuten an, daß ein Kapitel lediglich auf die entwickelten Ideen in dem anderen zurückgreift)

Teil III des Buches beschäftigt sich mit dem Management von Konflikten und baut unmittelbar auf den Erkenntnissen aus Teil II auf: Der Konfliktmanager muß eine Vorstellung davon haben, wie sich die Konfliktparteien verhalten werden und welchen Einfluß die Rahmenparameter auf den Konfliktausgang haben werden. Wir werden die in Teil II eingeführten Konzepte der Spieltheorie zur Beantwortung der

Frage einsetzen, wie das strategische Verhalten der Konfliktparteien durch direkte Verhaltenssteuerung oder Umgestaltung der organisatorischen Rahmenbedingungen geeignet beeinflußt werden kann. Wir unterscheiden dabei zwischen zwei Formen des Konfliktmanagements:

- Vertikales Konfliktmanagement, bei dem es um die Frage geht, wie ein Vorgesetzter die adäquate Aufgabenerfüllung eines ihm unterstellten Mitarbeiters sicherstellen kann; und

- laterales Konfliktmanagement, bei dem es um die geeignete Gestaltung der Konfliktsituation zwischen organisatorischen Einheiten geht, so daß deren Zusammenarbeit konform mit dem Organisationsziel stattfinden kann.

Dieses Buch entstand aus den Unterlagen einer an der Wissenschaftlichen Hochschule für Unternehmensführung in Vallendar gehaltenen Vorlesung. Ich hoffe, daß die bei der Vorlesungstätigkeit gewonnenen Erfahrungen diesem Lehrbuch zugute gekommen sind. Während seiner Entstehung habe ich vor allem durch die Diskussionen mit meiner Frau, Dr. Christiane Jost, zahlreiche wertvolle Anregungen erhalten. Viele Verbesserungen des ursprünglichen Manuskripts gehen auf sie zurück. Ebenso danken möchte ich Herrn Dipl.-Volkswirt T. Höreth und Herrn Dipl.-Volkswirt J. Kumbartzki sowie Frau Dipl.-Volkswirtin E. Renner für weitere Verbesserungsvorschläge und die kritische Durchsicht des Textes. Herr Kumbartzki hat zudem mit viel Engagement und Ausdauer die Tücken des Textverarbeitungsprogramms gemeistert. Dank gebührt auch Frau K. Senftleben, die die Zeichnungen anfertigte und mit Sorgfalt die hoffentlich letzten Tippfehler im Text fand - wie üblich fallen natürlich alle verbleibenden Fehler in meine Verantwortung -, und schließlich Herrn R. Wettlaufer vom Gabler Verlag für seine Geduld und seine verlegerische Betreuung des Buches.

Vallendar, April 1998   Peter-J. Jost

Vorwort zur zweiten Auflage

Die zweite Auflage ist im wesentlichen eine durchgesehene und korrigierte Fassung der ersten. Einige kleinere Ergänzungen sind eingefügt. Neu ist vor allem das Verzeichnis der Beispielkonflikte am Anfang des Textes, das übersichtlich aufzeigt, welche organisationsinternen Konflikte in diesem Buch aus strategischer Perspektive eingehend untersucht werden.

Vallendar, August 1999   Peter-J. Jost

Der Jäger geht auf Hasenjagd. Hier bahnt sich wohl ein Konflikt an...

Teil I
Organisationskonflikte und die Bedeutung der Spieltheorie

1
Eine Typologie von Organisationskonflikten

2
Spieltheorie als konflikttheoretischer Ansatz

1

Eine Typologie
von Organisationskonflikten

Robinson Crusoe is much beloved of economic theory, but he is no use at all to political theory until Friday comes on the scene. Political relations arise when men agree on some things and disagree on others, when there is some compatibility and some conflict, both common and conflicting interests, both partnership and competition, out of which a binding policy is to be shaped. (Mayo, 1960)

Konflikte gibt es in jeder Unternehmung. Sie entstehen beim Wettbewerb zwischen zwei Abteilungen um ein Budget, durch Abstimmungsschwierigkeiten zwischen Mitarbeitern im Produktionsprozeß, wenn Mitarbeiter gegen organisatorische Maßnahmen Widerstand leisten, wenn ein Mitarbeiter, der sich für eine Stelle als Teamleiter interessiert, die damit verbundene Verantwortung scheut, oder durch das Abteilungsdenken von Produktions- und Marketingabteilung bei der Diskussion um die Produktgestaltung. Das alles sind Beispiele für die Vielfalt von Konflikten in der Unternehmung.

Um diese unterschiedlichen Konflikte möglichst systematisch anzugehen, ist es hilfreich, sich von der Einzelfallbetrachtung zu lösen und unterschiedliche Konflikte auf ihre Gemeinsamkeiten hin zu untersuchen. Das wollen wir in diesem ersten Kapitel tun und uns Schritt für Schritt eine Typologie von Organisationskonflikten erarbeiten. Dabei gehen wir folgendermaßen vor:

In einem ersten Schritt definieren wir den Konfliktbegriff. Nach einer allgemeinen Konfliktdefinition in Abschnitt 1.1 werden wir daraus in Abschnitt 1.2 den Begriff des Organisationskonflikts ableiten. Wir nutzen das Stakeholder-Konzept zur Identifikation verschiedener Parteien, die an einer Unternehmung Interessen haben. Die Ausprägung dieser Interessen und ihre Bedeutung für die Erscheinungsformen von Organisationskonflikten sind anschließend Gegenstand unserer Diskussion. Bei der Analyse des Konfliktphänomens konzentrieren wir uns auf organisationsinterne

Konfliktsituationen und untersuchen in Abschnitt 1.3 systematisch die hier auf-
tretenden Konfliktursachen.[1] Mit Hilfe der identifizierten Konfliktursachen wird
eine Typologie von Konflikten erarbeitet. Abschnitt 1.4 leitet dann anhand der
Typologie von Konflikten die Aufgaben des Konfliktmanagements ab. Die dem
Konfliktmanagement hierfür zur Verfügung stehenden Instrumente werden vorge-
stellt.

1.1 Konflikt, Kooperation und Konkurrenz: Begriffsdefinitionen

Da in diesem Buch der strategische Aspekt des Verhaltens verschiedener Parteien
in einer Konfliktsituation im Vordergrund der Diskussion steht, werden wir uns
auf soziale Konflikte konzentrieren: **Soziale Konflikte** bezeichnen dabei Konflikte, die zwischen verschiedenen Parteien entstehen können. Im Unterschied hierzu
werden Konflikte, die Personen mit sich selbst austragen, wenn sie zwischen verschiedenen Alternativen wählen können, als psychologische Konflikte bezeichnet.[2]
Bei der Definition eines sozialen Konflikts folgen wir der amerikanischen Literatur,
die den Gegensatz zwischen Zielen bzw. Interessen der involvierten Konfliktparteien betont. Typisch für diese Literatur ist die Definition von Kriesberg (1973,
S.17): "Social conflict is a relationship between two or more parties who ... believe
they have incompatible goals".

Wir wollen im folgenden dann von einem **Konflikt** sprechen, wenn sich die
Interessengegensätze mehrerer Parteien durch nicht vereinbare Handlungen manifestieren. Ein Konflikt ist also mehr als nur eine Meinungsverschiedenheit: Er
setzt voraus, daß die beteiligten Parteien Handlungen tätigen, die sich hinsichtlich
ihrer Zielsetzung gegenseitig ausschließen. Ihr Verhalten ist nicht vereinbar, ihre
Handlungspläne konkurrieren miteinander und treffen aufeinander.

Diese Definition eines Konflikts bestimmt implizit die Rahmenbedingungen, die
in einer Konfliktsituation gegeben sein müssen:

(1) Zwei oder mehr Parteien agieren in einer Situation

(2) Jede Partei handelt entsprechend ihren eigenen Interessen

(3) Die Beziehung zwischen den Parteien ist interdependent

(4) Es bestehen Interessengegensätze zwischen den Parteien

Eine Konfliktpartei kann ein einzelnes Individuum, eine Gruppe oder eine Organisation sein. Synonym sprechen wir auch von einer sozialen Einheit. Besteht eine soziale Einheit selbst aus mehr als einem Individuum, dann gehen wir davon aus, daß diese soziale Einheit als Ganzes agiert. Wenn beispielsweise eine Abteilung in eine Konfliktsituation involviert ist, dann ist das Handeln dieser Abteilung das Ergebnis gruppendynamischer Prozesse. Kleinste soziale Einheit ist das einzelne Individuum. Mit dieser Begriffsbildung wollen wir insbesondere die Betrachtung von psychologischen Konflikten ausschließen: Konflikte, die entstehen, weil ein Individuum in verschiedenen Rollen Ziele verfolgt, die miteinander unvereinbar sind, werden in diesem Buch nicht behandelt.

Die Annahme, daß jede Partei entsprechend ihren eigenen Interessen handelt, setzt voraus, daß es stets einen positiven Handlungsspielraum gibt, innerhalb dem die Partei eigene Entscheidungen treffen kann. Ihr Handeln ist somit a priori nicht eindeutig determiniert, sondern ist vielmehr von ihren eigenen Interessen bzw. Zielen abhängig. Die Interessen bzw. Ziele bringen zum Ausdruck, welche Präferenzen eine Partei hat. Diese Präferenzen wiederum sind Ergebnis der Vorstellungen, Werte und Bedürfnisse der Partei.

Die Interdependenz der Parteien impliziert, daß keine Partei ihre Ziele eigenständig verwirklichen kann: Das Ergebnis des Handelns einer Partei ist nicht nur von ihrem eigenen Verhalten, sondern auch von dem Handeln der anderen Parteien abhängig.

Interessengegensätze zwischen den Parteien liegen vor, wenn die Interessen bzw. Ziele der Parteien miteinander nicht kompatibel sind. Aufgrund der Interdependenz der Beziehung kann daher nicht jede Partei ihre eigenen Interessen vollständig verwirklichen. Dabei muß die Unvereinbarkeit der Ziele nicht notwendig objektiv begründet sein, sondern kann durchaus lediglich auf kognitiver Ebene bei einer Partei bestehen: Selbst wenn nur eine Partei in der Situation von einem Interessengegensatz mit den anderen Parteien subjektiv ausgeht und dementsprechend handelt, besteht ein Konflikt.

Neben Interessengegensätzen zwischen den Parteien können Konflikte auch aus anderen Gründen entstehen. So können etwa verbale Mißverständnisse, Unterschiede im Alter, in der Rasse oder im Geschlecht oder auch aggressive Impulse, die unabhängig von der Konfliktsituation sind, zu Konflikten führen. Im folgenden wollen wir jedoch nur solche Konflikte betrachten, deren Ursachen Interessengegensätze sind, und setzen damit implizit voraus, daß alle anderen möglichen Faktoren für das Entstehen eines Konflikts sich nicht ändern (ceteris paribus).

1.1.1   Die Konfliktsituation als latenter Konflikt

Die Interessengegensätze, die auf unterschiedliche Präferenzen der Konfliktparteien zurückgehen, müssen nicht notwendigerweise in einen Konflikt münden. Vielmehr setzt der Konfliktbegriff voraus, daß sich die Interessengegensätze durch unvereinbare Handlungen der beteiligten Parteien manifestieren. Diese Manifestation muß allerdings nicht notwendigerweise stattfinden. Neben den Interessengegensätzen der Parteien bestimmen die Rahmenbedingungen der Situation maßgeblich, wie die Parteien sich verhalten und zu welchem Ausgang die Konfliktsituation führt. Harsanyi (1966, S.14) hebt diesen Unterschied so hervor: "A conflict of interest does not explain an active behavioral conflict, because both sides could benefit by accepting some compromise solutions which enable them to restore full cooperation in matters affecting their common interests, thereby saving costs of an active conflict."

Wir wollen deshalb dann von einer **Konfliktsituation** sprechen, wenn zwischen mehreren Parteien Interessengegensätze bestehen. In einer Konfliktsituation liegt also das Potential für einen Konflikt, er ist latent vorhanden.[3]

Die Ursache für das Entstehen eines Konfliktes ist neben der Annahme der Existenz individueller, konkurrierender Interessen der Parteien auch die Interdependenz ihres Handelns. Diese beiden Konfliktursachen sind notwendig für das Bestehen eines Konfliktes. Das folgt zunächst einmal unmittelbar aus unserer Konfliktdefinition, gilt aber auch unabhängig von dieser Begriffsbildung. Dies kann wie folgt gezeigt werden:

- Angenommen, die Handlungen verschiedener Parteien in einer Situation seien nicht interdependent, es bestünde also keine Abhängigkeit zwischen den Parteien. Dann aber hat das Handeln einer Partei keinen Einfluß auf das Ergebnis des Handelns einer anderen Partei. Daher kann auch kein Konflikt zwischen den betreffenden Parteien bestehen. Da dies für alle Parteien paarweise gilt, gilt es allgemein.

- Angenommen, die Parteien in einer Konfliktsituation haben keine konkurrierenden Interessen. Dann ist ihr Handeln ausschließlich durch kollektive Interessen geprägt. In dieser Situation kommt das Handeln der einen Partei den Interessen der anderen Parteien entgegen. Es kann also ebenfalls kein Konflikt zwischen den Parteien entstehen.

1.1.2   Kooperative versus konkurrierende Interessen

Nicht jeder latente Konflikt mündet tatsächlich in einen Konflikt. Die Parteien in einer solchen Konfliktsituation haben daher nicht nur konkurrierende Interessen und somit unvereinbare Handlungsalternativen, sondern es muß auch Handlungsalternativen geben, die ihren kooperativen Interessen förderlich sind. Dann sind sowohl kooperierende als auch konkurrierende Interessen der Konfliktparteien miteinander verwoben. Schelling (1960, S.89) spricht in diesem Zusammenhang von einer "mixed-motive nature of conflict", also dem Nebeneinander kooperativer und konkurrierender Interessen: "Mixed-motive refers not, of course, to an individual´s lack of clarity about his own preferences but rather to the ambivalence of his relation to the other player - the mixture of mutual dependence and conflict, of partnership and competition".

Kooperation und Konkurrenz sind demnach keine bipolaren Gegensätze, deren Verhältnis auf einem eindimensionalen Kontinuum der Interessen der Parteien antipodisch - also Kooperation bzw. Konkurrenz an den jeweiligen Endpunkten des Kontinuums - zu sehen ist. Vielmehr sind Kooperation und Konkurrenz unabhängige Begriffe, die zweidimensional abgebildet werden müssen: Ein Kontinuum stellt die konkurrierenden Interessen der Parteien dar - mit Nicht-Konkurrenz bzw. Konkurrenz an den jeweiligen Endpunkten des Kontinuums - das andere Kontinuum bildet die kooperativen Interessen der Parteien ab - hier mit Nicht-Kooperation bzw. Kooperation an den jeweiligen Endpunkten. Liegen in einer Konfliktsituation ausschließlich konkurrierende Interessen vor, so bezeichnen wir sie als **reine Konkurrenzsituation**, wohingegen wir eine Situation mit ausschließlich kooperativen Interessen als **reine Kooperationssituation** bezeichnen.

Die Mischung von Interessengegensätzen und kooperativen Interessen ist für das Verhalten der Konfliktparteien von entscheidender Bedeutung: In einer reinen Konkurrenzsituation besteht überhaupt kein Spielraum für Kooperation. Wann immer eine Partei ihre Interessen durchsetzt, verfehlt die andere Partei die Umsetzung ihrer Interessen vollständig. In einer reinen Kooperationssituation können die Parteien ihre jeweiligen Interessen gleichzeitig verwirklichen. Es besteht dann überhaupt kein Grund für die Parteien, nicht miteinander zu kooperieren. Bei einer Mischung der kooperativen und konkurrierenden Interessen ist neben diesen Extremlösungen auch möglich, daß die Parteien ihre Interessen jeweils nur teilweise durchsetzen können. Der Umfang der Interessengegensätze in einer solchen Konfliktsituation wird einen wesentlichen Einfuß auf die Manifestation des Konflikts haben.

Auch der Grad der Interdependenzen zwischen den Konfliktparteien bestimmt wesentlich das Konfliktpotential: Angenommen, die Beziehung zwischen zwei Parteien ist so, daß die eine Partei vollständig bestimmen kann, inwiefern sie ihre eigenen Interessen verwirklichen kann. Damit ist die andere Partei bei einer Konkurrenzsituation vollständig von der ersten Partei abhängig. In einer reinen Konkurrenzsituation wird die abhängige Partei ihre Interessen nicht durchsetzen können. Liegen hingegen keine Interdependenzen im Handeln der beiden Parteien vor, hat das Handeln einer Partei keinen Einfluß auf das Ergebnis des Handelns der anderen Partei und umgekehrt. Unabhängig davon wie die Interessen der Parteien zueinander liegen, kann in dieser Situation kein Konflikt entstehen. Beide Parteien können ihre jeweiligen Interessen unabhängig vom Handeln des anderen verwirklichen.

Die Abbildung 1.1 faßt diesen Abschnitt zusammen und stellt die Beziehung zwischen den Begriffen Konfliktsituation, Konflikt sowie Kooperation und Konkurrenz schematisch zusammen.

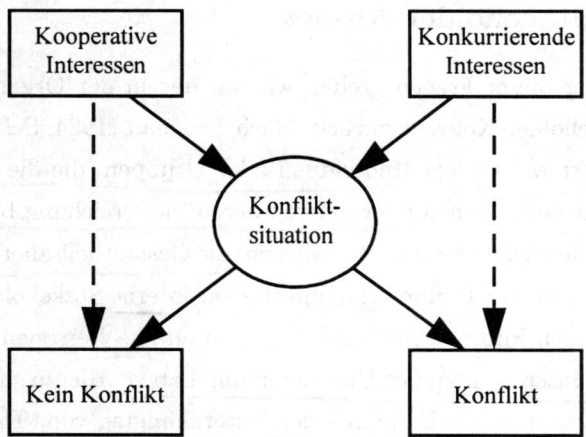

Abbildung 1.1:   Die Beziehung zwischen den Begriffen Konfliktsituation, Konflikt, Kooperation und Konkurrenz

1.2 Organisationskonflikte und die Verflechtung kooperativer und konkurrierender Interessen

Wenden wir nun die obige allgemeine Definition des Konfliktbegriffs auf Konflikte der Organisation Unternehmung an, dann können wir folgende Definition ableiten: **Organisationskonflikte** sind manifestierte Gegensätze zwischen verschiedenen Gruppen oder Personen, die an der Unternehmung spezifische Interessen haben.

Aufgrund dieser Definition eines Organisationskonflikts sind folgende Aspekte zu spezifizieren:

(1) Welche Gruppen und Personen haben überhaupt Interessen an der Unternehmung?

(2) Welche Interessen haben die einzelnen Parteien an der Unternehmung?

(3) Welche grundsätzlichen Interessengegensätze gibt es zwischen diesen Parteien?

(4) Inwiefern können diese Parteien die (Ziele der) Unternehmung beeinflussen, und inwieweit sind sie von dieser Zielerreichung abhängig?

1.2.1   Der Stakeholder-Ansatz

Zur Beantwortung dieser Fragen greifen wir auf das in der Organisationstheorie eingeführte Stakeholder-Konzept zurück: Nach Freeman (1984, S.25) können **Stakeholder** definiert werden als "Individuen oder Gruppen, die die Ziele einer Organisation beeinflussen können oder die von deren Zielerreichung betroffen sind".

Für die folgende Diskussion bietet es sich an, die Gesamtheit aller Stakeholder einer Unternehmung in zwei Gruppen zu unterteilen: interne Stakeholder und externe Stakeholder. Zu den internen Stakeholdern gehören alle Personen und Gruppen, die unmittelbare Interessen an der Unternehmung haben. Hierzu zählen die Mitarbeiter und organisatorischen Einheiten der Unternehmung vom Top-Management bis zur operativen Ebene. Externe Stakeholder sind hingegen alle Gruppen und Personen, die nicht in der Unternehmung angestellt sind, aber dennoch Interessen an der Unternehmung haben, die also zur Unternehmungsumwelt gehören. Hierzu zählen die Eigentümer, Kunden, Lieferanten, staatliche und öffentliche Stellen, Gewerkschaften sowie die Öffentlichkeit.

Ziel der Organisation ist es, möglichst viele Werte für ihre Stakeholder zu schaffen, die schließlich an diese Stakeholder verteilt werden. Im allgemeinen sind Stakeholder dann motiviert, an einer Unternehmung teilzunehmen, wenn die erwarteten Anreize, die sie bei einer Teilnahme erzielen können, die Beiträge überschreiten, die sie für die Organisation leisten. Unter Anreizen sind dabei alle "Zahlungen" der Unternehmung an die Stakeholder zu verstehen, die materieller und immaterieller Art sein können, wie etwa die Entlohnung für den Mitarbeiter, Macht oder Status für den Manager, Dividenden für die Kapitalgeber oder auch Dienstleistungen für die Kunden. Unter Beiträgen sind die jeweiligen "Zahlungen" der Stakeholder an die Unternehmung zu verstehen, also etwa die Arbeitsleistung des Mitarbeiters oder des Managers, das zur Verfügung gestellte Kapital des Kapitalgebers oder der Kaufpreis für den Kunden.

Stakeholder	Interessen	Einflußmöglichkeiten
Kapitalgeber	Kapitalverzinsung in Abhängigkeit vom Risiko	Kapitalüberlassung/-entzug, Wahl des Aufsichtsrates
Management	Monetäre und nichtmonetäre Anreize, z.B. Status, Macht, Profitabilität der Unternehmung	Vertretung der Firmeninteressen, organisatorische und operative Aufgaben
Arbeitnehmer/ Betriebsrat	Lohn, "akzeptable" Arbeitsbedingungen, Sicherheit des Arbeitsplatzes	Höhe des Arbeitseinsatzes, Informationsweitergabe
Kunden	Qualität der Produkte, niedrige Preise, hoher Service	Kauf/Nichtkauf
Konkurrenz	Verringerung des Marktanteils zu eigenen Gunsten	Preisunterbietung Wettbewerb
Zulieferer	Sicherheit der Abnahme von Leistungen	Qualität und Preis der Güter und Dienstleistungen, Nachverhandlungen von Verträgen
Gewerkschaften	Durchsetzung von Lohn- und Arbeitszeitforderungen	Verhandlungen, Streikaufruf
Staat (inkl. Gemeinde etc.)	Steuereinnahmen, Abbau der Arbeitslosigkeit	Gesetzliche Maßnahmen, Bereitstellung von Infrastruktur, Steuern/Subventionen
Interessengruppen (z.B. Umweltschutz)	Gruppenspezifische Interessen	Einflußnahme über andere Stakeholder

Abbildung 1.2: Die Interessen verschiedener Stakeholder und ihre Einflußmöglichkeiten auf die Organisation

Die Anreize, die sich ein Stakeholder von einer Unternehmung verspricht, müssen auf seine Präferenzen zugeschnitten sein, um für ihn einen größtmöglichen Nutzen zu erzielen. Diese Anreize bringen demnach die Interessen bzw. Ziele der jeweiligen Stakeholder zum Ausdruck. Jeder Stakeholder bewertet die Unternehmung im Hinblick auf die Erfüllung seiner spezifischen Interessen und Ziele. Die Beiträge, die ein Stakeholder an die Organisation leistet, bringen andererseits seine Einflußmöglichkeiten auf den Erfolg der Organisation zum Ausdruck. Die obige Abbildung faßt diese Interessen und Einflußmöglichkeiten der einzelnen Stakeholder zusammen und zeigt, daß die Interessen der verschiedenen Stakeholder an der Unternehmung sowie deren Einflußmöglichkeiten unterschiedlich stark ausgeprägt sind.

1.2.2 Die Verflechtung kooperativer und konkurrierender Interessen verschiedener Stakeholder

Gehen wir davon aus, daß die verschiedenen Stakeholder jeweils ihre eigenen Interessen vertreten und daß ihre jeweiligen Beiträge zum Erfolg der Unternehmung notwendig sind, dann ist die Möglichkeit für das Entstehen von Organisationskonflikten unmittelbar gegeben: Jeder Stakeholder möchte an den von der Organisation geschaffenen Werten möglichst umfassend partizipieren und wird versuchen, das Verhältnis zwischen Anreizen und Beiträgen zu seinen eigenen Gunsten zu beeinflussen. Es bestehen daher grundsätzliche Interessengegensätze zwischen den Stakeholdern. Zudem ist die Beziehung zwischen den Stakeholdern interdependent, da der Beitrag jedes einzelnen Stakeholders für den Gesamterfolg der Unternehmung entscheidend ist.

Betrachten wir zur Illustration eine mögliche Konfliktsituation zwischen Kapitalgebern und dem Management: Die Interessen der Eigenkapitalgeber einer Unternehmung sind bestimmt durch eine möglichst gute Verzinsung ihres Kapitals. Wenn sie Aufgaben der Unternehmensführung an das Management delegieren, kann es jedoch zu konkurrierenden Interessen mit dem eingesetzten Management kommen: Der Manager hat ein Interesse an seinem Status in der Organisation und dessen Erhalt. So wird er beispielsweise die Möglichkeit schätzen, über einen eigenen Dienstwagen zu verfügen oder attraktive Dienstreisen zu unternehmen. Obwohl der Manager eigentlich Angestellter der Kapitalgeber ist und deren Interessen vertreten müßte, wird er versuchen, primär seine eigenen Interessen zu verfolgen. Hierzu besitzt er in der Regel einen erheblichen diskretionären Spielraum, etwa beim Einsatz von Ressourcen der Unternehmung wie finanziellen Mitteln oder Mitarbeitern und deren Fähigkeiten. Setzt er so beispielsweise seinen Wunsch nach einem luxuriösen Dienstwagen durch, dann konkurriert sein Interesse mit dem der Eigenkapitalgeber, die an der Verzinsung ihres Kapitals interessiert sind. Daher kann diese Trennung von Eigentums- und Kontrollrechten dazu führen, daß Manager ihre eigenen Ziele und Interessen verfolgen, die nicht notwenig im Einklang mit den Interessen der Eigenkapitalgeber sein müssen.

Bereits bei der Diskussion des allgemeinen Konfliktbegriffs im letzten Abschnitt haben wir aber darauf hingewiesen, daß die Parteien in einer Konfliktsituation im allgemeinen nicht nur konkurrierende Interessen besitzen, sondern daß auch kooperative Interessen bestehen können. Dies gilt insbesondere für Organisationskonflikte: Die verschiedenen Gruppen von Stakeholdern beteiligen sich ja gerade deshalb an der Unternehmung, weil sie zusammen mit den Beiträgen der anderen Stakeholder Werte schöpfen wollen. Der Wertschöpfungsprozeß ist somit Ausdruck der gemeinsamen Interessen aller Stakeholder. Die Beziehung zwischen den verschiedenen Stakeholdern einer Organisation ist im allgemeinen also durch ein Nebeneinander von kooperativen und konkurrierenden Interessen geprägt. Situationen, in denen ausschließlich kooperative bzw. ausschließlich konkurrierende Interessen vorliegen, sind selten. Selbst bei Unternehmungen, die das gleiche Produkt herstellen und um Marktanteile konkurrieren, gibt es auch kooperative Interessen: Grundsätzlich sind die Unternehmungen nicht daran interessiert, miteinander in einen Preiswettbewerb einzutreten, sondern eine größtmögliche Konsumentenrente gemeinsam zu erwirtschaften, so daß sie sich beispielsweise auf einen gemeinsamen Preis einigen.

Abbildung 1.3 zeigt, welche konkurrierenden und kooperativen Interessen zwischen den einzelnen Stakeholdern einer Organisation bestehen können.

Stakeholder - Stakeholder	Konflikt-situation	konkurrierende Interessen	kooperative Interessen
Kapitalgeber - Management	Bereitstellung von Kapital	lang- vs. kurzfristige Profite, risikoneutrale vs. -averse Investitionspolitik	langfristige wirtschaftliche Zukunft
Kapitalgeber - Staat	Besteuerung der Kapitalanlagen	hohe vs. niedrige Besteuerung	Standortsicherung, Rechtssicherheit
Management - Arbeitnehmer	Arbeits-beziehung (vertikal)	hoher vs. niedriger Arbeitseinsatz	langfristige wirtschaftliche Zukunft, Arbeitsklima
Management - Management	Arbeits-beziehung (lateral)	Abteilungsdenken, Verwirklichung eigener Ziele	langfristige wirtschaftliche Zukunft, Arbeitsklima
Management - Kunden	Kauf/Verkauf der Produkte	hoher vs. niedriger Service hoher vs. niedriger Preis	Kundenzufriedenheit
Management - Konkurrenz	Wettbewerb	Marktanteile	Konsumentenrente
Management - Zulieferer	Liefer-beziehungen	hohe vs. niedrige Qualität, hoher vs. niedriger Preis	langfristige Lieferbeziehungen
Management - Gewerkschaften	Lohn-verhandlungen	hohe vs. niedrige Tarifabschlüsse	langfristige (gesamt-) wirtschaftliche Zukunft
Management - Staat	Wirtschafts-politik	Regulierung vs. Eigeninitiative	Standortsicherung

Abbildung 1.3:   Beziehungen zwischen Stakeholdern und die Verflechtung kooperativer und konkurrierender Interessen

1.3 Interne Organisationskonflikte und ihre Ursachen

Wir haben im letzten Abschnitt dargelegt, daß es bei unterschiedlichen Interessen zwischen verschiedenen Stakeholdern zu Konflikten kommen kann. Wir wollen nun aufzeigen, welches Konfliktpotential die Beziehungen zwischen den einzelnen Stakeholdern bergen. Daher werden wir der Frage nachgehen, inwieweit zwischen verschiedenen Stakeholdern kooperative und konkurrierende Interessen auftreten und welche Interdependenzen zwischen ihnen bestehen.

Wir konzentrieren uns dabei auf **interne Organisationskonflikte**. Das sind Konflikte zwischen internen Stakeholdern, also etwa zwischen einem Vorgesetzten und seinem Mitarbeiter oder zwischen verschiedenen Abteilungen der Organisation.[4] **Externe Organisationskonflikte** werden an dieser Stelle hingegen nicht behandelt. Dies sind Konflikte, die aufgrund der Umweltverbundenheit der Organisation entstehen können, etwa zwischen staatlichen Stellen und dem Management (als Repräsentant der Unternehmung) oder zwischen Lieferanten und der Unternehmung.

Als notwendige Konfliktursachen haben wir die Interdependenz der Handlungen verschiedener Parteien sowie deren konkurrierende Interessen bei der Entscheidung über ihre Handlungspläne identifiziert. Von diesen beiden Voraussetzungen sind die **Konfliktgegenstände** zu unterscheiden: Die Punkte, Fragen oder Anliegen, bei denen der Interessengegensatz bzw. die Interdependenz zwischen den Parteien zum Tragen kommt, bezeichnen wir als Konfliktgegenstände. Konfliktgegenstände in Organisationen gibt es viele: Beschränkte Ressourcen, Kompetenzverteilungen, Verantwortlichkeiten oder die Loyalität gegenüber der Organisation, um nur einige Beispiele zu nennen. Diese Konfliktgegenstände muß ein Konfliktmanagement im allgemeinen als gegeben hinnehmen. So wird man eine Leitungsposition sicherlich nicht abschaffen, weil zwei potentielle Kandidaten darum konkurrieren. Man wird vielmehr die Konfliktsituation so gestalten, daß diese Konkurrenz der Erreichung des Organisationsziels förderlich ist. Das ist die Aufgabe des Konfliktmanagements. Daher beschäftigen wir uns im folgenden nicht weiter mit den Konfliktgegenständen, sondern wenden uns den Konfliktursachen zu.

1.3.1   Interdependenzen

Interdependenzen zwischen verschiedenen organisatorischen Einheiten sind eine direkte Folge der innerbetrieblichen Arbeitsteilung: Individuen können mehr produzieren, wenn sie sich spezialisieren und miteinander kooperieren. Dies ist eine der fundamentalen Beobachtungen über die ökonomische Welt. Daraus leitet sich die Erkenntnis ab, daß Kooperation vorteilhaft ist, weil sie Arbeitsteilung und Spezialisierung ermöglicht.[5] Arbeitsteilung innerhalb einer Organisation kann in horizontaler und vertikaler Weise erfolgen:

Im Rahmen der horizontalen Differenzierung wird die Durchführung der Gesamtaufgabe der Organisation auf mehrere gleichrangige Aufgabenträger übertragen. Sie bearbeiten verschiedene Teilaufgaben der Gesamtaufgabe. Das Prinzip der Arbeitsteilung und der Spezialisierung wird so unmittelbar durch die horizontale Differenzierung umgesetzt.

Aufgrund der horizontalen Differenzierung ergeben sich wechselseitige Abhängigkeiten zwischen den verschiedenen Aufgabenträgern. Die Einzelaktivitäten der Aufgabenträger müssen auf das gemeinsame Ziel, die Durchführung der Gesamtaufgabe der Organisation, abgestimmt werden. Inwieweit sich die Vorteile aus der Arbeitsteilung dann tatsächlich realisieren, hängt wesentlich von der Koordination der einzelnen Teilaufgaben ab. Betrachten wir hierzu den Einsatz eines Spezialisten auf einer beliebigen Stufe des Produktionsprozesses. Aufgrund seiner Spezialisierung ist er bei gleicher Qualität schneller in der Durchführung seiner Aufgabe als ein Generalist. Dieser Vorteil wirkt sich aber nur dann produktionssteigernd aus, wenn sowohl die Mitarbeiter auf der vorgelagerten Produktionsstufe ihre Zwischenprodukte in entsprechender Zeit und Qualität sowie entsprechendem Umfang bereitstellen und auch die Mitarbeiter auf nachgelagerten Produktionsstufen die bearbeiteten Zwischenprodukte entgegennehmen und ihre entsprechenden Aktivitäten zur Erstellung des Endprodukts adäquat durchführen.

Die Interdependenzen zwischen verschiedenen Aufgabenträgern aufgrund der horizontalen Differenzierung können als **laterale Interdependenzen** bezeichnet werden. Daneben gibt es auch **vertikale Interdependenzen**: Führt die horizontale Differenzierung zu einem hinreichend hohen Bedarf an Koordination zwischen den einzelnen Aufgabenträgern, dann erfordert das Prinzip der Arbeitsteilung den Einsatz eines Koordinationsspezialisten. Mehrere Aufgabenträger werden so anhand eines Kriteriums, beispielsweise der Art der Aufgabe, zu einer größeren organisatorischen Einheit, beispielsweise einer Arbeitsgruppe oder einer Abteilung, zusammengefaßt. Der Koordinationsspezialist als Instanz steht dieser organisatorischen Einheit vor und koordiniert deren Aktivitäten. Es kommt zu einer vertikalen Arbeitsteilung und einer Gruppen- und Abteilungsbildung. Die horizontale Differenzierung hat also eine vertikale Differenzierung zur Folge.

Analog zur horizontalen Differenzierung ergeben sich bei der vertikalen Differenzierung ebenfalls wechselseitige Abhängigkeiten zwischen den verschiedenen Aufgabenträgern. Inwieweit sich Vorteile der vertikalen Differenzierung realisieren lassen, wird dabei von zwei Faktoren bestimmt: dem Koordinationsplan und seiner Umsetzung. Bei gegebenem Koordinationsplan der Instanz ist seine zielgerechte Umsetzung davon abhängig, inwieweit die Aufgabenträger überhaupt motiviert sind, im Sinne des Plans zu handeln. Die Instanz muß daher sicherstellen, daß die einzelnen Aufgabenträger tatsächlich ihre zugewiesenen Teilaufgaben adäquat durchführen. Der Erfolg ihrer Koordination und somit der Erfolg der Organisation ist unmittelbar davon abhängig, inwieweit die Instanz die ihr unterstellten Aufgabenträger motivieren kann.

Bei den Abhängigkeiten zwischen verschiedenen Aufgabenträgern, die sich bei einer horizontalen oder vertikalen Differenzierung ergeben, lassen sich sequentielle und simultane Interdependenzen unterscheiden:

Eine **sequentielle Interdependenz** liegt vor, wenn die Aufgabenträger ihre Teilaufgaben sequentiell durchführen. Vor- und nachgelagerte Aufgabenträger sind bei der Erfüllung ihrer Teilaufgaben voneinander abhängig. Entsprechend können sie auch nicht unabhängig voneinander über ihr Verhalten entscheiden. Die Reihenfolge der Entscheidungsfindung ist mit der Reihenfolge der Durchführung der Teilaufgaben identisch. Ein nachgelagerter Aufgabenträger muß daher die Entscheidung über sein Handeln vom Verhalten des vorgelagerten Aufgabenträgers abhängig machen.

Typische Beispiele für derartige Interdependenzen bei horizontaler Differenzierung sind die Arbeitsbeziehungen zwischen den Mitarbeitern an einer Fertigungsstraße oder die Unternehmensplanung bei Kapazitätsengpässen. Eine sequentielle Interdependenz bei vertikaler Differenzierung zwischen einer Instanz und einem nachgeordneten Aufgabenträger liegt beispielsweise dann vor, wenn ein Vorgesetzter seine Entscheidung über die berufliche Weiterentwicklung seines Mitarbeiters davon abhängig macht, inwieweit sich dieser bei der Erfüllung der ihm gestellten Aufgaben bewährt hat. Auch jede Form der Anreizentlohnung, die den Lohn eines Mitarbeiters von gewissen Erfolgskomponenten seines Handelns abhängig macht, ist ein Beispiel einer sequentiellen Abhängigkeit.

Eine **simultane Interdependenz** zwischen verschiedenen Aufgabenträgern liegt dann vor, wenn jeder dieser Aufgabenträger seine jeweiligen Entscheidungen in Unkenntnis der Entscheidungen der anderen trifft. In diesem Fall kann also kein Aufgabenträger sein Handeln auf das Handeln der anderen konditionieren. Solche simultanen Interdependenzen treten in einer Organisation bei horizontaler Differenzierung beispielsweise dann auf, wenn verschiedene organisatorische Einheiten gleichzeitig auf eine gemeinsame Ressource zugreifen: Dies können, wie bei einer zentralen Informatikabteilung oder einem Sekretärinnenpool, personelle Ressoucen, aber auch Datenverarbeitungsressourcen bei zentralen Servern sein. Auch Lieferterminzusagen verschiedener Vertriebsmitarbeiter gegenüber Kunden ohne Absprache mit der Produktionsplanung sind ein Beispiel für eine simultane Interdependenz. Eine simultane Interdependenz bei vertikaler Differenzierung liegt beispielsweise dann vor, wenn ein Vorgesetzter seinen Mitarbeiter bei der Durchführung seiner Tätigkeiten kontrolliert, dieser aber nicht über den Umfang der Kontrollaktivitäten seines Vorgesetzten informiert ist.

1.3.2   Interessengegensätze

Unterschiede in den Zielen und Interessen verschiedener organisatorischer Einheiten sind eine direkte Folge des Strebens nach Eigennutz: Jede organisatorische Einheit ist geprägt durch ihre individuellen bzw. korporativen Präferenzen und Interessen. Sie versucht, durch geeignetes Handeln als individueller bzw. korporativer Akteur, diese Interessen möglichst gut durchzusetzen. Die Einheit verfolgt bestimmte Ziele und sucht nach Mitteln, um diese zu realisieren. Das Verhalten einer organisatorischen Einheit beruht also auf einer Zweck-Mittel-Rationalität.[6]

Betrachten wir zunächst einen einzelnen Mitarbeiter. Wir gehen hier davon aus, daß seine Interessen durch persönliche Faktoren und strukturelle Rahmenbedingungen der Organisation bestimmt sind.

Einerseits ist der Mitarbeiter an der Befriedigung seiner eigenen, persönlichen **Bedürfnisse** interessiert. Legt man zur Differenzierung der persönlichen Bedürfnisse etwa die Einteilung nach Maslow (1954) zugrunde, dann können fünf Bedürfnisklassen unterschieden werden:

(1) physiologische Bedürfnisse, die die Grundbedürfnisse wie Hunger, Durst, Schlafen etc. umfassen

(2) Sicherheitsbedürfnisse, die die zukünftige Absicherung der physiologischen Bedürfnisse zum Ziel haben

(3) soziale Bedürfnisse, die den Kontakt mit anderen Personen oder eine Gruppenzugehörigkeit beinhalten

(4) Ich-Bedürfnisse, die die Anerkennung durch andere Personen bzw. durch Selbsteinschätzung widerspiegeln

(5) Selbstverwirklichungsbedürfnisse, die die Entfaltung der eigenen Persönlichkeit reflektieren

Bei der Bedürfnisstruktur eines Mitarbeiters gehen wir wie Schein (1985) vom **Bild des komplexen Menschen** aus: Die Dringlichkeit seiner Bedürfnisse unterliegt einem ständigen Wandel. Im Laufe der Zeit können Bedürfnisse mehr oder weniger handlungsbestimmend sein. Es können auch neue Bedürfnisse entstehen.

Andererseits haben neben diesen persönlichen Faktoren auch die strukturellen Rahmenbedingungen der Organisation einen wesentlichen Einfluß auf die Interessen des Mitarbeiters: Durch die horizontale und vertikale Differenzierung wird einem Mitarbeiter die Durchführung bestimmter Teilaspekte der Gesamtaufgabe übertragen. Inhalt und Ausgestaltung dieser Teilaufgabe wird von der Organisation z.B. durch eine Stellenbeschreibung festgelegt und bestimmt die **organisatorische Rolle** des Mitarbeiters. Diese umfaßt die Gesamtheit aller Erwartungen der Organisation an das aufgabenbezogene Handeln des Mitarbeiters. Findet nun eine Identifikation des Mitarbeiters mit seiner organisatorischen Rolle statt, so kann der Mitarbeiter auch persönliche Bedürfnisse entwickeln. Beispielsweise wird ein Marketingleiter die Einführung eines neuen Produktes unter verkaufsspezifischen Gesichtspunkten betrachten, oder der Betriebsbeauftragte für Umweltschutz wird die Investition in eine umweltfreundliche Anlage begrüßen.

Neben der organisatorischen Rolle, die das Verhalten des Mitarbeiters steuern soll, wird dem Inhaber einer Aufgabe auch ein **organisatorischer Status** zugewiesen. Dieser ergibt sich meistens im Rahmen der vertikalen Differenzierung durch die Position, die der Mitarbeiter in der Organisationshierarchie einnimmt. Die Position innerhalb der Hierarchie bestimmt hier den Charakter seiner Über- und Unterordnungsbeziehungen, also seine formale Autorität innerhalb der Organisation. Der organisatorische Status kann sich aber auch durch horizontale Differenzierung ergeben, etwa wenn der Mitarbeiter eine Experten- oder Stabsstelle innehat. Auch der organisatorische Status kann die Interessen des Mitarbeiters unmittelbar beeinflussen, z.B. wenn er seine bestehenden Statusbeziehungen aufrechterhalten will bzw. nach mehr Autorität und Macht strebt. Alle die mit dem organisatorischen Status verbundenen Statussymbole wie Kompetenz, Einfluß, Budget, Einkommen, Ämter, Anreden etc. können sein Handeln bestimmen.

Sowohl die persönlichen Faktoren als auch die organisatorische Rolle und der Status prägen die individuellen Interessen des Mitarbeiters. Dabei können natürlich auch Interessengegensätze zu anderen Mitarbeitern oder den Organisationszielen entstehen. Wir bezeichnen sie als **vertikale und laterale Interessengegensätze.** Bei vertikalen Interessengegensätzen geht es um von den Organisationszielen divergierende Interessen des Mitarbeiters, bei lateralen Interessengegensätzen um konkurrierende Interessen zwischen verschiedenen Mitarbeitern.

Die folgenden Beispiele illustrieren vertikale Interessengegensätze:

Physiologische Bedürfnisse können sich bei dem Mitarbeiter z.B. durch praktisch unbegrenzte Konsumwünsche äußern, deren Befriedigung eine beliebig hohe Entlohnung voraussetzt. Eine im Vergleich zur Produktivität unangemessen hohe Entlohnung des Mitarbeiters ist jedoch nicht im Interesse der Organisation.

Sicherheitsbedürfnisse des Mitarbeiters zeichnen sich z.B. durch die Sicherheit seines Arbeitsplatzes aus. An einer uneingeschränkten Arbeitsplatzgarantie kann eine Organisation aber nicht interessiert sein, da sie flexibel auf die wirtschaftliche Lage reagieren muß. Dies wiederum kann einen Stellenabbau erforderlich machen.

Soziale Bedürfnisse eines Mitarbeiters können im Widerspruch zu den Interessen der Organisation stehen, z.B. wenn ihre Befriedigung zu Fehlzeiten oder Drückebergerei am Arbeitsplatz führt.

Ich-Bedürfnisse können ebenfalls Interessengegensätze zur Organisation nach sich ziehen. Fehlt beispielsweise dem Mitarbeiter die Identifikation mit den Produkten der Unternehmung aufgrund seiner persönlichen Werte, kann mangelnde

Loyalität zu seinem Arbeitgeber die Folge sein. Im Extremfall kann dies die innere Kündigung des Mitarbeiters mit all ihren negativen Folgen für die Unternehmung mit sich bringen.

Selbstverwirklichungsbedürfnisse können sich beispielsweise im Wunsch des Mitarbeiters nach einer interessanten Arbeit offenbaren. Der Befriedigung dieses Bedürfnisses können in der Organisation jedoch Grenzen gesetzt sein, etwa wenn der produktivste Einsatz des Mitarbeiters nicht mit seinen Interessen übereinstimmt. Auch divergierende Interessen im Rahmen der betrieblichen Mitbestimmung, z.B. bei der Arbeitszeitgestaltung, sind hier zu nennen.

Die folgenden Beispiele zeigen laterale Interessengegensätze, die aus den unterschiedlichen Bedürfnissen der Mitarbeiter entstehen:

Zu den physiologischen Bedürfnissen kann auch das Interesse eines Mitarbeiters gehören, bei gegebener Entlohnung einen möglichst geringen Arbeitseinsatz zu leisten. Wenn nun mehrere Mitarbeiter in einem Produktionsteam zusammenarbeiten und sie entsprechend der Gesamtproduktivität des Teams entlohnt werden, können nicht alle Teammitglieder gleichzeitig ihren Arbeitseinsatz reduzieren, ohne Lohneinbußen hinnehmen zu müssen.[7]

Sicherheitsbedürfnisse, wie beispielsweise das Bedürfnis nach Arbeitsplatzsicherheit, können zur Konkurrenz mehrerer Mitarbeiter führen: Die Unternehmung muß rationalisieren und plant in einem Funktionsbereich den Abbau einer festen Anzahl von Stellen. Dann werden alle Mitarbeiter des betroffenen Bereichs um den Erhalt ihrer eigenen Stelle kämpfen.

Soziale Bedürfnisse können zwischen verschiedenen Mitarbeitern unterschiedlich ausgeprägt sein. Ist ein Mitarbeiter ausgesprochen kommunikationsfreudig, während sein Bürokollege eher in sich gekehrt seine Arbeit verrichten möchte, lassen sich diese Bedürfnisse schlecht vereinbaren.

Ich-Bedürfnisse eines Mitarbeiters können in einem direkten Gegensatz zu den Interessen seiner Kollegen stehen, z.B. dann, wenn zwei Mitarbeiter gemeinsam für die Durchführung einer Aufgabe zuständig sind und für beide mit der Erledigung der Aufgabe ein Statusgewinn verbunden wäre. Wird dieser Erfolg nur einem der beiden Mitarbeiter zugeschrieben, so bestehen dadurch Interessengegensätze.

Daß Selbstverwirklichungsbedürfnisse zu Interessengegensätzen zwischen Mitarbeitern führen können, ist unmittelbar einsichtig, wenn man z.B. an Stellenbesetzungen innerhalb der Unternehmenshierarchie denkt.

Nach dieser Diskussion der individuellen Bedürfnisse und Interessen wenden wir uns nun größeren organisatorischen Einheiten zu. Wir gehen davon aus, daß eine solche organisatorische Einheit ihre eigenen, korporativen Interessen, Ziele und Normen entwickelt hat.

Diese korporativen Interessen sind Ergebnisse von Zielbildungsprozessen, in denen die einzelnen Gruppenmitglieder ihre Vorstellungen über mögliche Zielsetzungen abgestimmt haben. Dies kann z.B. nach vorher vereinbarten Regeln ablaufen oder in einem Verhandlungsprozeß unter Berücksichtigung bestehender Machtstrukturen in der Gruppe erfolgen. Verfügen die Mitglieder der organisatorischen Einheit über heterogene Präferenzen, dann hat bereits die Wahl der Entscheidungsregel einen erheblichen Einfluß auf das Ergebnis des Zielbildungsprozesses.[8] Daher kann das gewählte Verfahren nicht immer gewährleisten, daß sich jedes einzelne Gruppenmitglied in seinen Interessen repräsentiert fühlt. Dann stellt sich innerhalb der organisatorischen Einheit dieselbe Problematik wie bei den zuvor schon besprochenen vertikalen Interessengegensätzen. Daher gehen wir im folgenden davon aus, daß keine Interessengegensätze innerhalb der organisatorischen Einheit existieren. Vielmehr setzen wir voraus, daß der Zielbildungsprozeß den Interessen des Einzelnen gerecht werden kann. Dann bestimmen die Präferenzen des Einzelnen die Gruppenziele, die durch gruppendynamische Prozesse wie Rollenbildung oder Sozialisation beeinflußt werden:

Haben die Mitglieder einer Gruppe homogene Persönlichkeitseigenschaften, so werden auch die Gruppenziele von den entsprechenden homogenen Einschätzungen und Werten geprägt sein. Damit entstehen Gruppeneigenschaften. Beispielsweise sind Mitarbeiter in Stabspositionen meist in ihren ersten Berufsjahren und haben eine akademische Ausbildung absolviert. Sie sind Veränderungen gegenüber erfahrungsgemäß aufgeschlossen. Mitarbeiter in Linienpositionen haben in der Regel eine langjährige Berufserfahrung und sind innerhalb der Hierarchie stufenweise aufgestiegen. Sie haben tendenziell eher ein Interesse an der Beibehaltung bestehender Strukturen, mit denen sie gute Erfahrungen gemacht haben.

Gruppenziele können auch durch die strukturellen Rahmenbedingungen bestimmt sein. Die vertikale Differenzierung führt hier zur Bildung von organisatorischen Einheiten, in denen Aufgabenbereiche mit ähnlichen Inhalt zusammengefaßt werden. Damit findet aber gleichzeitig eine Spezialisierung der organisatorischen Einheiten auf bestimmte Aufgaben statt, die wiederum zur Herausbildung spezifischer Interessen der Gruppe führt. Dies zeigt sich beispielsweise bei unterschiedlichen Präferenzen bezüglich der Ausstattung: Die Forschungs- und Entwicklungsabteilung wird an einer gut ausgestatteten Bibliothek interessiert sein, während ein Sekretärinnenpool eher an einer EDV-Ausstattung mit guter Textverarbeitung Interesse hat.

Gruppenziele können sich weiterhin aus der sozialen Interaktion der Gruppenmitglieder ergeben: Zur Entlastung der Interaktionen entwickeln Gruppen hier soziale Normen, die nach Irle (1975, S.444) zu einer "Routinisierung sozialer Beziehungen" führen. Solche Gruppennormen sind informelle Regeln, die das Verhalten der Gruppenmitglieder steuern sollen. Sie können beispielsweise das Leistungsniveau der Gruppe oder Vorgaben zur Aufgabenerfüllung beinhalten. Gruppennormen haben somit Zielcharakter.

Auch der organisatorische Status, den eine Einheit innerhalb der Hierarchie einnimmt, bestimmt die Interessenlage der Gruppe. Analog zum einzelnen Mitarbeiter begründet der organisatorische Status ein Macht- und Autoritätsstreben der einzelnen Einheiten. Wenn die organisatorische Einheit an Macht gewinnt, profitieren alle Mitglieder dieser Einheit von diesem Machtzuwachs. Der Aufbau von Abteilungszäunen dient hier beispielsweise der Abschirmung der eigenen Interessen vor anderen organisatorischen Einheiten.

Die Ziele einer organisatorischen Einheit können mit den Zielen anderer Einheiten oder mit den Organisationszielen konkurrieren. Interessengegensätze sind in den oben genannten Faktoren begründet, die bereits die Gruppenziele beeinflussen: Gruppeneigenschaften, strukturelle Rahmenbedingungen, soziale Interaktion der Gruppenmitglieder und organisatorischer Status.

Analog zu unserer bisherigen Terminologie bezeichnen wir die Interessengegensätze zwischen verschiedenen organisatorischen Einheiten als laterale Interessengegensätze:

Daß unterschiedliche Gruppeneigenschaften zu Interessengegensätzen führen, soll wiederum anhand der Stab- und Linieneinheiten illustriert werden: Beide Einheiten werden, wie oben erwähnt, die Einführung neuer organisatorischer Regelungen aufgrund ihrer Gruppeneigenschaften unterschiedlich beurteilen. Dieses Konfliktpotential wird durch strukturelle Rahmenbedingungen noch erhöht. Stabseinheiten werden nämlich im allgemeinen nicht von den organisatorischen Änderungen betroffen sein, die sie vorschlagen. Stattdessen werden die Änderungen in den Linieneinheiten umgesetzt, weshalb diese in der Regel bereits im Vorfeld den Änderungsbestrebungen entgegenwirken.

Strukturelle Rahmenbedingungen, die sich aus der innerbetrieblichen Arbeitsteilung und der damit verbundenen Spezialisierung ergeben, tragen systematisch zu Interessengegensätzen bei. Insbesondere funktionale Organisationen fördern durch ihre funktionsorientierte Abteilungsbildung Interessengegensätze: Sie bestehen beispielsweise zwischen F&E- und Marketingabteilung in der Frage, ob das Produkt oder der Kunde wichtiger ist, zwischen der Marketing- und Produktionsabteilung darüber, ob die Produktionsplanung losgrößenorientiert oder kundenauftragsspezifisch ausgerichtet sein soll, zwischen Produktions- und Einkaufsabteilung darüber, ob bei schwankenden Rohstoffpreisen die Produktion auf einem bestehenden Niveau gehalten oder laufend angepaßt werden sollte, oder zwischen Einkaufs- und F&E-Abteilung in der Frage, ob die einzusetzenden Rohstoffe nach marktlichen oder technischen Gesichtspunkten ausgewählt werden sollten.

Divergierende Interessen zwischen organisatorischen Einheiten aufgrund struktureller Rahmenbedingungen können auch das Ergebnis organisatorisch gestalteter Ressourcen- oder Marktüberschneidungen sein. Ressoucenüberschneidungen liegen beispielsweise vor, wenn zwei Einheiten, die für den Vertrieb verschiedener Produkte zuständig sind, auf dieselbe Produktionseinheit zurückgreifen müssen. Wenn diese knappe Kapazitäten hat, stehen sich die Interessen der beiden Vertriebseinheiten gegenüber: Jede möchte, daß ihre nachgefragte Menge vorrangig produziert wird. Ein ähnliches Problem entsteht, wenn zwei organisatorische Einheiten ein gemeinsames Budget als finanzielle Ressource erhalten. Analog bestehen bei Marktüberschneidungen unmittelbare Interessengegensätze, etwa zwischen zwei Verkaufseinheiten, die mit ähnlichen Produkten um das gleiche Kundensegment konkurrieren.

Bei einer erfolgsabhängigen Entlohnung möchte jede Abteilung mehr Kunden als die andere Einheit gewinnen.

Der organisatorische Status ist auch zwischen organisatorischen Einheiten eine Quelle von Interessengegensätzen, wie sich anhand innovativer Projekte zeigen läßt: Schlägt eine Einheit ein erfolgversprechendes, innovatives Projekt vor, das ihre Position innerhalb der Organisation stärken würde, kann eine andere organisatorische Einheit durch mangelnde Zusammenarbeit das Projekt zum Scheitern bringen. Dadurch kann sie ihre eigene Machtposition erhalten.

Ebenfalls analog zu unserer bisherigen Terminologie können wir auch bei organisatorischen Einheiten von vertikalen Interessengegensätzen sprechen, wenn die Interessen einer organisatorischen Einheit mit den Organisationszielen konkurrieren:

Gruppennormen können von den Zielen der Organisation abweichen. Aus klassischen Untersuchungen der Organisationspsychologie ist hier beispielsweise das Phänomen bekannt, daß eine Arbeitsgruppe ihr Leistungsniveau bewußt unterhalb des von der Organisation festgelegten Standards ansiedelt. Der Befürchtung, daß bei einer Erfüllung des gesetzten Standards sukzessive höhere Standards eingeführt werden oder daß es zu organisatorischen Änderungen im Arbeitsablauf kommen könnte, führt hier zu Leistungsrestriktionen. In der ökonomischen Literatur ist dieses Phänomen auch als **Ratchet-Effekt** bekannt.[9]

Auch der organisatorische Status motiviert Einheiten, ihre Gruppenziele vor die der Organisation zu stellen. Das Streben organisatorischer Einheiten nach Autonomie kann insbesondere bei divisionalen Unternehmungen zu Interessengegensätzen zwischen der Zentrale und den einzelnen Divisionen führen. Die Zentrale hat hier die Aufgabe, entsprechend den Organisationszielen unternehmensweit generelle Richtlinien und Konzepte für die Divisionen zu erarbeiten, die diese im operativen Geschäft umsetzen sollen. Selbst wenn die Zentrale bei dieser Aufgabe die Erfahrungen und Informationen der einzelnen Divisionen einbezieht, können nicht alle Interessen der Divisionen berücksichtigt werden. Die Umsetzung der Richtlinien und Konzepte durch die Divisionen ist daher nicht notwendigerweise in deren Interesse, insbesondere dann nicht, wenn sie ihre eigenen Ziele gefährdet sehen.

1.3.3   Informationsasymmetrien

Informationsasymmetrien bestehen in solchen Konfliktsituationen, in denen zumindest eine der Konfliktparteien nicht über alle relevanten Rahmendaten verfügt, die für die Interaktion entscheidend sind. Dies wird in der Regel in der einen oder anderen Form für jede Konfliktpartei der Fall sein. Die schlechter informierte Partei wird versuchen, die ihr fehlenden Informationen von einer besser informierten Partei zu beschaffen. Daran hat letztere nicht unbedingt ein Interesse. Sie wird sogar unter Umständen Informationen zurückhalten oder manipulieren.

Im Unterschied zu Interdependenzen und Interessengegensätzen sind die Informationsasymmetrien keine notwendigen Voraussetzungen für das Entstehen von Konflikten.[10] Wäre die Informationsasymmetrie eine notwendige Voraussetzung für einen Konflikt, gäbe es keinen Konflikt, bei dem nicht Informationsasymmetrien eine Rolle spielten. Dies ist aber nicht der Fall, wie die folgende Konfliktsituation zeigt: Werden in einer Organisation zentrale Ressourcen bereitgestellt, etwa die Dienste der EDV-Abteilung, ohne daß die organisatorischen Einheiten für deren Nutzung zahlen müssen, dann kann es zu einer Überbeanspruchung dieser zentralen Ressourcen kommen. Jede Einheit wird hier versuchen, entsprechend ihren eigenen Interessen die zentralen Ressourcen intensiv zu nutzen. Obwohl eine Überlastung zu kollektiven Nachteilen führt, wird keine Einheit dies in ihrer Entscheidung berücksichtigen. Der eigene Vorteil aus einer Nutzung ist hier den Einheiten wichtiger als die damit verbundenen kollektiven Nachteile für die anderen Einheiten. Diese Überlegungen sind völlig unabhängig davon, ob eine Einheit die Ressourcenbeanspruchung der anderen Einheiten kennt. Konfliktgegenstand ist allein die kostenlose Nutzung einer beschränkten Ressource. Notwendig für diesen Konflikt ist die gemeinsame Nutzung der Ressource und das jeweilige Interesse, die eigenen Nutzungswünsche uneingeschränkt erfüllen zu können, also die Interdependenz und die konkurrierenden Interessen der organisatorischen Einheiten, nicht aber eine Informationsasymmetrie.

Informationsasymmetrien sind somit keine elementaren Konfliktursachen. Sie treten in der Regel zusätzlich, häufig in bezug auf die Konfliktgegenstände auf. Daher nehmen sie eine Zwischenstellung ein. Informationsasymmetrien sind jedoch, anders als Konfliktgegenstände, gestaltbar. Wir werden daher noch häufiger auf sie zurückkommen.

1.4 Konfliktmanagement und das Organisationsproblem

Wir haben bereits argumentiert, daß Konfliktsituationen integraler Bestandteil jeder Organisation sind: Wenn das Ziel einer Organisation darin besteht, möglichst viele Werte für ihre Stakeholder zu schaffen, muß die eine oder andere Form der Arbeitsteilung realisiert werden. Die damit einhergehende Spezialisierung und Bildung von organisatorischen Einheiten führt aber zu zwei Problemen: Einerseits entstehen Interdependenzen zwischen den verschiedenen organisatorischen Einheiten, andererseits bilden sich korporative Interessen der Einheiten, die zusammen mit den persönlichen Bedürfnissen des Einzelnen zu lateralen und vertikalen Interessengegensätzen führen können. Jede Interaktion in einer Organisation birgt also ein Konfliktpotential und kann als Konfliktsituation interpretiert werden.

Wie wir bereits erwähnt haben, mündet aber nicht jede Konfliktsituation in einen Konflikt. Jede organisatorische Einheit hat in einer Konfliktsituation in einem gewissen Umfang immer auch die Interessen der Organisation im Auge, da vom Erfolg der Organisation letztendlich auch die Existenz der organisatorischen Einheit abhängt. Daher bestehen in einer organisationsinternen Konfliktsituation in der Regel sowohl kooperative als auch konkurrierende Interessen zwischen den verschiedenen Parteien.

Dieses Nebeneinander von kooperativen und konkurrierenden Interessen verschiedener organisatorischer Einheiten ist Ausgangspunkt des **Konfliktmanagements.** Es stellt sich die Frage, wie die bestehenden Interdependenzen und Interessengegensätze so beeinflußt werden können, daß das Organisationsziel erreicht wird. Konfliktmanagement in diesem Sinne zielt also auf eine zielorientierte Gestaltung der Beziehung zwischen den Konfliktparteien und/oder auf eine zielorientierte Steuerung ihres Verhaltens ab:

- Strukturelle Maßnahmen des Konfliktmanagements dienen der Gestaltung der Interaktion. Die Interdependenzen zwischen organisatorischen Einheiten sollen dabei so gestaltet werden, daß sich die bestehenden Interessengegensätze nicht in einem Konflikt manifestieren, der dem Organisationsziel abträglich ist.

- Personelle Maßnahmen des Konfliktmanagements dienen der Steuerung des Verhaltens der Konfliktparteien. Die Interessen der organisatorischen Einheiten

sollen hier so beeinflußt werden, daß die Konfliktsituation bei bestehenden Interdependenzen nicht in einen organisationsschädigenden Konflikt mündet.

1.4.1 Konfliktmangement als Ansatz zur Lösung des Organisationsproblems

Um die ökonomischen Vorteile der Arbeitsteilung und Spezialisierung in einer Organisation zu nutzen, müssen die Einzelaktivitäten der Organisationsmitglieder auf
das übergeordnete Gesamtziel der Organisation ausgerichtet werden. Die damit
verbundene Gestaltung einer Organisationsstruktur ist das Kernproblem jeder Organisation. Dieses Organisationsproblem kann in zwei Teilprobleme zerlegt werden:

- Das Koordinationsproblem: Wie können die Einzelaktivitäten der Organisationsmitglieder so aufeinander abgestimmt werden, daß die Vorteile der Arbeitsteilung optimal genutzt werden? Zur Lösung des Koordinationsproblems ist die
  Erstellung eines kohärenten Plans notwendig, der die Teilaufgaben jedes Einzelnen aufgabenlogisch im Hinblick auf das gemeinsame Ziel koordiniert. Bei
  dieser Betrachtung wird angenommen, daß der einzelne Mitarbeiter zielkonform
  handelt, also die ihm gesetzten Aufgaben im Interesse der Organisation durchführt.

- Das Motivationsproblem: Wie kann der einzelne Mitarbeiter dazu bewegt werden, seine ihm zugewiesenen Aufgaben innerhalb der Organisation auch zielorientiert auszuführen? Zur Lösung des Motivationsproblems ist der Mitarbeiter
  so zu motivieren, daß er in Übereinstimmung mit dem erstellten Koordinationsplan handelt. Dabei wird davon ausgegangen, daß das Verhalten des einzelnen
  Mitarbeiters durch seine individuellen Bedürfnisse bestimmt ist und diese nicht
  notwendigerweise mit dem übergeordneten Organisationsziel vereinbar sind.

Formuliert man das Koordinations- und Motivationsproblem in unserer konflikttheoretischen Terminologie, dann können wir sagen: Bei der Lösung des Koordinationsproblems müssen die Interdependenzen zwischen den verschiedenen organisatorischen Einheiten so gestaltet werden, daß die Erfüllung der ihnen zugewiesenen
Teilaufgaben die Erfüllung des Organisationsziels gewährleistet. Bei der Lösung
des Motivationsproblems müssen die Interessengegensätze, die zwischen den organisatorischen Einheiten und dem Organisationsziel bzw. zwischen verschiedenen

organisatorischen Einheiten auftreten können, so beeinflußt werden, daß die Erfüllung des Organisationsziels gewährleistet wird.

Somit sind aber Interdependenzen und Interessengegensätze Teil des Organisationsproblems. Die Lösung des Organisationsproblems muß also sowohl die Interdependenzen als auch die Interessengegensätze zwischen organisatorischen Einheiten bei der Gestaltung der Organisationsstruktur berücksichtigen. Genau das ist die Aufgabe des Konfliktmanagements. Es trägt bei der Organisationsgestaltung zur Lösung des Organisationsproblems bei.

Somit ist Konfliktmangement originärer Gegenstand der Organisationstheorie, in der es nach Laux und Liermann (1993, S.3) um "die Formulierung von Aussagen über die zielgerichtete Steuerung der Tätigkeiten in sozialen Gebilden" geht. So wie wir Konfliktmanagement verstehen, folgt es darüberhinaus dem entscheidungstheoretischen Ansatz der Organisationstheorie. Schwerpunkt des Konfliktmanagements ist das individuelle Entscheidungsverhalten: Durch die Gestaltung der Interaktionen sowie die Steuerung des Verhaltens der organisatorischen Einheiten zielt das Konfliktmanagement auf eine mittelbare bzw. unmittelbare Beeinflussung der Entscheidungen der organisatorischen Einheiten, um so die Erreichung des Organisationsziels zu gewährleisten.

Konfliktmanagement hat daher präventiven Charakter: Mit geeigneten strukturellen und personellen Maßnahmen soll eine Manifestation von Interessengegensätzen, die im Hinblick auf das Organisationsziel unerwünscht wären, vermieden werden. Es geht also darum, das Entstehen organisationsschädlicher Konflikte bereits im Vorfeld zu vermeiden.

1.4.2   Vorteile von Konflikten

Wir haben Konfliktmanagement definiert als die Beeinflussung der Interdependenzen und Interessengegensätze zwischen organisatorischen Einheiten zur Erreichung des Organisationsziels. Wie bereits erwähnt, haben Konfliktparteien in der Regel sowohl konkurrierende als auch kooperative Interessen. Mit dieser Definition ist nicht gesagt, daß Konfliktmanagement in jeder Konfliktsituation auf die Vermeidung eines Konflikts abzielt. Es gibt Konflikte, die dem Organisationsziel förderlich sind und die daher erwünscht sind, sogenannte **funktionale Konflikte**. Konfliktmanagement hat nur bei potentiell organisationsschädlichen Konflikten dafür Sorge zu tragen, daß diese nicht ausbrechen. Solche Konflikte bezeichnet man auch als **dysfunktionale Konflikte**.

Daß es funktionale Konflikte gibt, ergibt sich unmittelbar aus unserer Interpretation des Konfliktmanagements als einem Ansatz zur Lösung des Organisationsproblems:

Nach dem Hauptsatz der Wohlfahrtsökonomie ist der Markt Referenzpunkt jeder Lösung des Koordinations- und Motivationsproblems: Unter gewissen Bedingungen gilt, daß der Wettbewerb zwischen den Marktteilnehmern zu einer effizienten Lösung dieser Probleme führt. Die Aktivitäten der einzelnen Einheiten werden dabei durch Preise so gesteuert, daß eine effiziente Koordination aller Einzelaktivitäten sichergestellt ist. Da weiterhin jeder Marktteilnehmer eigenständig über seine Aktivitäten entscheidet und dabei seine individuellen Präferenzen zugrunde legt, ist das Motivationsproblem automatisch durch den Preismechanismus gelöst.

Diese Eigenschaften des Preismechanismus machen marktorientierte Lösungen auch bei horizontaler und vertikaler Arbeitsteilung attraktiv und werden von vielen Unternehmungen in der ein oder anderen Form praktiziert. Durch marktorientierte Lösungen werden aber bewußt konkurrierende Interessen in die Beziehungen zwischen organisatorischen Einheiten eingeführt. Inwieweit dies für die Erreichung des Organisationsziels vorteilhaft sein kann, soll an den Beispielen Profit-Center und Promotion-Tournament gezeigt werden:

Profit-Center sind organisatorische Einheiten einer Unternehmung, die für ihren Erfolg eigenständig verantwortlich sind. Neben den hierfür erforderlichen Entscheidungskompetenzen - der Leiter eines Profit-Centers muß autonom über alle Erfolgskomponenten entscheiden können - setzt dies auch die Bewertung der Aktivitäten der Einheit voraus. Hat ein Profit-Center einen unmittelbaren Zugang zum Absatzmarkt, dann können seine Aktivitäten am Markterfolg gemessen werden. Da dies im allgemeinen nicht für jede autonom handelnde Einheit einer Unternehmung gegeben ist, kann eine Bewertung auch durch Einführung von Verrechnungspreisen erfolgen: Der fehlende Zugang zum externen Markt wird durch einen fiktiven organisationsinternen Markt ersetzt. Die Verrechnungspreise, die den Austausch von Leistungen zwischen verschiedenen organisatorischen Einheiten regeln, gehen dabei als Kosten- bzw. Erlösgrößen in die Erfolgsrechnungen der Einheiten ein. Somit werden also gezielt konkurrierende Interessen zwischen den Einheiten aufgebaut.

Damit sollen einerseits Anreize für eine adäquate Aufgabenerfüllung der Einheiten gesetzt werden, andererseits kann so auch die Koordination der Aktivitäten der einzelnen Einheiten gesteuert werden.

Promotion-Tournament ist ein Instrument der betrieblichen Personalpolitik, bei dem die Beförderung eines Mitarbeiters von dessen relativer Aufgabendurchführung im Vergleich zu anderen Mitarbeitern abhängt: Im Vorfeld der Beförderung wird allen Anwärtern für diesen Aufstieg in der Unternehmung ein Leistungskriterium vorgegeben, das den Umfang der individuellen Aufgabenerfüllung abbildet. Die Beförderung eines Mitarbeiters ist dabei nicht von seiner absoluten Leistung abhängig. Vielmehr steigt derjenige Anwärter auf, der als Gewinner des Promotion-Tournament das beste Ergebnis unter allen Anwärtern erreicht. Dieses Karrieresystem führt also gezielt einen Wettbewerb und somit konkurrierende Interessen zwischen den beteiligten Mitarbeitern ein. Die Aussicht, als Turniergewinner befördert zu werden, ergibt für alle Kandidaten einen Anreiz, die ihnen übertragenen Aufgaben zielorientiert zu erfüllen.

Die beiden Beispiele zeigen, daß die Einführung konkurrierender Interessen zwischen organisatorischen Einheiten durchaus der Erreichung des Organisationsziels dient. Die Einführung von Wettbewerb soll hier Anreize für die organisatorischen Einheiten schaffen, die ihnen übertragenen Aufgaben adäquat durchzuführen. Ob diese Anreize auf die Förderung der Produktivität einer Division, die Leistungsbereitschaft, Kreativität, Innovationskraft oder Ausbildung des einzelnen Mitarbeiters bzw. einer Abteilung abzielen, hängt von der jeweiligen Situation ab.

Die Manifestation solcher konkurrierender Interessen kann also durchaus zur Effizienz der Organisation beitragen. Dabei darf natürlich nicht übersehen werden, daß eine zu starke Betonung des Konkurrenzprinzips negative Folgen für die Erreichung des Organisationsziels haben kann, indem sie den gemeinsamen Konsens bei der Zusammenarbeit in der Organisation in Frage stellt: So kann bei einem Promotion-Tournament der einzelne Mitarbeiter seine Karrierechancen nicht nur durch Steigerung seiner eigenen Leistung erhöhen, sondern auch durch eine Reduzierung der Leistung der mit ihm konkurrierenden Mitarbeiter. Mangelnde Zusammenarbeit, Intrigen oder sogar die Sabotage der Arbeit der anderen können die Folgen eines solchen Verhaltens sein. Inwieweit dies möglich ist, hängt unter anderem davon ab, welche Interdependenzen zwischen den Mitarbeitern bestehen.

Es ist daher die Aufgabe des Konfliktmanagements, eine für die Erreichung des Organisationsziels adäquate Mischung der kooperativen und konkurrierenden Interessen zu erreichen. Ziel ist es, die strukturellen Rahmenbedingungen der Zusammenarbeit und das Verhalten der Parteien so zu beeinflussen, daß die Konfliktsituation ein "optimales" Konfliktpotential aufweist. Es gilt, die positiven Konsequenzen aus konkurrierenden Interessen zu fördern, hingegen die negativen Konsequenzen aus Interessengegensätzen zu vermeiden. Dies gilt natürlich ebenfalls für kooperative Interessen. So ist es auch Aufgabe des Konfliktmanagements, sogenannte unheilige Allianzen zu verhindern.

1.4.3 Instrumente des Konfliktmanagements

Wir haben gezeigt, daß die Lösung des Organisationsproblems und die Aufgabe des Konfliktmanagements eng miteinander verknüpft sind. Alle Instrumente, die der Lösung des Organisationsproblems dienen, haben auch Auswirkungen auf das Konfliktpotential. Daher sind sie auf ihre Folgen für das Konfliktmanagement zu untersuchen. Gleichzeitig sind sie damit auch Instrumente, die dem Konfliktmanagement zur Verfügung stehen.

Instrumente zur Lösung des Organisationsproblems können unmittelbar auf die Teilprobleme des Organisationsproblems zurückgeführt werden, deren Lösung sie dienen. Wir teilen sie in zwei Kategorien ein, Koordinations- und Motivationsinstrumente.

Zur Lösung des Koordinationsproblems stehen verschiedene Koordinationsinstrumente zur Verfügung. Sie dienen der geeigneten Gestaltung der Interdependenzen verschiedener organisatorischer Einheiten. Im folgenden wollen wir einige der in der Literatur diskutierten Koordinationsinstrumente und ihre Implikationen für das Konfliktmanagement darstellen:

- Abteilungsbildung: Das Kriterium, nach dem bei der Differenzierung mehrere Mitarbeiter zu einer größeren organisatorischen Einheit zusammengefaßt werden, ist entscheidend für den Grad der Interdependenzen zwischen diesen Einheiten.

  Erfolgt die Abteilungsbildung nach dem Verrichtungsprinzip, dann werden gleichartige Teilaktivitäten einer Gesamtaufgabe in einer Abteilung oder Arbeitsgruppe zusammengefaßt. Das führt zu einer Spezialisierung in Funktionsbereiche.

Wir haben aber bereits darauf hingewiesen, daß dann Abteilungsdenken und damit verbunden Interessengegensätze zwischen einzelnen Funktionsbereichen entstehen können. Gleichzeitig erwachsen aus dieser Organisationsform vielfältige Abhängigkeiten zwischen den so gebildeten Funktionsbereichen. Diese Interdependenzen können auch dazu genutzt werden, eigene, vom Organisationsziel abweichende Interessen durchzusetzen: Eine eindeutige Ergebniskontrolle ist aufgrund der Leistungsverflechtungen im allgemeinen nicht möglich, so daß ein unbefriedigendes Ergebnis mit dem Einfluß anderer Funktionsbereiche erklärt werden kann.

Divisionalisierung ist eine Möglichkeit, die Interdependenzen bei einer verrichtungsorientierten Abteilungsbildung zu vermeiden. Anstelle des Verrichtungskriteriums werden hier organisatorische Einheiten nach dem Objektprinzip gebildet. Einzelne funktionsorientierte Tätigkeiten werden nach einem übergeordneten Kriterium gebündelt. Dabei kann man z.B. produkt- oder kundengruppenweise vorgehen. Die so gebildeten Abteilungen sind dann weitgehend unabhängig voneinander. Divisionalisierung verlagert somit die Interdependenzen zwischen Funktionsbereichen auf eine hierarchisch nachgeordnete Ebene in die einzelnen Divisionen. Innerhalb dieser können die bestehenden Interdependenzen dann unmittelbar gestaltet werden, wodurch die Komplexität des Koordinationsproblems reduziert wird. Bei einer vollständigen Aufhebung von Interdependenzen zwischen den einzelnen Divisionen ermöglicht der hohe Grad an Autonomie der Divisionen zudem eine eindeutige Ergebniszurechnung. Dadurch können erfolgsorientierte Leistungsanreize geschaffen und positive Motivationswirkungen erzielt werden.

Der Einsatz der Divisionalisierung als Instrument des Konfliktmanagements kann jedoch nicht in jedem Fall einer funktionalen Organisation vorgezogen werden. In den meisten Fällen können bei der Divisionalisierung Abhängigkeiten zwischen den gebildeten Divisionen bestehen bleiben, etwa bezüglich der Abstimmung von Finanz- und Investitionsplänen. Diese Abhängigkeiten schränken einerseits die eindeutige Zurechenbarkeit der Erfolge und somit die Motivationswirkung ein, andererseits können sie auch zu Ressourcenkonflikten zwischen den Divisionen führen. Darüber hinaus können aufgrund von Autonomiebestrebungen der einzelnen Divisionen Interessengegensätze zur Organisation entstehen.

Aufgrund der geringen Interdependenzen zwischen den Divisionen sind kaum kooperative Interessen vorhanden. Bei funktionalen Organisationen hingegen bildet die gemeinsame Bindung an den Organisationserfolg eine Grundlage für kooperative Interessen der Abteilungen. Daher ist im Einzelfall das Konfliktpotential der beiden Alternativen abzuwägen.

- Entscheidungsbefugnisse. Inwieweit ein Mitarbeiter die Kompetenz zur eigenständigen Aufgabenerfüllung hat, wird durch seinen Entscheidungsspielraum festgelegt. Dieser Spielraum wird von seiner vorgesetzten Instanz an ihn delegiert. Räumt die Instanz ihren nachgeordneten Mitarbeitern keinen Entscheidungsspielraum ein, sind die Entscheidungen vollständig zentralisiert.

Bestehen zwischen den Mitarbeitern Interdependenzen, so kann die vorgesetzte Instanz bei Entscheidungszentralisierung diese unter bestimmten Bedingungen umfassend berücksichtigen. Ihre Entscheidung über die Art und Weise der Durchführung der jeweiligen (Teil-)Aufgabe gibt die Instanz an ihre einzelnen Mitarbeitern durch Anweisungen weiter. Die Interdependenz zwischen Instanz und Mitarbeiter wird hier auf die adäquate Umsetzung der Entscheidung reduziert. Damit ist möglicherweise ein hoher Kontrollaufwand verbunden. Inwieweit eine Entscheidungszentralisierung tatsächlich allen Interdependenzen Rechnung tragen kann, hängt von der Anzahl der Mitarbeiter und dem Grad der Interdependenz zwischen ihnen ab. Eine asymmetrische Verteilung von Informationen zwischen Instanz und Mitarbeiter führt ebenfalls zu einer Erhöhung der Komplexität der Interdependenzen, die der umfassenden Berücksichtigung der Abhängigkeiten bei einer Entscheidungszentralisierung entgegenstehen kann.

Bei einer asymmetrischen Verteilung von Informationen zwischen Instanz und Mitarbeiter führt eine Entscheidungsdelegation dazu, daß der Mitarbeiter seine Informationen in seine Entscheidungsfindung einfließen läßt. Allerdings ist die Interdependenz zwischen Instanz und Mitarbeiter im allgemeinen größer als bei der Entscheidungszentralisierung: Die Instanz ist nicht nur darauf angewiesen, daß der Mitarbeiter seinen Entscheidungsspielraum respektiert, sie weiß in der Regel auch nicht unmittelbar, ob er seinen Entscheidungsspielraum zur Erreichung des Organisationsziels einsetzt. Hier besteht die Gefahr, daß der Mitarbeiter aufgrund seiner relativen Autonomie suboptimale Entscheidungen für die Organisation trifft, um seinen Eigeninteressen nachzukommen. Auch der Umstand, daß die Entscheidungen relevante Informationen des Mitarbeiters berücksichtigen, muß daher für die Organisation nicht zwingend von Vorteil sein. Aber selbst bei einer Konformität der Interessen des Mitarbeiters mit dem Organisationsziel können die Entscheidungen suboptimal sein, da der einzelne Mitarbeiter im allgemeinen keine genaue Kenntnis seiner Abhängigkeiten von den anderen Mitarbeitern hat.

• Weisungsbefugnisse: Die durch die vertikale Differenzierung entstandenen Unter- und Überordnungsverhältnisse begründen die Weisungsbefugnisse von Instanzen.

In Einliniensystemen hat jeder untergebene Mitarbeiter nur eine vorgesetzte Instanz, die ihm gegenüber weisungsberechtigt ist. Dadurch entstehen zwar einerseits klar strukturierte Interdependenzen in vertikaler Richtung, andererseits können bestehende Interdependenzen in lateraler Richtung nur über lange Instanzenwege berücksichtigt werden.

Eine Möglichkeit zur Reduzierung dieser langen Instanzenwege kann die Einführung eines Mehrliniensystems, z.B. in Form des Matrixprinzips, sein. Hier hat jeder untergebene Mitarbeiter mehrere vorgesetzte Instanzen, die ihm gegenüber jeweils für ein bestimmtes Aufgabengebiet weisungsberechtigt sind. Dadurch werden jedoch die klar strukturierten Unterstellungsverhältnisse des Einliniensystems aufgelöst und zusätzliche Interdependenzen zwischen den Instanzen eingeführt, die einem Mitarbeiter vorgesetzt sind: Zum einen müssen die einzelnen Instanzen ihre Anweisungen an den nachgeordneten Mitarbeiter aufeinander abstimmen, was aufgrund ihrer jeweiligen Spezialisierung mit divergierenden Interessen verbunden sein kann. Zum anderen müssen sich die einzelnen Instanzen auch über den zeitlichen Einsatz des Mitarbeiters verständigen, was zu Verteilungskonflikten führen kann.

• Verhaltensnormen: Anweisungen zur Durchführung seiner Aufgabe erhält der Mitarbeiter im allgemeinen durch Verhaltensnormen in Form von persönlichen Weisungen, Plänen, Stellenbeschreibungen oder Programmen. Persönliche Weisungen werden durch die ihm vorgesetzte Instanz fallweise formuliert und können flexibel auf die jeweilige Entscheidungssituationen abstimmt werden. Vorgaben an den Mitarbeiter, die für einen mittleren Zeitraum Gültigkeit haben, werden in Form von Plänen erarbeitet. Längerfristige Anweisungen werden in

Stellenbeschreibungen oder Programmen fixiert.

Die zeitliche Dimension der jeweiligen Verhaltensnorm hat einen Einfluß auf die vertikalen Interdependenzen zwischen Instanz und Mitarbeiter. Je länger eine Verhaltensnorm für das Handeln des Mitarbeiters gilt, desto wahrscheinlicher ist es, daß die Instanz Normverstöße aufdeckt. Da der Mitarbeiter dann Sanktionen befürchten muß, wird er sich eher an der Verhaltensnorm orientieren.

- Organisatorischer Slack: Bei bestehenden Interdependenzen zwischen organisatorischen Einheiten können diese unter Umständen durch die Bildung eines organisatorischen Slacks reduziert werden. Ist bei sequentiellen Interdependenzen eine Einheit auf die Bereitstellung von Faktoren durch eine andere Einheit angewiesen oder greifen zwei Einheiten simultan auf eine gemeinsame Ressource zu, dann können diese Abhängigkeiten durch eine Vorhaltung oder Vergrößerung verfügbarer Ressourcen reduziert werden. Die Einrichtung von Puffern, beispielsweise in Form eines Rohstofflagers zwischen Einkauf und Produktion, oder die Bereitsstellung von Überschußressourcen, wie z.B. in Form größerer Bestände an Fertigprodukten für Verkaufsdispositionen mehrerer Verkäufer, können die bestehenden Interdependenzen entkoppeln.

- Bildung von Arbeitsgruppen: Während Abteilungen im allgemeinen für die Durchführung permanenter Aufgaben in der Organisation eingerichtet werden, können für die Durchführung innovativer Aufgaben Arbeitsgruppen gebildet werden. Eine Arbeitsgruppe bezeichnet dabei eine organisatorische Einheit, bei der Mitarbeiter aus unterschiedlichen Bereichen in Gruppenarbeit eine gemeinsame Aufgabe lösen. Die Arbeitsgruppe besteht in der Regel solange, bis die Aufgabe gelöst ist.

Arbeitsgruppen zeichnen sich im allgemeinen durch einen hohen Grad an Interaktion zwischen den Mitgliedern aus. Die Delegation innovativer Aufgaben an eine Arbeitsgruppe hat den Vorteil, daß die zur Durchführung notwendigen Mitarbeiter aus unterschiedlichen Funktionsbereichen direkt zusammenarbeiten können. Dadurch werden die Instanzenwege verkürzt und damit verbundene Abstimmungsprobleme reduziert.

Da der Arbeitsgruppe die gemeinsame Bearbeitung einer Aufgabe übertragen wird, hat diese einen relativ hohen Grad an Entscheidungsautonomie. Probleme, die wir bereits bei der Divisionalisierung und der Entscheidungsdelegation aufgezeigt haben, können hier ebenfalls auftreten. Zudem entsteht möglicherweise ein Verteilungskonflikt, da die Gruppenmitglieder sowohl in der Arbeitsgruppe als auch in einer anderen organisatorischen Einheit tätig sind. Gruppenarbeit kann sich positiv auf die Motivation der Gruppenmitglieder auswirken: Eine neue und interessante Aufgabe kann der Selbstverwirklichung dienen, die Arbeit in Gruppen kommt eventuell sozialen Bedürfnissen entgegen.

Unsere Diskussion dieser Koordinationsinstrumente macht deutlich, daß sie zwar primär Auswirkungen auf die Interdependenzen zwischen den organisatorischen Einheiten haben, aber sekundär auch die Motivation der Parteien beeinflussen. Beim Einsatz dieser Instrumente sind beide Wirkungen zu berücksichtigen.

Neben den Koordinationsinstrumenten stehen dem Konfliktmanagement auch Motivationsinstrumente zur Verfügung. Motivationsinstrumente sind die Instrumente des Konfliktmanagements, die zur Handhabung von Interessengegensätzen zwischen den Parteien in einem organisatorischen Konflikt eingesetzt werden können. Sie sollen sicherstellen, daß sich die Einzelaktivitäten der verschiedenen organisatorischen Einheiten tatsächlich am konzipierten Koordinationsplan orientieren. Motivationsinstrumente dienen der Verhaltensbeeinflussung der einzelnen organisatorischen Einheiten im Hinblick auf die ihnen zugewiesenen Aufgaben im Rahmen dieses Plans. Im folgenden wollen wir einige der in der Literatur genannten Motivationsinstrumente vorstellen. Dabei werden wir auch auf die Wechselwirkung mit der Koordinationsproblematik hinweisen:

- Direkte Mitarbeiterführung: Ziel der direkten Mitarbeiterführung einer Instanz ist es, die ihr unterstellten Mitarbeiter durch direkte, personelle Beeinflussung ihres Verhaltens so zu führen, daß sie die ihnen zugewiesenen Aufgaben adäquat durchführen. Differenzieren wir nach Tannenbaum und Schmidt (1958) das Führungsverhalten der Instanz nach dem Grad der Partizipation der Mitarbeiter an ihren Entscheidungen, dann können wir zwei extreme Positionen unterscheiden: Bei einem autoritären Führungsstil trifft die Instanz ihre Entscheidungen ohne jegliche Einbindung ihrer Mitarbeiter, informiert diese über die getroffenen Entscheidungen und ordnet deren Durchführung an. Bei einem demokratischen Führungsstil räumt die Instanz ihren Mitarbeitern einen Entscheidungsspielraum ein, innerhalb dessen sie ihre Entscheidungen treffen. Inwieweit das Führungsverhalten der Instanz den Interessen der Mitarbeiter entspricht, ist wesentlich von den persönlichen Interessen und Fähigkeiten des einzelnen Mitarbeiters abhängig. So kann beispielsweise ein autoritärer Führungsstil dann vorteilhaft sein, wenn das Selbstverwirklichungsbedürfnis des Mitarbeiters gering ist und dieser auch nicht die notwendigen Fähigkeiten für eine adäquate Entscheidungsfindung besitzt. Durch einen demokratischen Führungsstil kann sich ein solcher Mitarbeiter überfordert fühlen. Dies kann zu verzögerten oder falschen Entscheidungen führen, so daß eine detaillierte Vorgabe der Entscheidung durch die Instanz sinnvoll ist. Möchte sich hingegen der Mitarbeiter in seiner Arbeit selbst verwirklichen und bringt er auch die entsprechenden Fähigkeiten mit, dann ist ein demokratischer Führungsstil der Instanz vorteilhaft. In diesem Fall identifiziert sich der Mitarbeiter stärker mit seiner Aufgabe und fühlt sich für die Durchführung seiner Entscheidung stärker verantwortlich, als wenn die Instanz eine Entscheidung vorgeben würde.

Der Grad der Partizipation im Führungsverhalten der Instanz hat unmittelbar Auswirkungen auf die Interdependenzen zwischen den beiden Parteien. Ein autoritärer Führungsstil der Instanz ist eine Form der Entscheidungszentralisation. Die Instanz entscheidet nicht nur allein, sie zieht auch im Vorfeld der Entscheidung die Mitarbeiter nicht hinzu. Ein demokratischer Führungsstil ist nur mit einer Entscheidungsdelegation vereinbar. Die Auswirkungen des Führungsstils auf die Interdependenzen ergeben sich daher aus der obigen Diskussion zu den Auswirkung der Delegation von Entscheidungsbefugnissen.

- Arbeitsstrukturierung: Die Aufgabe eines Mitarbeiters hat eine vertikale und eine horizontale Dimension. Die vertikale Dimension umfaßt den Entscheidungsspielraum des Mitarbeiters, die horizontale die Anzahl der Tätigkeiten. Je nach Ausprägung dieser Dimensionen lassen sich verschiedene Konzepte der Arbeitsstrukturierung unterscheiden: Die traditionelle Einzelarbeit ist durch eine hohe Spezialisierung des Mitarbeiters gekennzeichnet, so daß er ausschließlich Tätigkeiten durchführt, die vom Schwierigkeitsgrad ähnlich sind. Job Enlargement erweitert den Tätigkeitsspielraum des Mitarbeiters in horizontaler Dimension, ohne dabei die Aufgabe in vertikaler Dimension zu verändern. Job Enrichment hingegen führt zusätzlich zum Job Enlargement auch zu einer vertikalen Erweiterung der Aufgabe des Mitarbeiters, indem er Tätigkeiten der ihm übergeordneten Instanz übernimmt. Bei teilautonomen Arbeitsgruppen wird im Unterschied zur Einzelarbeit ein Aufgabenkomplex an eine Arbeitsgruppe übergeben. Die Gruppe entscheidet autonom über die vertikale und horizontale Strukturierung des Aufgabenkomplexes und die Teilaufgabenzuweisung an die einzelnen Mitarbeiter.

Welches dieser Konzepte zur Lösung des Motivationsproblems geeignet ist, hängt unter anderem von den Bedürfnissen des Mitarbeiters ab. Sind dessen soziale Bedürfnisse z.B. nicht sehr stark ausgeprägt, wird er die Interaktion mit anderen Mitarbeitern gering halten. Interdependenzen mit anderen Mitarbeitern wird er von sich aus kaum berücksichtigen. Dann wird eine Einzelarbeit seiner Bedürfnisstruktur und den Zielen der Organisation eher gerecht als eine Gruppenarbeit. Sind die Selbstverwirklichungsbedürfnisse eines Mitarbeiters beispielsweise sehr stark ausgeprägt, ist es im Interesse der Organisation und des Mitarbeiters, seine Fähigkeiten möglichst umfassend zu nutzen. Hierzu kann es förderlich sein, ihm mehr Entscheidungskompetenzen, z.B. durch ein Job Enrichment, zu erteilen.

Die Form der Arbeitsstrukturierung hat unmittelbare Konsequenzen für die Interdependenzen zwischen den Mitarbeitern. Die Folgen der vertikalen Erweiterung der Aufgabe für die Interdependenzen wurden bereits oben im Zusammenhang mit der Entscheidungsdelegation diskutiert. Die horizontale Erweiterung der Aufgabe eines Mitarbeiters führt zu einem geringeren Spezialisierungsgrad und somit zu einer Verringerung der horizontalen Interdependenzen zwischen den Mitarbeitern.

- Entlohnungssysteme: Finanzielle Anreize können immer dann eine zielkonforme Durchführung einer Aufgabe fördern, wenn der Mitarbeiter extrinsisch motiviert ist. Dabei sind die Anreize so zu gestalten, daß der Mitarbeiter seine Entlohnung durch eigene Aktivitäten selbst beeinflussen kann. Voraussetzung einer erfolgreichen Verhaltensbeeinflussung ist die Wahl einer geeigneten Bemessungsgrundlage. Angenommen, Gewinn- und Umsatzmaximum einer Organisation fallen aufgrund nicht konstanter Stückkosten auseinander. Dann wäre es für eine gewinnmaximierende Organisation nicht zweckmäßig, ihre Mitarbeiter auf der Basis des erzielten Umsatzes zu entlohnen. Daher ist es sinnvoll, den finanziellen Anreiz am Organisationsziel auszurichten und so zu wählen, daß er direkt vom Mitarbeiter beeinflußbar ist.

Selbst bei geeigneter Bemessungsgrundlage ist eine zusätzliche Voraussetzung für den Einsatz eines solchen leistungsorientierten Entlohnungssystems eine adäquate Leistungserfassung. Hier kann das Problem bestehen, daß der Beitrag des einzelnen Mitarbeiters zum Erreichen des Organisationsziels nicht unmittelbar beobachtbar ist. Kontrollen des Mitarbeiterverhaltens können eine Lösung für dieses Problem sein, wenn die damit verbundenen Kosten hinreichend gering sind. Aber selbst wenn solche Kontrollen möglich sind, kann aufgrund von Interdependenzen des Mitarbeiters mit anderen organisatorischen Einheiten eine eindeutige Erfolgszurechnung nicht möglich sein. In solchen Fällen wirken finanzielle Anreize nur eingeschränkt.

1.5 Zusammenfassung

Notwendige Voraussetzungen für die Existenz von Organisationskonflikten sind Interdependenzen sowie Interessengegensätze zwischen den involvierten Parteien. Somit sind Organisationskonflikte integraler Bestandteil jeder Organisation: Interdependenzen in Organisationen sind unmittelbare Folge der innerbetrieblichen Arbeitsteilung, Interessengegensätze lassen sich aus dem Umstand ableiten, daß Parteien nach individueller Bedürfnisbefriedigung und dem Erreichen eigener Ziele streben.

Neben Interessengegensätzen sind Konfliktsituationen aber auch durch kooperative Interessen der interagierenden Parteien geprägt. Diese gründen sich auf die Vorteile, die die Parteien der Arbeitsteilung beimessen. Dieses Nebeneinander von Kooperation und Konkurrenz ist charakteristisch für das Wesen von Organisationskonflikten. In diesem Sinne haben wir Organisationskonflikte als manifestierte Gegensätze zwischen verschiedenen Gruppen oder Personen (Stakeholdern), die an der Unternehmung spezifische Interessen haben, definiert.

Eine Typologisierung von Konflikten innerhalb einer Organisation nehmen wir anhand der wesentlichen Ausprägungen der Konfliktursachen vor: Interdependenzen zwischen verschiedenen organisatorischen Einheiten können entweder simultaner oder sequentieller Natur sein, je nachdem ob die Parteien ihre Entscheidungen nacheinander (sequentiell) oder gleichzeitig und voneinander unabhängig (simultan) treffen. Interessengegensätze können danach unterschieden werden, ob in

einer Konfliktsituation überwiegend kooperative bzw. überwiegend konkurrierende Interessen vorliegen. In reinen Konkurrenzsituationen existieren ausschließlich
konkurrierende Interessen, in reinen Kooperationssituationen ausschließlich kooperative Interessen.

Aufgabe des Konfliktmanagements ist es, diese beiden Konfliktursachen im
Hinblick auf die Erfüllung des Organisationsziels zu beeinflussen. Dazu stehen
dem Konfliktmanagement sowohl Koordinationsinstrumente als auch Motivationsinstrumente zur Verfügung. Die Koordinationsinstrumente dienen der Gestaltung
der Interdependenzen zwischen den organisatorischen Einheiten, die Motivationsinstrumente zielen auf die Beeinflussung der Interessengegensätze ab. Damit trägt
das Konfliktmanagement zur Lösung des Organisationsproblems bei: Um die Einzelaktivitäten der Organisationsmitglieder auf das Organisationsziel auszurichten,
müssen ihre interdependenten Handlungen koordiniert werden sowie die Organisationsmitglieder zur Erfüllung ihrer Aufgaben motiviert werden. Nicht alle Konflikte
sind jedoch der Erfüllung des Organisationsziels abträglich. Aufgabe des Konfliktmanagements ist es deshalb, funktionale Konflikte zu fördern und dysfunktionale
Konflikte zu vermeiden.

1.6 Literaturhinweise

In der sozialwissenschaftlichen und betriebswirtschaftlichen Literatur gibt es zahlreiche Ansätze, die vielfältigen Formen von Organisationskonflikten zu systematisieren. Je nach Untersuchungszweck werden dabei verschiedene Merkmale zur Be-
griffsdefinition und Typenbildung herangezogen. Eine allgemein akzeptierte Konfliktdefinition oder Konflikttypologie existiert bisher nicht, vielmehr wird das Kon-
fliktphänomen aus einem jeweils anderen Blickwinkel geordnet. Eine Übersicht
zu verschiedenen Definitionen und Typologien geben z.B. Naase (1978), Grunwald
und Redel (1989) oder Glasl (1990).

Einen Überblick zur Verwendung des Begriffs des Interessenkonflikts in den
Sozialwissenschaften und eine Formalisierung des Umfangs von Interessenkonflik-
ten findet sich bei Axelrod (1970). Das Nebeneinander von Interessengegensätzen
und kooperativen Interessen in Konfliktsituationen wird grundlegend bei Schelling

(1960) und Deutsch (1976) behandelt. Für einen Literaturüberblick zur Abgrenzung der Begriffe Konflikt, Konkurrenz und Kooperation siehe Grunwald (1981).

Eine Darstellung des Stakeholder-Ansatzes findet sich bei Mintzberg (1983) oder Freeman (1984). Die Überlegungen zur Teilnahme eines Stakeholders an einer Organisation gehen auf den Organisationsansatz von Barnard (1938) zurück und sind von March und Simon (1958) im Rahmen der Anreiz-Beitrags-Theorie weiterentwickelt worden.

Konfliktursachen und Konfliktgegenstände werden in der konflikttheoretischen Literatur nicht immer stringent gegeneinander abgrenzt. Autoren, die die Konfliktursachen in der Struktur der Konfliktsituation - also in den Interdependenzen - sehen, werden auch als Strukturalisten bezeichnet. Hierzu gehören beispielsweise Boulding (1957), Corwin (1969) oder Seiler (1972). Zu den Personalisten, die die Konfliktursachen in der Person - also in deren Interessen - sehen, gehören die meisten psychologisch orientierten Autoren. Für einen Überblick über die Kriterien, nach denen in der Literatur verschiedene Konfliktgegenstände unterschieden werden, siehe Bleicher (1991).

Spezifische Organisationskonflikte werden in verschiedenen Arbeiten diskutiert: Eine ausführliche Diskussion des Stab-Linien-Konflikts findet sich bei Golembiewski (1967). Zu den klassischen Arbeiten über Abteilungskonflikte gehören die von Seiler (1963), Blake, Shepard und Mouton (1964), Dutton und Walton (1966), Lawrence und Lorsch (1967) sowie Walton und Dutton (1969). Für Konflikte bei der Durchführung innovativer Projekte siehe Bosetzky (1978) und Kieser und Kubicek (1992). Konflikte in Matrixorganisationen untersucht ausführlich Dubbert (1981). Neben einer Darstellung der Interessen der in diesen Konflikten involvierten Parteien werden in diesen Arbeiten zum Teil auch empirische Untersuchungen durchgeführt. Einen Literaturüberblick über empirische Studien gibt Barclay (1991). Empirische Untersuchungen zu Konflikten in deutschen Unternehmen und deren Bedeutung findet sich z.B. bei Wunderer (1985) oder Jeschke (1993).

Die Behandlung des Organisationsproblems als ein Koordinations- und Motivationsproblem geht auf Barnard (1938) zurück. Siehe hierzu auch Frese (1995) oder Milgrom und Roberts (1992). In der organisationstheoretischen Literatur wird in diesem Zusammenhang auch von einem personellen und strukturellen Ansatz gesprochen.

Von den hier dargestellten präventiven Maßnahmen des Konfliktmanagements sind kurative Maßnahmen zu unterscheiden: Diese zielen darauf ab, einen bereits vorhandenen Konflikt zu lösen oder zu handhaben. Für diese Form des Konfliktmanagements siehe insbesondere Glasl (1990). Eine Darstellung der Instrumente des Konfliktmanagements findet sich z.B. bei Oechsler (1979), Krüger (1981) oder Wunderer (1975). Statt von Koordinations- bzw. Motivationsinstrumenten sprechen diese Autoren von strukturellen und personellen Maßnahmen, Gestaltungs- und Steuerungsmaßnahmen bzw. von Maßnahmen der strukturellen und interaktionellen Führung. Eine Diskussion der Vor- und Nachteile von Konflikten findet sich z.B. bei Deutsch (1976) oder Thomas (1976). Eine spieltheoretische Analyse zum Vorteil von Konflikten wird bei Rotemberg und Saloner (1995) gegeben.

2

Spieltheorie als konflikttheoretischer Ansatz

In defense of the assumption that actual behaviour is the same as rational behaviour, it could be argued that, while this is likely to lead to mistakes, the alternative of assuming any particular type of irrationality is likely to lead to even more mistakes. (Sen, 1987)

Entsprechend den vielfältigen Erscheinungsformen von Konflikten verwundert es nicht, daß es eine Vielzahl konflikttheoretischer Ansätze gibt, die das Phänomen des Konflikts untersuchen. Je nach spezifischer Problemsicht der wissenschaftlichen Disziplin werden so Konflikte unter einem bestimmten Betrachtungsaspekt und unter einem bestimmten Erkenntnisinteresse untersucht und erforscht. Dies impliziert unterschiedliche Definitionen des Begriffs Konflikt.

Nach Schelling (1960, S.3) läßt sich die Vielzahl der konflikttheoretischen Ansätze in zwei Gruppen einteilen: Einerseits gibt es solche Theorien, die den Konflikt als einen pathologischen Zustand ansehen und versuchen, seine Ursachen zu erforschen und zu heilen. Hierzu zählt beispielsweise die psychoanalytische Theorie von Freud, die versucht, Konflikte innerhalb einer Person aus der Dominanz stärkerer Motive gegenüber schwächeren Motiven zu erklären. Andererseits gibt es Theorien, die einen Konflikt als Ausgangspunkt ihrer Betrachtungen nehmen und das Verhalten der Konfliktparteien innerhalb dieses Konflikts untersuchen. Hierzu zählt beispielsweise die marxistische Theorie, die von einem Konflikt zwischen Kapital und Arbeit ausgeht und die Konsequenzen dieses Antagonismus untersucht.

Die Spieltheorie ist innerhalb dieser Schematik den konflikttheoretischen Ansätzen zuzuordnen, die das Verhalten der Konfliktparteien in einer gegebenen Konfliktsituation untersuchen. Als eine Erweiterung der Entscheidungstheorie werden in der Spieltheorie Situationen betrachtet, in denen das Ergebnis des Handelns eines Akteurs auch davon abhängig ist, welche Entscheidungen andere Entscheidungsträger treffen. Mit anderen Worten: Eine Partei agiert nicht in einem luftleeren Raum, sondern ihre Entscheidungen stehen in einer Wechselwirkung mit den Entscheidungen anderer Parteien.

In diesem Kapitel sollen die wesentlichen Eckpfeiler der Spieltheorie im Rahmen eines konflikttheoretischen Ansatzes dargestellt werden. In Abschnitt 2.1 stellen wir zunächst den konzeptionellen Rahmen der Spieltheorie vor. Insbesondere gehen wir darauf ein, was strategisches Verhalten in einer Konfliktsituation überhaupt ausmacht. Wir werden dies sowohl aus der Perspektive einer Partei betrachten, die in eine Konfliktsituation involviert ist, als auch die Position eines Konfliktmanagers einnehmen, der versucht, das strategische Verhalten der in einer Konfliktsituation involvierten Parteien im Hinblick auf das Organisationsziel zu steuern.

Abschnitt 2.2 stellt dann das konflikttheoretische Modell vor, das den nachfolgenden Ausführungen zugrunde liegt. Wir betten unsere spieltheoretischen Grundüberlegungen in die in der Literatur eingeführten Modelle ein. Dabei werden wir sowohl das strategische Verhalten in Konfliktsituation als auch das strategische Management von Konfliktsituation in jeweils einem konflikttheoretischen Modell erfassen.

2.1 Zur spieltheoretischen Analyse von Konfliktsituationen

Spieltheorie ist eine Wissenschaft, die sich mit strategischem Handeln in Situationen beschäftigt, in denen mehrere Parteien miteinander interagieren.[1] Ein **Spiel** im Sinne der Spieltheorie ist jede Interaktion, unabhängig davon, ob sie politischen, wirtschaftlichen, militärischen oder sozialen Charakter hat. Wenn die Opposition im Parlament einen Mißtrauensantrag gegen die Regierung stellt, wenn der Supermarkt um die Ecke seine Preise für Leberwurst erhöht, der General überlegt, ob er eher über die rechte oder linke Flanke den Feind angreift oder wenn die Eltern ihren Sohn zum Aufräumen seines Zimmers bewegen wollen - dies alles sind Situationen, die Gegenstand einer spieltheoretischen Analyse sein können. Wesentliches Merkmal dieser Situationen ist die Interdependenz der Parteien: Das Ergebnis des Handelns einer Partei ist nicht nur von ihren eigenen Entscheidungen abhängig, sondern auch von dem Handeln der anderen Partei bzw. Parteien, die in diese Situation involviert ist bzw. sind. Ob der Manager des Supermarkts nach der Preiserhöhung tatsächlich einen höheren Leberwurstumsatz macht, hängt davon ab, wie die Konsumenten auf diese Erhöhung reagieren. Ob es den Eltern gelingt, den Sohn zum Aufräumen zu bringen, liegt an den Konsequenzen, die für den Sohn mit einer Verweigerung verbunden sind ebenso wie an seinen Neigungen - vielleicht ist Aufräumen ja sein Hobby.

Da Spieltheorie davon ausgeht, daß die Parteien in einer Interaktion ihre jeweiligen Interessen vertreten, kann man Spieltheorie auch als eine Theorie der sozialen Konflikte bezeichnen. Unsere Definition einer Konfliktsituation entspricht der eines Spiels im Sinne der Spieltheorie: Mehrere Parteien interagieren miteinander, wobei sie ihre eigenen, zumindest in Teilen, konkurrierenden Interessen vertreten. Jede Konfliktsituation kann als ein Spiel interpretiert werden. Statt von Konfliktparteien wird in der Spieltheorie von Spielern gesprochen. Organisationskonflikte gehören somit zum Untersuchungsgegenstand der Spieltheorie. Die Spieler, die in einen Organisationskonflikt involviert sind, sind die Stakeholder der Organisation.

Im Rahmen des spieltheoretischen Ansatzes werden die Parteien in einer Konfliktsituation nicht in ihrer gesamten Komplexität betrachtet. Vielmehr konzentriert sich die Spieltheorie auf das strategische Handeln der Konfliktparteien. Grundlegend ist dabei die Annahme, daß sich die Konfliktparteien rational verhalten, d.h. die jeweiligen Vor- und Nachteile der verschiedenen Handlungsalternativen abwägen und die Entscheidung treffen, die den individuell größten Nutzen für sie erbringt. Die Spieltheorie stellt zur Untersuchung des Verhaltens der Parteien in Konfliktsituationen eine Reihe analytischer Methoden bereit. Die Analyse geht von einer gegebenen Konfliktsituation aus, die durch die Interdependenzen und Interessengegensätze zwischen den Parteien gekennzeichnet ist. Die Fokussierung auf diese beiden Ursachen einer Konfliktsituation erleichtert es, Konflikte einfacher zu verstehen. Begreift man aber, weshalb es zu Konflikten kommt, kann man das Verhalten der Parteien antizipieren und die Konfliktsituation bereits im Vorfeld geeignet gestalten.

2.1.1   Strategisches Verhalten in Konfliktsituationen

Was unterscheidet strategisches Verhalten in einer Konfliktsituation von dem in der Entscheidungstheorie bekannten Optimierungskalkül? Betrachten wir hierzu zwei Fertigungsplaner, die jeweils in einer Unternehmung für die Produktionsplanung zuständig sind:

Der eine Fertigungsplaner arbeitet in der Automobilindustrie und ist in der Roboterfabrikation für den gesamten Produktionsprozeß verantwortlich. Bei seiner Entscheidung, ob und wann er die Anlage an- und abstellt, erwartet er nicht, daß die Anlage sich gegen seine Entscheidung wendet, da diese kein Eigeninteresse hat. Ihr Funktionieren ist technisch determiniert. Die Anlage ist für den Fertigungsplaner ein exogener Faktor. Sollte die Anlage beispielsweise ausfallen, ist das zufallsbedingt. Seine Produktionsplanung ist somit eine Entscheidung unter exogener Unsicherheit, wie man sie aus der Entscheidungstheorie kennt.

Die Situation für den zweiten Fertigungsplaner ist hingegen gänzlich anders. Er ist in der Werkstattfertigung eines Maschinenbauunternehmens tätig und hat die Aufgabe, für die verschiedenen zu fertigenden Produkte die Planung und Steuerung des Produktionsablaufs durchzuführen. Durch persönliche Weisungen koordiniert er die Produktionsmitarbeiter an den einzelnen Maschinen. Bei seiner Fertigungsplanung muß er berücksichtigen, wie die Mitarbeiter auf eine kurzfristige Umstellung der Fertigung reagieren. Befürchten die Mitarbeiter längere Arbeitszeiten während der Fertigungsumstellung, so kann es sein, daß sie die von ihm gegebenen Anweisungen bewußt ignorieren. Eine Fertigungsumstellung liegt nicht in ihrem Eigeninteresse. Im Unterschied zu seinem Kollegen in der Automobilindustrie muß der Fertigungsplaner hier die einzelnen Produktionsmitarbeiter und ihre Reaktionen auf seine Anweisungen bei seiner Produktionsplanung und -steuerung berücksichtigen. Inwiefern seine Planung tatsächlich umgesetzt wird, ist hier wesentlich davon abhängig, inwieweit er die Mitarbeiter motivieren kann, seinen Anweisungen zu folgen. Seine Produktionsplanung ist eine Entscheidung unter strategischer Unsicherheit.

In unserem Beispiel handeln sowohl der Fertigungsplaner als auch die einzelnen Produktionsmitarbeiter strategisch. Strategisches Verhalten bedeutet, daß eine Partei, hier der Fertigungsplaner, die Wechselwirkung ihrer Interaktionen mit den anderen Parteien, den Produktionsmitarbeitern, in ihr Entscheidungskalkül einbezieht. Dabei müssen die anderen Parteien sowohl in ihren individuellen Zielvorstellungen als auch in ihrem strategischen Verhalten umfassend berücksichtigt werden.

Im einfachsten Fall kann das Verhalten einer anderen Partei als feste Größe in die eigene Entscheidung einbezogen werden. Dann reduziert sich die Entscheidung unter strategischer Unsicherheit auf ein reines Entscheidungsproblem:

Würden die Mitarbeiter in der Werkstattfertigung sich beispielsweise vollständig mit dem Organisationsziel identifizieren und dabei auch längere Arbeitszeiten in Kauf nehmen, dann könnte der Fertigungsplaner seine Entscheidungen treffen, ohne eine mangelhafte Umsetzung seiner Entscheidungen befürchten zu müssen. Dies würde auch gelten, wenn ein Lob für die Motivierung der Mitarbeiter gänzlich ausreichen würde. Auch hier könnte der Fertigungsplaner seine Produktionsentscheidungen unabhängig vom Verhalten der Mitarbeiter festlegen, ein Lob würde hier zu einer Umsetzung seiner Entscheidungen führen. Die vollständige Orientierung einer Partei an einem kollektiven Ziel oder ein Befolgen eines festen Reaktionsschemas determinieren das Verhalten also vollständig.

Natürlich wird nur in Ausnahmefällen das Verhalten einer Partei in einer Konfliktsituation vollständig determiniert sein. In der Regel wird jede Konfliktpartei bei der Abwägung ihrer Handlungsalternativen das strategische Verhalten der anderen Partei berücksichtigen müssen. Hierzu muß sie Erwartungen über das Handeln der jeweils anderen Parteien bilden. In unserem Beispiel aus dem Maschinenbau muß sich der Fertigungsplaner also überlegen, welche Maßnahmen er ergreift, um eine Umsetzung seiner Anweisungen zu gewährleisten. Wir haben in Kapitel 1 diskutiert, daß ihm hierzu eine Reihe verschiedener Motivationsinstrumente zur Verfügung stehen. Inwieweit einzelne Motivationsinstrumente geeignet sind, die Mitarbeiter zu einer Befolgung der Anweisungen zu bewegen, hängt von den Bedürfnissen der Mitarbeiter und deren Einschätzung der Situation ab. So kann eine in Aussicht gestellte Prämie für die rasche Bearbeitung eines kurzfristigen Auftrags die Mitarbeiter tatsächlich motivieren, die Produktion schneller voranzutreiben. Sie kann aber auch ihre Wirkung verfehlen, wenn die Mitarbeiter darauf spekulieren, daß ihnen schließlich doch eine noch höhere Prämie offeriert werden wird. Die Produktionsmitarbeiter ihrerseits werden bei ihrer Entscheidung berücksichtigen müssen, wie der Fertigungsplaner darauf reagiert, wenn sie die Prämie implizit ablehnen. Ist der Arbeitsmarkt beispielsweise flexibel, wird ein solches Verhalten möglicherweise nicht zu einer Prämienerhöhung, sondern zu einer Kündigung führen. Es handelt sich also um eine interdependente Entscheidungssituation: Keine Partei kann ihre optimale Entscheidung treffen, ohne das Verhalten der anderen Partei zu berücksichtigen.

Wir wollen im folgenden diese Überlegungen anhand einer einfachen Konfliktsituation ausführlicher darlegen. Das Beispiel soll verdeutlichen, daß strategisches Verhalten in einer Konfliktsituationen zu ganz überraschendem und auf den ersten Blick unplausiblem Handeln führen kann. Dies wird uns ein erstes Gefühl dafür vermitteln, welche Logik in einer strategischen Interaktion verborgen ist.

Die Wahl eines neuen Mitglieds in eine Projektgruppe _____

Eine Versicherungsgesellschaft hat eine Projektgruppe mit der Konzeption eines neuen Versicherungsprodukts beauftragt. Die Projektgruppe besteht bisher aus drei Mitarbeitern verschiedener Abteilungen: einem Außendienstmitarbeiter, einem Mathematiker und einem Anlagespezialisten. Im Laufe ihrer Zusammenarbeit stellt sich die Frage, ob sie nicht zusätzlich die Kenntnisse eines Juristen bei ihrer Produktentwicklung heranziehen sollten. Allerdings haben die drei Gruppenmitglieder hierzu völlig unterschiedliche Ansichten. Weder herrscht Einigkeit darüber, ob ein eher erfahrener oder ein eher dynamischer Jurist der geeignete Kandidat ist, noch besteht Einvernehmen darüber, ob überhaupt ein Jurist in die Diskussion der Produktidee eingebunden werden soll.

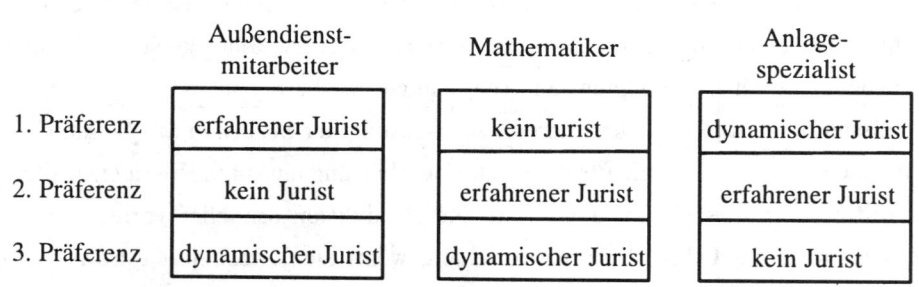

	Außendienst-mitarbeiter	Mathematiker	Anlage-spezialist
1. Präferenz	erfahrener Jurist	kein Jurist	dynamischer Jurist
2. Präferenz	kein Jurist	erfahrener Jurist	erfahrener Jurist
3. Präferenz	dynamischer Jurist	dynamischer Jurist	kein Jurist

Abbildung 2.1:   Die Präferenzen der drei Projektmitarbeiter über die Aufnahme eines Juristen

Die Präferenzen der drei Gruppenmitglieder über diese drei Alternativen sind in Abbildung 2.1 dargestellt.

Die drei Projektmitarbeiter haben sich auf ein Abstimmungsverfahren geeinigt, das wie folgt aussieht: Zuerst wird darüber abgestimmt, ob der erfahrene Jurist oder der dynamische Jurist die Projektgruppe ergänzen sollte. Dann wird in einem zweiten Schritt entschieden, ob man überhaupt die Projektgruppe mit dem jeweiligen Kandidaten ergänzen will. Alle drei Gruppenmitglieder stimmen gleichberechtigt ab. Abbildung 2.2 stellt die Abfolge der einzelnen Wahlschritte in einem Diagramm dar.

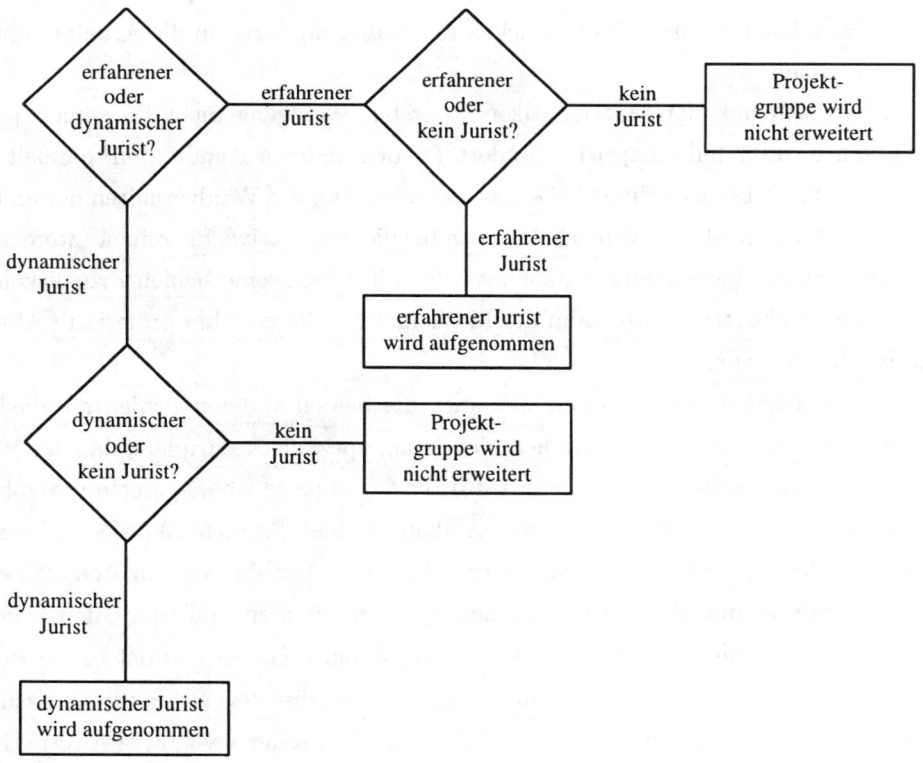

Abbildung 2.2:   Die Wahl eines Juristen als zusätzlichen Projektmitarbeiter

Würden die drei Gruppenmitglieder ihren Präferenzen entsprechend wählen, würde der erfahrene Jurist in die Projektgruppe aufgenommen. Er würde die Wahl gegen seinen dynamischen Kollegen gewinnen, da er sowohl vom Außendienstler als auch vom Mathematiker präferiert wird. Im zweiten Wahlgang würde er dann in die Projektgruppe aufgenommen, da sich nun der Außendienstler und der Anlagespezialist für seine Aufnahme aussprechen würden.

Werden die Gruppenmitglieder tatsächlich so abstimmen? Schauen wir uns hierzu die Position des Mathematikers an. Er könnte wie folgt überlegen: Angenommen, ich stimme im ersten Wahlgang nicht für den erfahrenen, sondern für den dynamischen Juristen. Dann würde er mit zwei Stimmen die erste Wahl gewinnen. Im zweiten Wahlgang würde er nun allerdings nicht in die Projektgruppe gewählt, da der Außendienstler ihn auch nicht in die Arbeitsgruppe aufnehmen will. Dann hätte ich mein Ziel erreicht - es würde kein Jurist in die Arbeitsgruppe aufgenommen.

Wenn sich nun der Mathematiker im ersten Wahlgang nicht für seinen präferierten Kandidaten ausspricht, sondern für den anderen Kandidaten, handelt er strategisch: Er berücksichtigt bei seiner Entscheidung das Wahlverhalten der anderen Projektmitglieder und entscheidet sich für die Alternative, die seinen Interessen letztendlich am besten entgegenkommt. Verhalten sich seine beiden Projektkollegen selbst nicht strategisch, kann der Mathematiker die von ihm präferierte Alternative durchsetzten.

Was passiert nun aber, wenn sich auch die beiden anderen Projektmitglieder strategisch verhalten? Angenommen, der Anlagespezialist antizipiert, daß der Mathematiker strategisch wählt. Dann würde er das in seine Überlegungen miteinbeziehen. Er ist ja auf jeden Fall für die Aufnahme eines Juristen: Würde er also im ersten Wahlgang nicht den dynamischen, sondern den erfahrenen Juristen wählen, würde letzterer nun doch zwei Stimmen auf sich vereinen und somit den ersten und zweiten Wahlgang gewinnen. Damit würde ein erfahrener Jurist in die Projektgruppe aufgenommen. Das zieht der Anlagespezialist der Nichtaufnahme eines Juristen vor. Indem er also im ersten Wahlgang nicht seine bevorzugte Alternative wählt, kann er seine Interessen letztendlich besser durchsetzen. Bei dieser Konstellation kann der Außendienstler seinen Präferenzen entsprechend abstimmen. Der Mathematiker kann an diesem Wahlausgang nichts ändern.

2.1.2   Strategisches Konfliktmanagement

Ziel des Konfliktmanagements ist die Gestaltung der strukturellen Rahmenbedingungen der Konfliktsituation sowie die Steuerung des Verhaltens der organisatorischen Einheiten zur Erreichung des Organisationsziels. Dabei muß das strategische Verhalten der organisatorischen Einheiten berücksichtigt werden. Die Fähigkeit, dieses Verhalten zu antizipieren ist ausschlaggebend dafür, ob das Konfliktmanagement tatsächlich die Realisierung des Organisationsziels ermöglicht.

Im einfachsten Fall einer Dyade muß hier der Vorgesetzte als Konfliktmanager "nur" das strategische Verhalten eines ihm direkt nachgeordneten Mitarbeiters berücksichtigen. Strategisches Konfliktmanagement bedeutet dann, daß er bei der Auswahl der Motivationsinstrumente die unmittelbare Reaktion des Mitarbeiters auf seine jeweiligen personellen Maßnahmen antizipieren muß. In einem ersten Schritt würde der Vorgesetzte also zunächst überlegen, wie der Mitarbeiter auf verschiedene Motivationsinstrumente reagiert, um dann in einem zweiten Schritt daraus das Instrument zu wählen, das ihm für die Umsetzung des Organisationsziels am geeignetsten erscheint.

Strategisches Konfliktmanagement ist wesentlich komplexer, wenn der Vorgesetzte einen nachgeordneten Mitarbeiter nicht isoliert betrachten kann, sondern eine Gruppe von Mitarbeitern führt, deren Verhalten untereinander interdependent ist. Strategisches Konfliktmanagement bedeutet hier, daß der Vorgesetzte bei der Wahl seiner strukturellen und personellen Maßnahmen zusätzlich die interdependenten Reaktionen seiner Mitarbeiter berücksichtigen muß. Er kann also in dieser Situation nicht die Reaktion jedes einzelnen Mitarbeiters isoliert betrachten, sondern muß die strategischen Interaktionen zwischen seinen Mitarbeitern genauso antizipieren wie deren strategische Interaktion mit ihm. Das individuelle strategische Verhalten der Mitarbeiter als Reaktion auf seine Maßnahmen ist also nicht nur durch die jeweiligen Interessen bestimmt, sondern unterliegt auch gruppendynamischen Prozessen. Strategisches Konfliktmanagement stellt also hohe Anforderungen an den Konfliktmanager.

Die Möglichkeiten des strategischen Konfliktmanagements sollen im folgenden anhand einer Konfliktsituation illustriert werden.

Demokratie in einer Unternehmensberatung - Die Wahl zum Seniorberater[2]

In einer größeren, renommierten Unternehmensberatung liegt seit vielen Jahren die Ernennung von Seniorberatern in der Hand der Partner. Sie ernennen die Juniorberater zu Seniorberatern, die sich über einen Zeitraum von drei Jahren besonders ausgezeichnet haben. Juniorberater, die nicht befördert werden, müssen das Unternehmen verlassen und gehen im allgemeinen zu einer weniger renommierten Beratungsgesellschaft oder in die Industrie.

Die überaus hohen Qualitätsanforderungen der Partner haben in den letzten Jahren dazu geführt, daß kein Juniorberater mehr übernommen wurde. Das führte zur Unzufriedenheit der Juniorberater und zu einer spürbaren Demotivation. Die Juniorberater wollten an der Auswahl von Seniorberatern beteiligt sein und forderten hier Mitspracherechte.

Die Seniorberater konnten und wollten das Problem nicht ignorieren. Sie waren gefordert, ein Mitbestimmungssystem zu entwerfen, das sowohl den Bedürfnissen der Juniorberater als auch ihren eigenen Bedürfnissen genügte. Ihr eigentliches Interesse lag in einer möglichst ausgewogenen Beraterstruktur (ein Seniorberater verdiente ein Vielfaches mehr als ein Juniorberater).

Hier ihr neues System: Alle Juniorberater, die innerhalb desselben Zeitraums mindestens drei Jahre bei der Unternehmensberatung arbeiten, sollen in einer gemeinsamen Sitzung selbst darüber entscheiden, wer von ihnen in den Kreis der Seniorberater aufsteigt. Sie sind dabei weder in der Anzahl der Berater, die zu Seniorberatern ernannt werden sollen, noch in deren Auswahl eingeschränkt. Es wird jeder zum Seniorberater ernannt, der durch eine Mehrheitsabstimmung gewählt wird. Vor der Abstimmung der Juniorberater über die Ernennung zum Seniorberater erhält jeder eine persönliche Beurteilung seiner bisherigen Tätigkeiten. Hierzu erstellen die Partner im Vorfeld eine Rangfolge unter den Juniorberatern und teilen jedem einzelnen vor der Abstimmung seinen Rangplatz mit.

Auf den ersten Blick erscheint dieses demokratische Mitbestimmungssystem ausgesprochen großzügig. Der Forderung der Juniorberater nach Mitbestimmung wird umfassend entsprochen. Zu Anfang der ersten Sitzung nach der Systemumstellung sind die derzeit zehn Juniorberater, die vor dem Sprung zum Seniorberater stehen, von dem neuen demokratischen System begeistert und loben die Partner für ihr Entgegenkommen in der Frage der Mitbestimmung. Sie gehen davon aus, daß sie nun alle zu Seniorberatern ernannt werden.

Die Juniorberater haben ein gemeinsames Ziel: den Aufstieg. Hält dieses kollektive Interesse? Die Außenwirkung, die ein Aufstieg in der Unternehmensberatung erzielt, ist um so größer, je weniger Juniorberater aufsteigen, da ein Aufstieg Qualität signalisiert. Betrachten wir nun einen der besseren Juniorberater. Jeder Juniorberater, der einen schlechteren Rangplatz hat als er, mindert die Außenwirkung seines Aufstiegs: Würden alle zehn Juniorberater aufsteigen, ginge die Außenwelt davon aus, daß sie alle gleich qualifiziert sind. Der Juniorberater, der in seine Qualität investiert hat, weiß aber nun, daß das nicht so ist. Er möchte nicht als genauso gut gewertet werden wie die Berater, die in der Rangfolge nach ihm kommen. Also plädiert er dafür, doch den schlechtesten Juniorberater mit Rangplatz 10 nicht zum Seniorberater vorzuschlagen. Klar, daß dieser Antrag mehrheitlich angenommen wird, denn alle neun Berater, die besser sind als der schlechteste Kollege, hätten einen Vorteil, wenn sie zustimmen würden. Nur der Berater, der Rangplatz 10 hat, wird dagegen stimmen.

Werden also neun Juniorberater den Sprung zum Seniorberater schaffen? Schauen wir uns an, was passiert wenn ein Juniorberater zusätzlich vorschlägt, nur die acht Besten zum Seniorberater vorzuschlagen. Die acht besten Kollegen werden dem Vorschlag zustimmen. Der nun ausgeschlossene Berater auf Rang 9 wird natürlich dagegen stimmen, aber dies ändert nichts am Ausgang der Entscheidung. Interessant ist nun das Verhalten des bereits ausgeschlossenen Juniorberaters: Er hat nämlich auch einen Anreiz, für den Ausschluß des zweitschlechtesten zu stimmen. Wird der Antrag angenommen, ist er nun nicht mehr der einzige, der die Unternehmensberatung verlassen muß. Dann kann aber auch kein Außenstehender schließen, daß er der schlechteste Juniorberater der letzten drei Jahre ist.

Diese Logik der strategischen Interaktion setzt sich fort, bis am Ende der Vorschlag gemacht wird, keinen Juniorberater zum Seniorberater vorzuschlagen. Die individuellen Präferenzen der Juniorberater führen wie in allen Fällen zu einer Annahme des Vorschlags mit 9:1. Die neun schlechtesten werden dafür stimmen, denn so können sie vermeiden, daß keiner von ihnen aufgrund seines Weggangs von der Unternehmensberatung als schlechter Juniorberater angesehen werden wird. Nur der beste Kandidat wird nicht für diesen Vorschlag stimmen.

Wie wir sehen, haben die Partner ihre eigenen Interessen natürlich auch nicht aus den Augen verloren.

2.1.3   Zur Modellierung von Konfliktsituationen

Da sich Konfliktmanagement mit der strategischen Gestaltung von Konfliktsituationen befaßt, ist zunächst eine Untersuchung des strategischen Verhaltens der Parteien erforderlich. Hierfür ist eine eingehende Diagnose der Struktur der Konfliktsituation notwendig. Ohne Kenntnis der entsprechenden Rahmenparameter, die die Konfliktsituation beeinflussen, kann weder eine Analyse des Verhaltens noch ein adäquates Konfliktmanagement durchgeführt werden. Basis der Analyse des strategischen Verhaltens der Konfliktparteien ist eine adäquate Modellierung der Konfliktsituation. Dieser Modellierung kommt entscheidende Bedeutung zu.

Wir setzen im folgenden, so wie bei allen spieltheoretischen Modellierungen des strategischen Verhaltens von Parteien, stets die Konfliktsituation als gegeben voraus. Daher werden die Beziehungen zwischen den Parteien, ihre Zielsetzungen und die Konfliktgegenstände nicht hinterfragt. Im Unterschied etwa zu konfliktpsychologischen Ansätzen wird bei der Analyse von Konflikten also nicht nach den Gegenständen der Auseinandersetzung gesucht oder die Bildung der Präferenzen thematisiert, die die Parteien bezüglich der Konfliktgegenstände haben. Bei der spieltheoretischen Modellierung werden vielmehr die kooperativen und konkurrierenden Interessen der Konfliktparteien bezüglich des Konfliktgegenstands identifiziert, die wiederum das Verhalten der Parteien bestimmen.

Die Rahmenparameter einer Konfliktsituation ergeben sich unmittelbar aus unserer Konfliktdefinition:

(1) Konfliktparteien

Zunächst muß bestimmt werden, wer in eine Konfliktsituation involviert ist und welche Interessen er dabei verfolgt. Sind die Konfliktparteien unmittelbar an der Konfliktsituation beteiligt oder können sie im Konfliktverlauf in das Geschehen eingreifen? Handeln sie individuell oder korporativ?

Ob die Parteien Individuen oder größere organisatorische Einheiten sind, kann sich auf die von den Parteien vertretenen Interessen auswirken. Bei einem einzelnen Mitarbeiter sind seine individuellen Interessen durch persönliche und strukturelle Faktoren bestimmt. Die Identifikation der Interessen auf Gruppenebene bedarf einer zusätzlichen Analyse der Sozialstruktur innerhalb der organisatorischen Einheit: Wer bestimmt die Interessen der Einheit? Wer ist für das Handeln der Gruppe verantwortlich? Hier müssen gegebenenfalls die Schlüsselpersonen innerhalb der Einheit ebenso wie deren Beziehungen zu den anderen Gruppenmitgliedern identifiziert werden. Welche Kohäsion weist die Einheit auf? Der Zusammenhalt der Mitarbeiter und die Stärke des Gruppendrucks bestimmen entscheidend, inwieweit man tatsächlich von einem homogenen Gruppeninteresse sprechen kann.

(2) Konfliktgegenstände

Konfliktgegenstände sind ebenfalls Parameter der Konfliktsituation. Sie zeigen auf, hinsichtlich welcher Punkte die Parteien konkurrierende Interesse haben. Dabei können die Konfliktgegenstände objektiver oder subjektiver Natur sein. Ein Beispiel für einen objektiven Konfliktgegenstand ist eine unklare Kompetenzverteilung in einer Matrixorganisation, wenn der Produkt- und der Funktionsmanager unterschiedliche Interessen verfolgen. Ein subjektiver Konfliktgegenstand kann etwa die Arbeitsanweisung eines Vorgesetzten sein, wenn sie vom Mitarbeiter nicht so verstanden wird, wie sie intendiert ist.

Neben den Konfliktgegenständen ist auch das Interesse, das die Parteien an ihnen haben, näher zu analysieren. Hierzu gehört die Identifikation der Bedeutung, die diese Konfliktgegenstände für die Parteien haben: Die Starrheit, mit der diese an bestimmten Punkten festhalten, gibt hier Aufschluß darüber, mit welcher Intensität sie ihre Interessen durchsetzen wollen. Zudem muß geklärt werden, in welchem Umfang die Interessen der Parteien tatsächlich konkurrieren.

Weiterhin ist zu ermitteln, inwieweit die Parteien jeweils die Interessen der anderen Parteien an den Konfliktgegenständen einschätzen können. Im allgemeinen kennt eine Partei nur ihre eigenen Interessen und ist über die der anderen Parteien nur unvollständig informiert. Hierüber wird sie daher Erwartungen bilden.

(3) Verlauf der Interaktion

Die Abfolge der Aktionen der einzelnen Konfliktparteien bestimmt ihr strategisches Verhalten. Daher müssen die einzelnen Entscheidungszeitpunkte identifiziert werden, zu denen die Parteien jeweils agieren können. Die zeitliche

Abfolge der Aktionen und Reaktionen der Parteien bestimmt den Verlauf und den Ausgang des Konflikts.

Der Verlauf der Interaktion zwischen den Parteien ist im allgemeinen durch die horizontale und vertikale Differenzierung der Organisation vorbestimmt: Die sequentiellen und simultanen Interdependenzen bestimmen hier die zeitliche Abfolge der Aktionen der Konfliktparteien. Die Art der Interdependenz bestimmt die Unsicherheit einer Partei bezüglich des bisherigen Handelns der jeweils anderen Parteien. Bei sequentiellen Interdependenzen kann eine Partei ihr Verhalten vom bisherigen Konfliktverlauf abhängig machen, bei einer simultanen Interdependenz muß sie hingegen Erwartungen über das Handeln der anderen Parteien bilden.

(4) Strategien der Parteien

An jedem der im Verlauf der Interaktion identifizierten Entscheidungszeitpunkte sind die Handlungsalternativen zu bestimmen, über die die handelnde Partei verfügt. Auch diese sind durch die Organisation wesentlich determiniert: Der Umfang der Entscheidungsbefugnisse oder die zugewiesenen Verfügungsrechte über Ressourcen grenzen beispielsweise die Entscheidungsalternativen ein, die eine Partei überhaupt besitzt.

Aus den Handlungsalternativen einer Partei zu jedem ihrer Entscheidungszeitpunkte leiten sich die Strategien der Konfliktpartei ab. Eine **Strategie** der Partei ist dann ein Plan über das eigene Handeln zu jedem ihrer Entscheidungszeitpunkte in der Konfliktsituation.

(5) Konsequenzen aus der Interaktion

Schließlich sind die Konsequenzen für die Parteien aus der Interaktion zu bestimmen. Für jeden möglichen Verlauf der Interaktion müssen hier alle Vor- und Nachteile für die einzelnen Parteien identifiziert werden. Hierzu gehören unter anderem der individuelle Nutzen, der sich aus der Befriedigung der Bedürfnisse ergibt, und mögliche Sanktionen, die von anderen Parteien eingesetzt wurden, um das Verhalten zu steuern.

Die angeführten Aspekte zeigen, welche Parameter grundsätzlich bei der Modellierung einer Konfliktsituation von Bedeutung sind. Ihre Analyse kann in unterschiedlichen Detaillierungsgraden erfolgen. Der höchste Detaillierungsgrad ist nicht unbedingt der Angemessene für die Modellierung der Konfliktsituation. Um das strategische Verhalten der Parteien zu analysieren, sind vielmehr nur diejenigen Aspekte relevant, die wesentlichen Einfluß auf ihr Handeln haben. Die spieltheoretische Modellierung einer Konfliktsituation abstrahiert in geeigneter Weise von realen Konfliktsituationen und berücksichtigt nur die Aspekte, die für das Verständnis von Konflikt oder Kooperation wesentlich sind.[3]

Betrachten wir zur Illustration der Vorgehensweise beispielweise die Identifikation der Strategien einer Partei. Die vollständige Modellierung einer Konfliktsituation erfordert hier eine präzise Bestimmung der Handlungsalternativen, die einer Partei zur Verfügung stehen:

Ein Mitarbeiter, der für die Verteilung der Post in einer Unternehmung zuständig ist, kann die Geschwindigkeit der Postzustellung in einem gewissen Umfang variieren. Er kann auch das Ausmaß seiner Ausdauer variieren, indem er selbst festlegt, wie hartnäckig er eine persönliche Briefzustellung verfolgt. Es ließen sich hier noch viele andere Faktoren anführen, auf die der Mitarbeiter einen direkten Einfluß hat und die die "Güte" seiner Aufgabendurchführung beeinflussen.

Welche dieser vielfältigen Handlungsmöglichkeiten sollen nun in einem spieltheoretischem Modell eines Konflikts zwischen dem Mitarbeiter und seinem Vorgesetzten berücksichtigt werden? Die Beantwortung dieser Frage hängt wesentlichen von dem ab, was unser Modell aufzeigen soll. Wenn der Vorgesetzte beispielsweise sicherstellen will, daß der Mitarbeiter die eingegangene Post eines Tages auch an demselben Tag weiterleitet, genügt eine Beschränkung der möglichen Handlungsalternativen auf zwei: Entweder der Mitarbeiter trägt die Post gemäß den Weisungen aus, oder er tut es nicht. Für eine Beantwortung der Frage, ob dem Vorgesetzten dies mit einem von ihm gewählten Motivationsinstrument gelingt, genügt diese radikale Einschränkung der tatsächlichen Konfliktsituation vollkommen. Will der Vorgesetzte darüber hinaus sicherstellen, daß die Post möglichst schnell und fehlerfrei beim Empfänger ankommt, muß er auch in Betracht ziehen, wie die Zustellung erfolgt.

Unsere bisherigen Ausführungen haben bereits gezeigt, daß es wesentlich ist, im Vorfeld der eigentlichen Modellierung die Rahmenbedingungen der Konfliktsituation sorgfältig zu prüfen. So sollte man vorsichtig sein, daß man die Interaktion zwischen den Parteien nicht zu isoliert betrachtet. Eine Konfliktsituation zwischen zwei Parteien kann manchmal Teil einer umfassenderen Konfliktsituation sein. Ist dies der Fall, dann wird man im allgemeinen nicht erwarten können, daß das Verhalten in der isolierten Konfliktsituation mit dem Verhalten in der tatsächlich umfassenderen Konfliktsituation übereinstimmt. Auch sollte nicht übersehen werden, daß gerade den Beziehungen zwischen verschiedenen Konfliktparteien in Organisationen eine gewisse Dynamik eigen ist. Die Parteien interagieren hier über einen längeren Zeitraum und reagieren aufeinander. Die Modellierung einer solchen Konfliktsituation als eine einmalige würde den Kern der Interaktion nicht treffen.

2.2   Das konflikttheoretische Modell

Strategisches Konfliktmangement erfordert ein zweistufiges Vorgehen: In einer gegebenen Konfliktsituation müssen wir uns zunächst eine Vorstellung darüber bilden, welche der möglichen Strategien die Parteien überhaupt wählen werden und ob das Ergebnis ihrer Interaktion dann im Sinne des Organisationsziels ist. Hierbei gehen wir davon aus, daß die Rahmenparameter der Konfliktsituation konstant sind. In einem zweiten Schritt variieren wir dann systematisch diese Parameter, um zu sehen, wie sich damit das Ergebnis der Interaktion der Konfliktparteien verändert und ob es der Erreichung des Organisationsziels näher kommt.

Die Instrumente, die das Konfliktmanagement einsetzt, verändern die Rahmenparameter der Konfliktsituation. Eine systematische Variation der Parameter bezieht diese mit ein und ermöglicht so, die Wirkungen der einzelnen Instrumente des Konfliktmanagements auf das Verhalten der Parteien zu prognostizieren. Erst wenn hier das individuelle Entscheidungsverhalten in Abhängigkeit von den jeweils eingesetzten Instrumenten berücksichtigt wird, können die Instrumente ausgewählt werden, die die Umsetzung des Organisationsziels gewährleisten.

Das zweistufige Vorgehen bei der Untersuchungen von Konfliktsituationen knüpft an die von Thomas (1976) eingeführte Betrachtung von Konflikten an: Das Verhalten der Parteien in einer gegebenen Konfliktsituation bei gegebenen Rahmenparametern betrachten wir in einem **Prozeßmodell der Konfliktsituation**. Die Variation der Parameter unter Berücksichtigung der Instrumente des Konfliktmanagements erfolgt in einem **Strukturmodell der Konfliktsituation**.

2.2.1 Das Prozeßmodell einer Konfliktsituation

Das Prozeßmodell bildet einen Organisationskonflikt als einen dynamischen Prozeß ab, der durch eine Folge von **Konfliktepisoden** charakterisiert ist. Unter einer Konfliktepisode verstehen wir dabei einen Teil des gesamten Organisationskonflikts, der durch die folgenden fünf Phasen gekennzeichnet ist:

(1) Entstehung einer Konfliktsituation

(2) Wahrnehmung der Konfliktsituation

(3) Verhalten einer Konfliktpartei

(4) Reaktion der anderen Konfliktparteien - Interaktion

(5) Konsequenzen aus der Interaktion

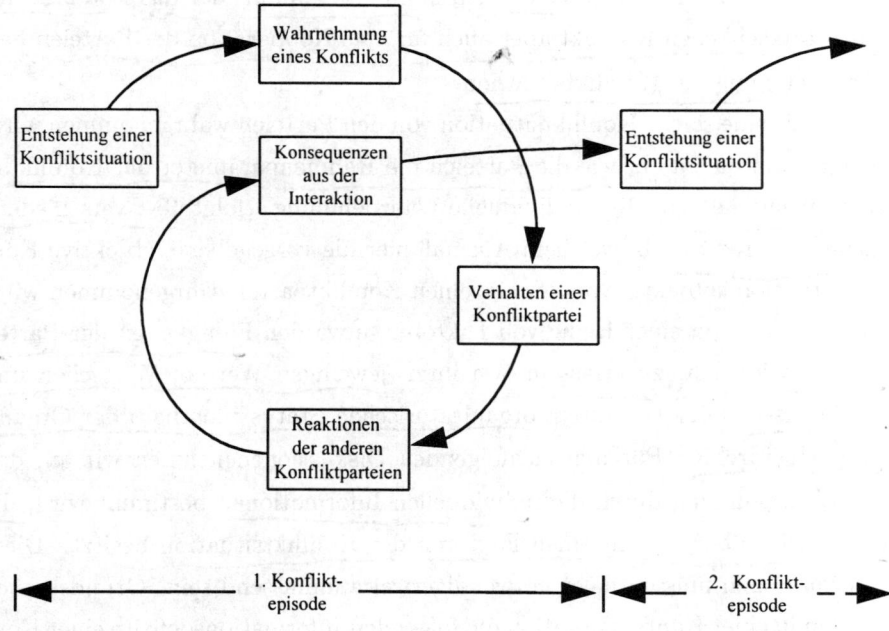

Abbildung 2.3: Das Prozeßmodell einer Konfliktsituation

Die obige Abbildung stellt die Aufeinanderfolge von zwei Konfliktepisoden mit den jeweiligen Phasen des Konfliktverlaufs dar. Im Prozeßmodell einer Konfliktsituation hat jede der einzelnen Phasen innerhalb einer Konfliktepisode einen Einfluß auf die jeweils nachfolgende Phase. So bestimmt die individuelle Wahrnehmung der Konfliktsituation, wie sich die Konfliktpartei verhält. Das Verhalten der Konfliktpartei bestimmt wiederum das Verhalten der anderen Parteien, die in die Konfliktsituation involviert sind. Die Konsequenzen der Interaktion, also der Ausgang der Konfliktbeziehung, sind dann das Ergebnis des gemeinsamen Handelns. Diese sind im allgemeinen Ausgangspunkt einer nächsten Konfliktepisode.

Wir wollen im folgenden näher auf die einzelnen Phasen einer Konfliktepisode eingehen:

(1) Entstehung einer Konfliktsituation

Wir haben im ersten Kapitel Interdependenzen und Interessengegensätze zwischen organisatorischen Einheiten als Konfliktursachen identifiziert und eingehend diskutiert. Sie führen zu einem latenten Konflikt, der das Potential für einen tatsächlichen Konflikt aber auch für eine Kooperation der Parteien hat.

(2) Wahrnehmung der Konfliktsituation

Inwieweit eine solche Konfliktsituation von den Parteien wahrgenommen wird, hängt dann davon ab, wie die Parteien die Rahmenparameter der Konfliktsituation einschätzen.[4] Ihre individuelle Wahrnehmung erfolgt über verschiedene kognitive Prozesse. In welchem Ausmaß hier die vorgegebene, objektive Konfliktsituation subjektiv von der einzelnen Konfliktpartei wahrgenommen wird, ist abhängig von einer Reihe von Faktoren, etwa den Fähigkeiten der Partei, die Situation klar zu erfassen, von ihren jeweiligen Werten, Wünschen und Bedürfnissen oder von ihrem organisatorischen Status innerhalb der Organisationshierarchie. Für die nachfolgenden Diskussionen nehmen wir an, daß die Wahrnehmung durch die individuellen Informationen bestimmt wird, die eine Partei über die einzelnen Faktoren der Konfliktsituation besitzt. Diese Informationen müssen nicht notwendigerweise umfassend sein. Grundsätzlich können in einer Konfliktsituation die folgenden Informationsdefizite einer Konfliktpartei auftreten:

Exogene Unsicherheit: In der Regel ist das Ergebnis der Interaktion zwischen den Konfliktparteien nicht nur durch ihr individuelles Verhalten bestimmt, sondern hängt auch von exogenen Faktoren ab. Diese Faktoren können von keiner der Parteien beeinflußt werden. Nur in Ausnahmefällen hat eine Konfliktpartei vollständige Kenntnis über die Ausprägung aller ergebnisrelevanten exogenen Faktoren. So kann beispielsweise ein Außendienstmitarbeiter einer Versicherung nicht exakt voraussagen, inwieweit seine Bemühungen, neue Kunden zu akquirieren, im nächsten Monat erfolgreich sein werden. Hier spielt die gesamtwirtschaftliche Situation ebenso wie die individuelle Situation jedes einzelnen potentiellen Kunden eine Rolle.

Imperfekte Informationen: Eine Konfliktpartei besitzt in einer Konfliktsituation imperfekte Informationen, wenn ihr nicht zu jedem Zeitpunkt der Interaktion die gesamte Historie der Beziehung bekannt ist. Die Partei hat also in einer bestimmten Konfliktepisode nur partielle Informationen über das bisherige Handeln einer anderen Partei sowohl in dieser als auch in früheren Konfliktepisoden. Dies schließt insbesondere auch den Fall ein, daß eine Partei vergißt, wie sie sich selbst zu einem früheren Zeitpunkt verhalten hat. Imperfekte Informationen liegen auch vor, wenn eine Konfliktpartei unsicher darüber ist, ob eine andere Partei bereits gehandelt hat oder nicht. Ein Vertriebsleiter hat z.B. imperfekte Informationen, wenn er die Leistungen seines Außendienstmitarbeiters beurteilt: Er wird im allgemeinen die tatsächlichen Akquisitionsbemühungen seines Mitarbeiters nicht unmittelbar beobachten können und trotz vorliegender Kennzahlen oder anderer zugänglicher Daten lediglich partielle Informationen über dessen Einsatz haben.

Unvollständige Informationen: Ein Informationsdefizit besteht auch, wenn eine Konfliktpartei über bestimmte Rahmenparameter der Konfliktsituation schlechter informiert ist als eine andere Partei. Kennzeichen dieser unvollständigen Informationen ist also ein Informationsvorsprung der anderen Partei. Unvollständige Informationen können sich dabei auf viele der oben genannten Rahmenparameter der Konfliktsituation beziehen: Eine Partei kann beispielsweise unsicher darüber sein, welche anderen Parteien überhaupt in die Interaktionen involviert sind. Die unvollständige Kenntnis einer Partei kann sich auch auf die Interessen der anderen Parteien beziehen oder auf deren tatsächliche Handlungsmöglichkeiten. Ebenso kann eine Partei weniger Informationen über die Ausprägung von exogenen Faktoren haben als eine andere Konfliktpartei und so die Konsequenzen aus dem gemeinsamen Handeln schlechter einschätzen. In unserem Versicherungsbeispiel hat der Außendienstmitarbeiter bessere Kenntnisse über spezifische Charakteristika der potentiellen Kunden als sein

Vorgesetzter. Auch ist denkbar, daß der Mitarbeiter sein Akquisitionspotential besser einschätzen kann als der Vertriebsleiter.

(3) Das Verhalten einer Konfliktpartei

Die individuelle Wahrnehmung der Konfliktsituation bestimmt das Verhalten der Konfliktparteien. Nicht die tatsächliche Konfliktsituation ist hier handlungsrelevant, sondern die mit den genannten Informationsdefiziten behaftete Wahrnehmung der Situation.

Grundlegend für das strategische Verhalten einer Konfliktpartei ist die Annahme, daß sie stets versucht, ihre eigenen Präferenzen in der von ihr wahrgenommenen Situation möglichst gut durchzusetzen. Unterstellt wird hier, daß die Partei rational handelt, also die Vor- und Nachteile aller Handlungsalternativen abwägt und danach die Alternative wählt, die ihr den größten Erfolg verspricht. Rationalität in diesem Sinne setzt voraus, daß sich die Konfliktpartei über ihre Handlungsalternativen bewußt ist sowie klare und konsistente Vorstellungen über ihre Präferenzen hat. Sie bildet Erwartungen über ihre Informationsdefizite und wählt ihr Handeln bewußt im Rahmen eines Optimierungsprozesses aus. Das bedeutet auch, daß die Partei Vorstellungen darüber entwickeln muß, wie sich die anderen Konfliktparteien in der Konfliktsituation verhalten werden.

Strategisches Verhalten bedeutet, daß eine Konfliktpartei aus der Menge ihrer Handlungsalternativen diejenige auswählt, die unter Berücksichtigung des Verhaltens der anderen Konfliktparteien am ehesten zur Befriedigung ihrer eigenen Bedürfnisse führt. Eine Konfliktpartei kann sich nur strategisch verhalten, wenn sie davon ausgehen kann, daß die anderen Parteien nicht irrational handeln: Ist dies nicht gegeben, kann die Partei über das Handeln der anderen Parteien keine konsistenten Erwartungen bilden. Sie kann den Konfliktverlauf daher in keiner Weise vorhersagen. Somit ist es ihr nicht möglich, das Verhalten der anderen Konfliktparteien bei ihrem eigenen Verhalten zu berücksichtigen.

Im folgenden gehen wir deshalb davon aus, daß sich alle Konfliktparteien rational verhalten. Diese Annahme schließt nicht aus, daß das Verhalten einer anderen Konfliktpartei durch ein festes Verhaltensschema oder durch eine kompromißlose Orientierung an einem bestimmten Ziel determiniert ist. Da wir im Rahmen des spieltheoretischen Konfliktansatzes von gegebenen Präferenzen der Konfliktparteien ausgehen und darauf aufbauend ihr Verhalten in Konfliktsituation untersuchen, ist ein solches Verhalten mit unserer Rationalitätsannahme vereinbar: Die Ausrichtung des Handelns an festen Routinen hat dann offenbar größere Vorteile für eine Partei als andere mögliche Handlungsalternativen. Somit orientiert sich das Verhalten der Partei an ihren Bedürfnissen. Auch das Routineverhalten einer Partei kann daher Resultat einer rationalen Entscheidung sein.

Strategisches rationales Verhalten schließt nicht aus, daß das Verhalten einer Konfliktpartei auch emotionale Züge zeigen kann: So kann eine Konfliktpartei durchaus auf Handlungen einer anderen Partei mit Wut reagieren. Strategisches Verhalten der Konfliktpartei setzt hier voraus, daß sie die Entscheidung "wütend zu sein" gegenüber anderen Alternativen nach Kosten und Nutzen abgewogen hat. Wut wird sich hier aber nicht unmittelbar zeigen, sondern nur mittelbar durch die Wahl dieser Handlungsalternative. Die Annahme der Rationalität einer Konfliktpartei schließt aus, daß Aspekte wie Wut, Rache, Großzügigkeit oder Vergeltung allein einen Erklärungswert für Verhalten in Konfliktsituationen haben. Wo solche nichtrationalen Verhaltenselemente der Konfliktparteien einen großen Einfluß auf ihr tatsächliches Handeln haben, werden sie über Handlungsalternativen und Nutzenzuweisungen in unsere Analyse mit einbezogen.

Eine scheinbar einseitige Modellierung einer Konfliktsituation bedeutet nur, daß die nichtrationalen Verhaltenselemente für die modellierte Fragestellung von nachrangiger Bedeutung sind: Will eine Organisation beispielsweise ihr Entlohnungssystem so gestalten, daß ihre Mitarbeiter sich aus eigenem Interesse am Organisationsziel orientieren, so geht sie nicht davon aus, daß alle ihre Mitarbeiter ausschließlich durch monetäre Anreize zielkonform gesteuert werden könnten. Den Mitarbeitern, die sich aus nicht-monetären Motiven heraus am Organisationsziel orientieren, entsteht aus einem solchen Entlohnungssystem kein Nachteil. Gibt es aber die Möglichkeit, daß einer der Mitarbeiter ohne diese monetären Anreize nicht im Interesse der Organisation handelt, so verbessert das anreizgerechte Entlohnungssystem die Position der Organisation. Dabei spielt es im übrigen keine Rolle, ob der Mitarbeiter aus nichtrationalen Verhaltenselementen heraus die Organisationsziele vernachlässigt, solange er auf monetäre Anreize reagiert.

Der Vorteil der Rationalitätsannahme unseres konflikttheoretischen Ansatzes liegt darin, daß durch sie ein grundlegendes Prinzip für die Analyse von Konfliktsituationen vorgegeben wird. Man erhält einen Maßstab für die Beurteilung der Handlungsalternativen der Konfliktparteien, eine Voraussetzung für ein Konfliktmanagement, das darauf abzielt, die Konfliktsituation geeignet zu gestalten.

(4) Reaktion der anderen Konfliktparteien - Interaktion

Die vierte Phase einer Konfliktepisode stellt auf die Interaktion zwischen den Konfliktparteien ab. Dabei wird das Verhalten der agierenden Konfliktpartei, das wir in unseren Ausführungen zu Phase drei bereits beschrieben haben, als Ausgangspunkt der Interaktion angesehen.

Zur Bestimmung der besten Reaktion der anderen Konfliktparteien ist es dabei sinnvoll, die Interdependenzen der verschiedenen Parteien in der Konfliktsituation zu berücksichtigen. Hierbei ist die von uns getroffene Unterscheidung zwischen sequentiellen und simultanen Interdependenzen sehr wichtig. Diese zwei Formen der Interaktion haben entscheidenden Einfluß darauf, wie eine der anderen Konfliktparteien auf das Verhalten der agierenden Konfliktpartei antwortet:

Bei einer sequentiellen Interdependenz ist das Verhalten der agierenden Konfliktpartei für die anderen Parteien gegeben und bildet die Grundlage für deren Reaktion, die sie auf dieses Verhalten konditionieren können. Diese Möglichkeit, die eigene Handlung auf die einer anderen Partei konditionieren zu können, ist das entscheidende Charakteristikum einer sequentiellen Interdependenz.

Stehen die Parteien hingegen in einer simultan interdependenten Beziehung, können die Parteien ihr Verhalten nicht vom Handeln der agierenden Partei abhängig machen. Sie werden bei ihrer Alternativenwahl aber das mögliche Verhalten der agierenden Partei berücksichtigen wollen. Daher werden sie sich bei der Bestimmung ihres Verhaltens auf Erwartungen über die Handlung der anderen Parteien stützen.[5]

Je nachdem ob in einer Konfliktsituation sequentielle oder simultane Interdependenzen zwischen Parteien vorliegen, kann eine reagierende Partei ihr Verhalten auf unterschiedliche Informationen gründen:

Bei einer simultanen Interdependenz besitzt die reagierende Partei imperfekte Informationen über das Handeln der agierenden Partei, wohingegen sie bei einer sequentiellen Interdependenz perfekte Informationen über deren Verhalten hat. Darüber hinaus beeinflußt die Form der Interaktion aber auch den Grad an unvollständigen Informationen, die die reagierende Partei besitzt. Hat die agierende Partei einen Informationsvorsprung gegenüber der reagierenden Partei, dann kann letztere bei einer sequentiellen Interdependenz aus dem Verhalten der agierenden Partei möglicherweise Rückschlüsse auf deren Informationen ziehen. Berücksichtigt nämlich die besser informierte, agierende Partei bei ihren Entscheidungen die ihr zur Verfügung stehenden Informationen, dann offenbart ihr Verhalten in einem gewissen Umfang ihren Informationsstand. Die reagierende Partei kann also aus dem beobachteten Verhalten der anderen Partei lernen und ihre Einschätzungen über die ihr unbekannten Informationen aktualisieren. Bei simultanen Interdependenzen ist das nicht möglich, da hier das Verhalten der agierenden Partei für die anderen Konfliktparteien nicht beobachtbar ist.

(5) Konsequenzen aus der Interaktion

In der letzten Phase einer Konfliktepisode ergeben sich dann die Konsequenzen aus der Interaktion zwischen den Konfliktparteien. Das Verhalten aller Parteien im Laufe der Beziehung bestimmt hier den Konfliktverlauf und somit den Ausgang der Konfliktsituation. Die individuellen Konsequenzen für jede einzelne Konfliktpartei spiegeln dabei wieder, inwieweit sie ihre Interessen in der Konfliktsituation durchsetzen konnte. Aufgrund der Interdependenzen mit den anderen Parteien werden hier die individuellen Konsequenzen nicht nur durch das eigene Verhalten, sondern auch durch das jeweilige Handeln der anderen Parteien determiniert.

2.2.2 Das Strukturmodell einer Konfliktsituation

Während das Prozeßmodell das Verhalten der Parteien in einer gegebenen Konfliktsituation abbildet, dient das Strukturmodell zur Bestimmung des vom Konfliktmanagement einzusetzenden Instrumentariums. Hierzu werden die Rahmenparameter der Konfliktsituation und damit die Konfliktsituation selbst variiert. Die Wirkung verschiedener Instrumente wird durch die entsprechende Änderung der Rahmenparameter innerhalb des Modells abgebildet. Dabei kann man keine allgemeingültigen Aussagen über ihre Wirkung machen. In der Literatur zu Organisationskonflikten wurde dieser Versuch dennoch unternommen. Viele dieser Untersuchungen kamen dabei zu widersprüchlichen Ergebnissen:[6]

- Eine zunehmende horizontale Differenzierung erhöht nach Lawrence und Lorsch (1967) und Walton und Dutton (1969) das Konfliktpotential in einer Organisation, wohingegen Litwak (1961) hierin eine Möglichkeit zur Konfliktvermeidung sieht.

- Eine zunehmende vertikale Differenzierung erhöht nach Ephron (1961), Pondy (1969) oder Corwin (1969) das Potential organisatorischer Konflikte, wird jedoch von Litwak (1961) und Boulding (1964) als Instrument des Konfliktmanagements angesehen.

- Organisatorische Verhaltensnormen fördern nach Gouldner (1957), Crozier (1964), Pondy (1967) und Corwin (1969) das Entstehen von Konflikten, werden hingegen von Kahn und Boulding (1964), Scott (1965) und Luhmann (1975) als Maßnahmen zur Reduzierung von Konflikten angeführt.

Diese scheinbaren Widersprüche können wir mit unserem bisherigen Wissen über Konfliktmanagement leicht erklären. Schließlich hängt die Wirkung von organisatorischen Maßnahmen, wie wir bereits gesehen haben, von der spezifischen Konfliktsituation ab. Jedes Instrument kann konfliktvermeidende oder konfliktfördernde Wirkung haben, je nach Interessen der Konfliktparteien und nach deren Interdependenzen. Daher müssen die Instrumente des Konfliktmanagements und ihre Wirkung in jeder Konfliktsituation neu untersucht werden.

In einer Organisation wird in der Regel nicht nur ein Instrument, sondern eine Vielzahl von Instrumenten parallel eingesetzt, um die einzelnen organisatorischen Einheiten aufeinander abzustimmen. Ein Instrument muß dann immer auch in seinem Zusammenspiel mit den anderen Instrumenten gesehen werden, um seine tatsächliche Wirkung abschätzen zu können.

Koordinationsinstrumente werden primär für die Gestaltung der Interdependenzen zwischen verschiedenen organisatorischen Einheiten eingesetzt. Ihre Auswirkungen auf die Interessengegensätze zwischen den Parteien sind sekundär. Im allgemeinen können sie hier den unterschiedlichen Interessen der verschiedenen organisatorischen Einheiten nur beschränkt gerecht werden. Um eine Konfliktsituation daher umfassend zu gestalten, bedarf es in der Regel auch des Einsatzes von Motivationsinstrumenten. Diese sollen sicherstellen, daß die organisatorischen Einheiten auch konform im Sinne der geplanten Koordination handeln.

Erst eine Analyse des Zusammenspiels der einsetzbaren Koordinations- und Motivationsinstrumente in einer Konfliktsituation erlaubt es, Aussagen darüber zu machen, inwieweit es mit einer bestimmten Kombination gelingen kann, die Konfliktsituation vorteilhaft für die Organisation zu gestalten. Für ein erfolgreiches Konfliktmanagement müssen daher die Einflüsse dieser Instrumente auf die beiden Konfliktursachen Interdependenzen und Interessengegensätze untersucht werden. Grundlage hierfür bildet das oben dargestellten Prozeßmodell der Konfliktsituation: Das Verhalten der Parteien wird für eine gegebene Konfliktsituation mit den hierzu gehörigen Rahmenparametern untersucht. Dabei erkennt man, welche Parameter auf das Verhalten der Konfliktparteien wesentlichen Einfluß haben. Im Rahmen des Strukturmodells muß dann durch systematische Veränderung diejenige Struktur der Konfliktsituation ermittelt werden, welche dem Organisationsziel am ehesten dienlich ist, d.h. welche Parameterkonstellation am besten die Erreichung des Organisationsziels sicherstellt.

Ausgangspunkt für die Variation der Rahmenparameter sind die Erkenntnisse, die man bei der Analyse der ursprünglichen Konfliktsituation gewonnen hat. Die Parameter, die für das aus Organisationssicht unbefriedigende Handlungsergebnis verantwortlich sind, werden nun im Rahmen des Strukturmodells verändert, um das Verhalten der Konfliktparteien positiv zu beeinflussen. Je nach Situation kann das jeder der fünf folgenden Rahmenparameter sein:

(1) Konfliktparteien

Es können sowohl Anzahl wie Identität der Konfliktparteien geändert werden. So ist es möglich, spezifische Parteien, die bisher in die Konfliktsituation involviert sind, aus der Interaktion herauszuziehen. Die Verkleinerung einer Arbeitsgruppe oder der Verzicht auf die Mitwirkung von Mitarbeitern bestimmter Abteilungen bei der Produktinnovation sind Beispiele für ein solches Vorgehen. Umgekehrt können auch neue Parteien in die bisherige Konfliktsituation zusätzlich eingeführt werden. Die Einrichtung einer Schlichtungsstelle oder die

Schaffung spezifischer Integrationsstellen wie der eines Projektleiters oder eines Produktmanagers sind Beispiele für diese Form des Konfliktmanagements.

(2) Konfliktgegenstände

Informationsasymmetrien bezüglich der Konfliktgegenstände können reduziert werden. Eine Verbesserung der Informationen einer Partei kann beispielsweise durch die Einführung eines Kommunikationssystems erreicht werden. Die Festlegung einzuhaltender Kommunikationswege zwischen verschiedenen Mitarbeitern kann hier einen besseren Informationsstand der Konfliktparteien sichern. Auch die Einrichtung eines Beschwerdesystems kann zu einem Abbau von Informationsasymmetrien verwendet werden und so organisatorische Entscheidungen verbessern.

(3) Verlauf der Interaktion

Die Zeitpunkte, zu denen die Parteien in einer Konfliktsituation bisher ihre Entscheidungen getroffen haben, können geändert werden. Wenn beispielsweise die Absatzabteilung im Rahmen der operativen Unternehmensplanung ihren Teilplan vor dem der Produktionsabteilung erstellt, dann führt eine Umkehrung der Planungsaktivitäten zu einer Umkehrung der Entscheidungszeitpunkte für die beiden Abteilungen. Jede Änderung im Ablauf von organisatorischen Prozessen oder im Arbeitsplan eines Mitarbeiters hat ebenfalls eine Modifikation der Interaktionen zur Folge. Simultane Interdependenzen und die damit verbundenen Unsicherheiten über das Verhalten der anderen Konfliktparteien können zu sequentiellen Interdependenzen werden, wenn man die Entscheidungszeitpunkte entsprechend beeinflußt. So wird eine Konditionierung des Verhaltens auf das Verhalten der anderen Partei ermöglicht.

(4) Strategien der Parteien

Die Handlungsalternativen, die einer Konfliktpartei zur Verfügung stehen, wenn sie eine Entscheidung trifft, können variiert werden. Ihr Verhalten ist durch die Menge ihrer Handlungsalternativen einschränkt. Diese Form des Konfliktmanagements zielt unmittelbar auf die Verfügungsmöglichkeiten ab, die eine Partei über organisatorische Ressourcen hat. Durch Eröffnung neuer oder Beschränkung bestehender Verfügungsmöglichkeiten kann so auf die Handlungsalternativen einer Partei direkt Einfluß genommen werden. Die

Einräumung von Weisungsbefugnissen für einen Gruppenleiter gegenüber den anderen Gruppenmitgliedern ist dafür ein Beispiel.

(5) Konsequenzen aus der Interaktion

Die Konsequenzen, die für eine Konfliktpartei mit dem Ausgang einer Konfliktsituation verbunden sind, können direkt oder indirekt verändert werden. Durch Gewährung von Belohnungen oder Verhängung von Sanktionen können die Handlungsergebnisse direkt modifiziert werden. Diese Anreizmechanismen verändern zielorientiert die Entscheidungsgrundlage der beteiligten Parteien und beeinflussen so deren Verhalten in Richtung des gewünschten Ergebnisses. Eine indirekte Veränderung der Konsequenzen aus einer Interaktion kann beispielsweise durch den Aufbau eines innerbetrieblichen Wertesystems erreicht werden. Identifizieren sich die Parteien mit einer solchen Unternehmensphilosophie, kann die damit verbundene Änderung der Wertvorstellungen dazu führen, daß die Unternehmensphilosophie Bestandteil des Eigeninteresses wird.

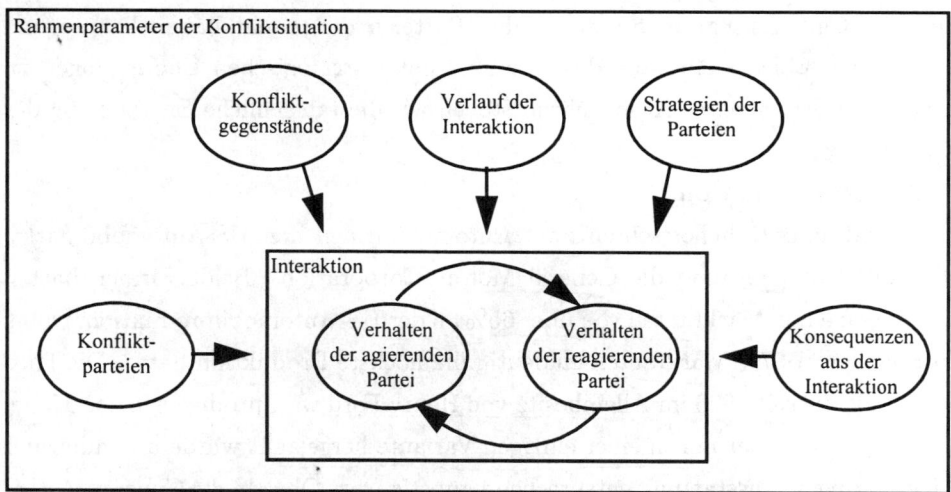

Abbildung 2.4: Das Strukturmodell einer Konfliktsituation

2.3 Zwei Fallbeispiele

Wir wollen im folgenden unsere bisherigen Ausführungen zur Spieltheorie als konflikttheoretischen Ansatz anhand zweier Fallbeispiele veranschaulichen. Beide Beispiele beziehen sich auf unternehmensexterne Konflikte: Im Beispiel General Motors versus Ford steht dabei die strategische Analyse einer gegebenen Konfliktsituation im Vordergrund der Betrachtung. Das zweite Beispiel der staatlichen Regulierung der US-Zigarettenindustrie zeigt den Einsatz spieltheoretischer Überlegungen beim Management eines Konflikts.

2.3.1 Konfliktanalyse: General Motors versus Ford, 1921-1927

Bei unserer Darstellung und Diskussion des Fallbeispiels gehen wir wie folgt vor: Zunächst wird die historische Ausgangssituation des Konflikts zwischen General Motors und Ford dargestellt. In einem zweiten Schritt diskutieren wir dann, wie sich die Konfliktsituation für die beiden Parteien dargestellt haben könnte und analysieren, welcher Ausgang des Konflikts unter strategischen Überlegungen zu erwarten gewesen wäre. Anschließend stellen wir die tatsächliche Entwicklung des Konflikts vor.

Ausgangssituation

Im Jahre 1921 beherrschten zwei Automobilfirmen den US-Automobilmarkt: Die Ford Company und die General Motors Corporation. Beide Firmen hatten zusammen einen Marktanteil von über 65% an der US-Automobilproduktion, wobei Ford mit etwa 57% Marktanteil eindeutig die höchste Produktion hatte. Die Ford Company, die seit 1920 im Alleinbesitz von Henry Ford war, produzierte das Model T, einen Wagen, der nur in einer einzigen Variante hergestellt wurde und aufgrund seiner geringen Ausstattung entsprechend günstig war. Obwohl die General Motors Corporation eine weitaus geringere Produktion von weniger als 10% am US-Markt hatte, war deren Umsatz jedoch kaum geringer als der von Ford. Von Chevrolet bis zum Cadillac wurden insgesamt sieben Automobile in verschiedenen Varianten vom Mittelklassewagen bis zur Luxuskarosse angeboten.

Vor 1921 standen die beiden Firmen nie in einem direkten Wettbewerb miteinander. Die Ford Company produzierte für das untere Preissegment des Automobilmarktes, General Motors für das mittlere und obere Segment. Dies änderte sich erst, als 1920 Pierre du Pont geschäftsführender Direktor und Vorstand des Konzerns wurde und beschloß, das Monopol Fords im unteren Marktsegment mit einem alternativen preiswerten Wagen zu durchbrechen. Das bisher günstigste Automobil von General Motors, der Chevrolet, sollte als neues Modell am oberen Ende des unteren Preissegment eingeführt werden. Damit sollte er etwas teurer als das Konkurrenzmodell von Ford sein, dafür aber qualitativ besser als dieser. So sollten nicht nur Nachfrager von Ford abgeworben, sondern auch Nachfrager der nächsthöheren Preiskategorie angezogen werden.

Konfliktanalyse

Zunächst muß geklärt werden, welche Interessen die beiden Parteien überhaupt verfolgen. Die Absichten von General Motors sind offensichtlich: Die erfolgreiche Einführung eines neuen Konkurrenzmodells zum Model T/Fords Interessen liegen entsprechend in der Abwendung des Markteintritts von General Motors. Folglich haben wir es in diesem Konflikt ausschließlich mit konkurrierenden Interessen zu tun.

Untersuchen wir nun die Konfliktsituation detaillierter. Mit dem Eindringen von General Motors in den Fordschen Markt erscheint es sinnvoll, zunächst die möglichen Gegenreaktionen der Ford Company auf diese Herausforderung zu diskutieren. Hier lassen sich fünf Alternativen formulieren:

(1) Ford verhält sich passiv und wartet ab, wie sich die Einführung des neuen Chevrolets entwickelt, um dann zu einem späteren Zeitpunkt Gegenmaßnahmen zu ergreifen.

(2) Ford senkt den Preis des Model T und vergrößert damit die preisliche Differenz zwischen den Automobilen.

(3) Ford führt ebenfalls ein neues Model ein, das in Ausstattung und Preis in direkter Konkurrenz zu dem neuen Chevrolet im oberen Bereich des unteren Preissegments steht.

(4) Ford senkt den Preis des Model T und führt gleichzeitig ein Konkurrenzmodel ein.

(5) Ford vereinbart mit General Motors eine Aufteilung des Marktes.

Welche Auswirkungen haben diese Handlungsalternativen von Ford auf den weiteren Verlauf und den Ausgang des Konflikts? Die Beantwortung dieser Frage hängt von zwei Faktoren ab: zum einen von den Gegenreaktionen der General Motors Corporation, zum anderen von der Entwicklung relevanter Umweltfaktoren, die von keiner der beiden Parteien beeinflußt werden können. Zu diesen exogenen Unsicherheiten gehört beispielsweise die Entwicklung der allgemeinen wirtschaftlichen Lage. Mitte 1921 befanden sich die USA in einer wirtschaftlichen Rezession. Eine Verschlechterung der Wirtschaftslage wurde mit geringer Wahrscheinlichkeit erwartet, noch unwahrscheinlicher war jedoch eine unveränderte Situation. Vielmehr wurde mit hoher Wahrscheinlichkeit eine langsame aber stetige Verbesserung der Wirtschaftslage erwartet. Von einem Wirtschaftsboom war hingegen nicht auszugehen.

Wenn wir annehmen, daß dies die Erwartung der beiden Parteien über die Entwicklung der allgemeinen wirtschaftlichen Lage widerspiegelt, dann können wir die einzelnen Handlungsalternativen von Ford und die nachfolgenden Gegenreaktionen von General Motors wie folgt bewerten (siehe Abbildung 2.5):

Angenommen, Ford verhielte sich passiv gegenüber dem Markteintritt von General Motors. Dann wäre der Erfolg der Marktstrategie von General Motors zunächst allein durch die wirtschaftliche Entwicklung bestimmt. Für den Fall einer rückläufigen Konjunktur wäre davon auszugehen, daß General Motors aufgrund der sinkenden Automobilnachfrage die notwendigen Skalenerträge einer Massenproduktion nicht realisieren kann. Der Markteintritt wäre zum Scheitern verurteilt. Allerdings ist dieses Szenario eher unwahrscheinlich. Sehr viel wahrscheinlicher ist hingegen, daß aufgrund der wirtschaftlichen Entwicklung der notwendige Mindestabsatz gewährleistet werden kann. General Motors würde sich also am Markt etablieren können und eine verspätete Gegenreaktion von Ford, etwa eine Preissenkung, hätte keine wesentlichen Auswirkungen auf den Erfolg des Markteintritts von General Motors.

Im zweiten Fall einer sofortigen Preissenkung von Ford ist die Gegenreaktion von General Motors zu berücksichtigen. GM kann entweder den bisherigen Preis seines neuen Chevrolets beibehalten oder die Preissenkung von Ford durch eine Senkung des eigenen Preises ausgleichen. Im ersten Fall wäre ein Erfolg der Markteinführung nur dann gegeben, wenn sich die wirtschaftliche Lage als äußert günstig herausstellen würde: Nur dann würden die noch verbleibenden Nachfrager des Chevrolets aus dem nächsthöheren Preissegment für eine Deckung der Mindestproduktion genügen. Ein Festhalten am Einstandspreis des Chevrolets würde also wahrscheinlich nicht sehr erfolgsversprechend sein. Hingegen hätte eine Preisanpassung von General Motors größere Aussichten: Bei einer steigenden Konjunktur wäre zu erwarten, daß die aufgrund der Preissenkung notwendigen höheren Produktionszahlen durch die steigende Nachfrage realisiert werden. Lediglich für den wenig wahrscheinlichen Fall einer stagnierenden oder rückläufigen Entwicklung wäre eine derartige Preissenkung wenig erfolgsversprechend.

Die Einführung eines neuen Automobils als Konkurrenzmodell zum Chevrolet ist die dritte zu behandelnde Alternative, die zur damaligen Zeit nicht unrealistisch erschien. Ein solches Modell würde aber auch in Konkurrenz zum eigenen Model T stehen, was wahrscheinlich einen Absatzrückgang des Model T zur Folge hätte. Gleichzeitig würde das neue Konkurrenzmodell aber auch Nachfrager aus dem nächsthöheren Marktsegment anziehen, was wahrscheinlich zum Scheitern der Markteinführung des neuen Chevrolets führen würde. Lediglich im Falle einer Hochkonjunktur könnte man gegebenenfalls mit einem so großen Nachfrageanstieg rechnen, daß General Motors auf dem Markt Fuß fassen würde.

Vierte Handlungsalternative von Ford als Gegenreaktion auf den Markteintritt von General Motors ist die kombinierte Strategie der Preissenkung des Model T und der gleichzeitigen Einführung eines Konkurrenzmodells zum Chevrolet. Als Antwort von General Motors auf diese Maßnahmen kommt entweder eine Preisanpassung oder eine passive Haltung in Frage. Wie in unserer obigen Analyse zur alleinigen Preissenkung bzw. zur alleinigen Einführung eines Konkurrenzmodells bereits angesprochen wurde, ist keine dieser beiden Alternativen für General Motors aussichtsreich: Lediglich bei einer Hochkonjunktur wäre trotz Preissenkung eine Marktexpansion denkbar, die die Markteinführung erfolgreich werden ließe.

Die letzte Alternative einer gemeinsam akzeptierten Marktaufteilung zwischen Ford und General Motors erscheint aus Fordscher Perspektive keine erfolgreiche Abwehrmaßnahme zu sein. Einerseits hätte dies den Erfolg der Markteinführung von General Motors garantiert, andererseits wäre aber sogar vorstellbar, daß Ford langfristig weitere Marktanteile verliert: Die grundsätzliche Unvollständigkeit vertraglicher Vereinbarungen würde zusammen mit der sehr viel differenzierteren Marktpolitik von General Motors über kurz oder lang zu einer Marktausweitung zugunsten von General Motors führen.

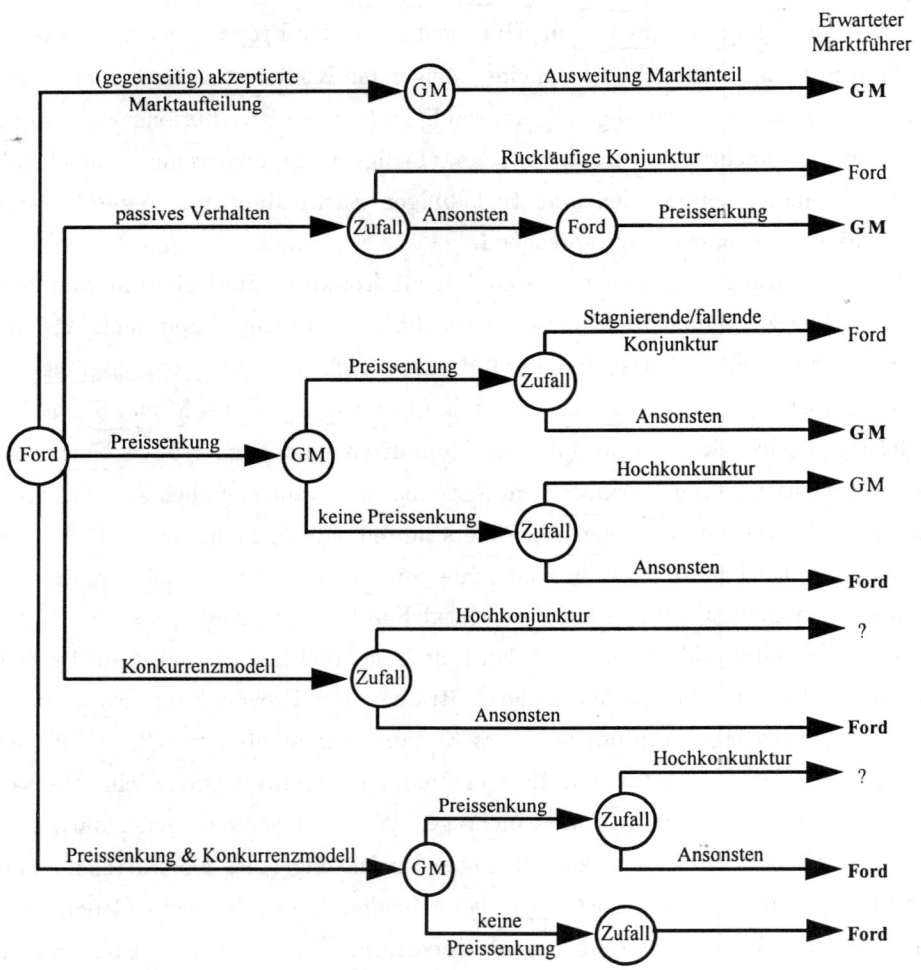

Abbildung 2.5: Diskussion der Fordschen Alternative und mögliche Ausgänge des Konflikts

Zusammenfassend können wir aufgrund unserer Konfliktanalyse festhalten, daß die strategisch beste Antwort von Ford auf den Markeintritt von GM eine sofortige Preissenkung für das Model T sowie die gleichzeitige Neueinführung eines Konkurrenzmodells zum Chevrolet gewesen wäre.

Historische Entwicklung

Im September 1921 wurde das neue Chevroletmodell zu einem Preis von $525 in das untere Marktsegment eingeführt. Ford reagierte darauf unmittelbar mit einer Preissenkung für das Model T um $60 und bot seinen Wagen nun für $355 an. Berücksichtigt man die zusätzlichen Extras des neuen Chevrolets in dessen Preiskalkulation, verringerte sich die Preisdifferenz allerdings auf $90. Zusammen mit der positiven konjunkturellen Entwicklung ab Herbst 1921 war die Preissenkung von Ford somit zu schwach, um den Markteintritt von GM direkt abzuwehren. Die drastische Preissenkung des Model T auf $300 im September 1922 kam daher zu spät, der Chevrolet hatte sich bereits am Markt etabliert. General Motors reagierte auf diese Maßnahme Fords nicht, sondern blieb bei seinem Preis und konnte aufgrund der einsetzenden Hochkonjunktur seinen Absatz weiter vergrößern. Der Markteintritt von General Motors war also erfolgreich durchgeführt.

2.3.2   Konfliktmanagement: Staatliche Regulierung der US-Zigarettenindustrie, 1970

Wir gehen bei der Diskussion dieses Fallbeispiels wie folgt vor: In einem ersten Schritt stellen wir die wesentlichen Ereignisse dar, die zu einer Regulierung des US-amerikanischen Zigarettenmarktes geführt haben. Anschließend analysieren wir, welche Auswirkungen diese gesetzlichen Regelungen auf die Zigarettenindustrie haben könnten. Aus strategischen Überlegungen heraus diskutieren wir, inwieweit diese staatliche Regulierung geeignet war, die Ziele der Regierung umzusetzen. In einem letzten Schritt stellen wir dann die tatsächlichen Ergebnisse dieser Form des staatlichen Konfliktmanagements dar.

Ausgangssituation

Seit Anfang der '60er Jahre war die US-amerikanische Zigarettenindustrie mit massiven Problemen konfrontiert: Nachdem im März 1962 eine Veröffentlichung des Royal College of Physicians in London die gesundheitlichen Folgen des Rauchens umfassend nachwies, wurde bereits im Juni desselben Jahres von Präsident Kennedy ein Advisory Committee on Smoking and Health gegründet. Dieses Beratungskomitee veröffentlichte im Januar 1964 einen Bericht, der die Problematik des Rauchens ins öffentliche Bewußtsein rief. Der Bericht enthielt zwei wesentliche Schlußfolgerungen: Erstens: Rauchen führt zu so gefährlichen gesundheitlichen Beeinträchtigungen, daß unmittelbare Gegenmaßnahmen in die Wege geleitet werden müssen. Zweitens, Rauchen steht in ursächlichem Zusammenhang mit Lungenkrebs.

Der Zigarettenkonsum ging im selben Jahr um 2% zurück. Zudem bildete sich eine breite Anti-Raucher-Bewegung, die von den beiden staatlichen Aufsichtsbehörden, der Federal Trade Commission und der Federal Communications Commission angeführt wurde. Ein wichtiges Ziel der Behörden war es, die unfairen und irreführenden Praktiken bei der Werbung und Etikettierung von Zigaretten zu untersagen. Resultat dieser Bemühungen waren drei staatliche Vorschriften:

(1) Der "Cigarette Labeling and Advertising Act" von 1965, der auf jeder Zigarettenpackung einen Hinweis auf die gesundheitlichen Risiken des Rauchens verpflichtend machte.

(2) Die "Fairness Doctrine", die ab 1967 die kostenlose Verbreitung von Werbung für das Nichtrauchen garantierte. Danach wurde jede Radio- und Fernsehstation verpflichtet, im öffentlichen Interesse zu handeln und genügend Raum für die Diskussion gegensätzlicher Meinungen zu Themen von allgemeiner Wichtigkeit zur Verfügung zu stellen. In Werbesendungen sollte so auf die Gefahren des Rauchens aufmerksam gemacht werden.

(3) Der "Public Health Cigarette Smoking Act" von 1970, der die Radio- und Fernsehwerbung für Zigaretten mit Wirkung vom 1. Januar 1971 verbot.

Konfliktanalyse

Der US-amerikanische Zigarettenmarkt wurde in den '60er Jahren im wesentlichen von sechs Unternehmen beherrscht: R.J. Reynolds, Philip Morris, American Tabacco, Brown and Williamson, P. Lorillard und Liggett and Myers. Diese Unternehmen kontrollierten 99% des Marktes. Der Zigarettenmarkt war ein Angebotsoligopol.

Eine wesentliche Besonderheit dieses Zigaretten-Oligopols war der fehlende Preis-Wettbewerb: Die Herstellungskosten von Zigaretten waren überwiegend exogen durch die Zigarettensteuer, den Tabakgehalt pro Zigarette und den Tabakpreis bestimmt. Größenvorteile in der Produktion waren durch alle Unternehmen ausgeschöpft. Somit war der Zigarettenpreis nach unten inflexibel und konnte nur dann reduziert werden - und zwar von allen Unternehmen -, wenn sich einer der drei genannten exogenen Kostenfaktoren reduzierte.

Dennoch gab es auf dem Zigarettenmarkt einen harten Wettbewerb, nämlich einen Wettbewerb um Werbeausgaben. Dabei ging es weniger um die Erhöhung der gesamten Zigarettennachfrage als vielmehr um Marktanteile: "TV advertising was never designed to create new smokers, its main purpose was to switch people from one brand to another".[7]

Welche Auswirkungen haben nun die genannten gesetzlichen Bestimmungen auf das Verhalten der Unternehmen im US-amerikanischen Zigarettenmarkt? Um diese Frage zu beantworten, betrachten wir im folgenden zunächst das Verhalten zweier Parteien in einer unregulierten Situation, in der sie im Wettbewerb um Marktanteile stehen. Ausgehend von diesem Verhalten diskutieren wir dann die strategischen Antworten der Unternehmungen auf das staatliche Konfliktmanagement.

Angenommen, wir haben einen Markt, der von zwei Unternehmungen A und B kontrolliert wird. Wettbewerb findet in diesem Duopol über Werbung und nicht über den Produktpreis statt. Diese führt aber nicht zu einer Ausweitung des Markts. Zur Vereinfachung der Argumentation gehen wir weiterhin davon aus, daß beide Unternehmungen jeweils nur zwei Wettbewerbsstrategien zur Verfügung haben: Alternative S_1 ist eine Strategie, bei der die Unternehmung ein niedriges Budget für Werbeausgaben wählt, Alternative S_2 setzt ein hohes Werbebudget voraus.

Wenn sich beide Unternehmungen für Strategie S_1 entscheiden, findet keine Verschiebung der Marktanteile statt. Beide Parteien behalten also ihre jeweiligen Marktanteile bei niedrigen Ausgaben für Werbung und Marketing. Der Status Quo bleibt ebenfalls erhalten, wenn beide Unternehmungen Strategie S_2 wählen, in diesem Fall allerdings auf Kosten eines hohen Werbebudgets. Wenn hingegen eine Unternehmung viel in Werbung investiert, ihr Wettbewerber jedoch nicht, dann kann sie ihre Marktanteile zu Lasten des Konkurrenten erhöhen.

Die folgende Abbildung zeigt, wie sich die Marktanteile der beiden Unternehmungen in Abhängigkeit von ihren jeweiligen Strategien verändern:

	Unternehmung B	
	Strategie S_1	Strategie S_2
Strategie S_1 Unternehmung A	Status Quo bei niedrigen Ausgaben	Verlust an Marktanteilen
Strategie S_2	Gewinn an Marktanteilen	Status Quo bei hohen Ausgaben

Konsequenzen für Unternehmung A

	Unternehmung B	
	Strategie S_1	Strategie S_2
Strategie S_1 Unternehmung A	Status Quo bei niedrigen Ausgaben	Gewinn an Marktanteilen
Strategie S_2	Verlust an Marktanteilen	Status Quo bei hohen Ausgaben

Konsequenzen für Unternehmung B

Abbildung 2.6: Das "Wettbewerbs-Dilemma"

Diese Situation zwischen den beiden Unternehmungen kann als Wettbewerbsdilemma bezeichnet werden: Wenn Unternehmung A beispielsweise Strategie S_1 wählt, wären für Unternehmung B höhere Werbeausgaben vorteilhaft. Sie könnte so ihren Marktanteil ausweiten. Unternehmung B würde aber auch dann höhere Werbeausgaben wählen, wenn sie davon ausgeht, daß ihr Wettbewerber Strategie S_2 gewählt hat. In diesem Fall könnte sie so einen drohenden Verlust an Marktanteilen verhindern. Daher wird sich Unternehmung B aber unabhängig von A immer für hohe Werbeausgaben entscheiden. Da dies analog für Unternehmung A zutrifft, wird sich an der Aufteilung des Marktes zwischen den beiden Unternehmungen nichts ändern, allerdings werden beide Parteien hohe Werbeausgaben haben.

Wir können nun die Frage beantworten, welche Auswirkungen ein staatliches Verbot von Radio- und TV-Werbespots in dieser Situation hat. Eine solche staatliche Regulierung würde in unserem Beispiel den Handlungsspielraum der beiden Parteien auf eine Alternative einschränken. Beide Unternehmungen wären nämlich gezwungen, Strategie S_1 zu wählen, ihre Budgetausgaben für Werbung also zu kürzen. Dies würden beide Unternehmungen begrüßen, da sie sich so zu niedrigen Kosten auf den Status Quo einigen könnten.

Historische Entwicklung

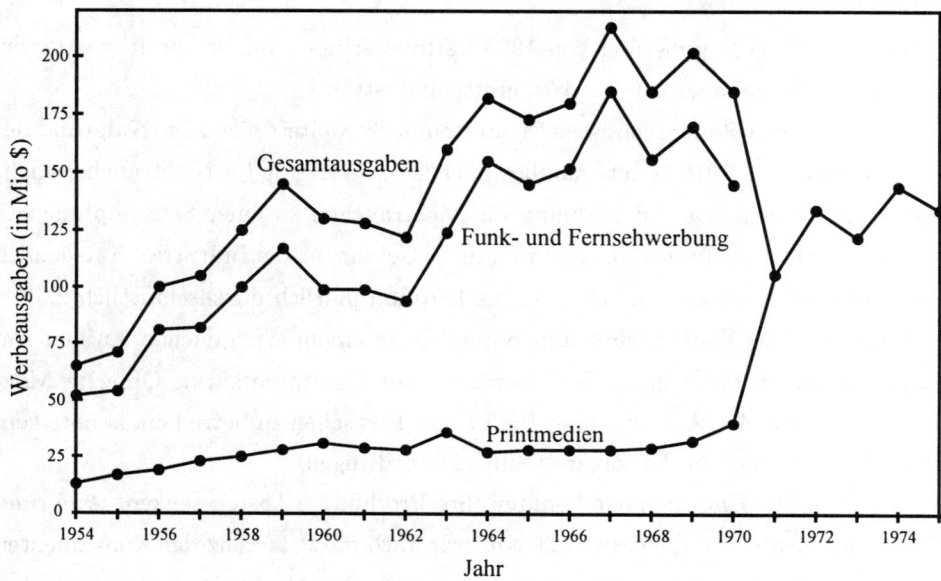

Abbildung 2.7: Die Werbeausgaben der US-amerikanischen Zigarettenindustrie, 1955-1975

Die staatliche Regulierung der US-Zigarettenindustrie führte zunächst in den Jahren von 1964 bis 1970 zu einer erheblichen Zunahme an Werbeausgaben der Unternehmen. Aufgrund der staatlich vorgeschriebenen Aufklärung über die gesundheitlichen Folgen des Rauchens ging hier zunächst der Zigarettenkonsum jährlich um durchschnittlich 1.6% zurück, ab 1967 dann, wohl aufgrund der Fairness Doctrine, um 2.6%. Um ihren Anteil an diesem schrumpfenden Markt zu halten, forcierten die Unternehmen den Wettbewerb. So stiegen die Werbeausgaben der gesamten Zigarettenindustrie in der Periode 1964-71 durchschnittlich um $60 Millionen jährlich. Das entspricht 50% der durchschnittlichen Werbeausgaben in der Vergleichsperiode 1956-63. In den '70er Jahren führte dann das Werbeverbot zu einer erheblichen Reduzierung des Wettbewerbs zwischen den sechs Unternehmen. Die Zigarettenindustrie konnte ihre Gewinne steigern. Trotz des Anstiegs der Werbeausgaben in den Printmedien gab die gesamte Industrie 1971 $80 Millionen weniger aus als 1970. Auch in den nachfolgenden fünf Jahren lagen die Ausgaben unter den durchschnittlichen Werbeausgaben vor der Einführung des Werbeverbots.

Die staatliche Regulierung von 1970 hatte aber noch weitere positive Auswirkungen für die US-amerikanische Zigarettenindustrie:

Erstens: Der US-amerikanische Zigarettenmarkt weitete sich aus. Aufgrund des Werbeverbots von 1970 konnte nämlich auch keine Werbung für Nichtrauchen mehr verbreitet werden. Da die Werbung für Nichtrauchen zu einer Schrumpfung des Marktes geführt hatte, verschwand nun diese Gefahr für die Industrie. Tatsächlich stieg der Zigarettenkonsum von 1971 bis 1976 um jährlich durchschnittlich 2.5%.

Zweitens: Das Werbeverbot führte implizit zu einem erfolgreichen Aufbau von Markteintrittsbarrieren in den US-amerikanischen Zigarettenmarkt. Ohne die Möglichkeit, landesweite Werbung über Radio oder Fernsehen zu betreiben, konnte kein neues Unternehmen in den Zigarettenmarkt vordringen.

Drittens: Die Unternehmen konnten ihre Produktionskosten senken. Aufgrund des gestiegenen Gesundheitsbewußtseins war auch die Präferenz der Konsumenten für nikotin- und teerarme Zigaretten gestiegen. Der Marktanteil dieser leichten Zigaretten erhöhte sich so von 1% Ende der '60er Jahre auf 16% im Jahr 1976. Diese gestiegene Nachfrage nach leichten Zigaretten führte zu zusätzlichen Profiten für die Unternehmen: Sie konnten den Tabakgehalt pro Zigarette drastisch reduzieren ohne gleichzeitig den Zigarettenpreis anzupassen.

2.4 Zusammenfassung

Konflikte sind Untersuchungsgegenstand einer Vielzahl unterschiedlicher konflikttheoretischer Ansätze. Die Spieltheorie gehört dabei zu jenen Theorien, die das Verhalten der Konfliktparteien in einer gegebenen Konfliktsituation untersuchen. Sie ist eine Wissenschaft, die sich mit der strategischen Interaktion rationaler Parteien mit konkurrierenden Interessen beschäftigt. Darin unterscheidet sie sich von dem aus der Entscheidungstheorie bekannten Optimierungskalkül, welches statt strategischer Unsicherheit ausschließlich exogene Unsicherheit berücksichtigt.

Ziel des strategischen Konfliktmanagements ist die Gestaltung der strukturellen Rahmenbedingungen der Konfliktsituation sowie die Steuerung des Verhaltens der organisatorischen Einheiten zur Erreichung des Organisationsziels. Bei der

Auswahl der strukturellen und personellen Maßnahmen hat der Konfliktmanager insbesondere die interdependenten Reaktionen seiner Mitarbeiter zu berücksichtigen. Eine adäquate Modellierung der Konfliktsituation macht darüber hinaus eine eingehende Diagnose ihrer Struktur sowie die Kenntnis der entsprechenden Rahmenbedingungen notwendig. Die Analyse der Rahmenparameter einer Konfliktsituation bezieht sich auf die Konfliktparteien, die Konfliktgegenstände, den Verlauf der Interaktion, die Strategien der Parteien sowie die Konsequenzen aus der Interaktion.

Strategisches Konfliktmanagement erfordert ein zweistufiges Vorgehen: In einem ersten Schritt wird das Verhalten der Konfliktparteien in einer gegebenen Konfliktsituation und bei gegebenen Rahmenparametern betrachtet (Prozeßmodell). Ein zweiter Schritt besteht in der systematischen Variation der Parameter, um auf deren Einfluß auf das Organisationsziel schließen zu können (Strukturmodell).

Das Prozeßmodell bildet die Dynamik des Organisationskonflikts als eine Folge von Konfliktepisoden ab. Nachdem eine Konfliktsituation entstanden ist, hängt das Verhalten der Konfliktparteien wesentlich von ihrer Wahrnehmung der Konfliktsituation ab. Entscheidend dafür ist der Informationsstand der Konfliktparteien. Wir haben hier zwischen exogener Unsicherheit, imperfekten Informationen und unvollständigen Informationen unterschieden. Erstere bezieht sich auf Faktoren, die nicht von den Konfliktparteien beeinflußt werden können, imperfekte Informationen liegen dann vor, wenn eine Konfliktpartei Ungewißheit über den bisherigen Verlauf des Konfliktes hat, und unvollständige Informationen bestehen, wenn die Konfliktparteien über die Rahmenbedingungen der Konfliktsituation unterschiedlich gut informiert sind. Bei der Beschreibung des strategischen Verhaltens unterstellen wir, daß die Konfliktparteien die Vor- und Nachteile, die mit den einzelnen Handlungsalternativen verbunden sind, rational abwägen. Eine Konfliktpartei wird sich dabei für diejenige Alternative entscheiden, die unter Berücksichtigung des Verhaltens der anderen Konfliktparteien am Besten zur eigenen Bedürfnisbefriedigung beiträgt.

Das Strukturmodell dient der Bestimmung des vom strategischen Konfliktmanagement einzusetzenden Instrumentariums. Durch die Variation der Rahmenparameter soll die Wirkung verschiedener Koordinations- und Motivationsinstrumente untersucht werden. Als Ansatzpunkte können dabei die Anzahl und

Zusammensetzung der Konfliktparteien, deren Informationsausstattung und Entscheidungszeitpunkte, die Menge der Handlungsalternativen oder die mit diesen einhergehenden Konsequenzen dienen. Diese Parameter sind so zu verändern, daß sie das Verhalten der Konfliktparteien in Richtung des Organisationsziels positiv beeinflussen.

2.5 Literaturhinweise

Die ersten Arbeiten, in denen spieltheoretische Ideen auf ökonomische Fragestellungen anwendet wurden, stammen bereits aus dem 19. Jahrhundert. Hier sind insbesondere die Untersuchungen von Bertrand, Cournot und Edgeworth zu nennen. Aber erst von Neumann und Morgenstern können mit ihrem Buch "The Theory of Games and Economic Behaviour" von 1944 als die eigentlichen Begründer der Spieltheorie bezeichnet werden. Sie untersuchten zwei Ansätze zu einer Theorie der Spiele: Der strategische oder nicht-kooperative Ansatz erforderte eine detaillierte Beschreibung der strategischen Handlungsmöglichkeiten aller Spieler, um so auf die für jeden optimale Strategie zu schließen. In ihrem Buch lösten sie dieses Problem für Spiele, in denen zwei Spieler ausschließlich konkurrierende Interessen haben, sogenannte Zwei-Personen Nullsummen-Spiele. Dieser Ansatz wird heute für Spiele mit einer beliebigen Anzahl von Akteuren als nicht-kooperative Spieltheorie bezeichnet. Im zweiten Teil ihres Buch entwickelten die Autoren dann einen kooperativen Ansatz für Spiele mit mehr als zwei Parteien. Statt einer Beschreibung des optimalen Verhaltens der Spieler klassifizierten sie hier die Bildung von Koalitionen, die in diesen Spielen auftreten können. Insbesondere ist es dafür nicht notwendig, daß die Rahmenbedingungen des Spiels die strategischen Möglichkeiten der Spieler vollständig beschreiben. So können beispielsweise die Spieler bindende Verträge über ihr Verhalten abschließen und sich gegenseitig auf Drohungen oder Versprechungen festlegen. Dieser Ansatz wird heute als kooperative Spieltheorie bezeichnet.

Die in diesem Buch vorgestellten Methoden kann man in einer Reihe von Lehrbüchern zur nicht-kooperativen Spieltheorie wiederfinden, im allgemeinen in einer formalen, mathematischen Darstellung. Hierzu gehören Binmore (1992), der einen sehr lesenswerten Überblick mit vielen philosophischen Kommentaren gibt, Fudenberg und Tirole (1991), die die nicht-kooperative Spieltheorie umfassend und sehr formal darstellen, Gibbons (1992), der die wesentlichen spieltheoretischen Konzepte mit vielen ökonomischen Anwendungsbeispielen vorstellt, und Myerson (1991) und Osborne und Rubinstein (1994), die wiederum in einem formalen Kontext sehr exakt neben nicht-kooperativen Methoden auch eine Einführung in die kooperative Spieltheorie geben.

Spieltheorie als eine Erweiterung der Entscheidungstheorie baut auf den grundsätzlichen Prämissen der Neoklassischen Ökonomie auf. Kreps (1990b) und Varian (1992) bieten hier sehr gute Ausführungen über das Konzept der Nutzentheorie und das Entscheidungsverhalten bei Unsicherheit. Eine axiomatische Diskussion der Entscheidungstheorie findet sich bei Kreps (1988). Die Grenzen der Rationalität und der Entscheidungstheorie werden bei Elster (1986) aufgezeigt.

Anwendungen der Spieltheorie auf Managementprobleme finden sich in McDonald (1977) - aus diesem Buch ist auch die Fallstudie General Motors versus Ford - sowie McMillan (1992). Das zweite Fallbeispiel über die staatliche Regulierung der US-Zigarettenindustrie ist der Arbeit von Doron (1979) entnommen. Ein unterhaltsames Buch für Einsteiger in die Spieltheorie ist das Buch von Dixit und Nalebuff (1991), in dem eine Vielzahl von Geschichten und Anekdoten aus dem realen Leben spieltheoretisch aber nicht formal diskutiert werden.

Eine Diskussion der Rahmenparameter einer Konfliktsituation, die für eine systematische Analyse von Konflikten relevant sind, findet sich z.B. bei Deutsch (1976) und Glasl (1990). Für die Identifikation der Interessengegensätze und Interdependenzen zwischen den in eine Konfliktsituation involvierten Parteien siehe Rapoport (1979). Die Grenzen, an die die Modellierung einer Konfliktsituation grundsätzlich stößt, werden in Binmore (1987) diskutiert.

Die beiden diskutierten Konfliktmodelle lehnen sich an die organisationspsychologischen Arbeiten von Pondy (1967) und Thomas (1976) an. Das Prozeßmodell wurde ursprünglich von Pondy zur Analyse der internen Dynamik von Konflikten entwickelt. Siehe hierzu auch Krüger (1981). Dieses Modell wurde von Thomas weiterentwickelt und durch das Strukturmodell ergänzt, um so auch die relevanten Einflußfaktoren auf das Konfliktverhalten der Parteien zu identifizieren.

Durch eine Kombination verschiedener strategischer Züge gelingt es dem Hasen,
den Konfliktverlauf entscheidend zu beeinflussen.

Teil II
Die Analyse strategischen Verhaltens in Konfliktsituationen

3
Konfliktsituationen bei unabhängigen Entscheidungen

4
Die Dynamik von Konflikten

3

Konfliktsituationen bei unabhängigen Entscheidungen

"All that I have to say has already crossed your mind," said he.
"Then possibly my answer has crossed yours," I replied. (Holmes to Watson
in Doyle, 1990)

Wir beginnen unsere Analyse des strategischen Verhaltens von Konfliktparteien
mit einer Betrachtung von Konfliktsituationen, bei denen die Interaktionen der
Parteien simultan interdependent sind. Die Parteien entscheiden unabhängig voneinander, welche Handlungsalternative sie durchführen. Dies ist entweder dann der
Fall, wenn die Parteien gleichzeitig handeln oder wenn die Parteien zwar nacheinander entscheiden, aber keine der Parteien die Entscheidungen der jeweils anderen
beobachten kann.

Für die Beschreibung einer Konfliktsituation sind die Parteien mit ihren jeweiligen Interessen zu identifizieren sowie die Form der Interaktion zwischen den Parteien zu bestimmen. Da in den hier betrachteten Konfliktsituationen die einzelnen
Entscheidungen der Parteien unabhängig voneinander getroffen werden, vereinfacht
sich die Darstellung des Verlaufs der Interaktion entscheidend. Die Modellierung
einer Konfliktsituation in **strategischer Form** muß die folgenden drei Rahmenparameter enthalten:

(1) die beteiligten Parteien

(2) die Handlungsalternativen oder Strategien, die jeder Partei zur Verfügung stehen

(3) die Auszahlungen oder Konsequenzen für jede Partei für jeden möglichen Ausgang der Konfliktsituation, also für jede mögliche Handlungskombination der
Parteien.

Mit der strategischen Form wird gleichzeitig abgebildet, wie die einzelnen Parteien jeweils den Konflikt wahrnehmen: Der Konfliktgegenstand wird indirekt über die Handlungsmöglichkeiten berücksichtigt, die vollständig erfaßt werden. Ferner enthält die strategische Form die Bewertung der Eigeninteressen der jeweiligen Partei, die ebenfalls indirekt über die Zuordnung der Konsequenzen zu den Handlungsmöglichkeiten erfolgt. Die Konsequenzen aus der Interaktion spezifizieren hier, welche Vor- oder Nachteile eine Partei mit den jeweiligen Handlungskombinationen und daher mit den eigenen spezifischen Handlungsalternativen verbindet. Aus strategischer Perspektive spielt dabei nur die individuelle Wahrnehmung der jeweiligen Partei eine Rolle, unabhängig davon, ob die Bewertung durch die Konfliktpartei objektiv zutreffend ist.

Mit dem folgenden Beispiel wollen wir zeigen, wie eine Konfliktsituation in strategischer Form modelliert werden kann.

Die Mitarbeit in einem Produktionsteam

Ein Team von 60 Mitarbeitern ist für die Herstellung eines bestimmten Produkts zuständig. Die Produktion des gesamten Teams ist von dem abhängig, was die einzelnen Teammitglieder leisten. Jeder Mitarbeiter kann den Umfang seines Arbeitseinsatzes individuell bestimmen. Er hat dabei einen gewissen Handlungsspielraum zur Verfügung, der von einem sehr niedrigen Arbeitseinsatz bis zu einem sehr hohen Arbeitseinsatz variiert. Mit der Wahl eines Arbeitseinsatzes ist für jeden Mitarbeiter eine gewisse Anstrengung und Mühe verbunden. Je höher der Arbeitseinsatz, um so größer die Anstrengung, die sich in monetären Einheiten ausdrücken läßt, nämlich den Kosten des Arbeitseinsatzes.

Je höher der einzelne Mitarbeiter seinen Arbeitseinsatz wählt, desto größer ist die Gesamtproduktion des Teams. Der Arbeitseinsatz des Einzelnen ist für die anderen Teammitglieder jedoch nicht unmittelbar feststellbar. Lediglich die Gesamtproduktion des Teams kann ermittelt werden.

Das Team erhält eine Gruppenentlohnung entsprechend seiner in monetären Einheiten bewerteten Gesamtproduktion. Dieser Gruppenlohn wird dann zu gleichen Teilen an die Teammitglieder verteilt. Jeder Mitarbeiter erhält also den gleichen Lohn, unabhängig von seinem Arbeitseinsatz.

Wie wird sich der einzelne Mitarbeiter des Produktionsteams in dieser Situation verhalten? Wird er eher einen hohen oder eher einen niedrigen Arbeitseinsatz leisten? Um diese Fragen zu diskutieren, müssen wir zunächst die dargestellte Konfliktsituation auf ihre wesentlichen strategischen Elemente reduzieren, also ihre strategische Form spezifizieren. Für das vorliegende Beispiel könnte dies etwa so aussehen:

Die Konfliktparteien sind die einzelnen Mitarbeiter des Produktionsteams. Ihre Handlungsalternativen können vereinfacht durch einen zwei-elementigen Handlungsspielraum erfaßt werden: Ein Mitarbeiter wählt entweder einen sehr niedrigen Arbeitseinsatz, d.h. er engagiert sich im Rahmen seiner Möglichkeiten nicht sonderlich für seine Aufgabe, oder er wählt einen sehr hohen Arbeiteinsatz und strengt sich überdurchschnittlich an. Um die Konsequenzen für einen Mitarbeiter aus der Wahl eines Aktivitätsniveaus abzuleiten, müssen wir die Situation weiter spezifizieren. Nehmen wir hierzu an, daß die Gesamtproduktion des Teams durch die Arbeitseinsätze der einzelnen Teammitglieder wie folgt bestimmt ist: Ein niedriger Arbeitseinsatz führt zu einer Produktionssteigerung um 10 Einheiten, ein hoher Einsatz hingegen steigert die Produktion des Teams um 16 Einheiten. Die Gesamtproduktion des Teams ergibt sich damit wie folgt:

$$\text{Teamproduktion} = \text{Anzahl der Mitarbeiter mit niedrigem Einsatz} * 10$$
$$+ \text{Anzahl der Mitarbeiter mit hohem Einsatz} * 16$$

Um die Anstrengung eines Mitarbeiters bei beiden Aktivitätsniveaus bewerten zu können, nehmen wir weiterhin zur Vereinfachung an, daß ein hoher Arbeitseinsatz 10 Einheiten kostet, ein niedriger Arbeitseinsatz hingegen nur Kosten von 5 Einheiten verursacht. Im einzelnen ist die Entlohnung eines Teammitglieds nun wie folgt von der Gesamtproduktivität abhängig:

$$\text{Netto-Nutzen} = \frac{\text{Teamproduktion}}{60} - \text{Kosten des Arbeitseinsatzes}$$

Der Netto-Nutzen eines Mitarbeiters entspricht der durchschnittlichen Produktion der Teammitglieder abzüglich seiner eigenen Kosten des Arbeitseinsatzes. Als drittes Element der strategischen Form erhalten wir so die Auszahlungen jeder Partei in Abhängigkeit von ihrem eigenen Handeln und dem der anderen Parteien.

Graphisch stellt sich die Abhängigkeit des Netto-Nutzens eines einzelnen Teammitglieds von den Arbeitseinsätzen der anderen Teammitglieder wie folgt dar:

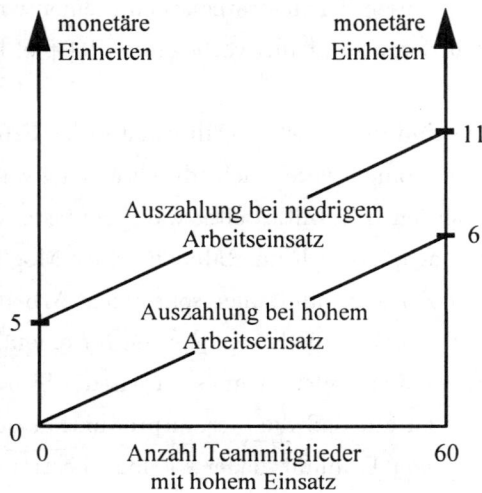

Abbildung 3.1:   Die Mitarbeit in einem Produktionsteam

Die Darstellung der Teamproduktion in ihrer strategischen Form wurde durch die starke Vereinfachung der Konfliktsituation deutlich erleichtert. Im allgemeinen ist die Darstellung einer strategischen Konfliktsituation wesentlich komplexer. Unser Beispiel der Mitarbeit in einem Produktionsteam soll zur Verdeutlichung dienen:

Die Mitarbeiter müssen nicht notwendigerweise unabhängig voneinander über ihren Arbeitseinsatz entscheiden. Sind sie beispielsweise alle auf bestimmte Teile des Fertigungsprozesses spezialisiert, so erfolgt die Produktion arbeitsteilig und damit auch sequentiell. In diesem Fall muß spezifiziert werden, wer zu welchem Zeitpunkt entscheiden kann.

Die Identifikation der Handlungsalternativen, die jedem Mitarbeiter zur Verfügung stehen, wurde durch die Reduktion eines Kontinuums von Aktivitätsniveaus auf zwei vereinfacht. Diese Vereinfachung ist nicht immer ohne Einfluß auf die Struktur des Ergebnisses. Wenn sich die Struktur des Ergebnisses durch diese

Vereinfachung verändern würde, erfordert eine adäquate Modellierung die Berücksichtigung des Kontinuums an Aktivitätsniveaus.

Wir haben das Entlohnungsproblem bisher so abgebildet, als ob es sich um eine einmalige Situation handelt. Die Teammitglieder stehen aber in einer langfristigen Beziehung zueinander. So muß die Feststellung, daß das Aktivitätsniveau des einzelnen Mitarbeiters für die anderen nicht beobachtbar ist, langfristig nicht unbedingt gelten. Auch das würde die Modellierung ändern.

Häufig ist es nicht möglich, die Höhe der Auszahlungen genau zu beziffern. Beispielsweise kann man nicht exakt sagen, wieviel Anstrengung jeweils mit den beiden Aktivitätsniveaus verbunden ist. Je nach Ziel der Modellierung genügt es zu wissen, daß ein hohes Niveau des Arbeitseinsatzes einer größeren Anstrengung bedarf als ein niedrigeres. Bei der Bestimmung der Auszahlungen können auch ganz subjektive Elemente der einzelnen Mitarbeiter zu berücksichtigen sein. So könnte man sich einen Workaholic vorstellen, der von einer Steigerung seines Arbeitseinsatzes unabhängig vom Lohn einen positiven Nutzen erfährt.

In diesem und dem folgenden Kapitel werden wir uns ausführlich mit der Modellierung von Konfliktsituationen beschäftigen. Wir werden uns dabei mit zunehmend komplexeren Problemen befassen. Die Basis für dieses Kapitel bildet stets die Darstellung der Situation in einer strategischen Form. In Abschnitt 3.1 modellieren wir zunächst die einfachste strategische Interaktion, die in einer Konfliktsituation stattfinden kann: Zwei Parteien agieren miteinander und jede Partei hat genau zwei Handlungsalternativen. Wir werden mit dieser einfachsten interaktiven Entscheidungssituation eine Vielzahl unterschiedlicher Konfliktsituationen darstellen.

Wie sich die Konfliktparteien in solchen und ähnlichen Situationen strategisch verhalten, wird in Abschnitt 3.2 untersucht. Wir leiten hier aufeinander aufbauend verschiedene Verhaltensprinzipien ab.

Für das Verhalten einer Partei in einer Konfliktsituation ist von Bedeutung, inwieweit sie tatsächlich die strategische Form einer Konfliktsituationen vollständig erfaßt oder ob es bezüglich gewisser Faktoren Informationsdefizite gibt. Sind wir bei der bisherigen Diskussion davon ausgegangen, daß die Konfliktparteien bei der Identifikation der Elemente der strategischen Form einer Konfliktsituation vollständige Information haben, betrachten wir in Abschnitt 3.3 Konfliktsituationen, in denen unvollständige Information besteht. Nicht jede Partei ist also gleichermaßen gut über alle strategischen Faktoren informiert.

3.1   Eine Klassifikation von Konfliktsituationen I

In diesem Abschnitt konzentrieren wir uns auf die einfachste mögliche Konfliktsituation bei unabhängigen Entscheidungen: Zwei Parteien sind in eine Konfliktsituation involviert und jede Partei hat zwei Handlungsalternativen. Die Elemente der strategischen Form einer Konfliktsituation sind also bis auf die Konsequenzen aus den jeweiligen Handlungsalternativen bereits vorgegeben. Dennoch läßt sich eine Vielzahl von Konfliktsituationen in dieser einfachen Form darstellen. Die folgende Klassifikation von Schelling (1960) orientiert sich an den Konsequenzen der Interaktion, anhand derer die unterschiedlichen Konfliktsituationen aufgezeigt werden[1]: Die Abszisse bezeichnet dabei die Auszahlungen der ersten Partei, die Ordinate die Auszahlungen der zweiten Partei:

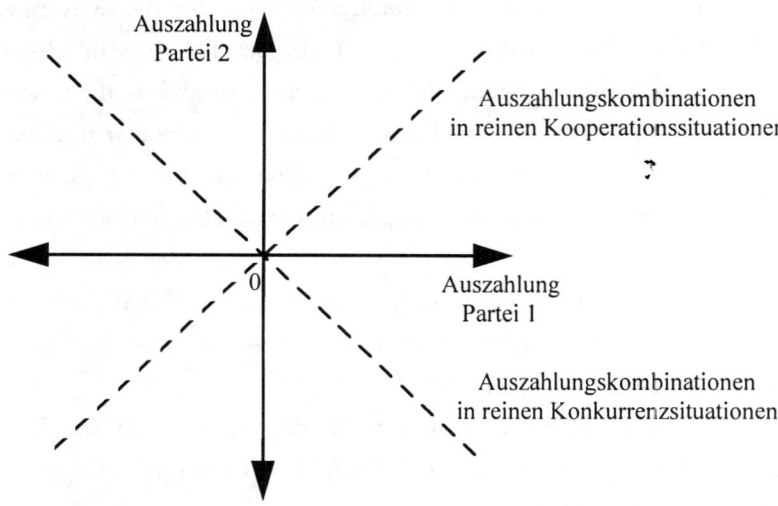

Abbildung 3.2:   Eine Klassifikation von Konfliktsituationen

Unterschiede zwischen Konfliktsituationen ergeben sich aus den Auszahlungskombinationen für die Parteien. Da die Auszahlungen die individuellen Präferenzen widerspiegeln, läßt sich mit dieser Darstellung zeigen, wie kooperative und konkurrierende Interessen der Parteien miteinander verflochten sind.

Zwei Extremsituationen sind denkbar: Eine Klasse von Situationen ist dadurch gekennzeichnet, daß es lediglich konkurrierende Interessen zwischen den Parteien gibt. In solchen reinen Konkurrenzsituationen bedeutet der Gewinn einer Partei immer einen entsprechenden Verlust für die andere Partei. Für eine zweite Klasse von Situationen ist es charakteristisch, daß die Parteien ausschließlich kooperative Interessen haben. In solchen reinen Kooperationssituationen kommt es nicht zu einem Konflikt. Der Gewinn einer Partei ist immer auch mit einem entsprechenden Gewinn für die andere Partei verbunden. Zwischen diesen beiden Extremsituationen können aber auch kooperative und konkurrierende Interessen in ein und derselben Konfliktsituation nebeneinander auftreten. Je nach Anteil der kooperativen und konkurrierenden Interessen der beiden Parteien ergeben sich in solchen Konfliktsituationen unterschiedliche Konfliktintensitäten.

Anhand eines Beispiels wollen wir im folgenden verschiedene idealtypische Konfliktsituationen vorstellen. Diese verschiedenen Konfliktsituationen sollte man nicht als vollständige Abbildung einer realen Konfliktsituation verstehen. Vielmehr reduzieren sie eine reale Konfliktsituation auf ihre verhaltensbestimmenden Elemente und stellen daher nützliche Strukturierungshilfen dar. Die Verflechtung der kooperativen und konkurrierenden Interessen der Parteien wird leicht ersichtlich, und das resultierende Verhalten der Partei ist so einfach zu untersuchen.

Die Zusammenarbeit von Marketing- und
Produktionsabteilung bei innovativen Vorhaben ———————————

Die Einführung eines neuen Produkts in einem Unternehmen erfordert eine interdisziplinäre Zusammenarbeit. Hierzu soll ein Projektteam gebildet werden, in dem die verschiedensten Abteilungen des Unternehmens zusammenarbeiten und ihre jeweiligen Anliegen und Kenntnisse einbringen können. Aufgrund der spezifischen Rahmenbedingungen in unserem Beispielunternehmen werden lediglich die Marketing- und Produktionsabteilung in das Innovationsvorhaben eingebunden. Infolge der Vorüberlegungen stehen nur noch zwei Produktvarianten als grundsätzli-

che Alternativen für das Unternehmen zur Diskussion: Entweder wird ein Produkt eingeführt, das aufgrund seiner Konzeption den Kundenbedürfnissen entsprechend angepaßt werden kann. Dieses kundenorientierte Produkt impliziert aber, daß die Produktion jeweils in kleinen Losgrößen durchgeführt werden müßte und zahlreiche Produktionsumstellungen notwendig wären. Oder es könnte von den Abteilungen auch eine losgrößensorientierte Variante ausgearbeitet werden, die vermehrt Losgrößenvorteile nutzt, allerdings aufgrund der damit verbundenen Standardisierung weniger kundenorientiert ist.

Die mit der Innovation beauftragten Abteilungen sind bei ihren Aktivitäten auf Informationen der jeweils anderen Abteilung angewiesen. Um den Erfolg der Produktinnovation zu gewährleisten und einen Wettbewerbsvorsprung gegenüber der Konkurrenz zu sichern, ist ein schnelles Vorgehen unabdingbar. Dadurch können jedoch die Aktivitäten einer Abteilung nicht immer mit den Entscheidungen der anderen Abteilung abgestimmt werden. Gewisse Aktivitäten müssen simultan von den beiden Abteilungen geplant werden, ohne daß eine direkte Abstimmung erfolgen kann. Eine implizite Kooperation zwischen den beiden Abteilungen ist daher ein wesentlicher Faktor für den Erfolg des Innovationsvorhabens.

Da für keine Abteilung die Möglichkeit besteht, ihre Planungsaktivitäten direkt auf die der anderen Abteilung abzustellen, hat man sich auf folgendes Vorgehen geeinigt: Die Ausarbeitung einer neuen Produktidee erfolgt zwischen den beiden Abteilungen zunächst unabhängig voneinander. Ein gemeinsames Vorgehen soll erst zu einem späteren Zeitpunkt im Projektteam festgelegt werden. Im Laufe des Innovationsvorhabens treffen sich hierfür Vertreter aus beiden Abteilungen zu einer ersten gemeinsamen Sitzung, um sich über das weitere Vorgehen abzustimmen. Sie vertreten dabei die Interessen ihrer jeweiligen Abteilung.

Aus diesem Beispiel können wir unmittelbar die strategische Form dieser Konfliktsituation ableiten: Die Konfliktparteien sind durch die in die Produktinnovation eingebundenen Abteilungen bestimmt, also die Marketing- und Produktionsabteilung. Beide Parteien haben jeweils zwei Handlungsalternativen. Sie können entweder eine losgrößensorientierte oder eine kundenorientierte Produktidee ausarbeiten. Lediglich die Konsequenzen für die Parteien aus ihrem gemeinsamen Handeln sind bisher noch nicht spezifiziert.

Die Abteilungen haben aufgrund ihrer Spezialisierung unterschiedliche Interessen. Daher bestehen neben dem kooperativen Interesse, das gemeinsame Projekt erfolgreich durchzuführen, auch konkurrierende Interessen. Diese konkurrierenden Interessen kommen in den unterschiedlichen Präferenzen über die möglichen Produktinnovationen zum Ausdruck: Die Marketingabteilung bevorzugt eher die kundenorientierte gegenüber der losgrößenorientierten Produktinnovation, wohingegen die Produktionsabteilung entgegengesetzte Präferenzen hat. Die den Handlungskombinationen zuzuordnenden Auszahlungen müssen ein solches Interessenmix widerspiegeln. Allerdings gibt es hierfür unterschiedliche Möglichkeiten, je nachdem wie hoch der Anteil an kooperativen und konkurrierenden Interessen und damit die Konfliktintensität ist. Diese Unterschiede in den Konfliktintensitäten charakterisieren unterschiedliche Typen von Konfliktsituationen, auf die wir im folgenden näher eingehen wollen.

3.1.1   Reine Kooperationssituationen

Angenommen, es handelt sich bei dem betrachteten Unternehmen um ein sehr junges Unternehmen, für das die Einführung eines erfolgreichen Produkts existentiell ist. Der Erfolg des Innovationsvorhaben ist somit für das Bestehen des Unternehmens und damit auch für die beiden Abteilungen unabdingbar. Er hängt von der schnellen und kostengünstigen Produktentwicklung ab. Marketing- und Produktionsabteilung müssen sich also effektiv koordinieren. Ist dies nicht gegeben, ist der Erfolg des Projekts in Frage gestellt. Eine ineffiziente Koordination würde dann entstehen, wenn beide Abteilungen unterschiedliche Produktideen verfolgten. Sie müssen daher für ihre Planungsaktivitäten dieselbe Produktidee zugrunde legen, so daß sich die einzelnen Schritte bei der Umsetzung dieser Idee ergänzen.

Beide Abteilungen wissen um diese Zusammenhänge. Daher werden nur kooperative Interessen ihr Verhalten in dieser Situation bestimmen. Die Eigeninteressen der beiden Abteilungen treten dahinter zurück. Es handelt sich also um eine reine Kooperationssituation.

Die strategische Form der Interaktion der beiden Abteilungen läßt sich graphisch sehr übersichtlich in Form einer **Bi-Matrix** darstellen: In einer Bi-Matrix bestimmt die Anzahl der Handlungsalternativen einer Partei die Anzahl der Spalten bzw. Zeilen der Matrix. Jede Zelle der Bi-Matrix bestimmt die Auszahlungen der beiden Parteien für die spezifischen Kombinationen von Handlungsalternativen. Aus Konvention bezeichnet dabei die erste Zahl die Auszahlung der Partei, deren Handlungsalternativen durch die Zeilen dargestellt sind, die zweite Zahl demnach die Auszahlung der Partei, deren Handlungsalternativen durch die Spalten spezifiziert sind. Für unsere Konfliktsituation ergibt sich somit folgende Bi-Matrix:

		Produktions-abteilung	
		kunden-orientierte Produkt-innovation	losgrößen-orientierte Produkt-innovation
Marketing-abteilung	kundenorientierte Produktinnovation	3,3	0,0
	losgrößenorientierte Produktinnovation	0,0	3,3

Abbildung 3.3:   Die reine Kooperationssituation

Wenn beide Abteilungen dieselbe Alternative ausarbeiten, ergänzen sich ihre Planungen und führen zur Einführung eines Produkts, das aufgrund seiner Konzeption entweder den Kundenbedürfnissen oder den Produktionsbedingungen angepaßt ist. In beiden Fällen nehmen wir an, daß daraus eine Auszahlung von 3 Einheiten für beide Abteilungen resultiert. Führt hingegen das simultane Vorgehen der beiden Abteilungen nicht zur Ausarbeitung derselben Produktvariante, verzögert sich die Durchführung des Innovationsvorhabens und es kann kein Erfolg mehr verbucht werden. In diesem Fall sei die Auszahlung Null.

Obwohl es in dieser reinen Kooperationssituation keinen Konflikt zwischen den beiden Abteilungen gibt, besteht zwischen ihnen ein Koordinationsproblem: Versetzten wir uns in die Position des Produktionsleiters. Wenn er davon ausgeht, daß die Marketingabteilung die kundenorientierte Produktinnovation wählt, dann ist es für seine Abteilung vorteilhaft, ebenfalls diese Alternative zu verfolgen. Wenn er allerdings annimmt, daß die Marketingabteilung die losgrößenorientierte Produktinnovation ausarbeitet, dann ist es für ihn in diesem Falle vorteilhaft, ebenfalls diese Alternative zu wählen. Eine analoge Überlegung kann auch die Marketing-

abteilung anstellen. Da aber nun aufgrund der gegebenen Situation keine direkte
Abstimmung der beiden Abteilungen möglich ist, ist nicht a priori eindeutig klar,
wie sich die beiden Abteilungen implizit auf ein gemeinsamen Vorgehen einigen
können.

3.1.2 Reine Konkurrenzsituationen

In unserem Beispiel gehen wir nun davon aus, daß es sich bei dem betrachteten
Unternehmen um ein Unternehmen handelt, das bereits mit vielen Produkten am
Markt vertreten ist. Die Einführung des neuen Produkts ist daher ein Projekt,
das beide Abteilungen in der einen oder anderen Weise bereits mehrmals durchgeführt haben. Es ist im Unternehmen bekannt, daß die Marketingabteilung die
kundenorientierte Produktvariante einführen möchte, während die losgrößenorientierte Variante von der Produktionsabteilung bevorzugt wird. Das Prestige der beiden Abteilungen hängt davon ab, inwieweit sie ihre Vorstellungen von dem neuen
Produkt durchsetzen können. Diejenige Abteilung, die ihre Interessen gegenüber
der anderen Abteilung durchsetzen kann, geht als Gewinner aus diesem Projekt
hervor, die andere Partei hingegen ist der Verlierer und hat einen Statusverlust
hinzunehmen. Es handelt sich also um eine Situation, in der lediglich konkurrierende Interessen der Parteien vorliegen. Kooperative Interessen existieren nicht.
Die Konfliktsituation ist eine reine Konkurrenzsituation. Ihre Interessen sind somit
vollständig entgegengesetzt. Hier bedeutet der Gewinn der einen Partei notwendigerweise den Verlust der anderen Partei. In der spieltheoretischen Literatur
werden solche Situationen daher auch als **Nullsummenspiele** bezeichnet.

Die folgende Bi-Matrix zeigt die Auszahlungen, die in diesem Fall gegeben
sind:

	Produktions-abteilung	
	kunden-orientierte Produkt-innovation	losgrößen-orientierte Produkt-innovation
Marketing-abteilung — kundenorientierte Produktinnovation	3,-3	0,0
losgrößenorientierte Produktinnovation	0,0	-3,3

Abbildung 3.4:   Die reine Konkurrenzsituation

Arbeitet die Marketingabteilung die von ihr präferierte kundenorientierte Alternative aus und wird diese Alternative ebenfalls von der Produktionsabteilung verfolgt, dann führt dies zur Einführung eines Produkts, das aufgrund seiner Konzeption den Kundenbedürfnissen angepaßt ist. In diesem Fall erhöht sich der Status der Marketingabteilung um 3 Einheiten, der der Produktionsabteilung reduziert sich um denselben Betrag. Wenn andererseits die Produktionabteilung die von ihr präferierte losgrößenorientierte Produktinnovation ausarbeitet und dies auch von der Marketingabteilung unterstützt wird, ergänzen sich die Planungen. In diesem Fall liegt der Statusgewinn von 3 Einheiten auf Seiten der Produktion, der Statusverlust von 3 Einheiten auf Seiten der Marketingabteilung. Führt schließlich das simultane Vorgehen der beiden Abteilungen nicht zur Ausarbeitung derselben Produktinnovation, verändert sich der organisatorische Status der beiden Abteilungen nicht.

Betrachten wir nun beispielsweise die Position der Marketingabteilung: Wenn sie davon ausgeht, daß die Produktionsabteilung eine losgrößenorientierte Innovation verfolgt, dann ist es für sie am besten, auf eine kundenorientierte Innovation abzustellen. Dies führt zwar nicht zu einer effizient koordinierten Produktentwicklung der beiden Abteilungen, allerdings kann die Marketingabteilung ihren Status wahren und verhindern, daß die Produktionsabteilung an Status gewinnt. Analoges gilt für die Produktionsabteilung, die aus demselben Grund die von ihr präferierte

Alternative wählt, wenn sie davon ausgeht, daß die Marketingsabteilung die kundenorientierte Innovation durchsetzen will.

3.1.3 Das Kooperationsdilemma

Angenommen, die beiden Abteilungen haben im Vorfeld des ersten gemeinsamen Treffens jeweils die von ihnen präferierte Alternative ausgearbeitet: die Marketingabteilung konzentrierte sich in ihren Ausarbeitungen also auf eine kundenorientierte Alternative, die Produktionsabteilung auf eine losgrößenorientierte Produktidee. Vor der Sitzung müssen beide Abteilungen jedoch noch ihre Verhandlungsstrategie festlegen. Zwei Alternativen sind möglich: Entweder eine Abteilung verhält sich bei dem Zusammentreffen kompromißbereit und ist in der eigenen Position durchaus nachgiebig, oder die Abteilung verhält sich kompromißlos und besteht auf der Durchführung ihrer bereits erarbeiteten Pläne für eine Produktinnovation.

Verhalten sich beide Abteilungen kompromißbereit, dann können sie sich in der Sitzung auf ein gemeinsames weiteres Vorgehen einigen. Dies ist für den Status der beiden Abteilungen gleichermaßen vorteilhaft, beide können bei einer erfolgreichen Innovation auf ihren Beitrag verweisen. Zudem verspricht eine Produktinnovation, die sowohl kunden- als auch losgrößenorientiert ist, für das Unternehmen den größten Erfolg. Eine solche abteilungsübergreifende Lösung würde die Vor- und Nachteile der beiden Alternativen hinreichend berücksichtigen und so zu einer vorteilhaften Gesamtlösung führen. Andererseits ist jeder Abteilung daran gelegen, die von ihr ausgearbeitete Produktidee gegenüber der anderen Abteilung durchzusetzen. Dieses Durchsetzen einer eigenen präferierten Alternative bedeutet für die jeweilige Abteilung einen hohen Prestigegewinn, die andere Abteilung hingegen verliert an Status.

Die folgende Darstellung veranschaulicht die Konfliktsituation, in der sich die beiden Abteilungen befinden:

	Produktions-abteilung	
	Kompro-mißbereit-schaft	mangelnde Kompro-mißbereit-schaft
Marketing-abteilung Kompromiß-bereitschaft	3,3	0,4
mangelnde Kompromiß-bereitschaft	4,0	1,1

Abbildung 3.5:   Das Kooperationsdilemma

In diesem Fall handelt es sich um eine Konfliktsituationen, in der beide Parteien gleichzeitig kooperierende und konkurrierende Interessen verfolgen. Diese sind wie folgt ineinander verwoben: Verhalten sich beide Abteilungen kompromißlos gegenüber der jeweils anderen Abteilung, kommen sie im Laufe der Sitzung zwar zu einer Einigung über das weitere Vorgehen. Allerdings ist in diesem Fall aufgrund mangelnder Abstimmung die gefundene gemeinsame Lösung weniger vorteilhaft, da viele Faktoren unzureichend berücksichtigt wurden. Der Statusgewinn für beide Abteilungen ist 1 Einheit. In einer Situation, in der sich eine Partei kompromißlos, die andere Partei aber kompromißbereit verhält, gehen wir davon aus, daß die kompromißlose Partei ihre Interessen vollständig durchsetzen kann und einen Statusgewinn von 4 Einheiten verbucht. Kompromißbereitschaft hingegen führt dann nicht zu einem Statusgewinn. Wenn sich beide Abteilungen zu einem kompromißbereiten Vorgehen entschließen, ist ihr Statusgewinn mit jeweils 3 Einheiten maximal, da das Projekt die besten Erfolgsaussichten hat.

Diese Konfliktsituation ist durch ein Kooperationsdilemma gekennzeichnet: Beide Abteilung haben das kooperative Interesse, sich in der Sitzung auf ein gemeinsames weiteres Vorgehen zu einigen, das beide Produktalternativen gleichermaßen berücksichtigt. Wenn aber beispielsweise die Marketingabteilung davon ausgeht, daß sich die Produktionsabteilung kompromißbereit verhält, dann ist es für sie vorteilhaft, in der Sitzung kompromißlos aufzutreten. Dies bringt ihr den höchsten Statusgewinn und bedeutet für die Produktionsabteilung keinen Statusgewinn. Verhalten sich nun beide Abteilungen kompromißlos, ist ihr jeweiliger Statusgewinn niedriger als wenn sie sich beide kompromißbereit verhalten hätten.

Dieses Kooperationsdilemma wird in der spieltheoretischen Literatur gewöhnlich auch als **Prisoners' dilemma** oder **Gefangenendilemma** bezeichnet. Der Name ist von einer Geschichte abgeleitet, die die folgende Interaktion beschreibt: Zwei Kriminelle haben gemeinsam einen Raubüberfall begangen und werden anschließend festgenommen. Allerdings kann ihnen der zuständige Staatsanwalt die Tat nicht nachweisen. Lediglich der unerlaubte Waffenbesitz, der eine geringe Bestrafung nach sich zieht, ist nachweisbar. Um die beiden dennoch des Raubes zu überführen, veranlaßt der Staatsanwalt die Unterbringung der beiden Gefangenen in getrennten Zellen und unterbreitet ihnen jeweils folgendes Angebot: Gesteht der Gefangene den gemeinschaftlichen Raubüberfall, wird er aufgrund seiner Kooperation mit der Staatsanwaltschaft direkt freigelassen, sofern sein Komplize nicht auch gestanden hat. Letzterer wird dann wegen Raubes verurteilt. Die Strafe fällt aufgrund mangelnder Zusammenarbeit mit der Staatsanschaft maximal aus. Gestehen aber beide, werden sie gemeinsam für den Raubüberfall zur Verantwortung gezogen. Allerdings wirkt ihr Geständnis strafmildernd. Das jeweilige Strafmaß für beide ist damit zwar niedriger als die Maximalstrafe für dieses Delikt, aber doch höher als die Bestrafung wegen unerlaubten Waffenbesitzes.

3.1.4   Konfliktsituation mit zwei Führern

Angenommen, der kooperative Abstimmungsprozeß zwischen den beiden Abteilungen führt zu einer erheblichen Verzögerung der Einführung des neuen Produkts. Beide Produktideen sind für sich selbst betrachtet sehr gut. Die Ausarbeitung eines beidseitigen Kompromisses erfordert zusätzlichen Zeitaufwand, der den Erfolg des Innovationsprojekts in Frage stellt. Wenn sich daher beide Abteilungen für Kompromißbereitschaft entscheiden, können sie nicht mit dem Statusgewinn rechnen, der mit einer erfolgreichen Innovation verbunden wäre.

Wir nehmen in dieser Konfliktsituation an, daß die Einführung des neuen Produkts am schnellsten gelingt, wenn eine der beiden Abteilungen die Führerschaft übernimmt. Die Erfolgsaussichten sind dann maximal, wenn eine Abteilung auf den von ihr ausgearbeiteten Produktideen besteht und sich kompromißlos verhält, die andere Abteilung hingegen in ihrer Position nachgibt und sich kompromißbereit zeigt. Da Kompromißlosigkeit zur Durchsetzung der eigenen Präferenzen führt, ist für die Abteilung, die die Führerrolle übernimmt, ein zusätzlicher Statusgewinn mit diesem Vorgehen verbunden. Dies gilt aber nur, wenn sich die jeweils andere Partei kompromißbereit verhält. Streben nämlich beide Parteien die Führerschaft an, so zögern sie den Erfolg des Projekts noch mehr hinaus als bei beidseitiger Kompromißbereitschaft.

Daß in dieser Konfliktsituation sowohl konkurrierende als auch kooperative Interessen beider Parteien vorliegen, geht aus unseren bisherigen Ausführungen bereits hervor. Dies spiegelt sich auch in den Auszahlungen wider, die in der folgenden Bi-Matrix dargestellt werden:

		Produktions-abteilung	
		Kompro-mißbereit-schaft	mangelnde Kompro-mißbereit-schaft
Marketing-abteilung	Kompromiß-bereitschaft	2,2	3,4
	mangelnde Kompromiß-bereitschaft	4,3	1,1

Abbildung 3.6:   Konfliktsituation mit zwei Führern

Verhält sich eine Abteilung kompromißbereit und die andere kompromißlos, ergibt sich für beide gleichermaßen ein positiver Statusgewinn von 3 Einheiten. Allerdings hat diejenige Abteilung, deren präferierte Produktinnovation im Rahmen der jeweiligen Planungen ausgearbeitet wurde, einen zusätzlichen Statusgewinn von 1 Einheit gegenüber der anderen Abteilung. Entschließen sich beide Abteilungen zu einem kompromißbereiten Vorgehen in der Sitzung, ist der Statusgewinn aufgrund der verzögerten Produkteinführung niedriger und entspricht 2 Einheiten. Noch niedriger ist der Statusgewinn, nämlich 1 Einheit, wenn beide Abteilungen in der Sitzung von ihren ausgearbeiteten Plänen nicht abweichen wollen.

Diese Spezifikation der Konfliktsituation wird als Konfliktsituation mit zwei Führern bezeichnet, da beide Abteilungen jeweils ihre unterschiedlichen Präferenzen bezüglich der beiden möglichen Produktinnovationen durchsetzen wollen: Für beide Abteilungen ist ein kompromißbereites Vorgehen zumindest mit einen Statusgewinn von 2 Einheiten verbunden, höchstens jedoch mit 3 Einheiten. Hingegen kann die Durchsetzung der eigenen präferierten Produktidee zu einem höheren Statusgewinn von 4 Einheiten führen. Zwar verspricht diese Strategie potentiell den meisten Gewinn, sie kann jedoch auch zur niedrigsten Auszahlung führen, nämlich dann, wenn auch die andere Abteilung auf ihren Ausarbeitungen besteht. Darin liegt das Risiko dieser attraktiven Strategie.

Die Konfliktsituation mit zwei Führern wird in der spieltheoretischen Literatur auch **Battle of the sexes** oder **Kampf der Geschlechter** genannt. Folgende Geschichte liegt dieser Situation zugrunde: Ein frisch verheiratetes Ehepaar besucht während seiner Hochzeitsreise eine größere Stadt. Bereits am ersten Abend verlieren sich die beiden in der fremden Stadt. Beide haben keinen gemeinsamen Treffpunkt ausgemacht. Allerdings hatten sie sich beim Frühstück über ihre Abendgestaltung unterhalten und eine ganze Reihe von Aktivitäten bereits ausgeschlossen. Lediglich der Boxkampf und das Ballett blieben als mögliche Alternativen übrig. Beide Ehepartner hatten bezüglich dieser beiden Alternativen unterschiedliche Präferenzen: die Frau bevorzugte das Ballett, der Mann hingegen den Boxkampf. Allerdings wollten beide den Abend natürlich gemeinsam verbringen. Nun müssen sich beide unabhängig voneinander entscheiden, wo sie hingehen, in der Hoffnung sich dort wiederzutreffen.

3.1.5   Konfliktsituation mit zwei Helden

Diese Konfliktsituation ist mit der vorhergehenden vergleichbar, weist allerdings im Hinblick auf die Verflechtung von kooperativen und konkurrierenden Interessen den folgenden qualitativen Unterschied auf: Die Durchsetzung der eigenen Interessen zulasten der anderen Abteilung in der gemeinsamen Sitzung wird im Unternehmen nicht als positiv angesehen, sondern führt zu einem Statusverlust. Die kompromißbereite kooperative Alternative wird also höher bewertet als die nichtkooperative kompromißlose Haltung.

Die Auszahlungen sind in dieser Konfliktsituation durch die folgende Bi-Matrix gegeben:

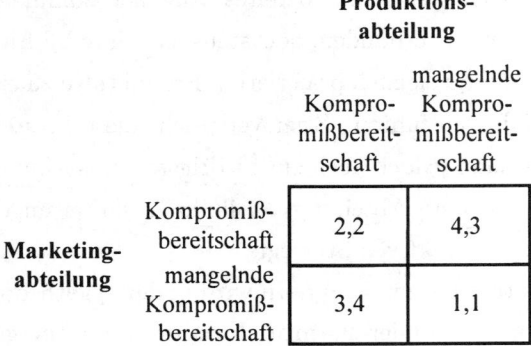

**Produktions-
abteilung**

	Kompro- mißbereit- schaft	mangelnde Kompro- mißbereit- schaft
Kompromiß- bereitschaft	2,2	4,3
mangelnde Kompromiß- bereitschaft	3,4	1,1

**Marketing-
abteilung**

Abbildung 3.7:   Konfliktsituation mit zwei Helden

Wie im vorherigen Beispiel führt die Wahl einer identischen Strategie für die Sitzung zu einem Statusgewinn von 2 Einheiten für jede Abteilung bei einer kompromißbereiten Haltung bzw. zu einem Statusgewinn von 1 Einheit für jede Abteilung im Falle der Kompromißlosigkeit. Die rasche Einführung des Produkts im Falle, daß sich beide Abteilungen für unterschiedliche Alternativen entschieden haben, führt zu einem Statusgewinn von mindestens 3 Einheiten für jede Partei. Die Abteilung, die sich dabei kompromißbereit gezeigt hat, kann sogar einen zusätzlichen Statusgewinn von 1 Einheit verbuchen.

Auch hier erreicht eine Abteilung mit Kompromißbereitschaft mindestens einen Statusgewinn von 2 Einheiten mit der Möglichkeit sogar den höchsten Statusgewinn von 4 Einheiten zu erzielen. Kompromißbereitschaft ist also für beide Abteilungen die Strategie, die ihnen die höchste Mindestauszahlung garantiert. Verhalten sich allerdings beide Abteilungen kompromißbereit, führt dies für die Abteilungen zu einem suboptimalen Ausgang der Konfliktsituation. Beide Abteilungen stünden sich besser, wenn eine Abteilung die kompromißlose Haltung wählen würde. Allerdings würde ihr zusätzlicher Statusgewinn geringer ausfallen als der der anderen Abteilung, die sich kompromißbereit verhalten hat. Die Abteilung müßte sich also als Held verhalten, indem sie ihre eigenen Interessen auf einem möglichst hohen

Statusgewinn unterdrückt, um den gemeinsamen Statusgewinn zu steigern. Diese Entscheidung ist aber mit dem Risiko verbunden, daß auch die andere Abteilung sich heldenhaft verhält. Dann aber wäre die Produkteinführung verzögert und beide erhielten die niedrigstmögliche Auszahlung.

3.1.6 Konfliktsituation mit zwei Feiglingen

Diese Konfliktsituation gleicht der des Kooperationsdilemmas, jedoch mit dem folgenden wesentlichen Unterschied: Angenommen, die beiden Abteilungen wählen für die bevorstehende Sitzung ein unterschiedliches Vorgehen. Eine nimmt eine kompromißlose Haltung ein, die andere zeigt Kooperationsbereitschaft. Dann setzt sich die kompromißlose Abteilung mit ihrer präferierten Produktvariante durch. Im Unterschied zum Kooperationsdilemma oben wird in dieser Konfliktsituation die Kompromißbereitschaft der einen Abteilung innerhalb des Unternehmens aber durchaus positiv bewertet und führt nicht zu einem Statusverlust.

Die zugeordnete Bi-Matrix veranschaulicht diese Konfliktsituation in ihrer strategischen Form:

		Produktions-abteilung	
		Kompro-mißbereit-schaft	mangelnde Kompro-mißbereit-schaft
Marketing-abteilung	Kompromiß-bereitschaft	3,3	2,4
	mangelnde Kompromiß-bereitschaft	4,2	1,1

Abbildung 3.8: Konfliktsituation mit zwei Feiglingen

Entsprechend dieser Darstellung ist der höchste Statusgewinn von 4 Einheiten für eine Abteilung dann gegeben, wenn sie sich kompromißlos verhält, die andere Abteilung aber kompromißbereit handelt. Letztere hat in diesem Fall einen Status-

gewinn von 2 Einheiten. Entscheiden sich beide Abteilungen für eine kompromißlose Haltung, dann erhalten sie jeweils den niedrigste Statusgewinn von 1 Einheit.
Folglich kann kompromißloses Verhalten für eine Abteilung zwar den größtmöglichen Vorteil bringen, andererseits läuft die Abteilung Gefahr, dadurch auch den
größten Verlust einzustecken. Kompromißbereitschaft sichert hier einer Abteilung
den kleinsten Nachteil von 2 Einheiten.

Interpretiert man Kompromißbereitschaft demnach als die Strategie eines Feiglings, die Alternative Kompromißlosigkeit als Strategie des Kühnen, dann ergibt
sich in dieser Konfliktsituation der folgende Interessengegensatz zwischen den beiden Parteien: Denkt beispielsweise die Marketingabteilung, daß sich die Produktionsabteilung feige verhalten, also Kompromißbereitschaft zeigen, wird, dann ist
es für die Marketingabteilung vorteilhaft, mangelnde Kompromißbereitschaft zu
wählen, folglich also kühn zu agieren. Denkt aber die Marketingabteilung, daß die
Produktionsabteilung selbst kühn handelt, dann wird sie sich für die Strategie eines
Feiglings entscheiden.

Solche Konfliktsituationen mit zwei Feiglingen werden in der spieltheoretischen
Literatur auch als **Hasenfußrennen** oder **Chicken game** bezeichnet. Folgende
Geschichte wird zu dieser Konfliktsituation erzählt: Zwei Jugendliche führen eine
Mutprobe durch. Mit ihren Autos fahren sie aufeinander zu. Die Mutprobe hat
derjenige verloren, der zuerst dem anderen ausweicht. Weichen beide Jugendliche
voreinander aus, hat zwar keiner der beiden gewonnen, aber die Mutprobe ging
noch einmal glimpflich aus. Fahren jedoch beide unbeirrt aufeinander los, führt
das zum schlechtest denkbaren Ausgang der Mutprobe.

3.1.7   Konfliktsituation mit zwei Konformisten

Analog zur Konfliktsituation mit zwei Feiglingen führt in dieser Situation die Kompromißbereitschaft der beiden Abteilungen in der gemeinsamen Sitzung zu einer
abteilungsübergreifenden Lösung, die für das Unternehmen den größten Erfolg sichert und somit zum höchsten Statusgewinn der beiden Abteilungen führt. Auch
hier reduziert eine kompromißlose Haltung beider Abteilungen in der Sitzung die
Aussichten auf eine erfolgreiche Produkteinführung, so daß in diesem Fall der Statusgewinn der beiden Abteilungen niedriger ausfällt als bei einem kooperativen
Vorgehen.

Im Unterschied zur Konfliktsituation mit zwei Feiglingen gehen wir nun aber davon aus, daß bereits die mangelnde Kompromißbereitschaft einer Abteilung den Erfolg des Projekts gefährdet. Beide Abteilungen können nur einen sehr niedrigen Statusgewinn erzielen. Zudem wird dann die Kompromißbereitschaft der anderen Abteilung innerhalb des Unternehmens negativ bewertet und führt so nicht zu einem Statusgewinn der kompromißbereiten Abteilung.

Die Auszahlungen sind in diesem Fall durch die folgende Bi-Matrix gegeben:

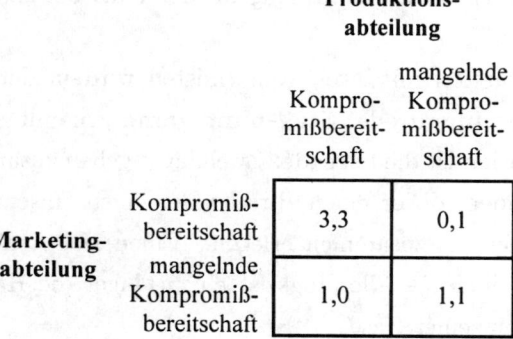

Produktions-abteilung

		Kompro-mißbereit-schaft	mangelnde Kompro-mißbereit-schaft
Marketing-abteilung	Kompromiß-bereitschaft	3,3	0,1
	mangelnde Kompromiß-bereitschaft	1,0	1,1

Abbildung 3.9: Konfliktsituation mit zwei Konformisten

Verhalten sich beide Abteilungen kompromißbereit, können sie einen Statusgewinn von jeweils 3 Einheiten erzielen. Für den Fall, daß nur eine Abteilung mangelnde Kompromißbereitschaft zeigt, reduzieren sich bereits die Erfolgsaussichten des Projekts, und der Statusgewinn beider Abteilungen geht auf 1 Einheit zurück. Hat zudem die andere Abteilung eine kompromißbereite Haltung gezeigt, reduziert sich ihr Statusgewinn nochmals um 1 Einheit, so daß bei der Verzögerung des Innovationsvorhabens die kompromißbereite Abteilung keinen Statusgewinn verbuchen kann.

In dieser Konfliktsituation sind beide Abteilungen Konformisten: Ob eine Alternative für eine Abteilung vorteilhaft ist oder nicht, hängt davon ab, was die andere Abteilung macht. Wenn beispielweise die Produktionsabteilung davon ausgeht, daß die Marketingabteilung die Alternative Kompromißbereitschaft gewählt hat, dann kann sie durch dieselbe Wahl den größten Statusgewinn erzielen. Wenn allerdings die Marketingabteilung doch mit einer kompromißlosen Haltung in die Sitzung gehen sollte, würde die Produktionsabteilung ebenfalls die Alternative mangelnde Kompromißbereitschaft ergreifen. Zwischen den beiden Abteilungen besteht also das Bestreben, das eigene Verhalten auf das des anderen abzustimmen. Im Unterschied zur reinen Kooperationssituation besteht jedoch ein Interessengegensatz: Wählt eine Abteilung eine kompromißlose Haltung und die andere Abteilung die Alternative Kompromißbereitschaft, dann ist die Auszahlung für die Partei, die sich kompromißbereit zeigt, mit einer niedrigeren Auszahlung verbunden als für die andere Partei. Ferner ist diese Auszahlung niedriger als bei einer kompromißlosen Haltung.

Eine Konfliktsituation mit zwei Konformisten wird in der spieltheoretischen Literatur auch **Hirschjagd** oder **Stag-hunt game** genannt. Die Geschichte zu dieser Konfliktsituation ist die folgende: Zwei Jäger gehen zusammen auf die Jagd. Jeder muß entscheiden, ob er einen Hirsch oder einen Hasen jagen will. Einen Hirsch können beide nur zusammen erlegen. Einen Hasen hingegen kann jeder Jäger auch allein schießen. Allerdings ist einem Jäger die Hälfte eines Hirsches mehr Wert als ein einzelner Hase.

3.2   Strategisches Konfliktverhalten bei unabhängigen Entscheidungen

Die bisherigen Ausführungen machen deutlich, daß bereits die sehr einfache Beziehung zwischen zwei Parteien mit jeweils zwei Handlungsalternativen eine Vielzahl von Konfliktsituationen abbilden kann, in denen die kooperativen und konkurrierenden Interessen der Konfliktparteien auf unterschiedliche Weise verflochten sein können. Wie werden sich nun die Parteien in den jeweiligen Konfliktsituationen verhalten? Welche der beiden möglichen Alternativen werden sie wählen? Welche allgemeinen Einsichten können wir für das strategische Handeln der Parteien in einer Konfliktsituation gewinnen?

Im folgenden Abschnitt werden wir uns nun mit diesen Fragen eingehend beschäftigten. Ziel ist es, das strategische Verhalten der Parteien in verschiedenen Konfliktsituationen zu untersuchen. Wir werden Verhaltensprinzipien entwickeln, die eine Richtschnur für strategisches Handeln in Konfliktsituationen sind. Dabei werden wir systematisch vorgehen, indem wir mit einfachen Prinzipien beginnen und diese sukzessive verfeinern.

Bei der Untersuchung des strategischen Verhaltens einer Konfliktpartei in einer gegebenen Konfliktsituation müssen wir berücksichtigen, daß die Erreichung der individuellen Ziele nicht nur von den eigenen Entscheidungen abhängt. Hier sind aufgrund der Interdependenzen zwischen den Parteien auch die Interessen der anderen Parteien und somit deren Entscheidungen zu berücksichtigen. Typischerweise wird sich eine Partei im Hinblick auf ihr eigenes Verhalten also Vorstellungen darüber bilden müssen, wie sich die anderen Parteien in der Konfliktsituation verhalten werden. Zudem wird die Erfüllung der eigenen Ziele aber auch von exogenen Faktoren abhängig sein, auf die die Partei keinen Einfluß hat.

Sowohl die strategische als auch die exogene Unsicherheit einer Partei machen es notwendig, auch solche Konsequenzen zu bewerten, die nicht mit Sicherheit eintreten. Entscheidungen, die mit exogenen Unsicherheiten behaftet sind, bezeichnet man als Entscheidungen unter Risiko. Hierbei müssen nicht nur die Vor- und Nachteile für alle Parteien aus allen möglichen Handlungskombinationen in einer Konfliktsituation spezifiziert werden. Auch die Präferenzen der Parteien für sichere Auszahlungen gegenüber unsicheren Auszahlungen sind zu ermitteln. Diese Präferenzen drücken sich in der Akzeptanz von sogenannten Lotterien aus.

Die Entscheidungstheorie liefert hier ein Instrumentarium zur Analyse von Entscheidungen unter Risiko: Erfüllt der Entscheidungsträger gewisse intuitive Axiome, dann kann sein Verhalten unter Unsicherheit durch eine **Nutzenfunktion** beschrieben werden. Diese Nutzenfunktion beschreibt quantitativ, welche Präferenzen die Partei für verschiedene Lotterien hat. Das Verhalten eines Entscheidungsträgers ist dann durch die Maximierung seines erwarteten Nutzens charakterisiert. Konsequenzen aus der strategischen Interaktion sind dann Nutzenwerte, mit denen die betreffende Partei verschiedene Ausgänge der Konfliktsituation bewertet.

3.2.1   Dominante Strategien

Betrachten wir noch einmal das bereits oben dargestellte Beispiel der Mitarbeit
in einem Produktionsteam. Zur Vereinfachung nehmen wir an, daß lediglich zwei
Mitarbeiter gemeinsam in dem Produktionsteam arbeiten. Jeder Mitarbeiter kann
entweder einen hohen oder einen niedrigen Arbeitseinsatz erbringen. Die Netto-
Löhne, die mit den jeweiligen Handlungsalternativen verbunden sind, ergeben sich
wie folgt: Ein hoher Arbeitseinsatz, der 10 Einheiten kostet, führt zu einer Produktionssteigerung von 16 Einheiten, ein niedriger Einsatz, der nur 5 Einheiten
kostet, zu einer Steigerung von 10 Einheiten. Berücksichtigt man die Arbeitskosten und die Auszahlungen, die mit dem jeweiligen Arbeitseinsatz verbunden sind,
dann läßt sich die Konfliktsituation zwischen den beiden Mitarbeitern durch die
folgende Bi-Matrix illustrieren:

		Mitarbeiter 2	
		hoher Einsatz	niedriger Einsatz
Mitarbeiter 1	hoher Einsatz	6,6	3,8
	niedriger Einsatz	8,3	5,5

Abbildung 3.10:   Teamproduktion bei zwei Mitarbeitern

Die Konfliktsituation entspricht dem bereits diskutierten Kooperationsdilemma:
Leisten beide Teammitglieder einen niedrigen Arbeitseinsatz, dann liegt ihre Auszahlung unterhalb der Auszahlung, die sie erzielen könnten, wenn sie beide einen
hohen Arbeitseinsatz erbrächten. Im ersten Fall ergibt sich für jeden Mitarbeiter
eine Auszahlung von 5 Einheiten, im zweiten Fall von 6 Einheiten. Wenn einer
der beiden Teammitglieder statt eines hohen Einsatzes Drückebergerei betreibt
und einen niedrigen Einsatz wählt, dann erhöht sich seine Auszahlung, wohingegen
die des anderen Teammitglieds fällt. Die durchschnittliche Produktion beträgt in
diesem Fall 13 Einheiten. Demnach erhält ein Teammitglied mit einem niedrigen
Arbeitseinsatz eine Auszahlung von 8 Einheiten, also eine Mehrauszahlung von 2

Einheiten gegenüber einem hohen Arbeitseinsatz. Diesen 2 Einheiten Mehrauszahlung steht allerdings die Reduktion der Auszahlung des zweiten Mitglieds von 6 auf 3 gegenüber.

Wie werden sich die beiden Teammitglieder in dieser Konfliktsituation verhalten? Zur Beantwortung dieser Frage versetzen wir uns einfach in die Lage eines der beiden Mitarbeiter. Er weiß, daß sein Arbeitskollege ebenfalls vor der Entscheidung steht, entweder einen hohen oder einen niedrigen Arbeitseinsatz zu wählen. Wir können also zwei Fälle unterscheiden:

- Angenommen, sein Kollege wählt einen hohen Arbeitseinsatz mit Arbeitskosten von 10 Einheiten. Unser Teammitglied weiß, daß er dann 8 Einheiten erhalten kann, wenn er einen niedrigen persönlichen Arbeitseinsatz wählt. Entscheidet er sich hingegen für einen hohen Arbeitseinsatz, so wird er 6 Einheiten erzielen. Folglich wird er sich für einen niedrigen Arbeitseinsatz entscheiden.

- Wählt sein Kollege hingegen einen niedrigen Arbeitseinsatz, stellt unser Mitarbeiter folgende Überlegung an: Bei einem eigenen niedrigen Einsatz kann er noch eine Auszahlung von 5 Einheiten erzielen, bei einem hohen Einsatz jedoch lediglich 3 Einheiten. Also wird er sich auch in diesem Fall für einen niedrigen Arbeitseinsatz entscheiden.

In einer Konfliktsituation bezeichnen wir die Handlungsalternative einer Partei als **dominante Strategie**, wenn sie unabhängig von dem Verhalten der anderen Parteien stets eine größere Auszahlung impliziert als jede andere mögliche Handlungsalternative. Die Wahl eines niedrigen Arbeitseinsatzes ist für den Mitarbeiter also eine dominante Strategie: Der Mitarbeiter zieht, unabhängig davon, welche der beiden Handlungsalternativen sein Teamkollege wählt, immer einen niedrigen Arbeitseinsatz einem hohen vor.

Eine Partei, die in einer Konfliktsituation eine dominante Strategie besitzt, hat nun bezüglich der Wahl einer Handlungsalternative eine einfache Entscheidung. Sie wählt die dominante Strategie, da diese immer zu einer maximalen Auszahlung führt, unabhängig davon wie die anderen Parteien handeln. Die Partei muß in diesem Fall also keine Überlegungen darüber anstellen, wie sich die anderen Parteien in der Konfliktsituation verhalten werden. So können wir unser erstes strategisches Verhaltensprinzip in Konfliktsituationen formulieren:

Strategisches Verhaltensprinzip I: *Wähle in einer Konfliktsituationen immer eine dominante Strategie, wenn eine solche zur Verfügung steht.*

Dieses erste Verhaltensprinzip ist naheliegend, da es im Hinblick auf die Annahmen über das Verhalten der Parteien mit minimalen Anforderungen auskommt: Eine Partei, die eine dominante Strategie wählt, handelt rational. Für ihr Handeln ist es unerheblich, ob die anderen in die Situation involvierten Parteien ebenfalls rational handeln: Auch wenn diese irgendeinem Verhaltensmuster folgten oder einfach irrational handelten, wäre die dominante Strategie immer besser als jede andere zur Verfügung stehende Alternative. Weiterhin benötigt eine Partei, die diesem ersten Verhaltensprinzip folgt, keine Informationen über die Konsequenzen, die für die anderen Parteien mit ihrem Handeln verbunden sind.

Gehen wir zurück zum Beispiel der Teamproduktion mit zwei Mitarbeitern. Wir haben bereits argumentiert, daß ein Mitarbeiter die dominante Strategie hat, einen niedrigen Arbeitseinsatz zu wählen. Aufgrund der Symmetrie der Konfliktsituation befindet sich nun sein Arbeitskollege in derselben Situation und wird dieselben Überlegungen anstellen. Im Ergebnis hat auch er eine dominante Strategie, nämlich daß es für ihn, unabhängig vom Handeln des anderen, am besten ist, einen niedrigen Einsatz zu wählen. Wir haben damit für diese Konfliktsituation das Verhalten der beiden Mitarbeiter bestimmt: Beide Teammitarbeiter wählen einen niedrigen Arbeitseinsatz. Folglich erzielen sie aus der Interaktion eine Auszahlung von jeweils 5 Einheiten.

Im Ergebnis bedeutet dies jedoch, daß sich beide Mitarbeiter schlechter stellen als wenn sie beide eine hohen Einsatz erbrächten. Würden beide einen hohen Einsatz leisten, hätte jeder eine höhere Auszahlung. Das Problem ist also, daß beide gemeinsam die höhere Auszahlung präferieren würden, jeder individuell aber eine andere, schlechtere Alternative wählt, weil erstere Alternative mit dem Risiko der geringsten Auszahlung verbunden ist. Individuelle Rationalität führt also zu einem für jeden einzelnen Mitarbeiter schlechteren Ergebnis als kollektive Rationalität. Genau dies ist das strategische Dilemma, in dem sich das Produktionsteam in dieser Konfliktsituation befindet.

Diese Situation wird noch verschärft durch die Tatsache, daß auch eine Kommunikation zwischen den beiden Mitarbeitern nicht zu einer Überwindung des Kooperationsdilemmas führen würde. Um dies zu sehen, nehmen wir einfach an, daß sich beide Parteien vor der endgültigen Wahl ihres Arbeitseinsatzes über ihr späteres Verhalten unterhalten könnten. Angenommen, beide Parteien würden sich darauf einigen, den höheren Netto-Nutzen bei hohem Arbeitseinsatz zu wählen. Was wird nun aber passieren, wenn die beiden Parteien nach dieser Unterhaltung vor der Entscheidung stehen, welchen Arbeitseinsatz sie tatsächlich wählen sollen? Werden sie dann nach ihrer Abmachung handeln? Nein, da es stets für jeden der beiden Mitarbeiter individuell vorteilhaft ist, von dieser Vereinbarung abzuweichen und einen niedrigen Arbeitseinsatz zu wählen: Geht er davon aus, daß sich der andere an die Vereinbarung hält, kann er dadurch die maximale Auszahlung erzielen. Vermutet er, daß sein Kollege aus eben dieser Überlegung heraus wortbrüchig werden könnte, hätte er die niedrigstmögliche Auszahlung, wenn er zu seinem Wort stünde.

Konfliktsituationen, in denen jede Partei eine dominante Strategie hat, sind aus strategischer Perspektive einfach zu analysieren: Da jede Partei über eine Handlungsalternative verfügt, die unabhängig vom Verhalten der anderen Parteien stets besser ist als ihre übrigen Strategien, wird sich diese Partei für diese Alternative entscheiden. Der Ausgang der Konfliktsituation steht in diesen Fällen also im vorhinein fest, das Handeln der Parteien ist zwingend.

3.2.2 Elimination dominierter Strategien

In den meisten Konfliktsituationen werden die Parteien nicht über dominante Strategien verfügen. Es stellt sich daher die Frage, inwieweit das Konzept der dominanten Strategien erweitert werden kann, so daß wir auch für eine größere Klasse von Konfliktsituationen zu Voraussagen über das Verhalten der Parteien kommen können. Betrachten wir zur Diskussion eines solchen Konzeptes die folgende Konfliktsituation:

Betriebsratswahlen _____

Bei den Wahlen zum Betriebsrat in einem Unternehmen ist die Arbeitnehmerseite gespalten. 40% der Mitarbeiter präferieren eine Politik des Wandels. Diese Politik unterstützt die Strategie der Geschäftsführung, die in den nächsten Jahren eine Reorganisation im Unternehmen durchführen will, um seine Marktposition langfri-

stig zu sichern. 60% der Mitarbeiter lehnen hingegen diese Maßnahmen ab und befürworten eine Politik der Kontinuität ohne tiefgreifende Änderungen, weil sie um ihre Arbeitsplätze fürchten.

Für den Betriebsrat sollen zwei neue Mitglieder gewählt werden. Hierfür haben sich zwei Kandidaten gemeldet, ein älterer Mitarbeiter des Betriebs (Kandidat 1) und ein erst vor kurzem eingestellter Mitarbeiter (Kandidat 2). Beide Kandidaten kommen somit auf jeden Fall in den Betriebsrat. Sie sind daher ausschließlich daran interessiert, die Betriebsratswahlen mit möglichst vielen Stimmen der Belegschaft zu gewinnen.[2] Je mehr Mitarbeiter der Belegschaft für einen Kandidaten stimmen, um so größer ist die Basis, auf die dieser seine spätere Macht stellen kann. Beiden Kandidaten ist es dabei gleichgültig, welche Politik sie verfolgen. Ideologische Aspekte spielen für sie bei der Auswahl einer Politik für die Betriebsratswahlen keine Rolle.

Ein Mitarbeiter gibt nur dem Kandidaten seine Stimme, der die von ihm präferierte Politik auch vertritt. Für den Fall, daß keiner der beiden Kandidaten diese vertritt, beteiligt sich der Mitarbeiter nicht an der Wahl. Vertreten hingegen beide Kandidaten die von ihm präferierte Politik, entscheidet er sich aufgrund seiner Sympathien für den älteren Kandidaten: 70% der entsprechenden Belegschaft würde sich für den älteren Kandidaten entscheiden, 30% für den jüngeren Kandidaten. Aufgrund seiner guten Kontakte und Beziehungen im Unternehmen hat der ältere Kandidat weiterhin die Möglichkeit, eine Politik des Kompromisses zu verfolgen. Diese vermittelnde Politik zwischen den beiden Lagern würde ihm 80% der Anhänger einer Politik der Kontinuität und 25% der Anhänger einer Politik des Wandels garantieren.

Somit ergeben sich für die Wahlen zum Betriebsrat die folgenden Stimmanteile in Abhängigkeit von der von den Kandidaten gewählten Politik:

Kandidat 2

	Politik des Wandels	Politik der Kontinuität
Politik des Wandels	28,12	40,60
Politik des Kompromisses	58,30	58,12
Politik der Kontinuität	60,40	42,18

(Zeile links: **Kandidat 1**)

Abbildung 3.11:   Die Stimmanteile bei den Betriebsratswahlen

Wählt beispielsweise Kandidat 1 eine Politik des Kompromisses und Kandidat 2 eine Politik des Wandels, dann ergibt sich der Ausgang der Betriebsratswahl wie folgt: 25% der Anhänger einer Politik des Wandels (dies sind 10% der Belegschaft) sowie 80% der Anhänger einer Politik der Kontinuität (dies sind 48% der Belegschaft) wählen Kandidat 1. Auf ihn entfallen somit 58% aller Stimmen. Für Kandidat 2 hingegen geben 75% der Anhänger einer Politik des Wandels, also insgesamt 30% der Belegschaft ihre Stimme ab. 20% der Mitarbeiter, die für eine Politik der Kontinuität eintreten, gehen nicht zur Wahl. Die Wahlbeteiligung liegt in diesem Fall also bei 88%.

Eine Betrachtung dieser strategischen Form der Konfliktsituation zeigt, daß keiner der beiden Kandidaten eine dominante Strategie hat: Für Kandidat 1 ist eine Politik des Kompromisses vorteilhaft, wenn er davon ausgeht, daß sich Kandidat 2 für eine Politik der Kontinuität entscheidet; hingegen ist eine Politik der Kontinuität für ihn besser, wenn Kandidat 2 sich für eine Politik des Wandels entscheidet. Somit ist die geeignete Politikwahl des ersten Kandidaten abhängig von der Entscheidung des zweiten Kandidaten. Analoges gilt auch für den zweiten Kandidaten: Für ihn ist eine Politik des Kontinuität erfolgversprechend, wenn er davon ausgeht, daß Kandidat 1 eine Politik des Wandels verfolgen wird, jedoch wäre eine Politik des Wandels besser, falls der erste Kandidat eine andere Politik wählt. Auch für

Kandidat 2 ist somit die geeignete Politikwahl abhängig von dem, was der andere Bewerber tun wird.

Allerdings ist in der vorliegenden Konfliktsituation eine der Handlungsalternativen des ersten Kandidaten durch die folgende spezifische Eigenschaft ausgezeichnet: Die Politik des Wandels ist für den ersten Kandidaten, unabhängig von der Entscheidung des zweiten Kandidaten, immer schlechter als die beiden anderen ihm zur Verfügung stehenden Alternativen. Entsprechend wird eine Politik des Wandels für ihn als dominierte Strategie bezeichnet.

Allgemein bezeichnen wir in einer Konfliktsituation eine Handlungsalternative für eine Partei als **dominierte Strategie**, wenn es eine andere Handlungsalternative für diese Partei gibt, die unabhängig von dem Verhalten der anderen Parteien zumindest eine größere Auszahlung erbringt, aber nie eine kleinere. Die Alternative ist **strikt dominiert**, wenn eine andere Alternative stets zu einer höheren Auszahlung führt.

Das Verhalten einer Partei, die in einer Konfliktsituation eine dominierte Strategie besitzt, ist ähnlich einfach vorauszusagen wie im Falle einer dominanten Strategie. Während eine dominante Strategie immer besser ist als jede andere Handlungsalternative für eine Partei, ist eine dominierte Strategie immer schlechter als mindestens eine andere Alternative der Partei. Folglich sollte eine Partei nie eine dominierte Strategie wählen, da sie auf jeden Fall eine bessere Alternative hat.

Dieses Prinzip ist äquivalent zu unserem ersten strategischen Verhaltensprinzip, wenn einer Partei in einer Konfliktsituation lediglich zwei Alternativen zur Verfügung stehen. Ist nämlich eine der beiden Alternativen eine dominierte Strategie, muß die andere Strategie notwendigerweise die dominante Strategie sein. Folglich ist das Prinzip "Wähle immer eine dominante Strategie" in dieser Situation identisch mit dem Prinzip "Wähle nie eine dominierte Strategie".

Angewendet auf unser obiges Beispiel der Betriebsratswahlen bedeutet dies nun, daß der erste Kandidat sich nicht für eine Politik des Wandels entscheiden wird. Geht nun aber der zweite Kandidat von diesem Verhalten seitens des ersten Kandidaten aus, dann reduziert sich für ihn die obige Konfliktsituation zu folgender strategischen Form:

Kandidat 2

	Politik des Wandels	Politik der Kontinuität
Kandidat 1 Politik des Kompromisses	58,30	58,12
Politik der Kontinuität	60,40	42,18

Abbildung 3.12: Die Stimmenanteile bei den Betriebsratswahlen, reduzierte strategische Form

Angenommen, der zweite Kandidat geht davon aus, daß sich der erste Kandidat entsprechend dem Prinzip "Wähle nie eine dominierte Strategie" verhält. Dann ist aber das Verhalten des zweiten Kandidaten in dieser reduzierten strategischen Situation eindeutig bestimmt. Für ihn ist dann nämlich eine Politik der Kontinuität stets schlechter als eine Politik des Wandels, unabhängig von der Politikwahl des ersten Kandidaten. Folglich ist es für ihn vorteilhaft, sich nicht für eine Politik der Kontinuität zu entscheiden, sondern eine Politik des Wandels zu unterstützen.

Nimmt man nun an, der erste Kandidat wüßte, daß der zweite Kandidat davon ausgeht, daß er keine dominierte Strategie wählen wird, und daß der zweite Kandidat seinerseits nie eine solche Strategie wählen wird, dann reduziert sich auch für den ersten Kandidaten die obige Konfliktsituation zu der nachfolgenden strategischen Form, siehe Abbildung 3.13.

In dieser Situation ist die Entscheidung des ersten Kandidaten einfach: Er wird einen Stimmenanteil von 60% bei einer Politik der Kontinuität der kleineren Basis von 58% Stimmenanteil bei einer Politik des Kompromisses vorziehen. Insgesamt ist somit der Ausgang der Betriebsratswahlen bestimmt: Kandidat 1 entscheidet sich für eine Politik der Kontinuität. Er kann damit 60% der Belegschaft für seine Politik gewinnen und wird damit in den Betriebsrat gewählt. Kandidat 2 wird sich für eine Politik des Wandels aussprechen. Er wird ebenfalls in den Betriebsrat gewählt, allerdings entscheiden sich nur 40% der Belegschaft für ihn.

Kandidat 2

Politik des
Wandels

Politik des Kompromisses	58,30
Politik der Kontinuität	60,40

Kandidat 1 (zu Zeile zugehörig)

Abbildung 3.13:   Die Stimmenanteile bei den Betriebsratswahlen, zweifach reduzierte strategische Form

Zusammenfassend können wir dieses Vorgehen verallgemeinern zu unserem zweiten strategischen Verhaltensprinzip für Konfliktsituationen.

Strategisches Verhaltensprinzip II: *Eliminiere in einer Konfliktsituationen sukzessive dominierte Strategien, wann immer solche für eine Konfliktpartei zur Verfügung stehen.*

Dieses Prinzip der iterativen Elimination dominierter Strategien leitet sich in natürlicher Weise von unserem ersten strategischen Verhaltensprinzip ab, in einer Konfliktsituation immer eine dominante Strategie und daher nie eine dominierte Strategie zu wählen. Im Unterschied zu diesem ersten Prinzip erfordert die Anwendung des zweiten Prinzips allerdings wesentlich strengere Annahmen an die Rationalität der Parteien, die in einer Konfliktsituation interagieren: Jede Partei in einer Konfliktsituation muß bei ihrer eigenen Entscheidung von der Annahme ausgehen, daß keine der anderen Parteien eine dominierte Strategie ergreifen wird. Weiterhin muß jede Partei bei ihrem Handeln aber auch von der Annahme ausgehen, daß alle anderen Parteien davon ausgehen, daß eine Partei nie eine dominierte Strategie wählen würde. Und so weiter für jede zusätzliche Elimination dominierter Strategien.

Es genügt also nicht, lediglich anzunehmen, daß alle Parteien in einer Konfliktsituation rational handeln. Vielmehr müssen wir annehmen, daß jede Partei weiß, daß auch jede andere Partei rational handelt, und daß jede Partei weiß, daß jede andere Partei weiß, daß jede Partei rational handelt, und so weiter. Jede weite-

re Anwendung unseres zweiten Verhaltensprinzips erfordert also eine zusätzliche
Annahme an die Rationalität der Parteien.

Neben den notwendigen Rationalitätsannahmen gibt es noch einen weiteren wesentlichen Unterschied zwischen dem ersten und zweiten Verhaltensprinzip: Um das
erste Prinzip anzuwenden, benötigte eine Partei keine besonderen Informationen
über die Auszahlungen der anderen Parteien. Sie wählt ihre dominante Strategie,
gleichgültig welche Konsequenzen ihr Handeln für die anderen hat. Das zweite
Verhaltensprinzip hingegen erfordert für jede Partei in einer Konfliktsituation sehr
viel mehr Informationen. Nun muß sie für ihr eigenes Handeln wissen, welche
Auszahlungen die anderen Parteien haben, wenn diese ihre jeweiligen Handlungsalternativen ergreifen.

3.2.3   Strategisch stabile Strategien

Das Prinzip der sukzessiven Elimination dominierter Strategien kann zwar in einigen Konfliktsituationen für die Voraussage des Handelns der Parteien herangezogen
werden, in vielen Fällen läßt sich die strategische Form einer Konfliktsituation aber
nicht mehr durch Wahl einer dominanten Strategie oder Elimination einer domi-
nierten Strategie weiter vereinfachen. Trotz der Komplexitätsreduktion der Konfliktsituation sind in solchen Fällen folglich keine eindeutigen Vorhersagen über
das Konfliktverhalten der beteiligten Parteien möglich. Dies zeigen beispielsweise
die oben betrachten Konfliktsituationen mit zwei Führern, Helden oder Feiglingen.
Um dennoch auch in solchen Konfliktsituationen Aussagen über den Ausgang des
Konflikts machen zu können, führen wir im folgenden ein Konzept ein, das eindeu-
tigere Vorhersagen über das Verhalten der Konfliktparteien ermöglicht. Betrachten
wir zur Herleitung dieses dritten strategischen Verhaltensprinzips das Beispiel der
Entlohnung und des Arbeitseinsatzes bei Teamproduktion in der folgenden Version:

Teamproduktion mit kontinuierlichem Arbeitseinsatz _____

*Ein Produktionsteam besteht aus zwei Mitarbeitern. In der Wahl seines Arbeitseinsat-
zes kann sich jeder Mitarbeiter nicht nur zwischen einer Routinearbeit mit niedrigen
Arbeitskosten und einer qualifizierten Arbeit mit hohen Arbeitskosten entscheiden,
sondern er kann einen beliebigen nichtnegativen Arbeitseinsatz wählen. Der aus*

der gemeinsamen Arbeit resultierende Profit entspricht der Teamproduktion und
wird zwischen den beiden Parteien gleichmäßig geteilt.

Wir spezifizieren diese Konfliktsituation wie folgt: Seien $e_1 \geq 0$ bzw. $e_2 \geq$ 0 die Arbeitseinsätze, die die beiden Teamkollegen jeweils wählen können. Die Produktion des Teams sei durch folgende Produktionsfunktion gegeben: $e_1 \cdot e_2 + 3 \cdot (e_1 + e_2)$. Die Arbeitskosten, die für einen Mitarbeiters mit einem Arbeitseinsatz e_i verbunden sind, seien durch $\frac{1}{2}e_i^2$ mit $i = 1, 2$ gegeben. Damit ergibt sich als Auszahlung für Mitarbeiter 1 bei einem Arbeitseinsatz e_1 und einem gegebenen Einsatz e_2 seines Kollegen ein Netto-Nutzen von

$$U_1(e_1, e_2) = \frac{1}{2}(e_1 \cdot e_2 + 3 \cdot (e_1 + e_2)) - \frac{1}{2}e_1^2.$$

Die Auszahlung für Mitarbeiter 2 ist analog. Bei der Analyse des Verhaltens der beiden Mitarbeiter gehen wir wie bisher davon aus, daß sich zunächst jeder von ihnen in Abhängigkeit von dem möglichen Verhalten seines Teamkollegen seine beste Handlungsalternative überlegt. Man bezeichnet allgemein die Handlungsalternative, die einer Partei für eine gegebene Handlungskombination der anderen Konfliktparteien die höchste Auszahlung erbringt, als **beste Antwort**. Die **beste Reaktionsfunktion** einer Partei bildet für jede mögliche Handlungskombination der anderen Parteien ihre jeweils besten Antworten ab.

Im vorliegenden Beispiel überlegt sich also jedes Teammitglied für jeden möglichen Arbeitseinsatz seines Kollegen denjenigen selbst zu erbringenden Einsatz, der seinen Netto-Nutzen maximiert. Versetzen wir uns hierzu in die Position des ersten Mitarbeiters. Angenommen, er geht davon aus, daß sein Kollege einen Arbeitseinsatz e_2 erbringen wird. Was ist dann für ihn die beste Antwort? Welcher Arbeitseinsatz $e_1^*(e_2)$ führt zu einem maximalen Netto-Nutzen, wenn der Arbeitskollege seinerseits einen Einsatz e_2 leistet? Die Antwort auf diese Frage erhält Arbeiter 1 durch die Lösung des folgenden Maximierungsproblems:

$$\max_{e_1} U_1(e_1, e_2)$$

bei einem gegebenem Arbeitseinsatz e_2 des zweiten Mitarbeiters. Als Bedingung erster Ordnung ergibt sich $e_2 + 3 - 2e_1^*(e_2) = 0$, also

$$e_1^*(e_2) = \frac{1}{2}e_2 + \frac{3}{2}.$$

Da die Bedingung zweiter Ordnung für ein Maximum erfüllt ist, gibt der obige Ausdruck die beste Reaktionsfunktion des ersten Mitarbeiters an. Wenn er beispielsweise davon ausgeht, daß sein Kollege einen Arbeitseinsatz $e_2 = 1$ leistet, ist es für ihn am besten, einen Einsatz von 2 Einheiten, $e_1 = 2$, zu wählen. Ein Einsatz $e_2 = 5$ seines Teamkollegen hingegen würde zu einer besten Antwort $e_1 = 4$ führen. Die folgende Abbildung zeigt graphisch die beste Reaktionsfunktion des ersten Mitarbeiters. Die beste Reaktionsfunktion des zweiten Mitarbeiters leitet sich aufgrund der Symmetrie der Beziehung analog her.

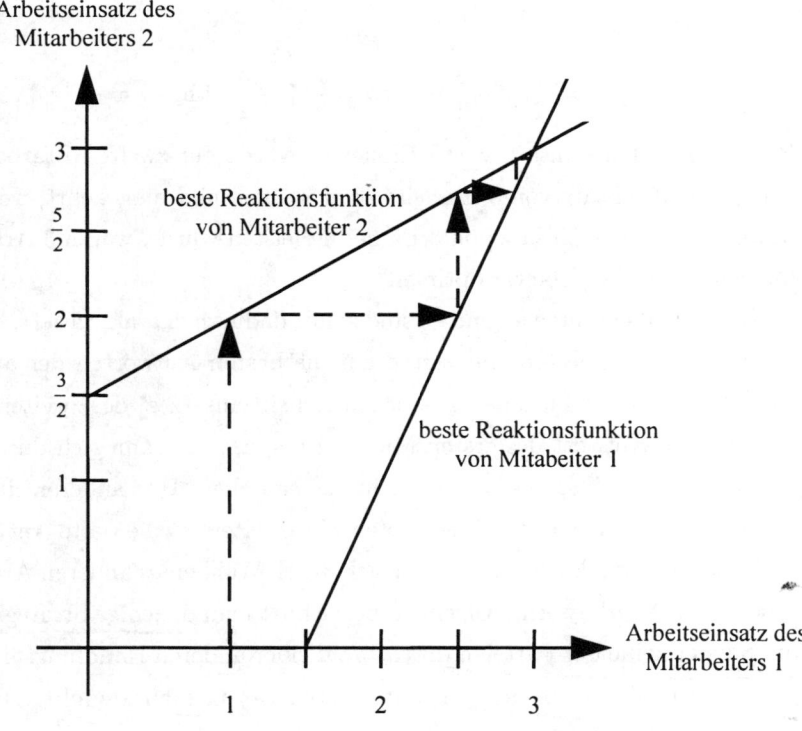

Abbildung 3.14:   Die besten Reaktionsfunktionen beider Mitarbeiter

Wie wird sich nun der erste Mitarbeiter in der Konfliktsituation verhalten? Bei der Beantwortung dieser Frage wird er die folgenden Überlegungen anstellen:[3] Angenommen, er plant einen Arbeitseinsatz von 1 Einheit, $e_1 = 1$. Rechnet sein Kollege mit diesem Arbeitseinsatz, dann wird dieser aufgrund seiner eigenen besten

Reaktionsfunktion nun seinerseits einen Arbeitseinsatz von $\frac{1}{2}e_1 + \frac{3}{2}$ Einheiten, also $e_2 = 2$ wählen. Dann ist es für den ersten Mitarbeiter aber besser, einen Einsatz von $\frac{1}{2}e_2 + \frac{3}{2}$ Einheiten, also $e_1 = 2,5$ zu wählen. Ein Arbeitseinsatz in diesem Umfang hätte aber zur Folge, daß nun der Kollege wiederum einen Einsatz von $\frac{1}{2}e_1 + \frac{3}{2}$ Einheiten, also $e_2 = 2,75$ präferiert, und so weiter.

Wo aber endet diese Kette an Überlegungen? Betrachten wir dazu einfach den oben graphisch dargestellten Überlegungsprozeß des ersten Mitarbeiters: Die Kette an jeweils besten Antworten konvergiert gegen den Schnittpunkt der besten Reaktionsfunktionen der beiden Mitarbeiter. Dies gilt unabhängig vom Ausgangspunkt der Überlegungen:

$$e_1^* = \frac{1}{2}e_2^* + \frac{3}{2} \text{ und } e_2^* = \frac{1}{2}e_1^* + \frac{3}{2}, \text{ d.h. } e_1^* = e_2^* = 3$$

Bei einem Arbeitseinsatz von 3 Einheiten würde der zweite Mitarbeiter ebenfalls einen Arbeitseinsatz von 3 Einheiten bevorzugen und umgekehrt, wenn der zweite Mitarbeiter einen Einsatz von 3 Einheiten leisten würde, wären 3 Arbeitseinheiten für den ersten Mitarbeiter optimal.[4]

Die Arbeitseinsätze e_1^* und e_2^* sind somit dadurch charakterisiert, daß sie jeweils wechselseitig die besten Antworten auf die besten Antworten der anderen Partei sind: Einerseits ist für einen gegebenen Arbeitseinsatz e_2^* des zweiten Mitarbeiters e_1^* die beste Antwort des ersten Mitarbeiters, d.h. er kann sich durch Wahl eines anderen Arbeitseinsatzes $e_1 \neq e_1^*$ nicht besser stellen. Und andererseits ist für einen gegebenen Arbeitseinsatz e_1^* des ersten Mitarbeiters e_2^* die beste Antwort des zweiten Mitarbeiters, d.h. auch er kann sich durch Wahl eines anderen Arbeitseinsatzes $e_2 \neq e_2^*$ nicht verbessern. Allgemein bezeichnet man diejenige Strategienkombination, bei der keine der Parteien durch Wahl einer anderen Handlungsalternative eine größere Auszahlung erreichen kann, als (Nash-) Gleichgewicht. Dieses Konzept wurde von Nash (1950a) entwickelt.

In einem Gleichgewicht hat demnach keine der Parteien einen Anreiz, eine andere Handlungsalternative zu wählen, wenn sich die anderen Parteien an diesem Gleichgewicht orientieren. Gegeben die Gleichgewichtsstrategien der anderen Parteien, ist für jede Partei ihre Gleichgewichtsstrategie die beste Alternative, die ihr zur Verfügung steht. Da dies für jede Partei gilt, ist ein solches Gleichgewicht strategisch stabil in dem Sinne, daß keine Partei von ihrer Gleichgewichtsstrategie abweichen will. Aus diesen Überlegungen folgt unser drittes Verhaltensprinzip:

Strategisches Verhaltensprinzip III: *Wähle in einer Konfliktsituation immer eine Strategie, die strategisch stabil ist.*

Die obige Erläuterung des Gleichgewichtsbegriffs macht deutlich, welche Annahmen an die Rationalität der Parteien in der Konfliktsituation zu stellen sind: Jede Partei verhält sich rational. Aber jede Partei muß auch wissen, daß sich alle anderen Parteien in der Konfliktsituation rational verhalten, und diese Parteien müssen ihrerseits wissen, daß sich auch alle anderen Parteien rational verhalten, und so weiter. Diese endlose Kette an Wissensstufen muß also allgemein bekannt bzw. **common knowledge** sein. Das Konzept des Gleichgewichtsbegriffs setzt somit voraus, daß die Parteien rational sind und dieser Fakt - ebenso wie die strategische Form der Konfliktsituation - allgemein bekannt ist.

Diese sehr starke Annahme an die Rationalität der Parteien führt unmittelbar zu einer Reihe von kritischen Fragen: In welchem Zusammenhang steht dieses Gleichgewichtskonzept zu unseren bisherigen strategischen Verhaltensprinzipien? Warum sollte es überhaupt eine geeignete Methodik sein, um den Ausgang einer Konfliktsituation vorherzusagen? Zur Beantwortung dieser Fragen werden wir im weiteren wie folgt argumentieren: Zunächst legen wir dar, daß das Gleichgewichtskonzept präzisere Aussagen über den Ausgang von Konfliktsituationen zuläßt als das Konzept der iterativen Elimination dominierter Strategien. Wir werden dann argumentieren, daß in Konfliktsituationen, für die ein eindeutiger Ausgang prognostiziert werden kann, dieser notwendigerweise strategisch stabil sein muß.

Zur Beantwortung unserer Fragen betrachten wir zunächst die folgende modifizierte Version der Betriebsratswahlen.

Modifizierte Betriebsratswahlen _____

Angenommen, die Sympathien der Belegschaft gelten nicht so eindeutig dem älteren, ersten Kandidaten wie bisher vermutet. Vielmehr hat der neu eingestellte Kandidat 2 aufgrund seines Auftretens viele Sympathien der Belegschaft gewonnen. Falls beide dieselbe Politik vertreten, würden ihn 60% der Belegschaft wählen, hingegen nur 40% für den Kandidaten 1 stimmen. Zudem kann Kandidat 2 ebenfalls glaubhaft eine Politik des Kompromisses vertreten. Zwar würden ihn nur 30% der Anhänger einer Politik der Kontinuität und 20% der Anhänger einer Politik des Wandels unterstützen, allerdings könnte er aufgrund der Sympathieverteilung mit der Mehrheit der abgegebenen Stimmen rechnen, wenn beide Kandidaten diese vermittelnde Politik wählen. In diesem Fall würden 70% der Belegschaft zur Wahl gehen.

Nun sind die beiden Kandidaten mit folgender modifizierter Konfliktsituation konfrontiert:

		Kandidat 2		
		Politik des Wandels	Politik des Kompromisses	Politik der Kontinuität
	Politik des Wandels	16,24	32,26	40,60
Kandidat 1	Politik des Kompromisses	58,30	28,42	58,12
	Politik der Kontinuität	60,40	42,26	24,36

Abbildung 3.15:   Die Stimmanteile bei den modifizierten Betriebsratswahlen

Im Unterschied zu unseren letzten Ausführungen zu dieser Betriebsratswahl hat nun keiner der Kandidaten eine dominierte oder eine dominante Strategie. Weder die Wahl einer dominanten Strategie noch die Elimination dominierter Strategien kann uns daher bei der Beantwortung der Frage weiterhelfen, wie sich die Kandidaten verhalten werden.

Überlegen wir nun, zu welchen Aussagen wir mit Hilfe des Gleichgewichtkonzepts gelangen: Wählt beispielsweise Kandidat 1 eine Politik des Wandels, dann wäre für Kandidat 2 eine Politik der Kontinuität die beste Antwort; in diesem Falle würde Kandidat 1 dann allerdings eine Politik des Kompromisses vorziehen. Auf eine Politik des Kompromisses reagierte Kandidat 2 seinerseits mit der Wahl dieser Politik; daraufhin würde Kandidat 1 sich besserstellen, wenn er eine Politik der Kontinuität wählte, so daß nun eine Politik des Wandels beste Antwort von Kandidat 2 wäre. Aufgrund dieser Wahl von Kandidat 2 sieht sich nun Kandidat 1 nicht veranlaßt, seine Politik der Kontinuität zu verlassen.

Diese Überlegungen führen also unmittelbar zu dem Gleichgewicht der Konfliktsituation - unabhängig vom Startpunkt der Betrachtung: Eine Politik der Kontinuität ist die beste Antwort des Kandidaten 1 auf eine Politik des Wandels von Kandidat 2 und umgekehrt ist eine Politik des Wandels die beste Antwort des Kandidaten 2 auf eine Politik der Kontinuität von Kandidat 1. Die beiden Alternativen Politik der Kontinuität für Kandidat 1 und Politik des Wandels für Kandidat 2 bilden eine Strategienkombination, die strategisch stabil ist: Keiner der Kandidaten hat einen Anreiz, seine Politik zu ändern, vorausgesetzt der andere Kandidat wählt die Gleichgewichtsstrategie. Mithin erlaubt also das Gleichgewichtskonzept eine eindeutige Vorhersage des Konfliktverhaltens.

Das Gleichgewichtskonzept kann also in Situationen, in denen eine Elimination dominierter Strategien nicht mehr möglich ist, Aussagen über den Ausgang der Konfliktsituation ermöglichen. Diese Überlegenheit des Gleichgewichtskonzepts gegenüber dem Konzept der sukzessiven Elimination dominierter Strategien kann wie folgt verallgemeinert werden:[5] Führt die sukzessive Elimination strikt dominierter Strategien zu einer eindeutigen Voraussage des Konfliktverhaltens, dann ist dieses Verhalten strategisch stabil. Und umgekehrt gilt: Ein Gleichgewicht überlebt immer den Prozeß der sukzessive Elimination strikt dominierter Strategien. Somit ist also das Gleichgewichtskonzept ein stärkeres Konzept als die sukzessiven Elimination strikt dominierter Strategien. Zudem kann gezeigt werden, daß in fast allen Konfliktsituationen ein Gleichgewicht existiert.

Die genannten Eigenschaften des Gleichgewichtskonzepts verleihen diesem Ansatz besondere Bedeutung für die strategische Analyse von Konfliktsituationen. So läßt sich einfach zeigen, daß in Konfliktsituationen mit rationalen Konfliktparteien, deren Rationalität common knowledge ist und in denen ein eindeutiges Gleichgewicht existiert, das Gleichgewichtsverhalten der Parteien zwingend ist: Angenommen, ein Konfliktmanager erwartet, daß sich die Parteien in dieser Konfliktsituation nicht strategisch stabil verhalten. Nach unserer Definition geht der Konfliktmanager dann davon aus, daß zumindest eine der Parteien eine Strategie wählt, die keine beste Antwort auf das Verhalten aller anderen Parteien ist. Dies ist aber nicht mit der Rationalität der Partei vereinbar: Da es eine andere Handlungsalternative für diese Partei gibt, die für sie in dieser Konfliktsituationen vorteilhafter wäre, hätte diese Partei immer einen Anreiz, diese andere Handlungsalternative zu wählen und nicht die, von der der Konfliktmanager ausgegangen ist. Rationales Verhalten erlaubt also kein Abweichen vom Gleichgewicht.

3.2.4   Zur Undurchschaubarkeit des strategischen Konfliktverhaltens

Bei der bisherigen Analyse des Verhaltens in Konfliktsituationen sind wir davon ausgegangen, daß eine Konfliktpartei eine Handlungsalternative entweder mit Sicherheit oder überhaupt nicht ergreift. Von den ihr zur Verfügung stehenden Handlungsalternativen wählt sie im Gleichgewicht also genau eine strategisch stabile Strategie aus. In diesem Kontext weiß jede andere Konfliktpartei um die Wahl der Gleichgewichtsstrategie und wird ihrerseits ebenfalls mit der strategisch stabilen Strategie antworten. Der Konfliktausgang ist so allen Beteiligten a priori bekannt. Jede Partei ist berechenbar und jedes systematische Denken kann von den anderen Parteien durchschaut werden. Aber natürlich ist es nicht immer vorteilhaft für die Konfliktparteien, durchschaut zu werden.

Verhaltenskontrolle eines Außendienstmitarbeiters _____

Ein Unternehmen beschäftigt einen Mitarbeiter, der für die Wartung und den Service seiner Außenanlagen zuständig ist. Der direkte Vorgesetzte des Mitarbeiters möchte diese Tätigkeit geeignet entlohnen. Dabei stellt sich ihm das Problem, daß er nicht unmittelbar feststellen kann, wie gut der Mitarbeiter die Anlagen gewartet hat. Eine Entlohnung des Mitarbeiters auf der Basis von Outputgrößen entfällt also. Trotzdem ist es dem Vorgesetzten wichtig, dem Mitarbeiter durch die Entlohnung geeignete Arbeitsanreize zu geben, damit der Mitarbeiter die ihm übertragenen Arbeiten adäquat durchführt. Aus diesem Grunde hat der Vorgesetzte ein Kontrollsystem eingeführt, das ihm Auskunft über den Arbeitseinsatz des Mitarbeiters gibt. Er hat den Mitarbeiter damit beauftragt, jeden Montag einen detaillierten Fahrten- und Einsatzbericht für die letzte Arbeitswoche einzureichen. Dieser Bericht wird von ihm geprüft. Von dem Ergebnis der Verhaltenskontrolle hängt dann die Entloh-

nung des Mitarbeiters ab. Stellt der Vorgesetzte einen zu geringen Arbeitseinsatz fest, entfällt eine dem Mitarbeiter ansonsten zustehende Prämie. Von diesem Entlohnungssystem verspricht sich der Vorgesetzte einige Vorteile, obwohl es für ihn relativ aufwendig ist. Schließlich kostet die Kontrolle seine Zeit.

Die beschriebene Konfliktsituation zwischen dem Vorgesetzten und seinem Außendienstmitarbeiter ist eine typische Situation, in der keine Partei möchte, daß die jeweils andere Partei sicher voraussagen kann, wie sie sich verhalten wird. Wenn etwa der Mitarbeiter mit Sicherheit weiß, daß sein Vorgesetzter den Bericht der nächsten Woche exakt nachprüft, dann wird er sich in der kommenden Woche entsprechend anstrengen, um die in Aussicht gestellte Prämie zu erhalten. Die Kontrolle wäre in diesem Fall aber überflüssig. Sie würde doch nur bestätigen, daß der Mitarbeiter einen überdurchschnittlichen Einsatz geleistet hat. Dies hätte der Vorgesetzte aufgrund seiner strategischen Überlegungen aber bereits im voraus gewußt. Deshalb würde der Vorgesetzte auf seine Kontrolle verzichten und dadurch die Kontrollkosten einsparen. Wenn aber der Vorgesetzte keine Kontrolle durchführt, hat der Mitarbeiter keinen Anreiz, sich besonders anzustrengen, da er die Prämie auf jeden Fall erhält. Geht nun aber der Vorgesetzte davon aus, daß sein Außendienstmitarbeiter nicht den erforderlichen Arbeitseinsatz erbracht hat, dann wird er auf jeden Fall dessen Bericht überprüfen wollen, um so die Drückebergerei des Mitarbeiters aufzudecken und die Prämie nicht zu zahlen. In dieser Situation wäre es nun allerdings für den Mitarbeiter doch vorteilhaft, einen adäquaten Arbeitseinsatz zu leisten, um in den Genuß der Prämie zu kommen.

Jede Partei möchte in dieser Konfliktsituation in ihrem Verhalten undurchschaubar sein, der Vorgesetzte hinsichtlich seiner Kontrolle und der Mitarbeiter hinsichtlich seines Arbeitseinsatzes. Immer dann, wenn sich eine Partei auf eine bestimmte Handlungsalternative (implizit) festlegt und die andere Partei eine beste Antwort hierauf wählt, würde sich die erste Partei eher zu einer anderen Strategie entschließen wollen. Ihre zunächst gewählte Handlungsalternative ist, gegeben die beste Antwort der anderen Partei, nicht mehr optimal. Diese Strategien sind strategisch nicht stabil.

Um ihr strategisches Verhalten nicht vorhersagbar zu machen, darf sich keine Partei mit Sicherheit für eine ihrer Handlungsalternativen entscheiden. Vielmehr muß sie zwischen verschiedenen Alternativen zufällig auswählen. Bezeichnen wir die Handlungsalternativen einer Partei als ihre **reinen Strategien**, dann gibt es in unserem Beispiel kein Gleichgewicht in reinen Strategien. Eine Partei wird stattdessen Wahrscheinlichkeiten vorgeben, mit denen sie ihre reinen Strategien ausgewählt. Die tatsächliche Umsetzung einer ihrer Handlungsalternativen überläßt sie einem Zufallsmechanismus. Eine solche Wahrscheinlichkeitsverteilung über ihre reinen Strategien nennen wir eine **gemischte Strategie** der Partei. Entscheidet sich eine Partei für eine gemischte Strategie, so erhält sie keine sichere, sondern eine erwartete Auszahlung. Sie wird ihre gemischte Strategie dabei so wählen, daß diese erwartete Auszahlung maximal ist.

Im vorliegenden Beispiel bedeutet dies folgendes: Der Vorgesetzte wird eine Kontrollstrategie wählen, bei der er mit positiver Wahrscheinlichkeit, aber nicht mit Sicherheit, den Bericht seines Außendienstmitarbeiters überprüfen wird. Der Mitarbeiter kann also nicht sicher sein, ob sein Verhalten tatsächlich vom Vorgesetzten kontrolliert wird oder nicht. Der Mitarbeiter seinerseits wird eine Strategie wählen, bei der er nicht mit Sicherheit den geforderten Arbeitseinsatz erbringt, sondern mit einer gewissen Wahrscheinlichkeit Drückebergerei betreibt. Der Vorgesetzte kann daher nicht sicher sein, ob sein Mitarbeiter nun den geforderten Arbeitseinsatz erbringt oder nicht.

Welche Wahrscheinlichkeiten beiden Parteien ihren jeweiligen Handlungsalternativen zuordnen, ist für die strategische Stabilität ihres Verhaltens von entscheidender Bedeutung. Dies soll nun anhand der Verhaltenskontrolle des Außendienstmitarbeiters gezeigt werden. Wir gehen dabei wie folgt vor: Zunächst wird die dargestellte Konfliktsituation präzisiert, um den eigentlichen Interessengegensatz der Parteien besser darzustellen. Wir analysieren dann die geeigneten Wahrscheinlichkeiten für das Verhalten der beiden Parteien.

Wir spezifizieren die obige Konfliktsituation zwischen dem Vorgesetzten und seinem Außendienstmitarbeiter wie folgt: Der Mitarbeiter hat zwei Handlungsalternativen zur Auswahl. Entweder kann er in einem gewissen Umfang Drückebergerei betreiben und einen niedrigen Arbeitseinsatz wählen, oder er kann seine Aufgabe adäquat durchführen, was für ihn mit einem hohen Arbeitseinsatz verbunden ist. Die Drückebergerei ist für ihn mit Arbeitskosten von 5 Einheiten verbunden, wohingegen er bei einem hohen Arbeitseinsatz Kosten von 10 Einheiten hat. Die Produktivität des Mitarbeiters bei einem niedrigen Arbeitseinsatz sei mit 10 Einheiten gegeben, bei einer adäquaten Durchführung seiner Aufgaben liegt die Produktivität bei 20 Einheiten. Der Lohn des Mitarbeiters sei fix auf 5 Einheiten festgelegt. Deckt die Kontrolle eine hohe Leistungsbereitschaft auf, kann er weiterhin mit einer Prämie von 7 Einheiten rechnen. Diese Prämie wird vom Vorgesetzten auch dann gewährt, wenn keine Kontrolle durchgeführt wird. Der Einsatz des Kontrollsystems ist für den Vorgesetzten mit Kosten von 1 Einheit verbunden. Da der Vorgesetzte die Interessen der Organisation vertritt und diese an einer möglichst hohen Produktivität interessiert ist, erhält der Vorgesetzte die Produktivität des Mitarbeiters zugerechnet. Somit ergibt sich folgende strategische Form der Konfliktsituation:

		Mitarbeiter	
		hoher Arbeitseinsatz	niedriger Arbeitseinsatz
	Kontrolle	7,2	4,0
Vorgesetzter	keine Kontrolle	8,2	-2,7

Abbildung 3.16:   Verhaltenskontrolle eines Außendienstmitarbeiters

Eine gemischte Strategie für den Vorgesetzten kann durch ein Tupel $(k, 1 - k)$ dargestellt werden, wobei die Wahrscheinlichkeit $k \in [0, 1]$ angibt, in welchem Umfang der Vorgesetzte eine Kontrolle durchführt. Eine gemischte Strategie für den Mitarbeiter kann durch $(a, 1 - a)$ repräsentiert werden. Hier gibt $a \in [0, 1]$ die Wahrscheinlichkeit an, mit der der Mitarbeiter einen hohen Arbeitseinsatz leisten wird. Im Extremfall, wenn k bzw. a die Werte Null oder Eins annehmen, entspricht die gemischte Strategie einer reinen Strategie. Das Konzept der gemischten Strategien erweitert somit in natürlicher Weise den bisherigen Strategiebegriff.

Es genügt aus strategischer Sicht nun allerdings nicht, wenn die Parteien eine beliebige gemischte Strategie zufällig wählen. Zwar wäre in diesem Fall das eigene Verhalten undurchschaubar, allerdings im allgemeinen nicht strategisch stabil: Die beste Antwort der anderen Partei auf die gemischte Strategie wird in der Regel dazu führen, daß die erste Partei von ihrer ursprünglichen gemischten Strategie abweichen will. Würde so beispielsweise der Vorgesetzte eine Kontrolle mit 50% Wahrscheinlichkeit durchführen, dann wäre die erwartete Auszahlung des Mitarbeiters bei einem niedrigen Arbeitseinsatz $3\frac{1}{2}$ ($= \frac{1}{2} \cdot 0 + \frac{1}{2} \cdot 7$), bei einem hohen Arbeitseinsatz jedoch nur 2 ($= \frac{1}{2} \cdot 2 + \frac{1}{2} \cdot 2$) Einheiten. Der Mitarbeiter würde also einen niedrigen Arbeitseinsatz vorziehen, so daß es nun für den Vorgesetzten optimal wäre, stets Kontrollen durchzuführen. Nicht nur die Undurchschaubarkeit des Verhaltens ist also entscheidend, sondern auch der richtige Grad an Undurchschaubarkeit.

Um das strategisch stabile Verhalten herzuleiten, betrachten wir zunächst den Netto-Nutzen des Mitarbeiters in Abhängigkeit von der Kontrollwahrscheinlichkeit des Vorgesetzten:

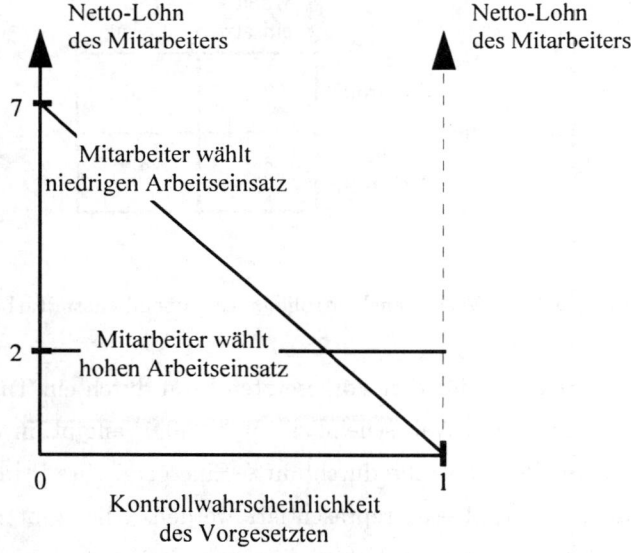

Abbildung 3.17: Die Auszahlung des Mitarbeiters in Abhängigkeit von seinem Arbeitseinsatz und der Kontrolle des Vorgesetzten

Im Extremfall, wenn der Vorgesetzte keine Kontrolle, $k = 0$, bzw. Kontrolle mit Sicherheit, $k = 1$, durchführt, ist die Auszahlung des Mitarbeiters durch die obige Bi-Matrix gegeben, für den Fall eines niedrigen Arbeitseinsatzes also z.B. durch 7 bzw. 0 Einheiten. Randomisiert nun der Vorgesetzte zwischen seinen Handlungsalternativen und wählt eine Kontrollwahrscheinlichkeit $k \in [0, 1]$, dann erhält der Mitarbeiter mit Wahrscheinlichkeit k eine Auszahlung von 0 Einheiten und mit Wahrscheinlichkeit $(1 - k)$ eine Auszahlung von 7 Einheiten. Wählt der Mitarbeiter einen hohen Arbeitseinsatz, ist seine Entlohnung unabhängig von der Kontrolle des Vorgesetzten stets 2 Einheiten.

Abbildung 3.17 zeigt, daß die erwartete Auszahlung des Mitarbeiters bis zu einem kritischen Wert k^* bei einem niedrigen Arbeitseinsatz immer höher ist als bei einer adäquaten Durchführung der Aufgabe. Diese Beziehung dreht sich um, wenn der Vorgesetzte eine Kontrollwahrscheinlichkeit wählt, die größer als k^* ist. Damit haben wir aber unmittelbar die besten Antworten des Mitarbeiters auf die möglichen gemischten Strategien des Vorgesetzten hergeleitet:

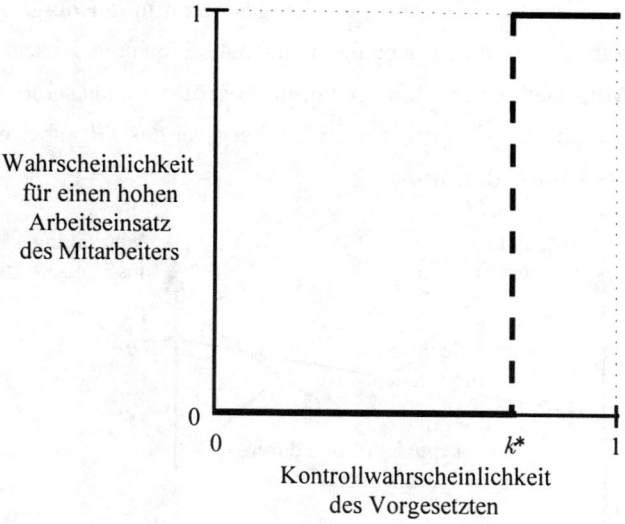

Abbildung 3.18:   Die beste Reaktionsfunktion des Mitarbeiters

Liegt die Kontrollwahrscheinlichkeit des Vorgesetzten unterhalb des kritischen Wertes k^*, dann ist es für den Mitarbeiter vorteilhaft, Drückebergerei zu betreiben. Oberhalb dieser kritischen Grenze hat der Mitarbeiter eine höhere Auszahlung, wenn er seine Aufgabe adäquat durchführt. Ist die Kontrollwahrscheinlichkeit des

Vorgesetzten identisch mit k^*, dann ist der Mitarbeiter indifferent zwischen seinen beiden Handlungsalternativen.

Zur Berechnung des kritischen Wertes k^* betrachten wir die erwartete Auszahlung des Mitarbeiters in Abhängigkeit von der Kontrollwahrscheinlichkeit $k \in [0,1]$ des Vorgesetzten. Wählt der Mitarbeiter einen hohen Arbeitseinsatz mit einer Wahrscheinlichkeit $a \in [0,1]$, dann ist seine erwartete Auszahlung gegeben durch $a\,(2k + 2\,(1-k)) + (1-a)\,(0k + 7\,(1-k)) = 7 - 7k + a\,(7k-5)$. Folglich wird der Mitarbeiter mit Wahrscheinlichkeit $a = 1$ seine Aufgabe adäquat durchführen, wenn $k > \frac{5}{7}$ ist. Für $k < \frac{5}{7}$ wird er mit Sicherheit Drückebergerei betreiben $(a = 0)$ und bei dem kritischen Wert $k^* = \frac{5}{7}$ ist er indifferent zwischen seinen Alternativen:

$$a^*(k) = \begin{cases} 0 & \text{wenn} \quad k < \frac{5}{7} \\ \in [0,1] & \text{wenn} \quad k = \frac{5}{7} \\ 1 & \text{wenn} \quad k > \frac{5}{7} \end{cases}$$

Analog können wir das Verhalten des Vorgesetzten in der obigen Konfliktsituation untersuchen. Abbildung 3.19 zeigt zunächst, daß seine Auszahlung bei einer Kontrolle des Mitarbeiterverhaltens genau dann größer ist als seine Auszahlung bei Nichtkontrolle, wenn der Umfang der Drückebergerei des Mitarbeiters hinreichend groß ist, $1 - a > 1 - a^*$, d.h. $a < a^*$.

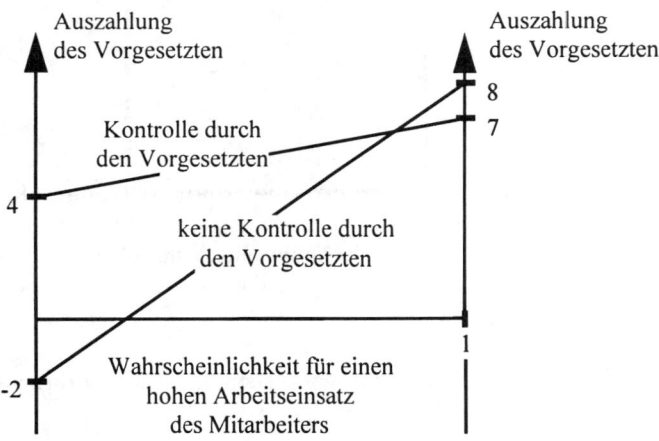

Abbildung 3.19: Die Auszahlung des Vorgesetzten in Abhängigkeit von seiner Kontrolle und dem Arbeitseinsatz des Mitarbeiters

Somit ist die beste Antwort des Vorgesetzten auf eine gegebene gemischte Strategie $(a, 1 - a)$ des Mitarbeiters wie folgt bestimmt: Liegt die Wahrscheinlichkeit $a \in [0, 1]$ dafür, daß der Mitarbeiter keine Drückebergerei betreibt, oberhalb des kritischen Wertes a^*, dann wird der Vorgesetzte auf eine Kontrolle verzichten. Umgekehrt wird der Vorgesetzte mit Sicherheit eine Kontrolle durchführen, wenn die Wahrscheinlichkeit a unterhalb des kritischen Wertes a^* liegt. Der Vorgesetzte ist weiterhin indifferent zwischen seinen beiden Handlungsalternativen, wenn der Mitarbeiter genau im Umfang a^* einen hohen Arbeitseinsatz durchführt.

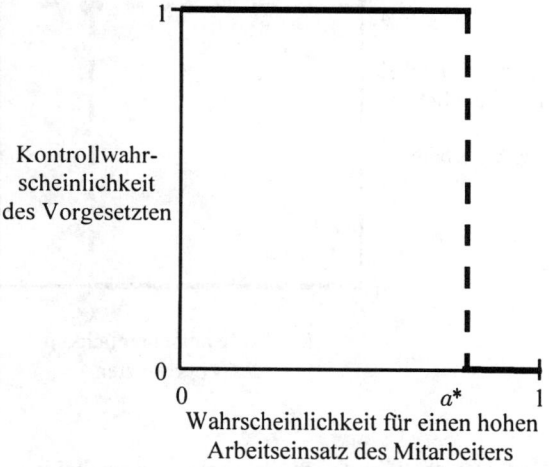

Abbildung 3.20:   Die besten Antworten des Vorgesetzten

Analytisch ergibt sich der kritische Wert a^* durch Maximierung der erwarteten Auszahlung des Vorgesetzten. Geht er davon aus, daß der Mitarbeiter eine gemischte Strategie $(a, 1 - a)$ wählt, dann führt eine Kontrollwahrscheinlichkeit von $k \in [0, 1]$ zu einer Auszahlung $k\,(7a + 4\,(1 - a)) + (1 - k)\,(8a - 2\,(1 - a)) = 10a - 2 + k\,(6 - 7a)$. Folglich ist der kritische Wert $a^* = \frac{6}{7}$ und es gilt

$$k^*(a) = \begin{cases} 0 & \text{wenn} \quad a > \frac{6}{7} \\ \in [0, 1] & \text{wenn} \quad a = \frac{6}{7} \\ 1 & \text{wenn} \quad a < \frac{6}{7} \end{cases}.$$

Nachdem wir nun für beide Parteien ihre jeweils besten Antworten analysiert haben, können wir unmittelbar auf ihr strategisch stabiles Verhalten schließen. Nach unserem Gleichgewichtskonzept ist das strategisch stabile Verhalten der Parteien durch eine (gemischte) Strategiekombination gegeben, so daß die Strategien jeweils wechselseitig beste Antworten sind. Graphisch ist dies nichts anderes als der Schnittpunkt der beiden besten Reaktionsfunktionen:

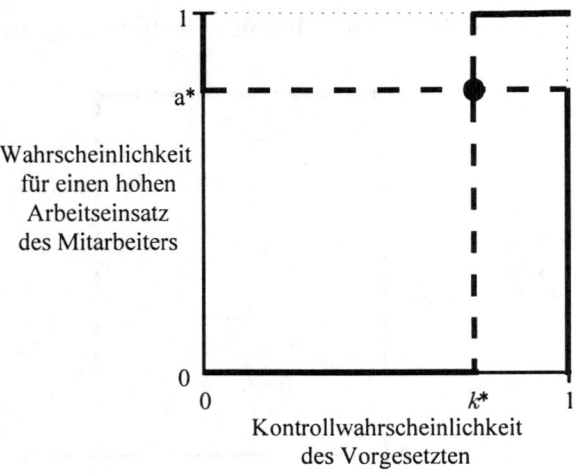

Abbildung 3.21:   Das strategisch stabile Verhalten der beiden Konfliktparteien

Die Abbildung zeigt, daß es genau ein Gleichgewicht in gemischten Strategien gibt: Der Vorgesetzte wählt eine Kontrollwahrscheinlichkeit von $k^* = \frac{5}{7}$, der Mitarbeiter erfüllt seine Aufgabe adäquat im Umfang von $a^* = \frac{6}{7}$. Daß dies tatsächlich für beide Parteien ein stabiles strategisches Verhalten beschreibt, legt folgende Argumentation dar:

(1) Angenommen, a sei kleiner als der kritische Wert a^*. Dann wird der Vorgesetzte aufgrund seiner besten Reaktionsfunktion mit Sicherheit eine Kontrolle durchführen, $k^*(a) = 1$. Dann allerdings wird der Mitarbeiter aufgrund seiner besten Reaktionsfunktion mit Sicherheit einen hohen Arbeitseinsatz leisten. Dies steht allerdings im Widerspruch zur Annahme.

(2) Angenommen, a wäre größer als der kritische Wert a^*. In diesem Fall ist es für den Vorgesetzte vorteilhaft, auf Kontrolle zu verzichten, $k^* = 0$. Unter diesen Umständen würde nun aber der Mitarbeiter mit Sicherheit Drückebergerei betreiben, da $a^*(0) = 0$ ist. Dies steht nun aber im Widerspruch zur Annahme.

(3) Als letzter Fall bleibt nur eine Situation, in der $a = a^*$ ist. Dies bedeutet aber, daß der Vorgesetzte indifferent ist hinsichtlich seiner Kontrolle, $k^*(a^*) \in [0, 1]$. Wenn nun die Kontrollwahrscheinlichkeit des Vorgesetzten nicht identisch mit $k^* = \frac{5}{7}$ wäre, würde der Mitarbeiter seinerseits entweder mit Sicherheit einen niedrigen oder einen hohen Arbeitseinsatz leisten. Beide Fälle ständen im Widerspruch zu $a = a^*$. Folglich bleibt als einzige widerspruchsfreie Alternative $k = k^*$.

3.2.5 Fokal-Punkte

Viele Konfliktsituationen in strategischer Form haben mehrere Gleichgewichte. In diesem Fall können wir keine genauen Vorhersagen über das Verhalten der Konfliktparteien und den Ausgang der Konfliktsituation machen. Unser strategisches Verhaltensprinzip, nur strategisch stabile Strategien zu wählen, muß in solchen Fällen erweitert werden, so daß alle Konfliktparteien den gleichen Ausgang der Konfliktsituation erwarten. Existiert ein solcher Mechanismus, dann entscheiden sich alle Parteien für ein strategisch stabiles Verhalten, das genau einem Gleichgewicht entspricht.

Greifen wir hierzu noch einmal den Konflikt zwischen der Marketing- und der Produktionsabteilung auf, die im Rahmen eines Innovationsprojekts jeweils eine eigene Produktidee ausgearbeitet haben und sich nun auf eine Strategie für die erste gemeinsame Projektsitzung festlegen müssen. Entweder entscheiden sie sich für ein kompromißbereites oder für ein kompromißloses Vorgehen. Wir beziehen uns im folgenden auf eine Konfliktsituation mit zwei Führern:

**Produktions-
abteilung**

		Kompro- mißbereit- schaft	mangelnde Kompro- mißbereit- schaft
	Kompromiß- bereitschaft	2,2	3,4
Marketing- abteilung	mangelnde Kompromiß- bereitschaft	4,3	1,1

Abbildung 3.22: Konfliktsituation mit zwei Führern

In dieser Situation gibt es zwei Gleichgewichte in reinen Strategien: Die Marketingabteilung verhält sich kompromißbereit, die Produktionsabteilung hingegen kompromißlos. Oder die Marketingabteilung zeigt mangelnde Kompromißbereitschaft, während sich die Produktionsabteilung kompromißbereit verhält. Zudem existiert ein weiteres Gleichgewicht in gemischten Strategien: Beide Abteilungen entscheiden sich unabhängig voneinander mit einer Wahrscheinlichkeit von $\frac{1}{2}$ entweder für Kompromißbereitschaft oder für mangelnde Kompromißbereitschaft.

Aus der Definition des Gleichgewichts geht folgendes hervor: Wenn ein Gleichgewicht von beiden Parteien erwartet wird, werden diese auch die entsprechenden Gleichgewichtsstrategien wählen. Das Gleichgewicht wäre also eine sich selbst erfüllende Prophezeihung. Wenn beispielsweise beide Abteilungen erwarten, daß die Marketingabteilung nachgiebig ist, die Produktionsabteilung hingegen nicht, dann werden beide sich entsprechend diesen Erwartungen verhalten. Keine Partei hat einen Anreiz, eine andere Strategie zu wählen, auch wenn die Marketingabteilung das andere Gleichgewicht vorziehen würde.

Die Frage, wie die Parteien ihre Erwartungen so koordinieren können, daß ihr Verhalten eines der möglichen Gleichgewichte realisiert, kann aufgrund unserer Modellierung allein nicht beantwortet werden. Die strategische Form der Konfliktsituation war ja lediglich durch die beteiligten Parteien, ihre Handlungsalternativen und die Konsequenzen der Interaktion für die Parteien charakterisiert. Bei dieser

Spezifikation einer Konfliktsituation haben wir somit eine Reihe von Details der Beziehung außer acht gelassen. Beispielsweise haben wir nicht berücksichtigt, welches Geschlecht die einzelnen Parteien haben, in welcher Beziehung die Parteien sonst zueinander stehen oder wie das gesellschaftliche Umfeld ist, in dem die Parteien interagieren. Solche Elemente der Konfliktsituation können natürlich einen wichtigen Einfluß auf das Verhalten der Parteien in der Konfliktsituation haben. Sie können insbesondere zur Koordinierung des Verhaltens beitragen und damit zur Auswahl eines Gleichgewichts führen. Dies wird in realen Konfliktsituationen häufig der Fall sein. Alles, was die Aufmerksamkeit der Parteien auf ein spezifisches Gleichgewicht fokussiert, führt dazu, daß die Parteien dann dieses Gleichgewicht erwarten. Solche Strategienkombinationen werden nach Schelling (1960) als **Fokal-Punkte** bezeichnet. Fokal-Punkte führen zu einem prominenten Konfliktausgang.

Strategisches Verhaltensprinzip IV: *Wähle die strategisch stabile Strategie, die zu einem prominenten Konfliktausgang führt.*

Um zu verdeutlichen, welche Mechanismen zu einem Fokal-Punkt führen können, betrachten wir die obige Konfliktsituation zwischen der Marketing- und Produktionsabteilung. Angenommen, in der Unternehmung ist es bisher bei allen möglichen Gelegenheiten so gewesen, daß die Marketingabteilung tonangebend war. Dann ist davon auszugehen, daß auch bei der Produktinnovation die Marketingabteilung kompromißlos in die Sitzung geht, die Produktionsabteilung also am besten eine nachgiebige Strategie wählt. Selbst wenn es dem Produktionsleiter widerstrebt, sich der Machtposition der Marketingabteilung zu beugen, ist es für ihn vorteilhaft. Ein prominenter Konfliktausgang wäre aber auch etwa aufgrund der Unternehmensphilosophie möglich. Wenn hier beispielsweise die offiziellen Leitlinien das Unternehmen kundenorientiert positionieren, dann ist davon auszugehen, daß beide Abteilungen sich implizit auf eine kundenorientierte Produktinnovation einigen.

Neben Konventionen, die zu einer Koordination der Erwartungen führen, kann auch die Kommunikation zwischen den Parteien diese Funktion erfüllen: Wenn beispielsweise der Marketingleiter in einer Abteilungsleitersitzung zum Produktionsleiter sagt, "Eine kundenorientierte Fokussierung der Produktinnovation ist unumgänglich", kann man erwarten, daß sich die beiden Abteilungen in der gemeinsamen Sitzung auf die kundenorientierte Produktinnovation verständigen, die Produktionsabteilung also eine kompromißbereite Haltung wählt.

Bisher haben wir nur exogene Faktoren betrachtet, die die Auswahl bei mehreren strategisch stabilen Strategien erleichtern. Zusätzlich können aber auch Aspekte der Konfliktsituation selbst die Eigenschaften eines Fokal-Punktes besitzen, etwa Entscheidungskriterien wie beispielsweise Gerechtigkeit. Im folgenden soll dies für die Kriterien Auszahlungseffizienz und Risiko-Dominanz dargestellt werden.

*Die Forschungsarbeit zweier Mitarbeiter*_____

Zwei in einem Unternehmen angestellte Forscher sollen in einem gemeinsamen Projekt die Lösung eines komplexen Problems erarbeiten. Da die Lösung rasch gefunden werden soll, werden sie bereits im Vorfeld der eigentlichen Zusammenarbeit aufgefordert, sich erste Überlegungen zur Bearbeitung des Problems zu machen. Den beiden Forschern stehen hierzu grundsätzlich zwei Alternativen zur Verfügung: Entweder sie investieren viel in die ersten Recherchen und können so den Erfolg des Projekts begünstigen. Oder sie investieren wenig und warten erst einmal ab, wie sich die gemeinsame Zusammenarbeit gestaltet. Dies allerdings reduziert den raschen Erfolg des Projekts. Da der individuelle Beitrag eines Mitarbeiters nicht feststellbar ist, werden beide gemeinsam nach dem Erfolg ihres Projekts entlohnt.

_____

Wir spezifizieren diese Konfliktsituation zwischen den beiden Mitarbeiter wie folgt: Beide können jeweils eine niedrige oder eine hohe Anfangsinvestition in die gemeinsame Projektarbeit tätigen. Von dieser Entscheidung ist der Erfolg des Projekts abhängig. Die Erfolgswahrscheinlichkeiten der gemeinsamen Projektarbeit seien hier wie folgt bestimmt: Entscheiden sich beide Forscher für eine niedrige Investition, dann scheitert das Projekt mit Sicherheit. Investieren beide viel, so ist der Projekterfolg gesichert. Investiert jedoch nur einer der beiden Forscher in die gemeinsame Projektarbeit, der andere hingegen nicht, dann liegen die Erfolgsaussichten des Projekt nur bei 20%.

Forscher 2

	niedrige Investition	hohe Investition
Forscher 1 niedrige Investition	0	$\dfrac{3}{15}$
hohe Investition	$\dfrac{3}{15}$	1

Abbildung 3.23:   Die Wahrscheinlichkeiten für eine erfolgreiche Projektarbeit

Die Entscheidung eines Mitarbeiters über die Höhe seiner Investition ist von den damit verbundenen Kosten sowie der Entlohnung für seine Tätigkeiten abhängig: Eine niedrige Investition induziert Kosten von 2 Einheiten, eine hohe Investition bedeutet Kosten von 10 Einheiten. Die Entlohnung eines Forschers ist erfolgsabhängig gestaltet: Unabhängig vom Ausgang des Projekts erhält er ein Fixum von 10 Einheiten. Zusätzlich wird ihm ein Erfolgsbonus von 30 Einheiten bei einem Gelingen des Projekts garantiert, bei einem Mißerfolg erhalten die Forscher keinen Bonus. Daraus ergibt sich folgende Bi-Matrix für die Projektarbeit der beiden Mitarbeiter:

Forscher 2

	niedrige Investition	hohe Investition
Forscher 1 niedrige Investition	8,8	14,6
hohe Investition	6,14	30,30

Abbildung 3.24:   Die Anreize zur Projektarbeit

In der dargestellten Situation existieren zwei Gleichgewichte in reinen Strategien: Beide Forscher wählen eine niedrige Investition oder beide entscheiden sich für eine hohe. Die Gleichgewichte zeichnen sich dadurch aus, daß das letztere das erstere auszahlungsdominiert, da die mit ihm verbundenen Auszahlungen für beide Mitarbeiter höher sind.

Man könnte nun einerseits argumentieren, daß sich die beiden Mitarbeiter auf dieses auszahlungseffiziente Gleichgewicht einigen, beide also im Vorfeld der Zusammenarbeit bereits viel in die Lösung des Problems investieren. Andererseits könnte aber auch das Kriterium der Risiko-Dominanz als Auswahlkriterium herangezogen werden: Eine niedrige Investition sichert einem Mitarbeiter zumindest 8 Einheiten, wohingegen eine hohe Investition möglicherweise lediglich zu 6 Einheiten führt.

Welches der beiden Kriterien wird nun einen Fokal-Punkt induzieren? Wenn wir annehmen, daß die beiden Forscher nicht die Gelegenheit haben, vor ihrer Projektarbeit miteinander zu kommunizieren, dann muß eine gleichzeitige hohe Investition nicht notwendigerweise Fokal-Punkt sein: Wenn z.B. Forscher 1 annimmt, daß Forscher 2 eine niedrige Investition mit einer größeren Wahrscheinlichkeit als $\frac{8}{9}$ wählt, dann sollte er keine hohen Investitionen in die Projektarbeit tätigen. Dieses Vorgehen garantiert ihm nämlich auf alle Fälle mindestens 8 Einheiten. Zudem weiß Forscher 1, daß Forscher 2 eine niedrige Investition tätigt, wenn dieser erwartet, daß er mit einer größeren Wahrscheinlichkeit als $\frac{8}{9}$ ebenfalls diese Alternative ergreift. Ohne Kommunikation ist also nicht sicher, ob Auszahlungseffizienz tatsächlich die Erwartungen der beiden Forscher koordiniert.

Ändert sich dieses Argument, wenn wir annehmen, daß sich die beiden Forscher vor der gemeinsamen Arbeit über ihr Verhalten abstimmen können? Gehen wir bei der Beantwortung der Frage davon aus, daß sich die beiden Forscher in einem Vorgespräch darauf geeinigt haben, möglichst viel zu investieren. Nun hat aber Forscher 2 immer einen Vorteil, wenn Forscher 1 eine hohe Investition tätigt. Unabhängig davon, welche Alternative er also tatsächlich verfolgt, hat er immer einen Anreiz, seinen Kollegen davon zu überzeugen, doch viel zu investieren. Er wird gegenüber Forscher 1 also immer vorgeben, eine hohe Investition zu tätigen, unabhängig davon, was seine tatsächlichen Absichten sind. Somit ist aber nicht klar, ob sich Forscher 1 an die getroffene Vereinbarung halten soll. Trotz Kommunikation kann also durchaus das auszahlungsineffiziente Gleichgewicht den Ausgang der Situation bestimmen.

Im allgemeinen wird die Organisation einen bestimmten Konfliktausgang bevorzugen. So wäre es in unserem Beispiel für die Organisation eher nachteilig, wenn beide Forscher wenig investierten. In solchen Situationen, in denen es ein von der Organisation bevorzugtes Gleichgewicht oder für die Parteien keinen eindeutigen, prominenten Konfliktausgang gibt, ist es Aufgabe des Konfliktmanagements, gestaltend in die Situation einzugreifen.

3.3 Unsicherheiten bezüglich der Rahmenbedingungen der Konfliktsituation

In den bisherigen Ausführungen sind wir stets von einer Konfliktsituation ausgegangen, in der die Konfliktparteien vollständig über die entscheidenden Charakteristika der Konfliktsituation informiert waren. Jede Konfliktpartei kannte also sowohl den Handlungsspielraum als auch die Auszahlungen der anderen Parteien. Solche Situationen bezeichnet man als **Konfliktsituationen mit vollständiger Information**. In den meisten Fällen sind diese Voraussetzungen jedoch nicht gegeben. Vielmehr werden die Konfliktparteien unsicher darüber sein, welche Handlungsmöglichkeiten die beteiligten Parteien haben oder welche Konsequenzen für die anderen Parteien mit dem jeweiligen Handeln verbunden sind.

Ist eine Konfliktpartei nicht vollständig über alle Elemente der strategischen Form einer Konfliktsituation informiert, handelt es sich um eine **Konfliktsituation mit unvollständiger Information**. Dem Informationsdefizit einer schlechter informierten Konfliktpartei steht demnach ein Informationsvorsprung auf Seiten einer anderen Partei gegenüber. Diese besser informierte Partei besitzt also private Informationen, die anderen Parteien in der Konfliktsituation nicht zur Verfügung stehen.

Bei der nachfolgenden Analyse von Konfliktsituationen mit unvollständiger Information nehmen wir an, daß eine Partei bezüglich der Interessen einer anderen Partei in der Konfliktsituation unsicher ist. Da die Interessen einer Partei durch die für sie mit der Interaktion verbundenen Konsequenzen abgebildet werden, ist diese Partei also unsicher hinsichtlich der Auszahlungen an die andere Partei. Das folgende Beispiel verdeutlicht diesen Punkt:

Verhaltenskontrolle eines Außendienstmitarbeiters bei Unsicherheit _____

Der für die Wartung und den Service von Außenanlagen zuständige Mitarbeiter ist aufgefordert, seinem Vorgesetzten einen Fahrten- und Einsatzbericht für die letzte Arbeitswoche vorzulegen. Die Entlohnung des Mitarbeiters ist vom Ergebnis der Überprüfung seines Berichts durch den Vorgesetzten abhängig. Der Mitarbeiter ist jedoch unsicher darüber, welche Kosten dem Vorgesetzten durch diese Überprüfung entstehen. Da sein Vorgesetzter mit anderen Aufgaben stark belastet ist, nimmt er an, daß dieser nur mit Mühe Zeit finden wird, seinen Bericht detailliert zu kontrollieren. Die Opportunitätskosten seines Vorgesetzten für eine solche Kontrolle schätzt er daher sehr hoch ein.

Je höher die Kontrollkosten des Vorgesetzten sind, desto geringer ist dessen Auszahlung, falls er tatsächlich eine Kontrolle durchführt. Da der Mitarbeiter die Kontrollkosten seines Vorgesetzten nur schätzen kann, wird er der Kostenhöhe Wahrscheinlichkeiten zuordnen. Damit aber ordnet er implizit den Auszahlungen des Vorgesetzten Wahrscheinlichkeiten zu. Die Unsicherheit des Mitarbeiters über die Kosten der Verhaltenskontrolle für seinen Vorgesetzten spiegeln sich somit unmittelbar in der Unsicherheit über die Auszahlungen des Vorgesetzten wider.

Die Auszahlungen können auch genutzt werden, um unvollständige Informationen über andere Charakteristika einer Konfliktpartei in der Modellierung zu berücksichtigen: Angenommen, eine Partei ist unsicher über die Handlungsalternativen einer anderen Partei. Dann ist es aus strategischer Perspektive gleichbedeutend, ob der anderen Partei eine gewisse Strategie nicht zur Verfügung steht oder ob diese für die betreffende Partei mit einer sehr ungünstigen Auszahlung verbunden ist. Unsicherheiten über andere Aspekte der Konfliktsituation, etwa über den Informationsstand einer anderen Partei, lassen sich in ähnlicher Weise berücksichtigen: Sind sie für das strategische Verhalten der Partein relevant, dann müssen sie sich auch in den Konsequenzen aus der Interaktion widerspiegeln.

Im Hinblick auf die Analyse von Konfliktsituation mit unvollständiger Information haben wir auf den ersten Blick den bisherigen Modellrahmen verlassen. Bisher hatten wir angenommen, daß die Rahmenbedingungen der Konfliktsituation zum gemeinsamen Wissen aller Konfliktparteien gehören. Auf diesem Wissen aufbauend konnte sich jede Partei in die Position einer anderen Partei hineinversetzen, um so auf deren Verhalten zu schließen. Das gemeinsame Wissen über die Rahmenbedingungen der Situation war notwendige Voraussetzung für die Entwicklung des Konzepts der strategisch stabilen Strategien.

In Konfliktsituationen, in denen eine Partei private Informationen besitzt, ist diese Grundannahme offensichtlich nicht mehr erfüllt. Zumindest eine Partei kennt nicht mehr alle Elemente der strategischen Form einer Konfliktsituation. Hier stellt sich also die Frage, inwieweit die Modellierung unvollständiger Informationen mit dem bisherigen Analyserahmen vereinbar ist. Dieser Frage wollen wir in den folgenden Abschnitten nachgehen.

3.3.1 Die Berücksichtigung von Unsicherheiten in der strategischen Form

Eine Antwort auf diese Frage geht auf Harsanyi (1967-1968) zurück: Er argumentiert, daß auch Konfliktsituationen mit unvollständiger Information in dem bisherigen Begriffsrahmen beschrieben werden können. Die Berücksichtigung unvollständiger Informationen sprengt also nicht das bisher entwickelte Konfliktmodell. Vielmehr kann eine Konfliktsituation mit unvollständigen Informationen interpretiert werden als eine Konfliktsituation mit vollständiger Information. Dies soll im folgenden zunächst am Beispiel der Außendienststeuerung dargestellt werden.

Angenommen, die Unsicherheit des Mitarbeiters über die Kontrollkosten seines Vorgesetzten läßt sich wie folgt präzisieren: Die Überprüfung des Berichts verursacht entweder niedrige Kosten, $c = 1$, oder hohe Kosten, $c = 2$. Der Vorgesetzte kennt natürlich seine Kontrollkosten. Er weiß also, ob eine Verhaltenskontrolle mit 1 oder 2 Einheiten verbunden ist. Dem Mitarbeiter steht diese Information allerdings nicht zur Verfügung. Aufgrund der Arbeitsbelastung seines Vorgesetzten hat er aber eine gewisse Vorstellung darüber, wie hoch die Kontrollkosten möglicherweise sind. Sei $\theta \in [0,1]$ die Wahrscheinlichkeit, mit der er die Kontrollkosten des Vorgesetzten als niedrig einschätzt. Mit der Gegenwahrscheinlichkeit $1 - \theta$ geht er davon aus, daß die Kontrollkosten 2 Einheiten betragen. Legen wir ansonsten dieselben Rahmenbedingungen der Konfliktsituation zugrunde wie bei unseren Ausführungen zu den gemischten Strategien, dann ergeben sich die folgenden zugehörigen strategischen Formen:

Mitarbeiter

		hoher Arbeits- einsatz	niedriger Arbeits- einsatz
Vorgesetzter mit niedrigen Kontrollkosten $c=1$	Kontrolle	7,2	4,0
	keine Kontrolle	8,2	-2,7

Mitarbeiter

		hoher Arbeits- einsatz	niedriger Arbeits- einsatz
Vorgesetzter mit hohen Kontrollkosten $c=2$	Kontrolle	6,2	3,0
	keine Kontrolle	8,2	-2,7

Abbildung 3.25:   Verhaltenskontrolle mit Unsicherheit über Kontrollkosten

Nach Harsanyi können wir diese Situation wie folgt abbilden: Bevor die Parteien in der Konfliktsituation interagieren, wird durch einen Zufallszug entschieden, welche Kontrollkosten der Vorgesetzte in der Konfliktsituation haben wird. Mit Wahrscheinlichkeit θ werden dem Vorgesetzten niedrige Kontrollkosten zugewiesen, mit Wahrscheinlichkeit $1 - \theta$ hohe Kosten. Die Realisierung des Zufallszugs bestimmt den Typ des Vorgesetzten. In unserem Fall kann der Vorgesetzte also zwei mögliche Typen repräsentieren: Ein Vorgesetzter vom Typ 1 ist dadurch charakterisiert, daß er niedrige Kontrollkosten hat. Ein Vorgesetzter vom Typ 2 zeichnet sich hingegen durch hohe Kontrollkosten aus.

Die Unsicherheit des Mitarbeiters über die Kontrollkosten des Vorgesetzten wird als eine Unsicherheit über die Ausprägung der Eigenschaften des Vorgesetzten interpretiert. Ist eine Partei unsicher über die Auszahlungen der anderen Partei, können wir also auch sagen, daß diese Partei über den Typ der anderen Partei unsicher ist. Umgekehrt: Kennt eine Partei die Auszahlungen der anderen Partei, dann ist dies äquivalent damit, daß sie den Typ der anderen Partei kennt.

Der Vorgesetzte kann natürlich die Realisierung des Zufallszugs beobachten, kennt also die ihm zugewiesenen Kontrollkosten. Der Mitarbeiter hingegen kann dies nicht beobachten. Diese Überlegungen erlauben es nun, eine Konfliktsituation mit unvollständiger Information wie eine mit vollständiger Information zu analysieren. Anstatt der Parteien in der Konfliktsituation agieren die verschiedenen Typen der Parteien in der Konfliktsituation. In unserem Fall sind dies also drei Akteure: der Mitarbeiter, der Vorgesetzte mit hohen Kontrollkosten und der Vorgesetzte mit niedrigen Kontrollkosten.

Fassen wir diese Überlegungen zusammen. Die Darstellung einer Konfliktsituation mit unvollständiger Information in ihrer strategischen Form spezifiziert die folgenden vier Aspekte:

(1) die Parteien in der Konfliktsituation sowie die jeweiligen Typen der Parteien

(2) die Handlungsalternativen oder Strategien, die jeder Partei zur Verfügung stehen

(3) die Auszahlungen oder Konsequenzen für jeden Typ einer Partei für jeden möglichen Ausgang der Konfliktsituation

(4) die Wahrscheinlichkeiten, die jede Partei den tatsächlichen Typen der anderen Parteien in der Konfliktsituation zuordnet

Wie in der bisherigen strategischen Form einer Konfliktsituation müssen zunächst die Parteien und ihre jeweiligen Handlungsalternativen spezifiziert werden. Zusätzlich zu den Parteien sind die möglichen Typen der Parteien zu berücksichtigen. Die Menge aller möglichen Charakteristika einer Partei bestimmt den Typenraum einer Partei. In unserem Beispiel ist der Typenraum des Vorgesetzten zweielementig: Entweder ist der Vorgesetzte ein Typ t_1 mit niedrigen Kontrollkosten, $c = 1$, oder er ist ein Typ t_2 mit hohen Kontrollkosten, $c = 2$. Welcher konkrete Typ einer Partei zugewiesen ist, ist deren private Information, kann also von den anderen Parteien nicht beobachtet werden. Jedem Typ einer Partei sind seine spezifische Auszahlungen zugeordnet, die aus der Konfliktsituation resultieren. Die Unsicherheit darüber, welcher Typ von Partei in der Konfliktsituation involviert ist, reduziert sich somit auf eine Unsicherheit über die für ihn mit der Interaktion verbundenen Konsequenzen.

Weiterhin müssen die Erwartungen der Parteien über die anderen Parteien berücksichtigt werden: Jede Partei bildet sich Vorstellungen darüber, welche Ausprägungen die anderen Parteien haben könnten. Diese Einschätzungen können als eine Wahrscheinlichkeitsverteilung über die Menge der Typen der anderen Parteien interpretiert werden. Im allgemeinen wird dabei eine Partei aufgrund der Kenntnis des eigenen Typs Rückschlüsse auf die Typen der anderen Parteien ziehen können. Wir gehen hier davon aus, daß eine Partei dies nach der Regel von Bayes durchführt:[6] Bevor den Parteien ihre jeweiligen Typen zugeordnet werden, besitzt jede Partei eine Erwartung darüber, welche möglichen Typenkombinationen eintreten könnten. Nachdem ihr ein spezifischer Typ zugeordnet ist, benutzt sie diese Information, um ihre Ausgangseinschätzung zu aktualisieren bzw. zu revidieren. Daher bezeichnet man die strategische Form einer Konfliktsituation unter Unsicherheit, bei der die Erwartungen entsprechend diesem Verfahren gebildet werden, als **Bayesianische Form**.

3.3.2   Bayesianisches Gleichgewicht

Was werden nun die Auswirkungen unvollständiger Informationen auf das Verhalten der Parteien in einer Konfliktsituation sein? Zunächst ist zu vermuten, daß sich das Verhalten derjenigen Partei ändern wird, die unvollständige Informationen über eine andere Partei hat: Ihre Unsicherheit bezieht sich auf die spezifischen Auszahlungen der anderen Partei aus der gemeinsamen Interaktion. Da diese Auszahlungen aber deren Verhalten bestimmen, ist grundsätzlich davon auszugehen, daß verschiedene Typen unterschiedlich handeln werden. Da die uninformierte Partei ihr Verhalten aber strategisch auf das Verhalten der informierten Partei abstellt, muß sie ihre Unsicherheit über den Typ der anderen Partei bei ihrem eigenen Handeln berücksichtigen.

In unserem Beispiel bedeutet dies nichts anderes, als daß der Mitarbeiter seine Unsicherheit über die Kontrollkosten des Vorgesetzten bei der Wahl seines Arbeitseinsatzes berücksichtigen muß. Der Grad seiner Unsicherheit wird hier auf sein strategisches Verhalten Einfluß haben. So haben wir ja für den Fall, in dem sich seine Unsicherheit auflöst und er die Kontrollkosten des Vorgesetzten kennt, bei der Diskussion gemischter Strategien bereits gesehen, wie er sich verhält.

Die Frage ist aber, ob sich durch die Unsicherheit der uninformierten Partei das Verhalten der informierten Partei ändert. Auf den ersten Blick könnte man argumentieren, daß sich deren Verhalten nicht ändert. Sie kennt ja ihren Typ und, da sie annahmegemäß auch die Auszahlungen der anderen uninformierten Partei kennt, könnte sie wie im Fall der vollständigen Information handeln. Eine solche Argumentation vernachlässigt aber, daß die informierte Partei ja die beste Antwort auf das Verhalten der uninformierten Partei sucht. Letztere wird aber, wie wir gesehen haben, aufgrund ihrer Unsicherheit ihr Verhalten ändern. In der Regel wird daher auch die darauf beste Antwort der informierten Partei eine andere sein. Da das Verhalten der uninformierten Partei die möglichen Typen der informierten Partei mit den ihnen zugeordneten Wahrscheinlichkeiten berücksichtigt, muß auch die informierte Partei, obwohl sie ja selbst ihren Typ kennt, bei ihrem Handeln das Verhalten der anderen möglichen Typen berücksichtigen. Im unserem Beispiel muß also ein Vorgesetzter mit niedrigen Kontrollkosten bei seinem Verhalten einbeziehen, wie ein Vorgesetzter mit hohen Kontrollkosten in seiner Situation handeln würde.

Diese Anforderung ergibt sich unmittelbar aus der Übertragung einer Konfliktsituation mit unvollständiger Information in eine mit vollständiger Information. Waren im ersten Fall die jeweiligen Parteien die strategischen Akteure, so sind in der transformierten Konfliktsituation alle Typen jeder Partei die Akteure. Die Strategie für eine Partei muß somit für jeden ihrer möglichen Typen eine Handlungsalternative spezifizieren.

Mit dieser Interpretation können wir das Gleichgewichtskonzept für Konfliktsituationen ohne Unsicherheit auf Konfliktsituationen mit unvollständiger Information übertragen: Für jeden Typ einer Partei spezifiziert ein **Bayesianisches Gleichgewicht** eine (gemischte) Strategie, die auf Basis seiner, möglicherweise revidierten, Einschätzungen über die Typen der anderen Parteien ermittelt wurde und die strategisch stabil ist. Gegeben diese Einschätzungen und die Gleichgewichtsstrategien der anderen Akteure, maximiert seine eigene Gleichgewichtsstrategie seine erwarteten Auszahlungen in der Konfliktsituation. Wir können dies in einem weiteren Verhaltensprinzip zusammenfassen:

Strategisches Verhaltensprinzip V: *Bei Unsicherheiten über die Rahmenbe-dingungen der Konfliktsituation bilde rationale Erwartungen über die möglichen Ausprägungen der unsicheren Charakteristika und berücksichtige diese bei der Wahl einer strategisch stabilen Strategie.*

Im folgenden untersuchen wir anhand unseres Beispiels mit Unsicherheit über die Kontrollkosten das optimale Verhalten der beiden Konfliktparteien. Wir ermitteln also das Bayesianische Gleichgewicht.

Entsprechend der Gleichgewichtsdefinition müssen wir eine Strategie $(a^*, 1-a^*)$ mit $a^* \in [0,1]$ für den Mitarbeiter spezifizieren sowie eine Strategie $(k_1^*, 1-k_1^*)$ bzw. $(k_2^*, 1-k_2^*)$ mit $k_1^*, k_2^* \in [0,1]$ für die Typen t_1 und t_2 des Vorgesetzten. Diese Strategien bilden dann ein Gleichgewicht, wenn sie die folgende Eigenschaften erfüllen:

(1) Die Strategie $(k_1^*, 1-k_1^*)$ für den Vorgesetzten mit niedrigen Kontrollkosten, $c = 1$, maximiert dessen erwartete Auszahlung, gegeben das Verhalten des Mitarbeiters. Die erwartete Auszahlung des Vorgesetzten ist aufgrund der bisherigen Überlegungen gegeben durch $10a^* - 2 + k_1^* (6 - 7a^*)$, wenn der Mitarbeiter einen hohen Arbeitseinsatz mit Wahrscheinlichkeit $a^* \in [0,1]$ wählt und er den Mitarbeiter mit Wahrscheinlichkeit $k_1^* \in [0,1]$ kontrolliert.

(2) Die Strategie $(k_2^*, 1-k_2^*)$ für den Vorgesetzten mit hohen Kontrollkosten, $c = 2$, maximiert dessen erwartete Auszahlung, gegeben das Verhalten des Mitarbeiters. Analog zu den bisherigen Ausführungen ist seine erwartete Auszahlung gegeben durch $10a^* - 2 + k_2^* (5 - 7a^*)$, wobei $k_2^* \in [0,1]$ seine Kontrollwahrscheinlichkeit ist.

(3) Die Strategie $(a^*, 1-a^*)$ des Mitarbeiters maximiert seine erwartete Auszahlung gegeben das Verhalten des Vorgesetzten. Da dieser entweder niedrige oder hohe Kontrollkosten haben kann, muß der Mitarbeiter einerseits bei der Wahl seiner Strategie berücksichtigen, wie sich ein Vorgesetzter mit niedrigen resp. hohen Kosten verhalten würde. Andererseits muß er sein Verhalten auch auf die Einschätzungen abstimmen, die er über diese Charakteristika seines Vorgesetzten hat. Da er mit Wahrscheinlichkeit $\theta \in [0,1]$ die Kontrollkosten des Vorgesetzten als niedrig einschätzt, ergibt sich somit seine erwartete Auszahlung als $\theta (7 - 7k_1^* + a^* (7k_1^* - 5)) + (1-\theta) (7 - 7k_2^* + a^* (7k_2^* - 5))$. Seine erwartete

Auszahlung in Abhängigkeit von der Wahrscheinlichkeit $a^* \in [0,1]$ für einen hohen Arbeitseinsatz ergibt sich somit als $7\theta(1 - k_1^*) + 7(1 - \theta)(1 - k_2^*) + a^*(-5 + 7\theta k_1^* + 7(1 - \theta)k_2^*)$.

Zur Herleitung der Bayesianischen Gleichgewichte können wir nun wie folgt argumentieren:

Angenommen, der Mitarbeiter würde seinen Arbeitseinsatz so wählen, daß die Wahrscheinlichkeit für einen hohen Arbeitseinsatz kleiner als $\frac{5}{7}$ wäre, $a^* < \frac{5}{7}$. Aus (1) und (2) können wir dann direkt folgern, daß beide Typen von Vorgesetzten mit Sicherheit eine Verhaltenskontrolle durchführen würden. Unter diesen Umständen würde der Mitarbeiter aber nach (3) seine Aufgabe adäquat durchführen, $a^* = 1$ wählen, im Widerspruch zur Annahme.

Analog können wir für den Fall, daß der Mitarbeiter mit zu großer Wahrscheinlichkeit einen hohen Einsatz leistet, einen Widerspruch herleiten: Ist nämlich $a^* > \frac{6}{7}$, dann würden beide Typen von Vorgesetzten nach (1) und (2) keine Kontrolle durchführen, was jedoch den Mitarbeiter mit Sicherheit zu einem niedrigen Einsatz bewegt, $a^* = 0$. Auch dies steht im Widerspruch zur Annahme.

Angenommen nun, der Mitarbeiter wählt seinen Arbeitseinsatz so, daß der Vorgesetzte mit hohen Kontrollkosten indifferent ist hinsichtlich seiner Kontrollentscheidung, d.h. $a^* = \frac{5}{7}$. Zunächst können wir schließen, daß in diesem Fall ein Vorgesetzter mit niedrigen Kontrollkosten mit Sicherheit kontrollieren würde, $k_1^* = 1$. Damit nun aber der Mitarbeiter indifferent zwischen einem hohen bzw. niedrigen Arbeitseinsatz ist, folgt aus (3), daß die Kontrollwahrscheinlichkeit k_2^* des Vorgesetzten mit hohen Kontrollkosten bestimmt ist durch $\frac{5 - 7\theta}{7(1 - \theta)}$. Seine Kontrollwahrscheinlichkeit ist positiv, solange der Mitarbeiter die Wahrscheinlichkeit für hohe Kontrollkosten hinreichend hoch einschätzt, $1 - \theta > \frac{2}{7}$, d.h. $\theta < \frac{5}{7}$. Ist diese Bedingung erfüllt, bilden die so spezifizierten Strategien der Akteure ein Bayesianisches Gleichgewicht: $k_1^* = 1$, $k_2^* = \frac{5 - 7\theta}{7(1 - \theta)}$, $a^* = \frac{5}{7}$ für $\theta < \frac{5}{7}$.

Angenommen, der Mitarbeiter erhöht den Umfang seiner Anstrengungen, so daß $a^* \in (\frac{5}{7}, \frac{6}{7})$ ist. Unter diesen Umständen wird ein Vorgesetzter mit hohen Kontrollkosten keine Kontrollen durchführen, $k_2^* = 0$, wohingegen ein Vorgesetzter mit niedrigen Kosten mit Sicherheit kontrolliert, $k_1^* = 1$. Die Indifferenz des Mitarbeiters setzt hier also voraus, daß $\theta = \frac{5}{7}$ ist. Ist diese Einschätzung des

Mitarbeiters gegeben, sind die angegebenen Strategien ebenfalls strategisch stabil: $k_1^* = 1$, $k_2^* = 0$, $a^* \in (\frac{5}{7}, \frac{6}{7})$ für $\theta = \frac{5}{7}$.

Im letztmöglichen Fall wählt der Mitarbeiter einen hohen Arbeitseinsatz a^* mit Wahrscheinlichkeit $\frac{6}{7}$. Entsprechend der Argumentation in (2) wird ein Vorgesetzter mit hohen Kontrollkosten nicht kontrollieren, $k_2^* = 0$. Aus (1) schließen wir, daß ein Vorgesetzter mit niedrigen Kontrollkosten in diesem Fall indifferent ist hinsichtlich seiner Kontrolle. Die beste Reaktionsfunktion des Mitarbeiters impliziert hier, daß die Kontrollwahrscheinlichkeit k_1^* bestimmt ist durch $k_1^* = \frac{5}{7\theta}$. Ist die Einschätzung des Mitarbeiters über seine Kontrollkosten hinreichend klein, $1 - \theta < \frac{2}{7}$, d.h. $\theta > \frac{5}{7}$, dann wird der Vorgesetzte den Mitarbeiter mit positiver Wahrscheinlichkeit, aber nicht mit Sicherheit, überprüfen. Unter diesen Umständen bilden also die dargestellten Strategien ebenfalls ein Bayesianisches Gleichgewicht: $k_1^* = \frac{5}{7\theta}$, $k_2^* = 0$, $a^* = \frac{6}{7}$ für $\theta > \frac{5}{7}$.

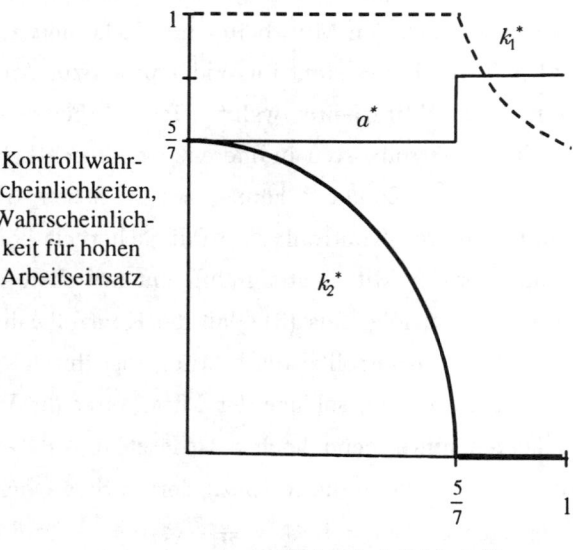

Abbildung 3.26: Das strategisch stabile Verhalten der beiden Konfliktparteien bei Unsicherheit des Mitarbeiters über die Kontrollkosten des Vorgesetzten

Die Abbildung zeigt, wie das strategisch stabile Verhalten der Parteien mit der Einschätzung des Mitarbeiters über die Kontrollkosten seines Vorgesetzten variiert. Wenn der Mitarbeiter weiß, daß der Vorgesetzte hohe Kontrollkosten hat, verhalten sich die Parteien wie folgt: Für $\theta = 0$ überprüft der Vorgesetzte den Mitarbeiter mit Wahrscheinlichkeit $k_2^* = \frac{5}{7}$ und der Mitarbeiter wählt einen hohen Arbeitseinsatz mit Wahrscheinlichkeit $a^* = \frac{5}{7}$. Wenn nun der Mitarbeiter davon ausgeht, daß der Vorgesetzte möglicherweise doch niedrige Kontrollkosten hat, verändert dies seine Entscheidung für $\theta < \frac{5}{7}$ zunächst nicht. Die Einschätzung des Mitarbeiters hat jedoch wesentliche Auswirkungen auf das Verhalten des Vorgesetzten: Hat der Vorgesetzte hohe Kontrollkosten, dann wird er bei steigendem θ systematisch seine Kontrollwahrscheinlichkeit reduzieren. Schließlich würde ein Vorgesetzter mit niedrigen Kontrollkosten mit Sicherheit kontrollieren. Da der Mitarbeiter dieses Wissen bei seinem Verhalten mit einbezieht, wird der Vorgesetzte sein Kontrollverhalten entsprechend anpassen und bei einer Einschätzung von $\theta = \frac{5}{7}$ den Bericht seines Außendienstmitarbeiters überhaupt nicht mehr überprüfen.

Im anderen Extremfall, $\theta = 1$, wählt der Vorgesetzte mit niedrigen Kosten eine Kontrollwahrscheinlichkeit von $k_1^* = \frac{5}{7}$. Der Mitarbeiter erfüllt seine Aufgabe in sechs von sieben Fällen adäquat, $a^* = \frac{6}{7}$. Auch dies entspricht dem bereits oben analysierten Verhalten. Wenn nun der Mitarbeiter davon ausgeht, daß sein Vorgesetzter möglichweise hohe statt niedrige Kontrollkosten hat, hat dies folgende Auswirkungen auf das Verhalten der Parteien: Ist die Unsicherheit nicht zu groß, $\theta > \frac{5}{7}$, verändert der Mitarbeiter seinen Arbeitseinsatz nicht. Dies erreicht der Vorgesetzte durch eine systematische Erhöhung seiner Kontrollwahrscheinlichkeit. Die Vermutung des Mitarbeiters, daß sein Vorgesetzter auch hohe Kontrollkosten haben könnte und in diesem Fall keine Überprüfung durchführen würde, muß der Vorgesetzte durch eine erhöhte Kontrolle kompensieren. Erreicht die Einschätzung des Außendienstmitarbeiters den kritischen Wert $\theta = \frac{5}{7}$, dann überprüft er dessen Bericht mit Sicherheit.

Das Beispiel zeigt, daß das Bayesianische Gleichgewichtskonzept das Nash-Gleichgewichtskonzept als Grenzfall enthält und darüber hinaus geht. Dementsprechend stellt es zusätzliche Anforderungen an das Wissen der Konfliktparteien. Neben der Rationalität und dem common knowledge der Rationalität ist es erforderlich, daß alle Parteien die Wahrscheinlichkeitsverteilungen über alle Typen kennen und dies auch voneinander wissen.

3.3.3   Zur Interpretation strategischer Undurchschaubarkeit

Im vorherigen Abschnitt haben wir eine gemischte Strategie als absichtliche Entscheidung einer Konfliktpartei interpretiert, ihr Verhalten in der Konfliktsituation für die anderen Parteien undurchschaubar zu machen. Die Entscheidung für eine gemischte Strategie implizierte, daß die Partei Wahrscheinlichkeiten für die ihr zur Verfügung stehenden Handlungsalternativen vorgibt und ein Zufallsmechanismus darüber entscheidet, welche der Handlungsalternativen sie nun tatsächlich durchführt.

Betrachten wir hierzu noch einmal die Konfliktsituation mit zwei Führern: Die Marketing- und die Produktionsabteilung haben jeweils eine Idee für die Produktinnovation ausgearbeitet. Vor der ersten gemeinsamen Sitzung stehen sie nun vor der Frage, ob sie diese ausgearbeitete Produktidee nachgiebig oder kompromißlos vertreten sollen. Die Konsequenzen aus dem jeweiligen Verhalten sind in dieser Konfliktsituation wie folgt:

		Produktions-abteilung	
		Kompro-mißbereit-schaft	mangelnde Kompro-mißbereit-schaft
Marketing-abteilung	Kompromiß-bereitschaft	2,2	3,4
	mangelnde Kompromiß-bereitschaft	4,3	1,1

Abbildung 3.27:   Konfliktsituation zwischen der Marketing- und Produktionsabteilung

In dieser Konfliktsituation gibt es zwei Gleichgewichte in reinen Strategien: Die Marketingabteilung entscheidet sich für ein kompromißloses Vorgehen, während die Produktionsabteilung Kompromißbereitschaft wählt. Oder, umgekehrt, die Marketingabteilung geht mit einer nachgiebigen Haltung in die Sitzung, während sich die Produktionsabteilung für ein kompromißloses Vorgehen entscheidet. Zusätzlich gibt es aber auch ein Gleichgewicht in gemischten Strategien: Jede Abteilung entscheidet sich mit einer Wahrscheinlichkeit von $\frac{1}{2}$ für eine der beiden Alternativen.

Konzentrieren wir uns auf das Gleichgewicht in gemischten Strategien. Nach unserer bisherigen Interpretation könnte man hier die Frage stellen, warum sich eine Abteilung überhaupt auf einen solchen Zufallsmechanismus einlassen sollte: Das Verhalten der anderen Partei ist ja gerade so, daß die Abteilung zwischen den beiden ihr zur Verfügung stehenden Alternativen indifferent ist. Somit ist ihre erwartete Auszahlungen aber unabhängig von ihrem eigenen Verhalten. Die Konsequenzen, die mit ihrem strategisch stabilen Verhalten verbunden sind, resultieren auch aus jeder anderen gemischten Strategie, vorausgesetzt, die andere Partei bleibt bei ihrem Gleichgewichtsverhalten.

Im folgenden werden wir eine alternative Interpretation einer gemischten Strategie geben. Wir wollen argumentieren, daß die Wahl einer gemischten Strategie als Unsicherheit einer Konfliktpartei über die Rahmenbedingungen der Konfliktsituation gesehen werden kann: Entscheidet sich eine Partei für eine gemischte Strategie, dann können wir entweder argumentieren, daß diese Partei zufällig zwischen verschiedenen Handlungsalternativen auswählt, oder wir können den Standpunkt einnehmen, daß die anderen Parteien über die tatsächliche Entscheidung dieser Partei unsicher sind. Im ersten Fall interpretieren wir eine gemischte Strategie als Randomisieren der Partei, im zweiten Fall als die Unsicherheit der anderen Parteien über das tatsächliche Verhalten der Partei. Diese Unsicherheit zeigt sich dann anhand der Auszahlungen der Partei, wie wir es bereits schon bei unvollständiger Information gesehen haben. Illustrieren wir das an unserem Beispiel.

Die Zusammenarbeit von Marketing- und
Produktionsabteilung bei Unsicherheiten über den Statusgewinn _____

Angenommen, die Marketing- und die Produktionsabteilung sind unsicher über die tatsächlichen Interessen der jeweils anderen Abteilung bei der Produktinnovation.

Insbesondere nehmen wir an, daß keine der beiden Abteilungen genau weiß, welchen Statusgewinn eine Abteilung mit der Durchsetzung ihrer jeweils präferierten Produktinnovation verbindet. Entscheidet sich beispielsweise die Marketingabteilung für ein kompromißloses Vorgehen, dann weiß die Produktionsabteilung nicht genau, wie hoch der Statusgewinn der Marketingabteilung ist, wenn die Produktionsabteilung Kompromißbereitschaft in der Sitzung zeigt.

Wir modellieren diese Situation mit Hilfe folgender Bi-Matrix:

		Produktions-abteilung	
		Kompromiß-bereitschaft	mangelnde Kompromiß-bereitschaft
Marketing-abteilung	Kompromiß-bereitschaft	2,2	3,4+p
	mangelnde Kompromiß-bereitschaft	4+m,3	1,1

Abbildung 3.28: Konfliktsituation zwischen Marketing- und Produktionsabteilung, wenn jede Abteilungen unsicher ist über die Präferenzen der anderen Abteilung

Der Statusgewinn der Marketingabteilung, wenn sie mangelnde Kompromißbereitschaft wählt und sich die Produktionsabteilung kompromißbereit zeigt, ist durch $4 + m$ gegeben. Die tatsächliche Größe des Parameters m ist der Produktionabteilung nicht bekannt. Sie weiß allerdings, daß der Parameter nur in dem Bereich $[0, x]$ mit $x > 0$ liegen kann und jeder mögliche Wert des Statusgewinns in $[0, x]$ gleich wahrscheinlich ist. Analog bilden wir die Unsicherheit der Marketingabteilung über den Statusgewinn der Produktionsabteilung durch den Parameter $p \in [0, x]$ ab. Auch hier sind die Erwartungen der Marketingabteilung über den möglichen Statusgewinn der anderen Abteilung gleichverteilt. Zur Vereinfachung der Argumentation nehmen wir an, daß beide Abteilungen dieselben Obergrenzen für die Statusgewinnwerte haben.

Die Konfliktsituation mit unvollständiger Information zwischen der Marketing- und Produktionsabteilung stellt sich in ihrer Bayesianischen Form somit wie folgt dar: Jeder Parameter im Bereich $[0, x]$ spezifiziert jeweils einen möglichen Typ einer der beiden Abteilungen. Die Handlungsalternativen sowie die Konsequenzen für jeden Typ einer Abteilung sind durch die obige Bi-Matrix gegeben. Die Wahrscheinlichkeit für einen bestimmten Statusgewinn der anderen Abteilung schätzt jede Abteilung aufgrund der Gleichverteilung mit $\frac{1}{x}$.

Im folgenden werden wir nun ein Bayesiansches Gleichgewicht in reinen Strategien bestimmen, das die eingangs erwähnte Interpretation des Gleichgewichts in gemischten Strategien ermöglicht. Betrachten wir dazu für die beiden Abteilungen und ihre jeweiligen Typen die folgenden Strategien:

- Strategie für die Marketingabteilung bei einem Statusgewinn von m:
  - · wähle Kompromißbereitschaft, wenn $m < m^*$
  - · wähle Kompromißlosigkeit, wenn $m \geq m^*$
- Strategie für die Produktionsabteilung bei einem Statusgewinn von p:
  - · wähle Kompromißbereitschaft, wenn $p < p^*$
  - · wähle Kompromißlosigkeit, wenn $p \geq p^*$

Diese Strategie geht davon aus, daß es zwei kritische Werte $m^* \in [0, x]$ und $p^* \in [0, x]$ gibt, an denen sich das Verhalten der Abteilungen orientiert. Entsprechend dieser Strategie wird die Marketingabteilung dann eine kompromißlose Haltung in der Sitzung verfolgen, wenn ihr zusätzlicher Statusgewinn m aus einem solchen Verhalten hinreichend groß ist, $m \geq m^*$. Ansonsten wird sie eine nachgiebige Position in der Sitzung einnehmen. Im folgenden werden wir nun die beiden kritischen Werte m^* und p^* so bestimmen, daß die beiden oben angegebenen Strategien ein Bayesianisches Gleichgewicht bilden.

Betrachten wir die Marketingabteilung mit einem tatsächlichen Statusgewinn von $m \in [0, x]$. Wenn sie davon ausgeht, daß die Produktionsabteilung ihr Verhalten an der obigen Strategie ausrichtet, muß sie folgendes überlegen: Aufgrund der Unsicherheit über den tatsächlichen Statusgewinn der Produktionsabteilung besteht für die Marketingabteilung eine Unsicherheit über die Alternative der Produktionsabteilung. Mit Wahrscheinlichkeit $\frac{x-p^*}{x}$ kann die Marketingabteilung allerdings davon ausgehen, daß sich die Produktionsabteilung zu einer kompromißlosen Haltung entschließen wird. Und mit der Gegenwahrscheinlichkeit $\frac{p^*}{x}$ kann die Marketingabteilung damit rechnen, daß sich die Produktionsabteilung kompromißbereit verhält. Somit ist der erwartete Statusgewinn der Marketingabteilung bei Wahl einer kompromißbereiten Haltung gegeben durch $\frac{2p^*}{x} + \frac{3(x-p^*)}{x}$, hingegen ist der Statusgewinn bei Wahl mangelnder Kompromißbereitschaft $\frac{(4+m)p^*}{x} + \frac{1(x-p^*)}{x}$. Somit entscheidet sich die Marketingabteilung für eine nachgiebige Haltung, wenn ihr eigener zusätzlicher Statusgewinn m hinreichend klein ist:

$$m \leq \frac{2x}{p^*} - 4$$

Bezeichnen wir die rechte Seite dieser Ungleichung mit m^*, dann spezifiziert diese Bedingung gerade unseren gesuchten kritischen Wert. Analog können wir aus Sicht der Produktionsabteilung argumentieren und erhalten aufgrund der Symmetrie die Aussage, daß die Abteilung kompromißbereit ist, wenn gilt:

$$p \leq \frac{2x}{m^*} - 4$$

Identifizieren wir p^* mit dem Ausdruck auf der rechten Seite der Ungleichung, dann ergibt sich durch Substitution von m^* in die Darstellung von p^* die Bedingung $p^* = \sqrt{4 + 2x} - 2$.

Betrachten wir nun die Erwartung der Marketingabteilung:

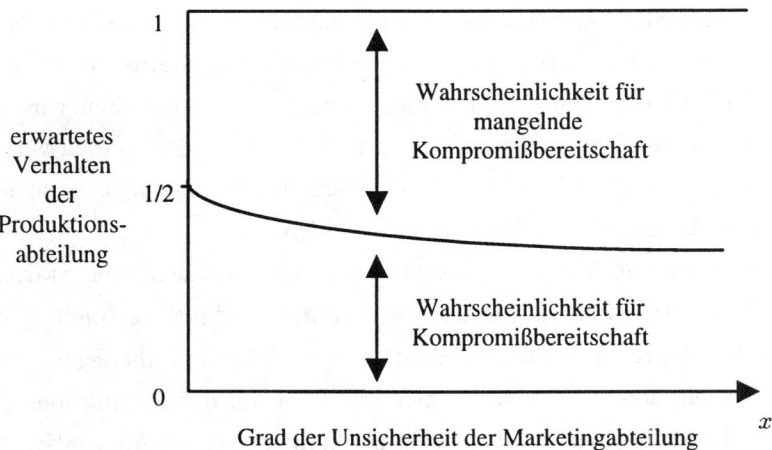

Abbildung 3.29: Die Unsicherheit der Marketingabteilung und das erwartete Verhalten der Produktionsabteilung

Mit Wahrscheinlichkeit $\frac{p^*}{x}$ geht sie davon aus, daß die Produktionsabteilung eine kompromißbereite Position in der Sitzung einnimmt. Reduziert sich nun der Umfang der Unsicherheit, so daß die Marketingabteilung so gut wie sicher weiß, wie hoch der Statusgewinn der Produktionsabteilung ist, dann konvergiert die Wahrscheinlichkeit $\frac{p^*}{x}$ gerade gegen $\frac{1}{2}$, also gegen die Wahrscheinlichkeit, mit der die Produktionsabteilung bei vollständiger Information Kompromißbereitschaft wählt.[7] Analoges gilt für die Wahrscheinlichkeit $\frac{m^*}{x}$ der Marketingabteilung bei einer Reduzierung ihrer Unsicherheit.

Dieses Beispiel zeigt, daß wir ein Gleichgewicht in gemischten Strategien bei vollkommener Information auch in ein Gleichgewicht in reinen Strategien bei unvollkommener Information überführen können. Die gemischte Gleichgewichtsstrategie einer Partei wird hier als strategische Unsicherheit der anderen Parteien über ihren Typ interpretiert. Die Partei, die gegenüber den anderen Parteien einen Informationsvorsprung hat, entscheidet sich für eine bestimmte Handlungsalternative. Aus Sicht der anderen Parteien, die ein Informationsdefizit haben, verhält sich die informierte Partei so, als würde sie randomisieren.

3.4 Zusammenfassung

Konfliktsituationen bei unabhängigen Entscheidungen sind durch simultane Interdependenzen zwischen den Konfliktparteien gekennzeichnet. Jede Partei entscheidet also unabhängig von dem Verhalten der anderen Parteien über ihr eigenes Handeln. Die Modellierung einer solchen Konfliktsituation erfolgt in ihrer strategischen Form, die durch die folgenden drei Rahmenparameter charakterisiert ist: Die beteiligten Konfliktparteien, deren mögliche Handlungsalternativen bzw. Strategien sowie die Konsequenzen bzw. Auszahlungen für jede Partei bei jedem möglichen Ausgang der Konfliktsituation. Die Auszahlungen spezifizieren die jeweiligen Interessen der Konfliktparteien. Somit läßt sich bereits für die einfachste denkbare Konfliktsituation, in der lediglich zwei Parteien mit jeweils zwei Handlungsalternativen aufeinander treffen, die Verflechtung ihrer kooperativen und konkurrierenden Interessen in verschiedenen Ausprägungen darstellen.

Die strategische Form einer Konfliktsituation bildet die für die Analyse des strategischen Verhaltens der Konfliktparteien wesentlichen Informationen ab. Neben den jeweiligen Interessen wird insbesondere die Interdependenz zwischen den Konfliktparteien durch die verschiedenen Auszahlungskombinationen erfaßt. Somit wird deutlich, inwieweit die Erreichung der individuellen Ziele nicht nur vom eigenen Verhalten, sondern auch von den Entscheidungen der anderen Parteien abhängt.

Bei der Analyse des strategischen Verhaltens der Konfliktparteien ist zu berücksichtigen, daß sich jede Partei aufgrund der simultanen Interdependenz Vorstellungen über das Verhalten der anderen Parteien bilden wird. Je nach Verflechtung der kooperativen und konkurrierenden Interessen der Parteien lassen sich dann verschiedene Verhaltensprinzipien für das strategisches Handeln entwickeln:

Besitzt eine Partei eine dominante Strategie, dann sollte sie diese auf jeden Fall wählen. Eine dominante Strategie sichert einer Konfliktpartei nämlich immer eine größere Auszahlung als jede andere Handlungsalternative, unabhängig vom Verhalten der anderen Parteien.

Steht einer Konfliktpartei keine dominante Strategie zur Verfügung, ist es strategisch sinnvoll für sie, keine dominierte Strategie zu wählen. Eine dominierte Strategie für eine Partei ist dadurch gekennzeichnet, daß es zumindest eine andere Strategie dieser Partei gibt, die unabhängig vom Handeln der anderen Parteien immer eine höhere Auszahlung als die dominierte Strategie garantiert. Geht die Partei zudem davon aus, daß sich auch andere Konfliktparteien nie für eine dominierte Strategie entscheiden, kann sie durch sukzessive Anwendung dieses Verhaltensprinzips deren Verhalten bei der Wahl ihrer eigenen Handlungsalternative berücksichtigen.

Existieren in einer Konfliktsituation weder dominante noch dominierte Strategien für die Parteien, kann das Konzept der strategisch stabilen Strategien als Verhaltensprinzip herangezogen werden. Eine strategisch stabile Strategie ist dabei diejenige Strategie der Partei, die ihr die größere Auszahlung sichert, gegeben die - ebenfalls strategisch stabilen - Strategien der anderen Parteien. Wählen demnach alle Konfliktparteien ihre strategisch stabilen Strategien, kann sich niemand durch die Wahl einer anderen Handlungsalternative verbessern. Eine Strategienkombination, die für jede Konfliktpartei aus der Wahl ihrer strategisch stabilen Strategie resultiert, stellt ein Nash-Gleichgewicht dar. Nash-Gleichgewichte gibt es in jeder Konfliktsituation, allerdings müssen die zugehörigen Gleichgewichtsstrategien der Parteien nicht notwendigerweise reine Strategien, also eindeutige Handlungsalternativen spezifizieren. In manchen Situationen kann es vielmehr für eine Partei strategisch sinnvoll sein, die anderen Parteien über ihr tatsächliches Handeln im unklaren zu lassen. In diesem Zusammenhang spricht man von Nash-Gleichgewichten in gemischten Strategien.

Die Prognose eines bestimmten Konfliktverhaltens gestaltet sich schwierig, wenn es in einer Konfliktsituation mehrere Gleichgewichte gibt. Unter diesen Umständen ist zusätzlich ein Mechanismus notwendig, der die Erwartungen der Parteien auf ein bestimmtes Gleichgewicht koordiniert. Wie dabei die Aufmerksamkeit der Konfliktparteien auf einen solchen Fokal-Punkt und einen prominenten Konfliktausgang gelenkt wird, ist abhängig von der spezifischen Konfliktsituation und kann im allgemeinen nicht aufgrund der zugehörigen strategischen Form geklärt werden.

Wurden die bisherigen Verhaltensprinzipien für Konfliktsituationen hergeleitet, in denen alle Konfliktparteien über die wesentlichen Rahmenbedingungen der Situation vollständig informiert waren, muß diese Annahme für die Untersuchung des Konfliktverhaltens in realen Konfliktsituationen aufgegeben werden. So sind im allgemeinen die Interessen einer Partei und damit die für sie mit der Interaktion verbundenen Konsequenzen für eine andere Konfliktpartei nicht vollständig bekannt. Die schlechter informierte Partei muß sich somit Erwartungen über den Typ der besser informierten Partei bilden. Strategisches Verhalten in Konfliktsituationen mit unvollständiger Information impliziert aber nicht nur, daß die schlechter informierte Partei ihr Informationsdefizit bei der Wahl ihres strategischen Verhaltens berücksichtigen muß. Auch die besser informierte Partei muß die Unsicherheit der anderen Partei bei ihrem Verhalten antizipieren und ihr Handeln entsprechend anpassen. Das Konzept des Bayesianischen Gleichgewichts kann hier für die Wahl einer strategisch stabilen Strategie unter Berücksichtigung der rationalen Erwartungsbildung der Parteien herangezogen werden.

3.5 Literaturhinweise

Schelling (1960) ist ein absolutes Muß für die Theorie strategischen Verhaltens. Sein Buch ist eher verbal und nicht mathematisch geschrieben, enthält aber eine Fülle von Ideen und Beispielen. Insbesondere geht die Darstellung der strategischen Form einer Konfliktsituation in einer Bi-Matrix auf ihn zurück.

Rapoport und Guyer (1966) geben eine umfassende Klassifikation von Zwei-Personen-Spielen mit jeweils zwei Handlungsalternativen für beide Parteien. Das Gefangenendilemma geht auf eine Geschichte von Alfred Tucker aus dem Jahre 1950 zurück, die von Rapoport (1964) wiedergegeben wird. Seitdem haben sich neben den Wirtschaftswissenschaften insbesondere die Philosophie, die Soziologie und die Psychologie mit diesem Spiel beschäftigt. Eine Darstellung der Geschichte und Bedeutung des Gefangenendilemmas findet sich bei Poundstone (1992). Die Geschichte zum Kampf der Geschlechter geht auf Luce und Raiffa (1957) zurück, die zum Hasenfußrennen lehnt sich an den Film "Denn sie wissen nicht was sie tun" mit James Dean an. Die Erzählung zur Hirschjagd kann bis zu Jean-Jacques Rousseau zurückverfolgt werden, siehe Ordeshook (1986).

Eine grundsätzliche Diskussion der in diesem Kapitel eingeführten Lösungskonzepte für nicht-kooperative Spiele bei simultanen Interaktionen findet sich in den bereits in Kapitel 2 genannten Lehrbüchern zur Spieltheorie. Grundlegend für die Konzepte der Dominanz und der iterativen Elimination sind die Arbeiten von Bernheim (1984) und Pearce (1984). Die Annahmen, die den Konzepten der iterativen Elimination dominierter Strategien und dem Nash-Gleichgewicht zugrunde liegen, werden bei Brandenburger (1992) diskutiert. Der Begriff des common knowledge wird ausführlich bei Brandenburger und Dekel (1989), Binmore (1992) und Geanakopolos (1992) besprochen. Kritische Anmerkungen hierzu und auch zu anderen Konzepten und Grundannahmen der Spieltheorie finden sich bei Binmore (1990).

Das Konzept der Fokal-Punkte wird ausführlich und mit vielen Beispielen in Schelling (1960) dargestellt. Die Auszahlungseffizienz und Risiko-Dominanz als Kriterien zur Auswahl eines eindeutigen Gleichgewichts werden bei Harsanyi und Selten (1988) besprochen. In diesem Buch entwickeln die Autoren eine allgemeine Theorie der Gleichgewichtsauswahl.

Die Berücksichtigung von unvollständiger Information in der Theorie der Spiele geht auf die Arbeiten von Harsanyi (1967-1968) zurück, siehe hierzu auch Selten (1982). Mertens und Zamir (1985) geben eine formale Fundierung dieses Vorgehens. Eine detaillierte Einführung in Bayesianische Spiele und das Bayesianische Gleichgewicht gibt Myerson (1985). In Brandenburger (1992) und Osborne und Rubinstein (1994) werden verschiedene Interpretationen von gemischten Strategien gegeben. Die hier gegebene Interpretation geht auf einen Vorschlag von Harsanyi (1973) zurück, unsere Formalisierung lehnt sich an die in Gibbons (1992) an.

4

Die Dynamik von
Konflikten

One Saturday morning, with all the summer world bright and fresh, Tom
Sawyer was charged by Aunt Polly with the task of withewashing the fence.
He began to think of the fun he had planned for this day, and his sorrows
multiplied. ... At this dark and hopeless moment an inspiration burst upon
him! ...

He took up his brush and went tranquilly to work. Ben Rogers hove in sight
presently - the very boy, of all boys, whose ridicule he had been dreading.
Ben's gait was the hop-skip-and-jump - proof enough that his heart was
light and his anticipation high. He was eating an apple, and giving a long
melodious whoop, at intervals, followed by a deep-toned ding-dong-dong,
ding-dong-dong, for he was personating a steamboat. ...

Tom went on whitewashing - paid no attention to the steamboat. ...

Tom's mouth watered for the apple, but he stuck to his work. Ben said:
"Hello, old chap, you got work, hey?"

Tom wheeled suddenly and said:

"Why it's you, Ben! I wasn't noticing."

"Say - I'm going in a-swimming, I am. Don't you wish you could? But of
course you'd ruther work - wouldn't you? Course you would!"

Tom contemplated the boy a bit, and said:

"What do you call work?"

"Why ain't that work?"

Tom resumed his whitewashing, and answered carelessly:

"Well, maybe it is, and maybe it ain't. All I know, is, it suits Tom Sawyer."

"Oh, come, now, you don't mean to let on that you like it?"

The brush continued to move.

"Like it? Well, I don't see why I oughtn't to like it. Does a boy get a
chance to whitewash a fence every day?"

That put the thing in a new light. ...

"Say, Tom, let me whitewash a little."

Tom considered, was about to consent; but he altered his mind:

"No - no - I reckon it wouldn't hardly do, Ben. You see, Aunt Polly's awful particular about this fence - right here on the street, you know - but if it was the back fence I wouldn't mind and she wouldn't. ..."

"Oh, shucks, I'll be just as careful. Now lemme try. Say - I'll give you the core of my apple."

"Well, here. - No, Ben, now don't. I'm afeared -"

"I'll give you all of it!"

Tom gave up the brush with reluctance in his face, but alacrity in his heart.

(Twain, 1876)

Im letzten Kapitel haben wir unsere Analyse auf Konfliktsituationen konzentriert, in denen die Konfliktparteien ihre Entscheidungen unabhängig voneinander treffen. Die strategische Form einer solchen Konfliktsituation bestand aus drei Elementen: den Konfliktparteien, ihren Handlungsalternativen und den Konsequenzen für jede Partei für jede mögliche Kombination aus ihren Handlungsalternativen und den Handlungsmöglichkeiten der anderen Parteien. Aber bereits bei Vorliegen unvollständiger Information einer Partei über bestimmte Charakteristika einer anderen Konfliktpartei wurde deutlich, daß Konfliktsituationen in der Regel dynamischer Natur sind: Entweder hat die informierte Partei ein Interesse, ihre privaten Informationen den anderen, uninformierten Parteien mitzuteilen oder die uninformierten Parteien haben ein Interesse daran, die privaten Informationen der informierten Partei in Erfahrung zu bringen. In beiden Fällen kann dies zu Konfliktsituationen führen, in denen die Parteien in einen sequentiellen Handlungsablauf eingebunden werden.

In diesem Kapitel beschäftigen wir uns eingehend mit der Dynamik solcher Konfliktsituationen. Sie sind durch sequentielle Interdependenzen zwischen den Konfliktparteien gekennzeichnet. Im allgemeinen kann dabei eine Konfliktpartei ihre Wahl der Handlungsalternative von dem Verhalten der vorher agierenden Konfliktparteien abhängig machen. Das bisherige Handeln der anderen Parteien kann der momentan agierenden Partei dann als Grundlage für ihr eigenes Verhalten dienen. In dynamischen Konfliktsituationen kann somit typischerweise mindestens eine Partei ihre Entscheidungen auf die der anderen konditionieren.

Im Unterschied zur strategischen Form einer Konfliktsituation bei unabhängigen Entscheidungen müssen wir demnach bei der Darstellung einer dynamischen Konfliktsituation explizit den Verlauf der Interaktion zwischen den Konfliktparteien berücksichtigen. Die zeitliche Abfolge der Reaktionen der Parteien, ihre jeweiligen Handlungsalternativen sowie die Informationen, die ihnen zu den Zeitpunkten ihrer Entscheidungen zur Verfügung stehen, müssen hier zusätzlich spezifiziert werden. Alle strategisch relevanten Rahmenparameter einer Konfliktsituation mit sequentiellen Interdependenzen werden in der **extensiven (strategischen) Form** der Konfliktsituation zusammengefaßt:

(1) die Konfliktparteien

(2) die Entscheidungszeitpunkte jeder Konfliktpartei

(3) die Handlungsalternativen jeder Konfliktpartei zu jedem ihrer Entscheidungszeitpunkte

(4) die Informationen zu jedem ihrer Entscheidungszeitpunkte

(5) die Auszahlungen oder Konsequenzen für jede Partei für jeden möglichen Ausgang der Konfliktsituation, also für jede mögliche Handlungsfolge der Parteien

Die extensive Form konkretisiert die strategischen Rahmenparameter, wie sie von den beteiligten Parteien wahrgenommen werden: Sie spezifiziert den chronologischen Ablauf der Interaktion zwischen den Parteien und stellt die jeweiligen Handlungsmöglichkeiten der Parteien vollständig dar. Informationsdefizite über die Rahmenbedingungen der Konfliktsituation, Charakteristika anderer Konfliktparteien oder deren bisheriges Verhalten werden durch die Informationen bestimmt, die einer Konfliktpartei zum jeweiligen Zeitpunkt ihrer Entscheidung zur Verfügung stehen. Die Spezifikation der Konsequenzen aus der Interaktion bringt zum Ausdruck, wie eine Konfliktpartei ihre eigenen Interessen und die Interessen der anderen Partei bezüglich des Konfliktgegenstands bewertet, welche Vor- oder Nachteile mit den möglichen Konfliktverläufen für die Parteien verbunden sind.

Die Dynamik von Konfliktsituationen kann anschaulich in Form eines **Konfliktbaums** darstellt werden. Jeder Zeitpunkt, zu dem eine Partei eine Entscheidung treffen kann, ist durch einen Entscheidungsknoten dargestellt. Der Entscheidungsknoten derjenigen Partei, die als erste in der Konfliktsituation über eine Handlung entscheiden kann, heißt Wurzel des Konfliktbaums. Jeder Entscheidungsknoten spezifiziert, welche Partei an diesem Knoten eine Entscheidung treffen kann, welche Alternativen ihr dabei zur Verfügung stehen und auf welche Informationen sie ihre Entscheidung aufbauen kann. Die Handlungsalternativen der Partei zu diesem Zeitpunkt werden durch verschiedene Äste dargestellt, die von dem betreffenden Entscheidungsknoten ausgehen. Jeder Ast charakterisiert eine andere Entscheidungsmöglichkeit, die die Partei zu diesem Zeitpunkt wählen kann.

Die Aneinanderreihung von Entscheidungsknoten stellt also die zeitliche Struktur der Konfliktsituation dar. Jeder mögliche Verlauf der Interaktion wird somit durch einen Pfad in dem Konfliktbaum repräsentiert. Jedem Pfad ist ein Endknoten zugeordnet, der die Konsequenzen für die Parteien für diese Interaktion abbildet. Ein Endknoten gibt also an, wie der Ausgang bei dieser Entwicklung der Konfliktsituation für die Parteien ist. In einer Konfliktsituation mit zwei Parteien gibt definitionsgemäß die linke Zahl die Auszahlung der ersten Partei an, die rechte Zahl die Auszahlung der zweiten Partei.

Das folgende Beispiel illustriert die Modellierung einer Konfliktsituation in ihrer extensiven Form.

Der Aufstieg in einer Unternehmensberatung

In einer größeren, internationalen Unternehmensberatung ist die Position eines Seniorberaters frei geworden und soll laut Beschluß der Partner intern besetzt werden. Als mögliche Kandidaten für diese Stelle werden alle Juniorberater in Betracht gezogen, die bereits länger als 3 Jahre bei dem Unternehmen tätig sind. Insgesamt kommen somit 10 Mitarbeiter für die neue Stelle in Frage.

Aufgrund der hohen Anforderung, die die Unternehmensberatung bereits bei der Einstellung neuer Mitarbeiter stellt, kann die Qualifikation der potentiellen Kandidaten nicht zur Entscheidungsfindung für die Stellenbesetzung herangezogen werden: Alle sind gleichermaßen hervorragende Juniorberater. Aufgrund dieses Dilemmas haben sich die Partner der Unternehmensberatung ein alternatives Auswahlverfahren zur Besetzung der vakanten Stelle ausgedacht, nämlich bei gleich hoher Qualität der Kandidaten auf Quantität zu setzen. Insbesondere sollen sich die Juniorberater also durch ihre Arbeitszeit empfehlen.

Aufgrund der sehr mitarbeiterorientierten Unternehmenspolitik ist die Arbeitszeit grundsätzlich auf lediglich 8 Stunden täglich festgesetzt. Überstunden sind und waren natürlich immer möglich. Dies soll nun laut Auswahlverfahren zur Besetzung

*der Position instrumentalisiert werden: Derjenige, der in einem bestimmten Zeit-
raum die meisten Überstunden macht, soll die Stelle des Seniorberaters erhalten.
Haben zwei Juniorberater dieselbe Anzahl an Überstunden geleistet, entscheidet das
Los, wer von ihnen befördert wird.*

Wie werden sich die Juniorberater bei dem Wettbewerb um die neue Stelle verhalten? Wieviele Überstunden werden sie leisten, um sich für die höhere Position zu empfehlen? Und wer wird letztendlich tatsächlich befördert? Um das Verhalten der Juniorberater in dieser dynamischen Konfliktsituation untersuchen zu können, müssen wir zunächst die dargestellte Situation auf ihre wesentlichen strategischen Elemente reduzieren, also ihre extensive Form identifizieren. Dies könnte für das vorliegende Beispiel so aussehen:

Um den zeitlichen Ablauf der Konfliktsituation zu spezifizieren, gehen wir davon aus, daß eine Überstunde, die ein Juniorberater macht, unmittelbar von den anderen Mitbewerbern wahrgenommen wird. Allerdings kann diese Überstunde von seinen Kollegen jederzeit wieder aufgeholt werden. Alle Kollegen haben nur eine begrenzte Überstundenkapazität aufgrund ihrer physischen Leistungsfähigkeit. Diese ist für alle gleich. Diese Annahmen implizieren, daß jemand aus dem Umstand, daß er als erster eine gewisse Anzahl von Überstunden gemacht hat, keinen unmittelbaren Vorteil ziehen kann. Die Juniorberater "bieten" mit ihren Überstunden sozusagen um die neue Position.

Jeder Juniorberater weiß zu jedem Zeitpunkt des Auswahlverfahrens, wieviele Überstunden er und seine Mitbewerber bereits geleistet haben. Aufgrund dieser Informationen entscheidet ein Juniorberater dann, ob er dbisher vorgeleisteten Überstunden überbieten will oder nicht. Er kann sich dabei nur zur Leistung ganzer Überstunden entscheiden. Eine Überstunde ist also die kleinste Einheit, mit der sich ein Kandidat zusätzlich qualifizieren kann. Da eine Überstunde, die ein Juniorberater bisher geleistet hat, jederzeit von den anderen Mitbewerbern aufgeholt werden kann, zieht ein Juniorberater aus der absoluten Anzahl seiner Überstunden keinen direkten Vorteil. Daher können wir annehmen, daß die Juniorberater sukzessive jeweils durch eine zusätzliche Überstunde um die Position steigern.

Die Juniorpartner haben folgende Interessen: Kein Juniorpartner ist Workaholic. Vielmehr ist jeder grundsätzlich daran interessiert, möglichst wenig zu arbeiten.

Jede zusätzlich gearbeitete Stunde ist daher mit Arbeitsleid verbunden. Zur Vereinfachung nehmen wir, daß das Arbeitsleid für jeden Juniorberater pro Arbeitsstunde
1 Einheit beträgt. Zudem unterstellen wir, daß jeder Juniorberater an dem Aufstieg zum Seniorberater interessiert ist. Der persönliche Vorteil, der mit diesem
Aufstieg einhergeht, beträgt hier 100 Einheiten. Dies ist der Gegenwartswert der
Einkommensdifferenz zwischen einem Senior- und einem Juniorberater.

Wir erhalten damit für diese Konfliktsituation folgende extensive Form: 10 Juniorberater erfüllen die Voraussetzungen für eine Beförderung zum Seniorberater.
Jeder kann immer dann zwei zusätzliche Überstunden leisten, wenn ein anderer
Mitbewerber bereits eine Überstunde mehr hat. Diese Entscheidung kann er jeweils auf die bisher geleisteten Überstunden aller anderen Juniorberater konditionieren. Das (erwartete) Netto-Einkommen eines Juniorberaters ist bestimmt durch
die Anzahl seiner eigenen Überstunden sowie den Charakteristika des Auswahlme-
chanismus, also davon, ob er die meisten Überstunden aller Berater hat bzw. wie
bei Überstundengleichheit über den Aufstieg entschieden wird.

Zur Darstellung dieser Konfliktsituationen in Form einer Baumstruktur vereinfachen wir die Situation auf zwei Juniorberater, die durch ihre Überstunden um
die neue Position bieten können. Wir nehmen an, daß sie maximal 16 Überstunden
leisten können. Dann kann der Konfliktbaum dieser Situation wie folgt dargestellt
werden:

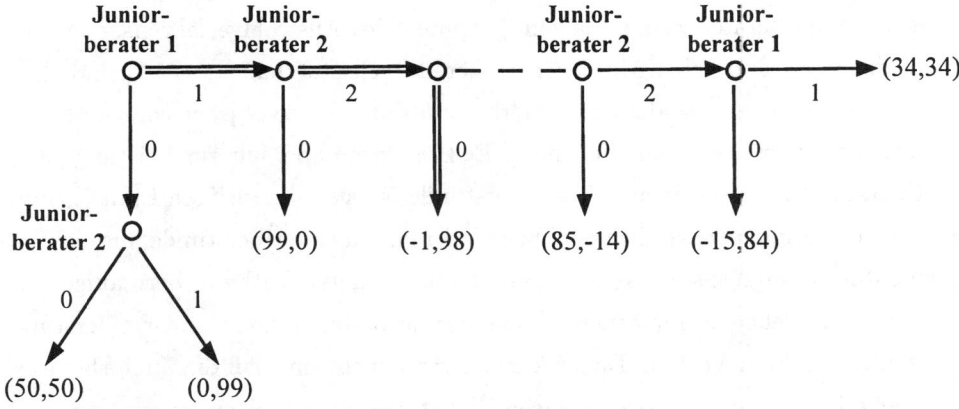

Abbildung 4.1:   Der Aufstieg in einer Unternehmensberatung

Wir bezeichnen den Kandidaten, der als erster über eine zusätzliche Überstunde entscheidet, als Juniorberater 1. Juniorberater 1 ist also diejenige Partei, die an der Wurzel des Konfliktbaums entscheidet. Er kann hier zwischen den beiden Handlungsalternativen "keine Überstunde" oder "eine Überstunde" wählen. Juniorberater 1 trifft aber auch immer dann eine Entscheidung, wenn der andere Kandidat, Juniorberater 2, eine Überstunde mehr als er geleistet hat. In diesem Fall kann er sich zwischen den Alternativen "keine Überstunden leisten" bzw. "eine zusätzliche Überstunde - also zwei Überstunden - leisten" entscheiden. Wenn der andere Juniorberater 6 Überstunden geleistet hat und Juniorberater 1 bisher nur 5 Stunden hat, kann er sich ebenfalls dafür entscheiden, seine letztmögliche Überstunde noch einzusetzen.

Analog sind die Entscheidungszeitpunkte von Juniorberater 2 charakterisiert: Wenn Juniorberater 1 zu Anfang keine Überstunde macht, hat er zwei Alternativen: Entweder ebenfalls keine Überstunde zu machen oder eine Überstunde zu leisten. Wann immer aber der andere Kandidat eine zusätzliche Überstunde vorgelegt hat, steht er vor der Wahl, seinerseits eine Überstunde vorzulegen oder keine Überstunden mehr zu machen.

Die Auszahlungen für die beiden Juniorberater ergeben sich aus ihrer Interaktion in der Konfliktsituation: Betrachten wir beispielsweise den Fall, daß weder Juniorberater 1 noch Juniorberater 2 eine Überstunde leisten. Dann wird nach dem Auswahlverfahren die Stelle des Seniorberaters durch Los vergeben. Bei einer Einkommensdifferenz von 100 Einheiten könnten also beide Kandidaten 50 Einheiten erwarten. Würde sich die Konfliktsituation so entwickeln, daß Juniorberater 1 nur 1 Überstunde macht, Juniorberater 2 aber 2 Überstunden - dies entspricht dem markierten Pfad in der obigen Abbildung - dann würde Kandidat 2 die Position des Seniorberaters erhalten und eine Netto-Einkommensdifferenz von 98 Einheiten bekommen, wohingegen Kandidat 1 aufgrund der geleisteten Überstunden ausschließlich einen Nachteil von 1 Einheit hätte.

In der bisherigen Diskussion der Darstellung einer dynamischen Konfliktsituation haben wir Informationen, die einer Partei zum Zeitpunkt ihrer Entscheidung zur Verfügung stehen, nicht explizit modelliert. In Abschnitt 4.1 klassifizieren wir deshalb zunächst Konfliktsituationen nach dem Informationsaspekt und zeigen auf, wie Informationsdefizite einer Partei bei der Modellierung der Konfliktsituation berücksichtigt werden können.

Das strategische Verhalten der Konfliktparteien in dynamischen Konfliktsituationen untersuchen wir dann in Abschnitt 4.2. Je nach den Informationen, die die Parteien in der Konfliktsituation haben, leiten wir hier aufeinander aufbauend verschiedene Verhaltensprinzipien ab.

Die Abschnitte 4.3 und 4.4 befassen sich mit strategischen Zügen. Durch ein solches Verhalten versucht eine Partei, das Konfliktverhalten anderer Parteien in einer Konfliktsituation zum eigenen Vorteil zu beeinflussen. Welche grundsätzlichen Möglichkeiten ihr dabei zur Verfügung stehen, wird in Abschnitt 4.3 dargestellt. Wir gehen dabei davon aus, daß jede Partei vollständige Informationen über die Rahmenbedingungen der Konfliktsituation hat. Diese Annahme wird dann im letzten Abschnitt fallengelassen. Hier untersuchen wir strategische Züge, die eine Konfliktpartei in Konfliktsituationen mit unvollständiger Information ergreifen kann.

4.1 Eine Klassifikation von Konfliktsituationen II

Ein wichtiger Aspekt bei der Modellierung von Konfliktsituationen ist die Berücksichtigung der Informationen, die die Parteien zum Zeitpunkt ihrer jeweiligen Entscheidung haben. In unserem Beispiel vom Aufstieg in einer Unternehmensberatung haben wir unterstellt, daß jeder Juniorberater die bisher von seinen Mitbewerbern geleisteten Überstunden unmittelbar beobachten kann. In diesem Sinne hatte er perfekte Information. Allgemein bezeichnen wir eine Konfliktsituation, in der jede Partei das Handeln aller anderen Parteien beobachten kann, als **Konfliktsituation mit perfekter Information**. In solchen Situationen kann also jede Partei ihre Entscheidung unter Berücksichtigung des bisherigen Handelns der anderen Parteien treffen.

Konfliktsituationen, in denen zumindest eine der Parteien nicht die gesamte Historie der bisherigen Interaktion kennt, haben wir bereits als **Konfliktsituationen mit imperfekter Information** bezeichnet. Solche Situationen hatten wir in Kapitel 3 betrachtet. Es ging dabei um Konfliktsituationen mit unabhängigen Entscheidungen: Alle Konfliktparteien handelten simultan, keine Partei hatte also zum Zeitpunkt ihrer Entscheidung Kenntnis von den Entscheidungen der anderen Parteien. Im Unterschied dazu stehen die ebenfalls in Kapitel 3 behandelten Konfliktsituationen mit unvollständiger Information. Hierbei haben die Konfliktparteien keine vollständige Kenntnis über die Rahmenbedingungen der Konfliktsituation. Das schließt aber nicht aus, daß sie die Historie der bisherigen Interaktion kennen und daher perfekt informiert sind. Umgekehrt ist es auch möglich, daß die Konfliktparteien imperfekte Informationen haben, aber über alle anderen Rahmenbedingungen der Konfliktsituation vollständig informiert sind.

In einem Konfliktbaum werden die Informationen, die einer Konfliktpartei zum Zeitpunkt ihrer Entscheidung zur Verfügung stehen, durch Informationsmengen dargestellt. Eine **Informationsmenge** für eine Partei enthält dabei die Entscheidungsknoten dieser Partei, an denen sie dieselben Informationen besitzt. Befindet sich eine Partei an einer mehrelementigen Informationsmenge, dann weiß die handelnde Partei zum Zeitpunkt ihrer Entscheidung also nicht, an welchem der in der Informationsmenge enthaltenen Entscheidungsknoten sie sich tatsächlich befindet.

Wir wollen im folgenden darlegen, wie Konfliktsituationen durch solche Informationsdefizite klassifiziert werden können. Dies soll anhand eines Beispiels diskutiert werden, das anschließend mit verschiedenen Annahmen an die zugrundeliegenden Informationsstände der Parteien variiert wird.

Die Einführung einer neuen Bürokommunikation

Die Fachabteilung eines Unternehmens ist mit der derzeitigen Organisation der Bürokommunikation unzufrieden. Während in der Vergangenheit das jetzige System vollständig ausreichend war, konnten in der letzten Zeit aufgrund der Expansion des Unternehmens bestimmte Aufgaben nur noch mit Mühe durchgeführt werden. Nun verspricht sich die Fachabteilung von dem Einsatz neuer Bürokommunikationstechniken eine Lösung ihrer Probleme.

Im Zuge dieser Entwicklung hat die Fachabteilung Kontakt mit der EDV-Abteilung des Unternehmens aufgenommen und auf deren Anfrage hin ein Anforderungsprofil für die neue Bürokommunikation konzipiert. Da sie bereits sehr konkrete Vorstellungen darüber hat, welche Anforderungen eine Lösung erfüllen muß, ist ihr Anforderungskatalog bereits sehr detailliert. Dadurch läuft sie Gefahr, daß die EDV-Abteilung möglicherweise ihr Anforderungsprofil bei der Planung nicht umset-

zen kann, weil es keine Hard- und Software gibt, die den Anforderungen genügt. Es ist aber auch möglich, daß die EDV-Abteilung den Anforderungskatalog nicht umsetzen möchte, weil die entsprechende EDV-Lösung nicht in das Gesamtkonzept der EDV-Abteilung paßt. Daher hat sich die Fachabteilung vorbehalten, gegebenenfalls eigenständig eine Lösung zu realisieren.

Die Konfliktsituation zwischen der Fachabteilung und der EDV-Abteilung spezifizieren wir für die nachfolgende Diskussion wie folgt: Zur Vereinfachung nehmen wir an, daß die EDV-Abteilung lediglich zwei Handlungsalternativen zur Verfügung hat: Entweder kann sie auf die Anforderungen der Fachabteilung eingehen und eine entsprechende, abteilungsnahe Planung ausarbeiten, oder sie mißachtet die Anforderungen und schlägt eine gänzlich andere Lösung für die Gestaltung der Bürokommunikation vor. Auch der Fachabteilung stehen lediglich zwei Alternativen zur Verfügung: Sie kann entweder die von der EDV-Abteilung vorgeschlagene Lösung akzeptieren, oder sie arbeitet eine eigenständige Lösung aus. Zudem gehen wir davon aus, daß das Anforderungsprofil aus technischer Perspektive möglicherweise überhaupt nicht realisierbar ist: Mit einer Wahrscheinlichkeit von 40% ist hier damit zu rechnen, daß sich grundsätzlich keine Lösung findet, mit der Gegenwahrscheinlichkeit von 60% können die Anforderungen der Fachabteilung umgesetzt werden.

Die Konsequenzen aus der Interaktion zwischen den Abteilungen seien wie folgt bestimmt: Angenommen, eine Realisierung der Anforderungen der Fachabteilung wäre grundsätzlich möglich. Wenn die EDV-Abteilung nun die Anforderungen nicht berücksichtigt, dann kann sie sowohl Kosten bei der Planung einsparen als auch ihre eigene präferierte Hard- und Software vorschlagen. Ihr Vorteil beträgt in diesem Fall 3 Einheiten gegenüber einer Lösung, die die Anforderungen der Fachabteilung berücksichtigt. Wird die alternative Planung der EDV-Abteilung von der Fachabteilung akzeptiert, dann hat die EDV-Abteilung zusätzlich einen Prestigevorteil von 1 Einheit, bei einer Ablehnung jedoch einen zusätzlichen Nachteil von 2 Einheiten. Ein Vorschlag, der nicht dem Anforderungsprofil entspricht, bringt der Fachabteilung lediglich 1 Einheit gegenüber 4 Einheiten bei einer Realisierung ihrer Anforderungen. Erarbeitet hingegen die Fachabteilung eine eigene Lösung, kann sie zwar ihre Vorstellungen realisieren, hat aber aufgrund der zusätzlichen Kosten insgesamt einen Vorteil von nur 2 Einheiten. Berücksichtigt die EDV-Abteilung die Anforderungen der Fachabteilung, dann ist ihre Auszahlung unabhängig von der Entscheidung der Fachabteilung auf Null gesetzt.

Für den Fall, daß die Realisierung der Anforderungen der Fachabteilung grundsätzlich nicht möglich ist, kann nur die alternative Planung der EDV-Abteilung realisiert werden. Bei Annahme (bzw. Ablehnung) dieser Lösung durch die Fachabteilung hat diese einen Vorteil (bzw. Nachteil) von 1 Einheit, die EDV-Abteilung stets einen Vorteil von 4 Einheiten, da ihre Lösung letztendlich doch umgesetzt wird. Bei Planung einer nicht realisierbaren Lösung entstehen beiden Abteilungen Nachteile von 2 Einheiten, unabhängig davon, ob dies von der Fachabteilung angenommen oder abgelehnt wird.

Diese Ausführungen konkretisieren die Rahmenparameter der Konfliktsituation für die extensive Form wie folgt: EDV- und Fachabteilung sind die einzigen Parteien, die an dieser Konfliktsituation beteiligt sind. Die EDV-Abteilung erarbeitet aufgrund der spezifischen Anforderungen der Fachabteilung einen EDV-Plan, der von der Fachabteilung akzeptiert oder durch eine eigene Planung ersetzt werden kann. Somit sind die Zeitpunkte, zu denen jede Abteilung eine Entscheidung treffen kann, festgelegt. Weiterhin haben beide Abteilungen, wie dargelegt, jeweils zwei Handlungsalternativen, und die Auszahlungen für jede Abteilung bei jedem möglichen Verlauf der Konfliktsituation haben wir ebenfalls bestimmt.

Bis auf die den Parteien zur Verfügung stehenden Informationen sind somit alle Elemente der extensiven Form unserer Konfliktsituation identifiziert. Im weiteren diskutieren wir nun verschiedene Konfliktsituationen, die sich lediglich durch den Informationsstand der einzelnen Parteien unterscheiden. Diese Klassifikation von Konfliktsituationen anhand der Informationen, die den Parteien bei ihrem Handeln zur Verfügung stehen, zeigt noch einmal deutlich, inwieweit die Manifestation der kooperativen und konkurrierenden Interessen der Parteien durch die Rahmenbedingungen des Konflikts bestimmt ist.

4.1.1   Konfliktsituationen mit vollständiger und perfekter Information

Angenommen, die Fachabteilung hat bereits bei der Erstellung ihres Anforderungs-profils an die neue EDV umfassende Informationen über die Umsetzbarkeit einge-holt. Sie weiß also ebenso wie die EDV-Abteilung, inwieweit ihre Anforderungen tatsächlich realisierbar sind. Außerdem nehmen wir an, daß der Fachabteilung nicht unbedingt an einer schnellen Umstellung der Bürokommunikation gelegen ist. Vielmehr weiß sie trotz erheblicher Mängel des alten Systems durchaus des-sen Vorzüge zu schätzen und möchte deshalb jede Veränderung sorgfältig planen und einführen. Wir gehen daher davon aus, daß die Fachabteilung zunächst ein-mal abwartet, inwieweit die EDV-Abteilung ihren Vorstellungen entgegenkommt. Anschließend entscheidet sie, inwieweit sie ihr eigenes altes System eigenständig umarbeitet.

In der dargestellten Konfliktsituation haben beide Parteien vollständige und perfekte Informationen: Jede Partei kennt zum Zeitpunkt ihres Handelns die bis-herigen Entscheidungen der anderen Partei ebenso wie die Rahmenbedingungen der Konfliktsituation. Die erste Eigenschaft impliziert, daß jede Partei das bis-herige Verhalten der anderen Partei beobachten konnte und ihr eigenes Verhalten somit von dem bisherigen Konfliktverlauf abhängig machen kann. Die zweite Ei-genschaft der Konfliktsituation ermöglicht es jeder Partei, sich in die Position der anderen Partei hineinzuversetzen, deren Verhalten vorherzusehen und dieses somit im eigenen Verhalten zu berücksichtigen.

Der Konfliktbaum in Abbildung 4.2 zeigt die extensive Form dieser Konfliktsitu-ation.[1] Die Frage, inwieweit die Anforderungen der Fachteilung an die neue Büro-kommunikation überhaupt realisierbar sind, wird zunächst durch eine Zufallsent-scheidung gleich zu Beginn der Konfliktsituation beantwortet. Hierzu führen wir die **Natur** als zusätzlichen Akteur zu den beiden Abteilungen in die Situation ein. Im Unterschied zu den beiden persönlichen Akteuren handelt die Natur aber nicht in dem Sinne, daß sie zwischen den ihr zur Verfügung stehenden Alternativen aus-wählen kann. Vielmehr wird eine der Alternativen entsprechend der vorgegebenen Wahrscheinlichkeitsverteilung zufällig ausgewählt. In diesem Fall sind mit einer Wahrscheinlichkeit von 0.6 die Anforderungen der Fachabteilung realisierbar, mit einer Wahrscheinlichkeit von 0.4 nicht.

Nach dieser Entscheidung der Natur steht die EDV-Abteilung vor der Alternative, entweder die Anforderungen der Fachabteilung zu erfüllen oder eine Lösung entsprechend ihren eigenen Vorstellungen zu konzipieren. Ihre Entscheidung, welche dieser beiden Alternativen sie auswählt, kann sie davon abhängig machen, ob das Anforderungsprofil der Fachabteilung überhaupt umsetzbar ist. Die Zufallsentscheidung der Natur ist der EDV-Abteilung ja bekannt.

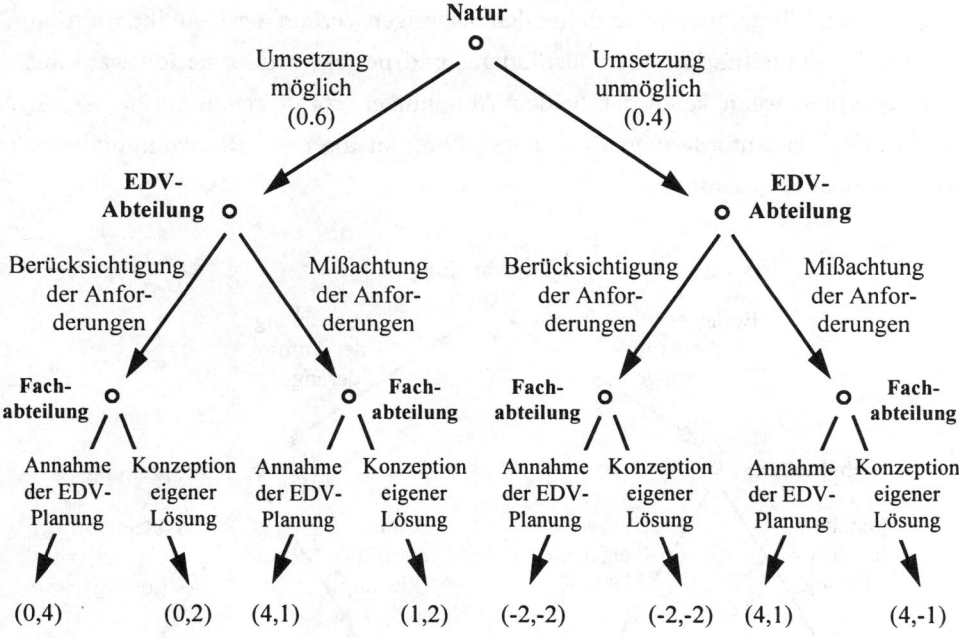

Abbildung 4.2: Die Einführung einer neuen Bürokommunikation bei vollständiger und perfekter Information

Nachdem nun die EDV-Abteilung eine Planung der Bürokommunikation für die Fachabteilung durchgeführt hat, entscheidet die Fachabteilung über die Annahme oder Ablehnung dieser Lösung. Im Fall der Ablehnung der EDV-Planung erarbeitet die Fachabteilung eine eigenständige Lösung. Ihrer Entscheidung kann sie sowohl den Planungsvorschlag der EDV-Abteilung als auch die Zufallsentscheidung der Natur zugrunde legen. Sie weiß also, ob ihre Anforderungen überhaupt realisierbar sind und inwieweit die EDV-Abteilung diese bei ihrer Planung berücksichtigt hat.

Die Konsequenzen aus der Interaktion zwischen den beiden Abteilungen ergeben sich entsprechend dem zugrundegelegten Modellrahmen.

Die vollständigen und perfekten Informationen jeder Partei kommen im obigen Konfliktbaum dadurch zum Ausdruck, daß jede Partei zu jedem Entscheidungszeitpunkt lediglich eine einelementige Informationsmenge besitzt. Jede Partei weiß genau, an welchem Entscheidungsknoten sie sich tatsächlich befindet. Sie kann daher die Entscheidungen der anderen Parteien zurückverfolgen, die zu diesem Entscheidungsknoten führen, und kennt daher den bisherigen Verlauf der Konfliktsituation.[2]

Eine Konfliktsituation mit vollständiger und perfekter Information wäre auch dann gegeben, wenn keine der beiden Abteilungen vorab genau wüßte, ob sich die spezifischen Anforderungen der Fachteilung an die neue Bürokommunikation grundsätzlich realisieren lassen:

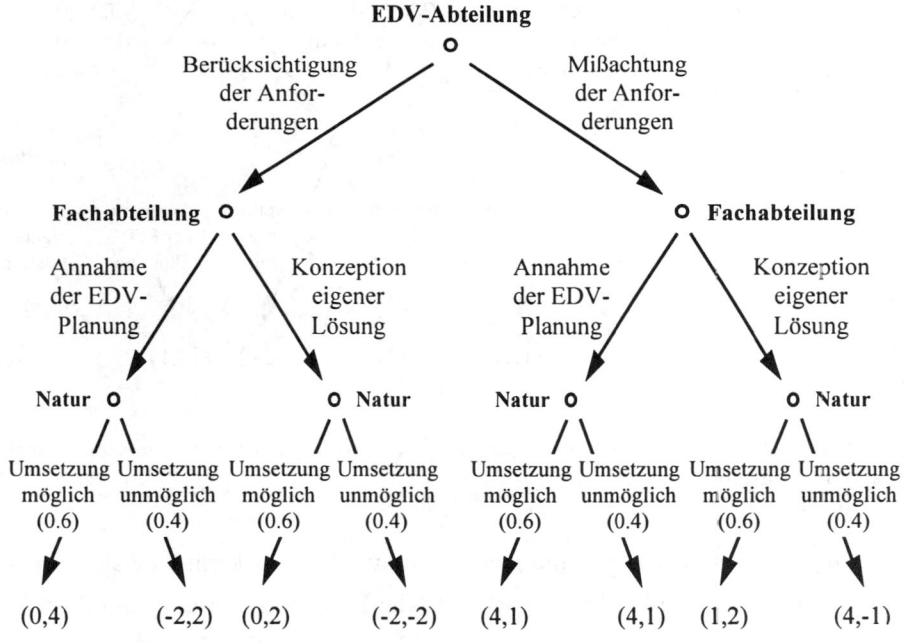

Abbildung 4.3: Die Einführung einer neuen Bürokommunikation bei vollständiger, perfekter Information und exogener Unsicherheit

So wird im obigen Konfliktbaum erst bei der Umsetzung der EDV-Planung bzw. der Planung der Fachabteilung klar, welche Einwände die Mitarbeiter gegen das neue System haben und welche organisatorischen Hindernisse der Einführung im Wege stehen.

Obwohl in dieser Situation beide Abteilungen zum Zeitpunkt ihrer Entscheidung nicht die Zufallsentscheidung der Natur kennen, haben sie doch über diesen Sachverhalt genaue Kenntnis. Sie kennen also die Rahmenbedingungen der Konfliktsituation vollständig und wissen daher, daß die eigentlichen Konsequenzen ihrer Interaktion erst durch eine spätere Zufallsentscheidung bestimmt werden. Diese exogene Unsicherheit ist somit Element der Konfliktsituation.

4.1.2 Konfliktsituationen mit vollständiger und imperfekter Information

Wir nehmen nun an, daß die Fachabteilung höchst unzufrieden mit ihrer derzeitigen Bürokommunikation ist. Das alte System genügt den neuen Anforderungen nicht, und die Mitarbeiter der Abteilung erhoffen sich eine baldige Lösung. Der Abteilungsleiter setzt also alles daran, möglichst schnell ein neues System einzuführen. Wir gehen daher davon aus, daß die Fachabteilung unmittelbar nach der Erstellung ihres Anforderungsprofils überlegt, ob sie dieses eigenständig umsetzt. Insbesondere wartet die Abteilung nicht den Vorschlag der EDV-Abteilung ab, sondern will schon im Vorfeld über ein eigenes Vorgehen entscheiden. Wir nehmen an, daß beide Abteilungen wissen, ob die spezifischen Anforderungen der Fachteilung an die neue Bürokommunikation überhaupt erfüllbar sind.

In dieser Konfliktsituation haben die Parteien vollständige aber imperfekte Informationen: Beide Abteilungen kennen die Rahmenbedingungen der Konfliktsituation. Beide Abteilungen wissen jedoch zum Zeitpunkt ihrer Entscheidung nicht, wie die jeweils andere gehandelt hat. Sie können ihre eigene Entscheidung also nicht auf die Kenntnis der Entscheidung der anderen Abteilung aufbauen. Die folgende Abbildung stellt den Konfliktbaum für diese Situation mit vollständiger und imperfekter Information dar:

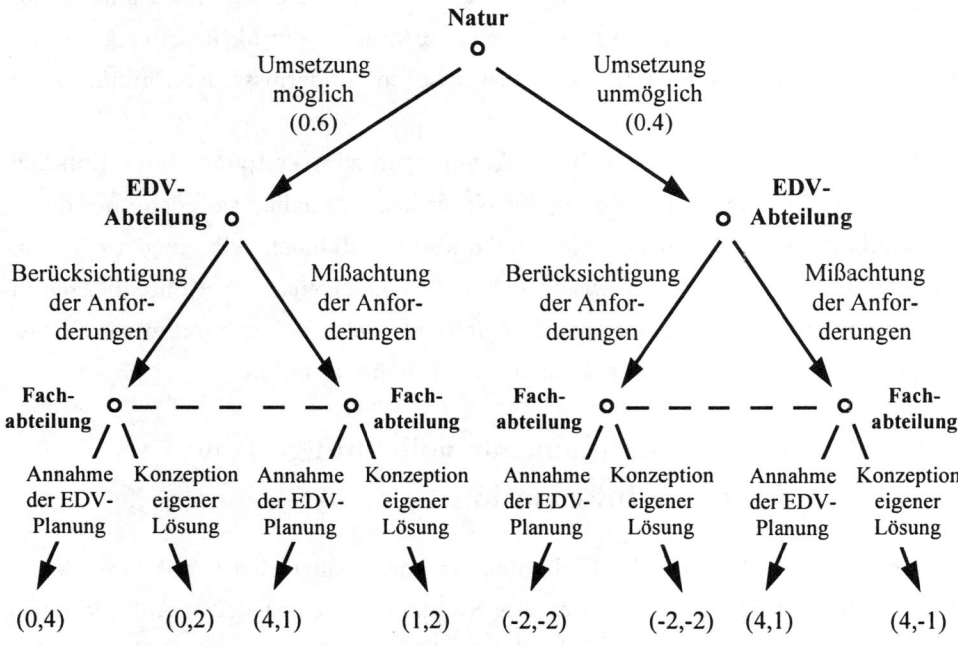

Abbildung 4.4: Die Einführung einer neuen Bürokommunikation bei vollständiger und imperfekter Information

In diesem Konfliktbaum sind die beiden linken bzw. rechten Entscheidungsknoten der Fachabteilung jeweils durch eine gestrichelte Linie verbunden. Diese deutet an, daß die Fachabteilung an diesen Entscheidungsknoten jeweils dieselben Informationen zur Verfügung hat, die Entscheidungsknoten also zu derselben Informationsmenge gehören.

Wie in der Konfliktsituation mit vollständiger und perfekter Information entscheidet zunächst die Natur, ob das Anforderungsprofil der Fachabteilung überhaupt realisierbar ist. Diese Zufallsentscheidung der Natur ist von beiden Abteilungen beobachtbar: In der obigen Darstellung kennt die EDV-Abteilung zum Zeitpunkt ihrer Entscheidung das Ergebnis des Zufallszugs - ihr Entscheidungsknoten liegt in einer einelementigen Informationsmenge. Auch die Fachabteilung kennt die Realisierbarkeit ihrer Anforderungen, da sie in jedem ihrer vier Entscheidungsknoten genau sagen kann, welche Zufallsentscheidung die Natur getroffen hat: In der linken Informationsmenge weiß sie, daß ihre Anforderungen realisierbar sind, in der rechten Informationsmenge weiß sie, daß dies nicht der Fall ist.

Im Unterschied zur Konfliktsituation mit vollständiger und perfekter Information weiß die Fachabteilung zum Zeitpunkt ihrer Entscheidung allerdings nicht, welchen Plan die EDV-Abteilung ausarbeiten wird. Aus diesem Grunde liegen die beiden linken und rechten Entscheidungsknoten in derselben Informationsmenge: Die Fachabteilung muß ihre Entscheidung treffen ohne zu wissen, für welche der beiden Alternativen sich die EDV-Abteilung entschieden hat. Für sie sind die beiden linken bzw. rechten Entscheidungsknoten nicht unterscheidbar.

Bereits die in Kapitel 3 betrachteten Konfliktsituationen bei unabhängigen Entscheidungen waren Konfliktsituationen mit imperfekter Information. Wir haben dort bereits diskutiert, daß die Unabhängigkeit der Entscheidungen nicht mit einer Simultanität der Entscheidungen gleichgesetzt werden darf. Vielmehr besagt die Unabhängigkeit der Entscheidungen nichts anderes, als daß die Parteien ihr eigenes Handeln nicht auf das Handelns der anderen konditionieren können. Jede Partei muß ihre Entscheidung in Unkenntnis der Entscheidung der anderen Parteien treffen. Ob das Handeln der anderen Parteien nun zeitgleich stattfindet oder ob das Handeln der anderen zeitlich vor der eigenen Entscheidung liegt, aber für die Partei nicht beobachtbar ist, ist dabei unerheblich. Erheblich ist lediglich der jeweilige Informationsstand zum Entscheidungszeitpunkt. Die Reihenfolge, in der die Parteien ihre Entscheidungen treffen, muß also nicht unbedingt als zeitlicher Ablauf der Konfliktsituation interpretiert werden.

Die in Kapitel 3 untersuchten Konfliktsituationen bei unabhängigen Entscheidungen können ebenfalls mit Hilfe eines Konfliktbaums und den entsprechenden Informationsmengen dargestellt werden. Der nachfolgende Konfliktbaum stellt die Konfliktsituation bei der Verhaltenskontrolle eines Außendienstmitarbeiters durch den Vorgesetzten dar: Der Vorgesetzte weiß zum Zeitpunkt seiner Kontrollentscheidung nicht, ob sein Mitarbeiter einen hohen oder einen niedrigen Arbeitseinsatz geleistet hat. Er befindet sich zum Zeitpunkt seiner Entscheidung somit an zwei möglichen Entscheidungsknoten: Der eine Entscheidungsknoten wird erreicht, wenn sein Mitarbeiter einen hohen Arbeitseinsatz leistet, der andere Entscheidungsknoten wird erreicht, wenn sein Mitarbeiter einen niedrigen Arbeitseinsatz wählt.

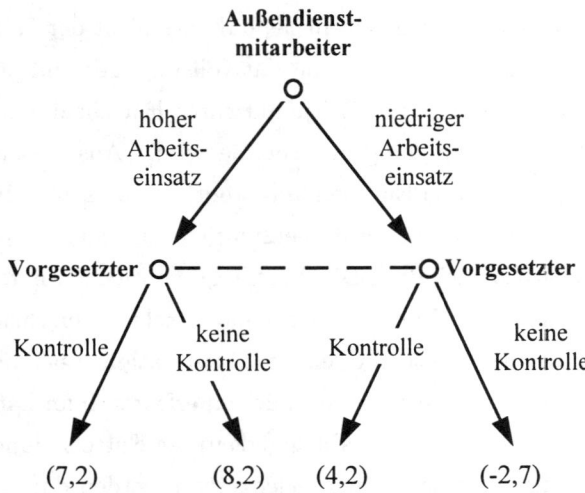

Abbildung 4.5:   Der Konfliktbaum bei der Verhaltenskontrolle eines Außendienstmitarbeiters

4.1.3   Konfliktsituationen mit unvollständiger Information

Angenommen, die Fachabteilung konnte im Vorfeld der Planung der neuen Büro-kommunikation keine umfassenden Informationen über deren Umsetzung einholen. Im Unterschied zur EDV-Abteilung weiß die Fachabteilung also nicht, inwieweit ihre Anforderungen tatsächlich umsetzbar sind. Wir gehen daher im folgenden davon aus, daß lediglich die EDV-Abteilung die Realisierbarkeit des Anforderungs-profils kennt, die Fachabteilung hingegen nicht. Letztere hat vielmehr bestimmte Vorstellungen über die Realisierbarkeit ihrer spezifischen Anforderungen: Mit einer Wahrscheinlichkeit von 60% geht sie davon aus, daß ihre Anforderungen an die neue Bürokommunikation umsetzbar sind, mit einer Wahrscheinlichkeit von 40% nimmt sie an, daß dies nicht möglich ist. Außerdem nehmen wir an, daß der Fachabteilung nicht unbedingt an einer schnellen Umstellung der Bürokommunikation gelegen ist. Die Fachabteilung wartet hier zunächst einmal ab, inwieweit die EDV-Abteilung ihren Vorstellungen entgegenkommt, um anschließend zu entscheiden, ob sie deren Planung zustimmt oder ein eigenes System konzipiert.

In dieser Konfliktsituation hat offensichtlich eine Partei unvollständige Informationen über die Rahmenparameter der Konfliktsituation: Die Fachabteilung weiß nicht, ob ihre Anforderungen realisierbar sind oder nicht. Allerdings weiß sie, daß die EDV-Abteilung die ihr fehlenden Informationen besitzt. Sie weiß, daß die EDV-Abteilung die Realisierbarkeit ihrer Vorstellungen kennt. In einer Konfliktsituation mit unvollständiger Information weiß also die uninformierte Partei, daß zumindest eine andere in die Konfliktsituation involvierte Partei die ihr unbekannten Rahmenbedingungen kennt.[3] Unvollständige Informationen geben zu einer Reihe von strategischen Zügen oder Taktiken Anlaß: Die informierte Partei wird versuchen, ihren Informationsvorsprung gegenüber der anderen, uninformierten Partei strategisch zu nutzen, während die uninformierten Partei versuchen wird, ihr Informationsdefizit durch geeignetes strategisches Verhalten zu reduzieren.

Der Konfliktbaum für diese Situation mit unvollständiger Information ist in der folgenden Abbildung dargestellt:

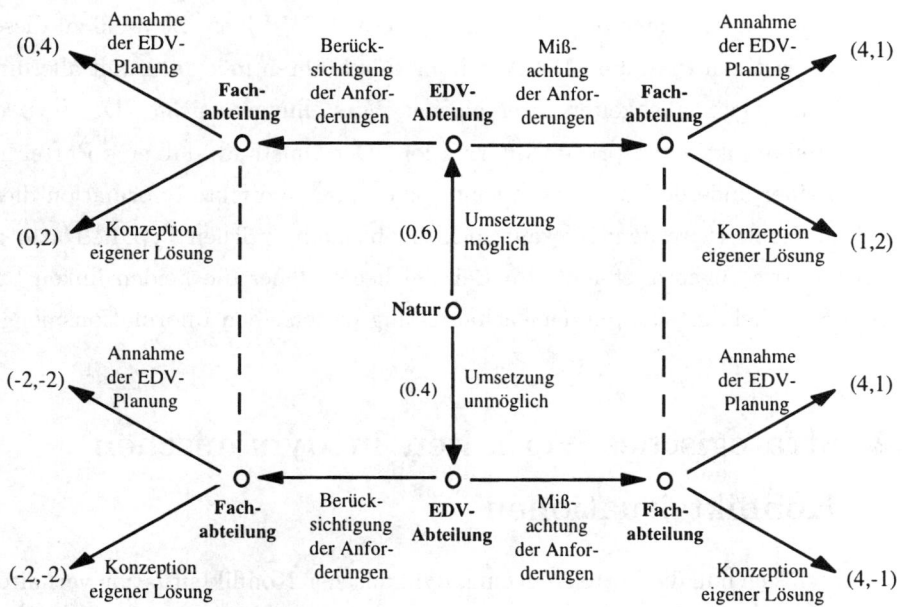

Abbildung 4.6: Die Einführung einer neuen Bürokommunikation bei unvollständiger Information

In dieser Form der Darstellung haben wir auf die bereits in Kapitel 3 dargestellte Idee von Harsanyi (1967) zurückgegriffen: Die unvollständigen Informationen der uninformierten Partei sind als imperfekte Informationen über den bisherigen Verlauf der Konfliktsituation berücksichtigt. Eine Konfliktsituation mit unvollständiger Information kann so direkt als eine Konfliktsituation mit vollständiger, aber imperfekter Information interpretiert werden.

In unserem Beispiel der Einführung einer neuen Bürokommunikation bedeutet dies folgendes: Zu Beginn der Konfliktsituation entscheidet die Natur darüber, welche Informationen die EDV-Abteilung über die Realisierung des Anforderungsprofils der Fachabteilung hat. Wir können auch sagen, daß die Natur den Typ der EDV-Abteilung festlegt: Entweder ist die EDV-Abteilung vom Typ 1 und weiß, daß die Realisierung möglich ist, oder sie ist vom Typ 2 und weiß, daß die Realisierung nicht möglich ist.

Nachdem die Natur der EDV-Abteilung ihren Typ zugeordnet hat, entscheidet diese über die Planung der Bürokommunikation. Danach entscheidet die Fachabteilung über die Annahme oder Ablehnung dieses EDV-Plans. Sie weiß zu diesem Zeitpunkt, welchen Plan die EDV-Abteilung durchführen möchte, kennt allerdings die Realisierungsmöglichkeiten ihrer eigenen Vorstellungen nicht. Der Typ der EDV-Abteilung ist deren private Information. Der Umstand, daß eine Partei hier den Typ einer anderen Partei nicht kennt, kann als imperfekte Information dieser Partei interpretiert werden: Sie kann nicht beobachten, welchen Typ die Natur der anderen Partei zugeordnet hat. Im Beispiel liegen daher die beiden linken bzw. rechten Entscheidungsknoten der Fachabteilung in derselben Informationsmenge.

4.2 Strategisches Verhalten in dynamischen Konfliktsituationen

Wie werden sich nun die Parteien in einer dynamischen Konfliktsituation verhalten? Welche Auswirkungen hat der sequentielle Charakter der Konfliktsituation auf ihr Verhalten? Ist es in einer solchen Konfliktsituation von Vorteil, eher die Initiative zu ergreifen oder vielleicht zunächst abzuwarten, wie sich die anderen Parteien verhalten?

In diesem Abschnitt beschäftigten wir uns mit der Frage des strategischen Verhaltens in Konfliktsituationen, in denen jede Partei vollständig über die Rahmenparameter der Konfliktsituationen informiert ist. Strategische Unsicherheit kann nur dann auftreten, wenn eine Partei nicht jede Handlung der anderen Konfliktparteien nachvollziehen kann, es sich also um eine Konfliktsituation mit imperfekter Information handelt.

In Analogie zu Kapitel 3 werden wir Verhaltensprinzipien entwickeln, die eine Richtschnur für strategisches Handeln in dynamischen Konfliktsituationen sind. Dabei werden wir mit einfachen Prinzipien für Konfliktsituation mit vollständiger und perfekter Information beginnen und die Prinzipien sukzessive für Konfliktsituationen mit strategischer Unsicherheit verfeinern.

Bevor wir aber das Verhalten der Parteien in verschiedenen Konfliktsituationen untersuchen, müssen wir zunächst den Begriff der Strategie in dynamischen Konfliktsituationen näher spezifizieren. In Konfliktsituationen mit unabhängigen Entscheidungen hatten wir im vorherigen Abschnitt die Strategie einer Partei als eine ihr zur Verfügung stehende Handlungsalternative spezifiziert. Handlungsalternative und Strategie waren Synonyme. In dynamischen Konfliktsituationen bestehen nun zwei wesentliche Unterschiede zu dieser bisher betrachteten Konfliktsituation: Zum einen kann eine Partei ihr Handeln auf das aufbauen, was andere in der Konfliktsituation bereits getan haben. Zum anderen kann es vorkommen, daß sich eine Partei mehrmals in einer Konfliktsituation zwischen verschiedenen Handlungsalternativen entscheiden muß.

Betrachten wir hierzu noch einmal das Beispiel des Aufstiegs in einer Unternehmensberatung, diesmal für den Fall, daß insgesamt nur zwei Überstunden möglich sind, siehe Abbildung 4.7. In dieser Konfliktsituation wäre das Verhalten des ersten Juniorberaters wie folgt vollständig beschrieben: Zu Anfang entscheidet er, ob er eine Überstunde macht oder nicht; wenn Juniorberater 2 zwei Überstunden leistet, nachdem er selbst eine Überstunde vorgelegt hat, muß er sich entscheiden, ob er eine weitere Überstunde leistet oder nicht. Eine vollständige Beschreibung seines Verhaltens in dieser Konfliktsituation erfordert also, daß sich Juniorberater 1 für jeden möglichen Entscheidungszeitpunkt überlegen muß, wie er an dem jeweiligen Entscheidungsknoten handeln würde. Sein Verhalten in dieser Konfliktsituation ist somit erst dann umfassend beschrieben, wenn seine Entscheidung zu jedem möglichen Zeitpunkt seines Handelns spezifiziert ist, also für jede mögliche Entwicklung der Konfliktsituation.

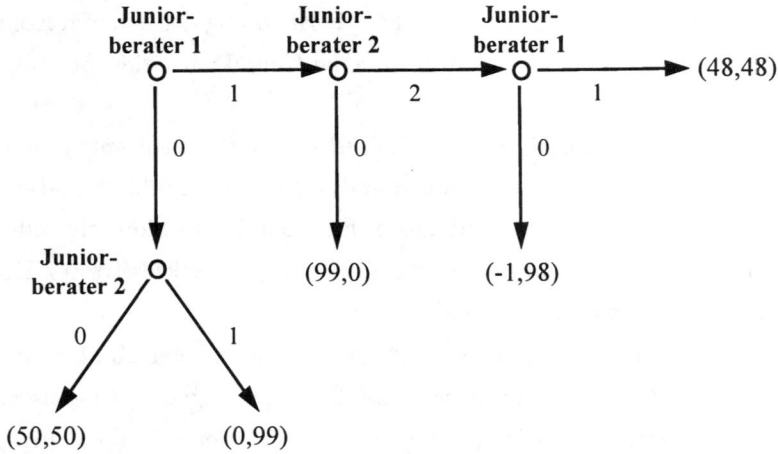

Abbildung 4.7:   Der modifizierte Aufstieg in einer Unternehmensberatung

Eine Strategie für eine Partei in einer dynamischen Konfliktsituation ist ein kompletter Handlungsplan, der für jeden Zeitpunkt, an dem diese Partei eine Entscheidung treffen kann, eine mögliche Handlungsalternative spezifiziert. Für Juniorberater 1 beschreibt somit eine Strategie sein Handeln an beiden möglichen Entscheidungsknoten. Eine mögliche Strategie des Juniorberaters 1 wäre so beispielsweise die folgende: Wähle zu Anfang eine Überstunde und verzichte auf eine weitere Überstunde, wenn Juniorberater 2 ebenfalls Überstunden leistet.

Die Forderung, daß die Strategie einer Partei für jeden ihrer möglichen Entscheidungszeitpunkte eine Handlungsalternative spezifiziert, scheint auf den ersten Blick nicht unbedingt notwendig zu sein. Warum sollte sich etwa im obigen Beispiel Juniorberater 1 Gedanken darüber machen, wieviele Überstunden er zu irgendeinem späteren Entscheidungszeitpunkt machen würde, wenn er sich zu Anfang der Interaktion gegen eine Überstunde entscheidet? Juniorberater 1 könnte hier argumentieren, daß er nach einer solchen Entscheidung ja aus dem Rennen um die Beförderung ausgestiegen sei und er somit überhaupt nicht mehr in die Situation eingreifen könne.

Nehmen wir also an, daß eine Strategie für Juniorberater 1 nicht spezifizieren würde, was er eventuell zu einem späteren Entscheidungszeitpunkt tut. Dann können wir aber auch nicht die Frage beantworten, ob ein solches Verhalten strategisch sinnvoll ist oder nicht. Wenn Juniorberater 1 strategisch sinnvoll handeln möchte, muß er berücksichtigen, wie Juniorberater 2 auf seine Strategie reagiert. Juniorberater 2 kann jedoch nicht a priori davon ausgehen, daß Juniorberater 1 zu Anfang keine Überstunde leistet. Vielmehr muß sich Juniorberater 2 bei der Wahl seiner Strategie eine Vorstellung darüber bilden, wie er auf eine Überstunde von Juniorberater 1 reagieren würde. Er muß sozusagen flexibel für jede mögliche zukünftige Entwicklung der Konfliktsituation planen. Da nun die Optimalität der Strategie von Juniorberater 1 davon abhängt, wie Juniorberater 2 in der Konfliktsituation handelt, muß Juniorberater 1 auch überlegen, wie er nach einer anfänglichen Überstunde weiter handeln würde. Nur dann kann er sein Verhalten optimal auf das Verhalten von Juniorberater 2 abstimmen.

Mit dieser Definition einer Strategie läßt sich eine dynamische Konfliktsituation in ihre strategische Form überführen. Betrachten wir hierzu das Beispiel der Verhaltenskontrolle eines Außendienstmitarbeiters mit der folgenden Modifikation:

Angenommen, der Vorgesetzte kann sich bereits auf seine spätere Verhaltenskontrolle festlegen, bevor der Mitarbeiter über seinen Arbeitseinsatz entscheidet. Diese Ankündigung kann der Mitarbeiter somit in sein Entscheidungskalkül einfließen lassen und die Höhe seines Arbeitseinsatzes davon abhängig machen. In dieser Situation haben die Konfliktparteien perfekte Informationen.

Legen wir dieselben Auszahlungen zugrunde wie bisher, dann stellt sich der zugehörige Konfliktbaum wie folgt dar:

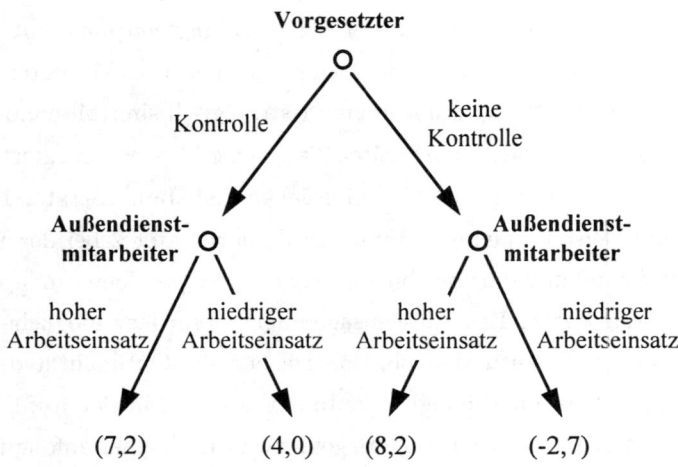

Abbildung 4.8: Der Konfliktbaum bei der Verhaltenskontrolle eines Außendienstmitarbeiters mit sequentiellen Entscheidungen

Um diese dynamische Konfliktsituation in ihrer strategischen Form darzustellen, müssen wir zunächst die Strategien der Parteien identifizieren: Der Vorgesetzte kann wie bisher kontrollieren oder die Kontrolle unterlassen. Dies sind seine beiden möglichen Strategien. Eine Strategie für den Mitarbeiter spezifiziert nun, was er an jedem seiner beiden Entscheidungsknoten tun würde. Somit stehen dem Mitarbeiter vier Strategien zur Verfügung:

Strategie 1: Wähle einen hohen Arbeitseinsatz, wenn der Vorgesetzte kontrolliert, und wähle einen niedrige Arbeitseinsatz, wenn der Vorgesetzte nicht kontrolliert.

Strategie 2: Wähle einen hohen Arbeitseinsatz, unabhängig davon, wie sich der Vorgesetzte entscheidet.

Strategie 3: Wähle einen niedrigen Arbeitseinsatz, wenn der Vorgesetzte kontrolliert, und wähle einen hohen Arbeitseinsatz, wenn der Vorgesetzte nicht kontrolliert.

Strategie 4: Wähle einen niedrigen Arbeitseinsatz, unabhängig davon, wie sich der Vorgesetzte entscheidet.

Obwohl der Außendienstmitarbeiter also nur zwei Handlungsalternativen zur Verfügung hat, besitzt er vier Strategien: Es gibt zwei verschiedene Konfliktverläufe - der Vorgesetzte entscheidet sich für oder gegen eine Kontrolle - und für beide möglichen Entscheidungsknoten muß er eine Handlungsalternative festlegen.

Mit dieser Spezifikation der Strategien der beiden Parteien ist nun die Darstellung der dynamischen Konfliktsituation in ihrer strategischen Form einfach: Die Zeilen der Bi-Matrix bezeichnen wie bisher die Handlungsalternativen des Vorgesetzten, die Spalten bezeichnen nun die Strategien des Mitarbeiters. Für jede mögliche Strategienkombination kann dann aus dem obigen Konfliktbaum auf die Konsequenzen in der strategischen Form geschlossen werden. Insgesamt ergibt sich damit die folgende Bi-Matrix:

| | | Außendienst-mitarbeiter | | | |
		Strategie 1	Strategie 2	Strategie 3	Strategie 4
	Kontrolle	7,2	7,2	4,0	4,0
Vorgesetzter	keine Kontrolle	-2,7	8,2	8,2	-2,7

Abbildung 4.9: Die Bi-Matrix bei der Verhaltenskontrolle eines Außendienstmitarbeiters mit sequentiellen Entscheidungen

4.2.1 Rückwärtsinduktion

Im folgenden untersuchen wir das Verhalten der involvierten Parteien zunächst für Konfliktsituationen mit vollständiger und perfekter Information. Da jede Konfliktpartei perfekte Informationen in der Konfliktsituation besitzt, kann sie das bisherige Verhalten der anderen Parteien beobachten und somit ihr eigenes Verhalten von dem bisherigen Konfliktverlauf abhängig machen. Da zudem jede Konfliktpartei vollständige Informationen über die Rahmenparameter der Konfliktsituation besitzt, ist sie weiterhin in der Lage, sich in die Position jeder anderen Partei hineinzuversetzen, deren Verhalten vorherzusehen und bei der Wahl ihres eigenen Verhaltens zu berücksichtigen.

Betrachten wir zur Analyse des Verhaltens der Parteien in solchen Konfliktsituationen das folgende Beispiel.

Die Zusammenarbeit mit einem Trainee _____

In einem Unternehmen werden Berufsanfänger durch unternehmensinterne Ausbildungsmaßnahmen auf ihre künftigen Tätigkeiten vorbereitet. Durch ein systematisches On-the-job-Training wird hier einem neuen Mitarbeiter die Möglichkeit gegeben, durch die tägliche Auseinandersetzung mit den Problemen unmittelbar vor Ort zu lernen. Damit die Berufseinsteiger zusätzlich eine möglichst umfangreiche Orientierung über verschiedene Aufgabengebiete bekommen, hat sich ein systematischer Stellenwechsel im Rahmen eines Trainee-Programms bewährt.

Eine Arbeitsgruppe in der Produktion hat so vor kurzem für 3 Monate einen neuen Trainee zugewiesen bekommen. Nach einer kurzen Einarbeitung hat der Trainee eine Aufgabe innerhalb der Arbeitsgruppe übernommen. Da die Arbeitsgruppe relativ klein ist, haben die Mitarbeiter ein sehr kooperatives Verhältnis untereinander aufgebaut. So hilft man sich in Zeiten hohen Arbeitsanfalls gegenseitig aus, obwohl jeder Mitarbeiter der Arbeitsgruppe seinen eigenen Aufgabenbereich hat. Auch der neue Mitarbeiter soll so in das Team integriert werden. Da dieser allerdings schon angekündigt hat, künftig in der Einkaufsabteilung tätig zu werden, sind die Gruppenmitglieder unsicher, inwieweit der Neue überhaupt auf ihr kooperatives Miteinander eingeht.

Für die Analyse des Verhaltens der Parteien in dieser Konfliktsituation konkretisieren wir das Beispiel wie folgt: Der Trainee hat mit der Bewältigung der ihm gerade zugewiesenen Aufgabe Schwierigkeiten. Ein älterer Mitarbeiter der Arbeitsgruppe überlegt, inwieweit er dem Neuen helfen soll. Da er aber selbst zur Zeit viel zu tun hat, würde er bei einer Unterstützung des Trainees selbst nicht seine gesamte Arbeit bewältigen können. Er wäre in diesem Fall also seinerseits von der Unterstützung durch den Trainee abhängig. Die folgende Abbildung stellt vereinfacht die extensive Form dieser Konfliktsituation zwischen den beiden Mitarbeitern dar.

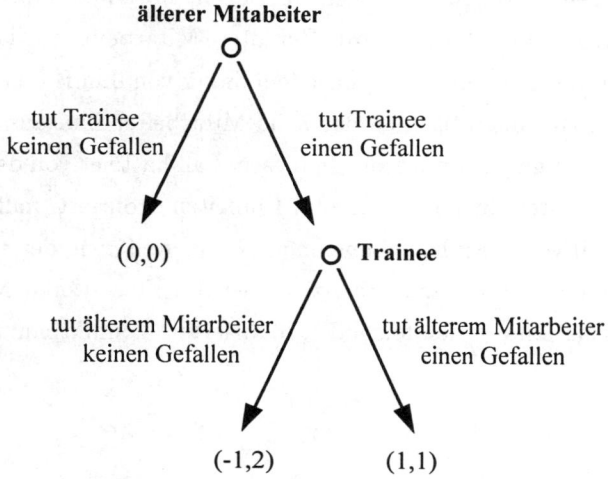

Abbildung 4.10: Die Zusammenarbeit mit einem Trainee

Der ältere Mitarbeiter steht vor der Frage, ob er dem Trainee bei seiner Arbeit aushelfen soll. Unterstützt er den Trainee nicht, bleibt der Status Quo erhalten. Zur Vereinfachung normieren wir in diesem Fall die Auszahlung für beide Parteien auf 0 Einheiten. Unterstützt er ihn, ist damit ein Vorteil von 2 Einheiten für den Trainee verbunden, ihm selbst entsteht jedoch ein Nachteil von 1 Einheit. Nachdem der ältere Mitarbeiter ihn bei der Bewältigung seiner Aufgabe unterstützt hat, steht nun der Trainee vor der Entscheidung, ob er den älteren Mitarbeiter bei dessen Arbeit unterstützen soll oder nicht. Auch hier sei angenommen, daß eine Unterstützung dem anderen einen Vorteil von 2 Einheiten bringt, jedoch zu einem eigenen Nachteil von 1 Einheit führt.

Offensichtlich ist es im gegenseitigen Interesse der beiden Parteien, sich untereinander auszuhelfen. Unterstützen sich nämlich beide wechselseitig, dann führt dies zu einem Vorteil von jeweils 1 Einheit für beide Mitarbeiter gegenüber einer Auszahlung von 0 Einheiten ohne gegenseitige Hilfe.

Handeln allerdings beide Parteien in ihrem eigenen Interesse, dann ist ebenso offensichtlich, daß es in der dargestellten Konfliktsituation zu keiner kooperativen Zusammenarbeit der beiden Mitarbeiter kommen wird: Versetzen wir uns hierzu in die Position des älteren Mitarbeiters. Bei seiner Entscheidung, ob er dem neuen

Mitarbeiter aushelfen soll, wird er sich überlegen, inwieweit ihn der andere bei seiner eigenen Arbeit unterstützen wird. Der ältere Mitarbeiter wird also überlegen, was der neue Mitarbeiter tun würde, nachdem dieser von ihm Hilfe bekommen hat. Hier ist unmittelbar einsichtig, daß der neue Mitarbeiter ihm aus Eigeninteresse keine Unterstützung gewähren würde. In diesem Fall hätte er von der Hilfeleistung des älteren Mitarbeiters in Form von zwei Einheiten profitiert, müßte aber selbst nicht den Nachteil von 1 Einheit hinnehmen. Da er weiß, wie der andere handeln würde, wenn er ihn unterstützte, reduziert sich für den älteren Mitarbeiter die Entscheidungssituation auf den folgenden reduzierten Konfliktbaum:

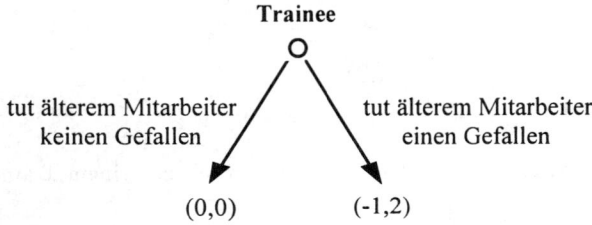

Abbildung 4.11:   Die Zusammenarbeit mit einem neuen Mitarbeiter, reduzierte Form

Der ältere Mitarbeiter kann hier direkt erkennen, welche Konsequenzen die Unterstützung des neuen Mitarbeiters für ihn hätte. Würde er dem anderen behilflich sein, führte dies zu einem Nachteil von 1 Einheit gegenüber einer Situation, in der er nur seiner eigenen Arbeit nachgeht. Unter diesen Umständen wird nun aber auch der ältere Mitarbeiter darauf verzichten, den neuen Mitarbeiter zu unterstützen, da er seinerseits davon ausgeht, von ihm auch keine Unterstützung zu erhalten.

Das dargestellte Vorgehen bei der Analyse des Verhaltens der beiden Mitarbeiter läßt sich unmittelbar auf andere dynamische Konfliktsituation mit vollständiger und perfekter Information übertragen und kann wie folgt zusammengefaßt werden:

Strategisches Verhaltensprinzip VI: *Schaue in einer dynamischen Konfliktsituationen voraus, überlege, wie sich die nachfolgenden Parteien verhalten werden und berücksichtige deren Verhalten bei der Wahl der eigenen Strategie.*

Dieses Verhaltensprinzip wird in der Literatur als Rückwärtsinduktion bezeichnet: Die Analyse einer Konfliktsituation startet bei der Partei, die die letzte Entscheidung in der Konfliktsituation zu treffen hat, untersucht deren optimale Reaktion an diesem Entscheidungsknoten und benutzt dieses Verhalten, um auf das Handeln der Partei zu schließen, die als vorletzte in der Konfliktsituation agiert. Sukzessive kann so auf das Verhalten aller in der Konfliktsituation involvierten Parteien geschlossen werden. Dieses Analyseverfahren kann angewendet werden, da zu jedem Zeitpunkt der Konfliktsituation nur eine Partei agiert und diese perfekt über die Historie zum Zeitpunkt ihrer Entscheidung informiert ist.

Mit dem Verhaltensprinzip der Rückwärtsinduktion haben wir eine Vorgehensweise zur Analyse von Konfliktsituationen hergeleitet, die wir nun mit dem bisher betrachteten Verhaltensprinzip der stabilen Strategie vergleichen wollen. Wir haben oben gezeigt, wie eine dynamische Konfliktsituation in strategischer Form dargestellt werden kann. Somit liegt es nahe, den Zusammenhang zwischen dem Konzept der Rückwärtsinduktion für dynamische Konfliktsituationen und dem Gleichgewichtskonzept für Konfliktsituationen mit unabhängigen Entscheidungen näher zu untersuchen. Dies soll im folgenden anhand eines Beispiels getan werden.

Die Kündigung eines Mitarbeiters

Ein langjähriger Mitarbeiter eines Unternehmens ist unzufrieden mit seiner bisherigen innerbetrieblichen Karriere. Als er vor 4 Jahren als Assistent des Vertriebsleiters der Niederlassung Süd anfing, wurde ihm ein attraktiver Karriereweg innerhalb des Unternehmens aufgezeigt. Trotz außerbetrieblicher Weiterbildungsmaßnahmen und seiner auch von seinem Vorgesetzten immer wieder hervorgehobenen Leistungen, änderte sich an seiner Position nichts. Und das, obwohl in der letzten Zeit zwei Leitungspositionen in anderen Niederlassungen des Unternehmens vergeben wurden. Jedesmal hatte der Vorgesetzte eine neue Begründung, warum diese Stelle für ihn noch nicht geeignet sei.

Für das demnächst anstehende Mitarbeitergespräch mit seinem Vorgesetzten hat er sich nun vorgenommen, alles auf eine Karte zu setzen. Wenn ihn sein Vorgesetzter auch diesmal mit irgendwelchen fadenscheinigen Argumenten vertröstet, will er ihm offen seine Situation darlegen und deutlich machen, daß er nicht länger bereit ist, auf eine bessere Position zu warten. Da er weiß, daß demnächst eine bessere Position vakant sein wird, würde eine Empfehlung seines Vorgesetzten seine Karrierepläne unterstützen. Wenn sich sein Vorgesetzter hier nicht für ihn einsetzen will, dann wird er sich um eine Stelle in einem andere Unternehmen bewerben. Er möchte so seinen Vorgesetzten unter Druck setzen, damit dieser ihn für eine Versetzung empfiehlt.

Die Modellierung dieser Konfliktsituation sei wie folgt: Der Vorgesetzte steht vor der Entscheidung, ob er sich aufgrund der Kündigungsdrohung seines Mitarbeiters verstärkt für dessen Karriere einsetzen soll oder nicht. Mit der Empfehlung seines Vorgesetzten würde der Mitarbeiter die Stelle mit Sicherheit bekommen. Da nun aber der Mitarbeiter die Assistententätigkeit bisher zu dessen vollster Zufriedenheit durchgeführt hat, verliert dieser ihn sehr ungern. Das Bleiben seines Mitarbeiters in seiner Niederlassung bewertet er hier mit 3 Einheiten, während eine Kündigung für ihn mit einem Nachteil von 1 Einheit verbunden wäre. Würde der Mitarbeiter innerhalb des Unternehmens aufsteigen, hätte er immerhin noch einen Vorteil von 1 Einheit aufgrund der möglichen Beziehungen, die er so im Unternehmen aufbauen könnte.

Der Mitarbeiter erhält aus seiner derzeitigen Position eine Auszahlung von 1 Einheit. Bei einer Versetzung auf eine bessere Position im Unternehmen hätte er einen zusätzlichen Vorteil von 1 Einheit, so daß er eine solche Stelle mit 2 Einheiten bewertet. Eine Kündigung wäre aufgrund der momentanen Lage auf dem Arbeitsmarkt mit Unwägbarkeiten verbunden: Um eine neue Stelle zu finden, müßte er unverhältnismäßig lange suchen und mobil sein. Dadurch entstünden ihm bei einem Wechsel sehr hohe Kosten, ohne daß die Bezahlung sich entsprechend verbessern würde. Daher würde er sich durch eine Kündigung schlechter stellen als bei seiner derzeitigen Stelle (0 Einheiten). Da sein Vorgesetzter seine Situation sehr gut kennt, ist ihm dieser Sachverhalt auch bekannt.

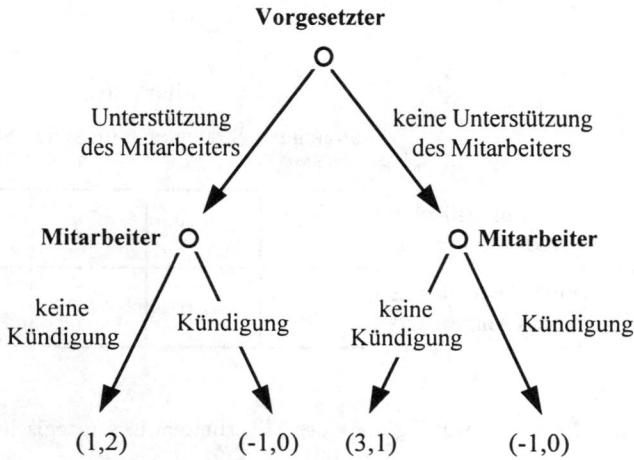

Abbildung 4.12: Die Kündigung eines Mitarbeiters in extensiver Form

Das Prinzip der Rückwärtsinduktion zeigt uns unmittelbar, wie der Ausgang dieser Konfliktsituation sein wird: Unabhängig davon, ob sich sein Vorgesetzter für seine Karrierepläne einsetzt oder nicht, der Mitarbeiter wird immer ein Bleiben im Unternehmen einer Kündigung vorziehen. Da dies der Vorgesetzte antizipiert, reduziert sich seine Entscheidung auf die folgende Situation: Wenn er sich für den Mitarbeiter einsetzt, hat er einen Vorteil von 1 Einheit, andernfalls jedoch einen Vorteil von 3 Einheiten. Der Vorgesetzte wird sich in dieser Konfliktsituation also nicht für eine Versetzung seines Mitarbeiters einsetzen, da er weiß, daß dieser trotzdem nicht kündigen wird. Die angedrohte Kündigung wird der Vorgesetzte aufgrund der schlechten Aussichten des Mitarbeiters auf eine bessere Position in einem anderen Unternehmen als nicht glaubwürdig einstufen.

Natürlich ist dieses Verhalten der beiden Parteien strategisch stabil: Die Entscheidung des Mitarbeiters, nicht zu kündigen, ist eine dominante Strategie für ihn, die Entscheidung des Vorgesetzten, ihn nicht zu empfehlen, die beste Antwort auf dieses Verhalten. Das Verhalten einer Konfliktpartei, das dem Prinzip der Rückwärtsinduktion genügt, ist hier immer auch strategisch stabil, da es die beste Antwort auf das Handeln der anderen Parteien ist und umgekehrt. Inwieweit ein strategisch stabiles Verhalten auch mit dem Prinzip der Rückwärtsinduktion vereinbar ist, zeigt die Modellierung der obigen Konfliktsituation in ihrer strategischen Form:

		Mitarbeiter			
		Strategie 1	Strategie 2	Strategie 3	Strategie 4
Vorgesetzter	Unterstützung des Mitarbeiters	-1,0	-1,0	1,2	1,2
	keine Unterstützung des Mitarbeiters	3,1	-1,0	-1,0	3,1

Abbildung 4.13:   Die Kündigung eines Mitarbeiters in strategischer Form

In dieser Abbildung sind die Strategien des Mitarbeiters wie folgt spezifiziert:

Strategie 1: Kündige, wenn der Vorgesetzte sich einsetzt, und kündige nicht, wenn er sich nicht einsetzt.

Strategie 2: Kündige, unabhängig davon, wie der Vorgesetzte sich entscheidet.

Strategie 3: Kündige nicht, wenn der Vorgesetzte sich einsetzt, und kündige, wenn er sich nicht einsetzt

Strategie 4: Kündige nicht, unabhängig davon, wie der Vorgesetzte sich entscheidet.

Es gibt in dieser Konfliktsituation drei Gleichgewichte: Der Vorgesetzte entscheidet sich für die Unterstützung der Karrierepläne des Mitarbeiters, und dieser wählt Strategie 3, oder der Vorsetzte unterstützt den Mitarbeiter nicht, und dieser wählt entweder Strategie 1 oder Strategie 4. Die beiden letzten Gleichgewichte führen zu einem Ausgang der Konfliktsituation, der dem mit Hilfe der Rückwärtsinduktion abgeleiteten entspricht: Der Vorgesetzte setzt sich nicht für eine Versetzung seines Mitarbeiters ein, und dieser wird seine Stelle trotzdem nicht kündigen.

Das erste Gleichgewicht berücksichtigt die Drohung des Mitarbeiters: Der Vorgesetzte empfiehlt hier seinen Mitarbeiter für eine bessere Position, da er damit rechnet, daß dieser ansonsten kündigen würde. Aufgrund der obigen Analyse wissen wir aber, daß die Kündigungsdrohung des Mitarbeiters nicht glaubwürdig ist.

Wäre er nämlich tatsächlich in der Situation, in der er seine Drohung ausführen müßte, würde er von einer Kündigung absehen, da er sich damit schlechter stellen würde als bei einem Verbleib im Unternehmen.

Unser Verhaltensprinzip der Rückwärtsinduktion schließt also unglaubwürdige Drohungen oder Versprechen einer Partei aus: Da eine Partei zu jedem Entscheidungszeitpunkt weiß, wie der bisherige Verlauf der Konfliktsituation war, begründet jeder Entscheidungsknoten eine eindeutige Historie der bisherigen Beziehung. An jedem Entscheidungsknoten muß sich eine Partei also für eine der zur Verfügung stehenden Alternativen entscheiden. Das sukzessive Rückwärtsschließen auf das Verhalten aller in der Konfliktsituation involvierten Parteien zwingt somit eine Partei dazu, an jedem Entscheidungsknoten die beste Alternative zu wählen. Da sich die Partei nun an keinem Entscheidungsknoten durch ein Abweichen verbessern kann, wird sie auch bereit sein, gegebenenfalls die durch Rückwärtsinduktion bestimmte Handlung tatsächlich auszuführen. Da ein angekündigtes Verhalten einer Partei nur dann glaubwürdig ist, wenn es in der entsprechenden Situation auch tatsächlich ausgeführt wird, werden unglaubwürdige Drohungen ausgeschlossen.

Unser Beispiel zeigt, daß unglaubwürdige Drohungen oder Versprechen einer Partei aber durchaus ein strategisch stabiles Verhalten induzieren können. Nicht jedes strategisch stabile Verhalten von Parteien genügt also auch dem Prinzip der Rückwärtsinduktion.

4.2.2   Perfektes Gleichgewicht

In der bisherigen Diskussion haben wir uns auf dynamische Konfliktsituationen mit vollständiger und perfekter Information konzentriert. Das Verhaltensprinzip der Rückwärtsinduktion lieferte hier plausible Prognosen über das Verhalten der involvierten Parteien.

Im folgenden erweitern wir nun die Klasse der Konfliktsituationen und betrachten auch solche mit imperfekter Information, in denen wir das Verhaltensprinzip der Rückwärtsinduktion nicht mehr anwenden können: Definitionsgemäß hat zumindest eine Partei an verschiedenen Entscheidungsknoten dieselben Informationen. Daher liegen auch zumindest in einer Informationsmenge mehrere Entscheidungsknoten. Somit weiß zumindest eine Partei zu ihrem Entscheidungszeitpunkt nicht, wie sich eine zuvor agierende Partei entschieden hat. Sie kann bei ihrer Alternativenwahl nicht auf diese Kenntnis aufbauen. Rückwärtsinduktion setzt nun aber voraus, daß eine Partei alle bisher getroffenen Entscheidungen in der Konfliktsituation kennt. Somit ist dieses Konzept für die betreffende Partei nicht anwendbar, da sie keine Aussage darüber machen kann, an welchem Entscheidungsknoten sie sich befindet.

In Konfliktsituationen mit imperfekter Information kann das Nash-Gleichgewichtskonzept aber immer noch angewendet werden. Wie wir bereits gesehen haben, kann es in dynamischen Konfliktsituationen jedoch unplausible Vorhersagen über den Ausgang der Konfliktsituation nicht ausschließen. Um das Gleichgewichtskonzept dennoch sinnvoll nutzen zu können, verbinden wir es mit dem Konzept der Rückwärtsinduktion und erhalten so auch in Konfliktsituationen mit imperfekter Information plausiblere Ergebnisse. Das folgende Beispiel soll diese Idee illustrieren.

Die Delegation einer gefährlichen Aufgabe ———————————————

Ein Vorgesetzter steht vor der Entscheidung, ob er eine gefährliche Aufgabe selbst durchführen oder an einen Mitarbeiter delegieren soll. Die adäquate Durchführung der Aufgabe erfordert ein Mindestmaß an Sorgfalt. Diese ist nicht nur notwendig, um den Erfolg der Aufgabenerfüllung sicherzustellen, sondern auch, um die Gesundheit des Durchführenden nicht zu gefährden.

Führt der Vorgesetzte die Aufgabe eigenständig durch, wird er aufgrund der Gefährlichkeit der Aufgabe entsprechend vorsichtig agieren und somit den Erfolg der Aufgabendurchführung sichern können. Allerdings hätte dies für ihn den Nachteil, daß ihm weniger Zeit für andere Aufgaben zur Verfügung stünde. Die Delegation der gefährlichen Aufgabe könnte ihn hier entlasten.

Die Delegation ist allerdings nur dann von Vorteil, wenn der Vorgesetzte davon ausgehen kann, daß der Mitarbeiter die Aufgabe auch tatsächlich entsprechend vorsichtig durchführt. Führt dieser die Aufgabe nämlich nicht sorgfältig durch, ist kein Erfolg garantiert. Ein Mißerfolg würde dem Vorgesetzten angelastet. Um eine adäquate Durchführung der Aufgabe sicherzustellen, hat nun der Vorgesetzte die Möglichkeit, das Verhalten des Mitarbeiters zu kontrollieren. Dadurch kann er bei unvorsichtiger Durchführung der Aufgabe korrigierend eingreifen und so größeren Mißerfolg verhindern. Zusätzlich kann er auch monetäre Anreize mit dem

Verhalten des Mitarbeiters koppeln.

Die folgende Abbildung zeigt die Modellierung dieser Konfliktsituation:

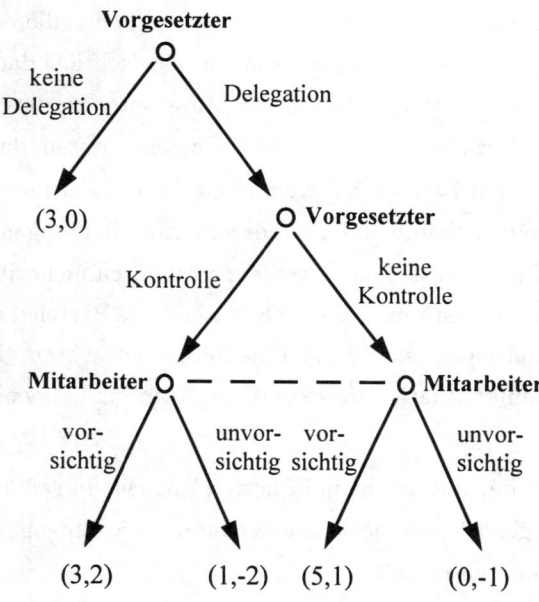

Abbildung 4.14: Die Delegation einer gefährlichen Aufgabe

Dabei gehen wir von den folgenden Auszahlungen aus: Führt der Vorgesetzte keine Delegation durch, hat er einen Vorteil von 3 Einheiten, die Auszahlung des Mitarbeiters ist auf 0 Einheiten gesetzt. Delegation ohne Kontrolle erhöht bei einer vorsichtigen Durchführung der Aufgabe den Vorteil des Vorgesetzten um 2 Einheiten. Der Mitarbeiter hat in diesem Fall einen Vorteil von 1 Einheit. Bei einer Kontrolle des Vorgesetzten würde er einen zusätzlichen Bonus von 1 Einheit erhalten, der Vorgesetzte hätte allerdings Kontrollkosten von 1 Einheit zu tragen. Bei einem unvorsichtigen Verhalten des Mitarbeiters schadet dieser seiner eigenen Gesundheit und hat einen Nachteil von 1 Einheit hinzunehmen. Zusätzlich müßte er mit einer Sanktion von 1 Einheit im Falle der Kontrolle rechnen. Der Vorgesetzte könnte durch eine Kontrolle bei unvorsichtigem Verhalten des Mitarbeiters noch

2 Einheiten erzielen, während der Verzicht auf Kontrolle in diesem Fall zu einem Mißerfolg und einer Auszahlung von 0 Einheiten führen würde.

Zur Analyse dieser Konfliktsituation versetzten wir uns in den Vorgesetzten. Angenommen, er hätte die Aufgabe an seinen Mitarbeiter delegiert und steht nun noch vor der Entscheidung, ob er seinen Mitarbeiter kontrollieren soll oder nicht. Dieser Entscheidungsknoten des Vorgesetzten ist offensichtlich dadurch ausgezeichnet, daß sowohl der Vorgesetzte als auch der Mitarbeiter zu diesem Zeitpunkt die gesamte Historie der Beziehung kennen: Beide Parteien wissen, daß eine Aufgabendelegation stattgefunden hat, sie haben also zu diesem Zeitpunkt der Beziehung dieselben Informationen. Somit sind nun aber die Entscheidungen, die die Parteien im weiteren Verlauf ihrer Beziehungen treffen, strategisch nicht durch die bisherige Historie der Interaktion bestimmt. Vielmehr können die Parteien den weiteren Verlauf der Konfliktsituationen isoliert als Teilkonflikt betrachten. Ein **Teilkonflikt** (Teilspiel) einer Konfliktsituation in extensiver Form muß folgenden Bedingungen genügen:

(1) Der Teilkonflikt beginnt an einem isolierten Entscheidungsknoten einer Partei. Dieser Knoten gehört also nicht zu einer Informationsmenge, die noch weitere Entscheidungsknoten umfaßt.

(2) Alle Entscheidungsknoten und Endknoten, die auf diesen isolierten Entscheidungsknoten folgen und mittelbar oder unmittelbar mit ihm verbunden sind, gehören zum Teilkonflikt. Alle anderen Entscheidungsknoten sind nicht Bestandteil des Teilkonflikts.

(3) Gehört ein Entscheidungsknoten zu einem Teilkonflikt, dann gehören auch alle Entscheidungsknoten, die in derselben Informationsmenge liegen, zu diesem Teilkonflikt und müssen (2) erfüllen.

Wir bezeichnen einen Teilkonflikt als echten Teilkonflikt, wenn er nicht mit der gesamten Konfliktsituation identisch ist. Entsprechend dieser Definition gibt es in unserem Beispiel der Delegation einer gefährlichen Aufgabe lediglich einen echten Teilkonflikt, nämlich die Konfliktsituation, die mit dem Entscheidungsknoten des Vorgesetzten nach dessen Entscheidung zur Delegation der Aufgabe beginnt. Am linken Entscheidungsknoten des Mitarbeiters kann beispielsweise kein Teilkonflikt beginnen: Dieser Entscheidungsknoten liegt in einer mehrelementigen Informationsmenge. Eine Entscheidung, die an diesem Entscheidungsknoten optimal ist, wird im allgemeinen nicht an dem anderen Entscheidungsknoten in der Informationsmenge optimal sein. Zumindest muß der Mitarbeiter aber berücksichtigten, daß seine Unsicherheit über die bisherige Entwicklung der Konfliktsituation seine Entscheidung beeinflussen kann.

Wenn man das obige Beispiel betrachtet, erscheint Bedingung (3) der Definition auf den ersten Blick überflüssig. Man könnte vermuten, daß dieser Definitionsteil bereits in Bedingung (2) der Definition enthalten sei. Das ist jedoch nicht der Fall, wie folgendes Beispiel zeigt.

Die Beförderung eines Mitarbeiters _____

Ein Mitarbeiter ist bereits seit längerem für eine Beförderung vorgesehen. In einem Gespräch zwischen seinem Vorgesetzten und dem Personalleiter des Unternehmens soll nun endlich eine Entscheidung über seine Beförderung getroffen werden. Der Mitarbeiter kann weder die Haltung seines Vorgesetzten noch die des Personalleiters einschätzen. Allerdings weiß er, daß beide gemeinsam einer Beförderung zustimmen müssen. Da der Mitarbeiter schon einige Male vertröstet wurde, würde er im Falle einer Ablehnung durch seinen Vorgesetzten sein Verhalten ihm gegenüber ändern. Insbesondere würde er seinen Arbeitseinsatz nicht mehr in dem bisher geleisteten Umfang aufrechterhalten. Könnte er jedoch davon ausgehen, daß die Ablehnung der Beförderung nur auf den Einwand des Personalleiters zurückginge, würde er auch weiterhin motiviert arbeiten.

_____

Im folgenden Konfliktbaum sind die beiden Informationsmengen des Mitarbeiters dargestellt. Entweder ist seine Informationsmenge einelementig und enthält nur den linken Entscheidungsknoten. In diesem Fall weiß er, daß er befördert wird und daß sein Vorgesetzter auf jeden Fall auch seine Zustimmung gegeben hat. Oder seine Informationsmenge ist durch die rechten drei Entscheidungsknoten spezifiziert. In dieser Situation wird er nicht befördert und er weiß nicht, wer sich gegen seine Beförderung ausgesprochen hat. Seine Entscheidung, mit welcher Motivation er künftig seine Aufgaben durchführen wird, kann er also nicht von der Haltung seines Vorgesetzten abhängig machen. Er kann sich bei dieser Entscheidung nur auf die Ablehnung seiner Beförderung stützen.

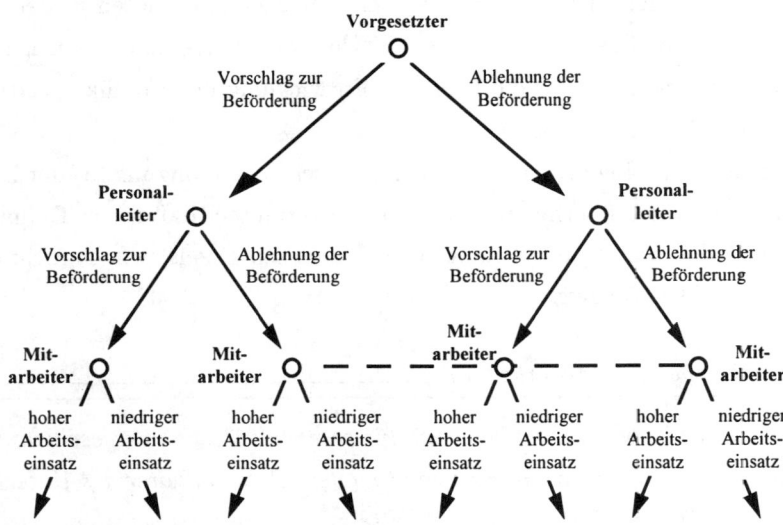

Abbildung 4.15:   Die Beförderung eines Mitarbeiters

Auch ohne die expliziten Auszahlungen der Parteien aus der Interaktion zu spezifizieren, können wir die Notwendigkeit der Bedingung (3) sofort erkennen. In dieser Konfliktsituation beginnt an keinem der beiden Entscheidungsknoten des Vorgesetzten ein Teilkonflikt: Beide Knoten gehören zwar jeweils zu einer einelementigen Informationsmenge, Bedingung (1) ist also erfüllt. Weiterhin können wir auch alle Folgeknoten berücksichtigen, Bedingung (2) könnten wir also ebenfalls erfüllen. Allerdings ist Bedingung (3) der obigen Definition verletzt, da in beiden Fällen nicht alle Entscheidungsknoten innerhalb einer Informationsmenge zum selben Teilkonflikt gehören würden.

Das Beispiel zeigt, warum Bedingung (3) entscheidend dafür ist, daß das Verhalten der Parteien in einem Teilkonflikt isoliert von der sonstigen Konfliktsituation betrachtet werden kann. Angenommen, wir wollten das Verhalten des Mitarbeiters an seinen beiden linken Entscheidungsknoten untersuchen. Dann würden wir bei der Analyse davon ausgehen, daß er weiß, daß der Personalleiter gegen seine Beförderung gestimmt hat. Was immer das Verhalten in diesem Teilkonflikt wäre, man kann daraus nicht auf sein Verhalten in der gesamten Konfliktsituation rückschließen, denn er weiß ja tatsächlich nicht, wie der Personalleiter gestimmt hat. Er weiß nur, ob er befördert wird oder nicht.

Damit wir das Verhalten der Partei in einem Teilkonflikt isoliert betrachten können und das Ergebnis unserer Beobachtungen in die Analyse der Gesamtsituation einfließen lassen können, ist es notwendig, daß Bedingung (3) erfüllt ist. Dies ergibt sich auch aus der Tatsache, daß bei einer isolierten Betrachtung einer Teilsituation alle Parteien dieselben Informationen haben sollten: Bedingung (1) garantiert nur, daß die Partei, die zuerst eine Entscheidung zu treffen hat, den bisherigen Verlauf der Konfliktsituation kennt. Wenn aber die Analyse dieser Teilsituation für die Gesamtsituation relevant sein soll, dann muß auch jede andere Partei diese Historie kennen. Sonst würde sie bei der Prognose des Verhaltens einer anderen Partei von Informationsannahmen ausgehen, die im Gesamtkontext nicht gegeben sind. So ist im obigen Beispiel für den Mitarbeiter nicht entscheidungsrelevant, wie der Personalleiter an dessen linkem Entscheidungsknoten entschieden hat, da er aufgrund seiner Information gar nicht weiß, ob sich der Personalleiter an diesem Knoten oder an dem rechten Entscheidungsknoten befindet.

Unsere Definition erlaubt es uns, eine komplexe Konfliktsituation in ihre Teilkonflikte zu zerlegen und diese Teilkonflikte sukzessive zu analysieren. Da unsere Definition garantiert, daß das Verhalten der Parteien in einem Teilkonflikt auch für die gesamte Konfliktsituation relevant ist, können wir so schrittweise von dem Verhalten in Teilkonflikten auf das Verhalten in der gesamten Konfliktsituation schließen.

Strategisches Verhaltensprinzip VII: *Wähle nie eine Strategie, die nicht in allen Teilkonflikten der Konfliktsituation strategisch stabil ist.*

Die Forderung, daß eine Strategie in allen Teilkonflikten der Konfliktsituation strategisch stabil sein soll, garantiert, daß eine Partei nur strategisch stabile Strategien berücksichtigt, die dynamisch konsistent sind. Dieses Verhaltensprinzip führt zu einem Gleichgewicht, das in der spieltheoretischen Literatur **teilspielperfektes Gleichgewicht** genannt wird. Dieses Konzept wurde von Selten (1965, 1975) entwickelt. Das Vorgehen bei der Analyse einer Konfliktsituation entspricht hier dem Prinzip der Rückwärtsinduktion unter Berücksichtigung des Prinzips der strategisch stabilen Strategie: Man betrachtet zunächst die Teilkonflikte, die sich selbst nicht mehr in kleinere Teilkonflikte zerlegen lassen. Für diese kleinsten Teilkonflikte bestimmt man dann das strategisch stabile Verhalten der involvierten Parteien. Der betrachtete Teilkonflikt kann dann durch die mit dem Ausgang des Teilkonflikts verbundenen Konsequenzen für die einzelnen Parteien ersetzt werden. So kann Schritt für Schritt eine komplexe Konfliktsituation vereinfacht werden.

In unserem Beispiel von der Delegation einer gefährlichen Aufgabe kann so zunächst der Teilkonflikt analysiert werden, der nach der Delegation der Aufgabe beginnt:

	Mitarbeiter	
	vorsichtig	unvorsichtig
Vorgesetzter Kontrolle	3,2	1,-2
keine Kontrolle	5,1	0,-1

Abbildung 4.16: Der Teilkonflikt bei der Delegation einer gefährlichen Aufgabe in strategischer Form

In diesem Teilkonflikt hat der Mitarbeiter eine dominante Strategie, nämlich die Aufgabe vorsichtig durchzuführen. Geht der Vorgesetzte von diesem Verhalten aus, dann wird er das Verhalten des Mitarbeiters nicht kontrollieren, um so Kontrollkosten zu sparen. Der Ausgang dieses Teilkonfliktes führt also zu einer Auszahlung von 5 Einheiten für den Vorgesetzten und 1 Einheit für den Mitarbeiter.

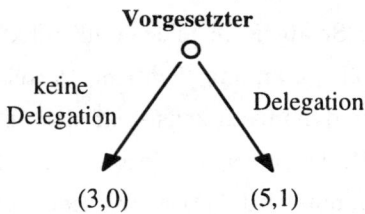

Abbildung 4.17: Die Delegation einer gefährlichen Aufgabe, reduzierte Form

Ersetzen wir diese Auszahlungen in der ursprünglichen Konfliktsituation, dann erhalten wir die obige einfache Entscheidungssituation. Der Vorgesetzte wird sich hier für die Delegation der gefährlichen Aufgabe entscheiden. Er wird den Mitarbeiter bei der Durchführung seiner Aufgabe nicht kontrollieren, und dieser wird seine Aufgabe mit den entsprechenden Vorsichtsmaßnahmen durchführen.

Das Verhaltensprinzip der Teilspielperfektheit schließt wie das Prinzip der Rückwärtsinduktion unplausible Drohungen und Versprechen aus: Im Unterschied zum bisherigen Nash-Gleichgewichtskonzept verlangt die Teilspielperfektheit, daß das Verhalten einer Partei in jedem Teilkonflikt strategisch stabil ist. Insbesondere muß das Verhalten einer Partei also auch in solchen Situationen strategisch stabil sein, die im Verlauf der Beziehung überhaupt nicht erreicht werden. Diese Forderung der Teilspielperfektheit ist aber entscheidend für die Plausibilität des tatsächlichen Verhaltens der Parteien in der gesamten Konfliktsituation. Ob beispielsweise die Drohung einer Kündigung Auswirkungen auf das Verhalten des Vorgesetzten hat, hängt davon ab, ob der Mitarbeiter diese Drohung auch tatsächlich in die Tat umsetzen würde.

4.2.3 Perfektes Bayesianisches Gleichgewicht

Das Konzept der Teilspielperfektheit haben wir als natürliche Verfeinerung des Nash-Gleichgewichtskonzepts für Konfliktsituationen mit imperfekter Information hergeleitet: Die Strategie einer Partei muß für jeden Teilkonflikt der Konfliktsituation ihre beste Antwort auf die Gleichgewichtsstrategien der anderen Parteien induzieren. Mit Hilfe dieses Konzepts konnten wir unplausible Drohungen und Versprechen einer Konfliktpartei von den möglichen Konfliktausgängen ausschließen, obwohl sie im Sinne des Nash-Gleichgewichtsbegriffs strategisch stabil sind.

Im folgenden wollen wir uns nun mit dem Verhalten von Parteien in Konfliktsituationen mit unvollständiger Information beschäftigen. Aufgrund der im vorherigen Abschnitt eingeführten Transformation einer Konfliktsituation mit unvollständiger Information in eine Situation mit vollständiger und imperfekter Information würde man auf den ersten Blick vermuten, daß sich das Konzept der Teilspielperfektheit unmittelbar auch auf diesen Typ von Konfliktsituation anwenden läßt. Dies geht jedoch nicht: Die unvollständigen Informationen einer schlechter informierten Partei haben wir als imperfekte Information dieser Partei über den Typ der informierten Partei modelliert. Der Typ der informierten Partei wird durch einen Zufallszug vor der eigentlichen Interaktion der Parteien bestimmt. Daher kennt die uninformierte Partei zu keinem Entscheidungspunkt den bisherigen Verlauf der Konfliktsituation. Sie befindet sich stets in einer mehrelementigen Informationsmenge. Eine Konfliktsituation mit unvollständiger Information hat somit keinen echten Teilkonflikt, und das Konzept der Teilspielperfektheit ist mit dem Nash-Gleichgewichtskonzept identisch.

Um dennoch auch in Konfliktsituationen mit unvollständiger Information unplausibles Verhalten einer Partei ausschließen zu können, greifen wir auf eine Idee zurück, die wir bereits bei Konfliktsituationen mit unabhängigen Entscheidungen benutzt haben: Das Verhaltensprinzip der iterativen Elimination dominierter Strategien beruhte auf den Erwartungen einer Partei über das Verhalten einer anderen Partei. Insbesondere hatten wir angenommen, daß in einer Konfliktsituation eine Partei davon ausgeht, daß eine andere Partei nie eine dominierte Alternative wählt und daß die andere Partei diese Erwartungen teilt. Betrachten wir nun eine Situation mit unvollständiger Information.

Die Kündigungsabsichten eines Mitarbeiters

Der Abteilungsleiter eines Unternehmens überlegt, ob er seinen Mitarbeiter im Umgang mit einer neuen Informationstechnologie ausbilden soll. Hierfür müßte der Mitarbeiter eine externe Fortbildungsveranstaltung besuchen, die mit erheblichen Kosten verbunden wäre. Da dieses neu erworbene Wissen des Mitarbeiters auch in anderen Unternehmen genutzt werden könnte, möchte der Abteilungsleiter gerne wissen, wie lange der Mitarbeiter im Unternehmen bleiben will. Er wird im Vorfeld seiner Entscheidung abschätzen, wie groß die Wahrscheinlichkeit einer Kündigung durch den Mitabeiter ist.

Obwohl der Abteilungsleiter über die Zukunftsperspektive des Mitarbeiters unvollständige Informationen hat, kann er aufgrund des bisherigen Verhaltens des Mitarbeiters Rückschlüsse auf dessen Kündigungsmotive ziehen. Nehmen wir an, der Mitarbeiter kennt seine Kündigungsmotive und steht vor der Frage, welche Sozialleistungen er aus dem kürzlich im Unternehmen eingeführten Cafeteria-System auswählen soll. Er wird sich dann eher für langfristige Sozialleistungen wie eine betriebliche Alterssicherung entscheiden, wenn seine Zukunftsperspektive im Unternehmen entsprechend langfristig ist. Hätte er hingegen vor, bald das Unternehmen zu verlassen, würde er eher kurzfristige Leistungen wie etwa einmalige Sonderzahlungen vorziehen. Der Vorgesetzte wird sich daher Erwartungen über die Kündigungswahrscheinlichkeit seines Mitarbeiters aufgrund dessen spezifischer Wahl von betrieblichen Sozialleistungen bilden. Seiner Entscheidung über die Ausbildung des Mitarbeiters wird er dann diese Erwartungen zugrunde legen.[4]

Für solche Konfliktsituationen, in denen Parteien unvollständige Information haben, werden wir diese Idee der Erwartungsbildung in das strategische Verhaltensprinzip aufnehmen. Zur Ermittlung des strategischen Verhaltens stellen wir dann zusätzliche Bedingungen an diese Erwartungsbildung: Für jede Informationsmenge einer Partei spezifizieren wir die Einschätzungen, die diese Partei an dieser Informationsmenge über den bisherigen Verlauf der Konfliktsituation hat. Handelt die Partei strategisch, dann wird sie bei diesen Einschätzungen das bisherige Verhalten der anderen Parteien berücksichtigen und sich bei ihrem eigenen Verhalten nach diesen Einschätzungen richten.

Betrachten wir zur Herleitung dieses Konzeptes noch einmal die Delegation einer gefährlichen Aufgabe.

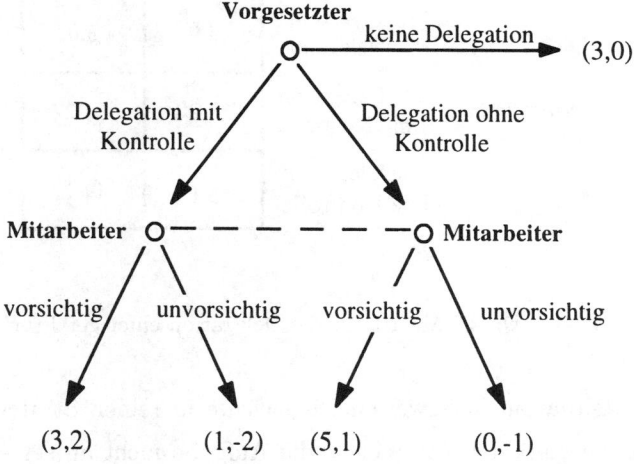

Abbildung 4.18: Die Delegation einer gefährlichen Aufgabe, modifizierte Version

Im Unterschied zu Abbildung 4.14 sind in der obigen Abbildung die beiden Einzelentscheidungen des Vorgesetzten - Delegation der Aufgabe und gegebenenfalls Kontrolle des Mitarbeiters - zu einer Entscheidung zusammengefaßt.

In dieser Konfliktsituation können wir weder das Verhaltensprinzip der Rückwärtsinduktion noch das der Teilspielperfektheit zur Vorhersage des Verhaltens der beiden Parteien nutzen: Der Vorgesetzte und der Mitarbeiter wählen die Kontrollentscheidung bzw. Vorsichtsmaßnahmen unabhängig voneinander, sofern überhaupt eine Delegation der Aufgabe stattfindet. Die Parteien haben also imperfekte Informationen. Das Prinzip der Teilspielperfektheit ist identisch mit dem Nash-Gleichgewichtskonzept, da die Konfliktsituation in dieser Darstellung keinen echten Teilkonflikt besitzt. Hier gibt es mit Ausnahme der Wurzel des Konfliktbaums keinen Entscheidungsknoten, der in einer einelementigen Informationsmenge der Entscheidungsträger liegt.

Als einziges anwendbares Verhaltensprinzip bleibt somit das Nash-Gleichgewichtskonzept. Die folgende strategische Form der Konfliktsituation leitet sich unmittelbar aus der extensiven Form ab:

| | | **Mitarbeiter** | |
		vorsichtig	unvorsichtig
	keine Delegation	3,0	3,0
Vorgesetzter	Delegation mit Kontrolle	3,2	1,-2
	Delegation ohne Kontrolle	5,1	0,-1

Abbildung 4.19: Die Bi-Matrix für die Delegation einer gefährlichen Aufgabe

Die Konfliktsituation hat zwei Gleichgewichte in reinen Strategien: In einem Gleichgewicht delegiert der Vorgesetzte die Aufgabe nicht an seinen Mitarbeiter, sondern führt sie eigenständig durch, und der Mitarbeiter handelt im Fall der Aufgabendelegation unvorsichtig. In einem zweiten Gleichgewicht delegiert der

Vorgesetzte die Aufgabe, ohne das Verhalten des Mitarbeiters zu kontrollieren, und der Mitarbeiter entscheidet sich für eine vorsichtige Durchführung der Aufgabe.

Das erste dieser beiden Gleichgewichte beruht auf einer unglaubwürdigen Drohung: Wenn der Mitarbeiter die Aufgabe übertragen bekommt, dann dominiert die vorsichtige Durchführung der Aufgabe das unvorsichtige Vorgehen. Der Mitarbeiter würde also immer vorsichtig handeln, wenn der Vorgesetzte die Aufgabe an ihn delegiert. Im Unterschied zur bisherigen Darstellung der Konfliktsituation ist dieses Verhalten aber teilspielperfekt. Um einen solchen Ausgang der Konfliktsituation auszuschließen, führen wir zusätzliche Informationen ein, die die Parteien in ihre Überlegungen miteinbeziehen:

Welche Entscheidung für eine Partei an einer Informationsmenge optimal ist, hängt davon ab, welche Wahrscheinlichkeit sie dem Erreichen eines bestimmten Entscheidungsknotens in der Informationsmenge zumißt. Wir fordern deshalb, daß jede Partei in einer Konfliktsituation zum Zeitpunkt einer Entscheidung Einschätzungen darüber hat, wie der bisherige Konfliktverlauf war. An jeder Informationsmenge muß eine Partei also Erwartungen bilden, an welchem der Entscheidungsknoten in dieser Informationsmenge sie sich befindet. Bei einer einelementigen Informationsmenge weiß die Partei mit Sicherheit, daß sie sich an diesem Knoten befindet. Die Partei legt aufgrund ihrer Einschätzung also eine Wahrscheinlichkeit von Eins auf diesen Entscheidungsknoten. Bei mehrelementigen Informationsmengen wird die Einschätzung durch eine Wahrscheinlichkeitsverteilung über die Entscheidungsknoten dargestellt.

In unserem Beispiel impliziert diese Forderung, daß im Falle einer Aufgabendelegation der Mitarbeiter Einschätzungen darüber bilden muß, an welchem der beiden Entscheidungsknoten er sich befindet: Diese Einschätzung wird durch die Wahrscheinlichkeiten p und $1 - p$ wiedergegeben. Mit Wahrscheinlichkeit p denkt der Mitarbeiter, daß der Vorgesetzte ihn bei der Durchführung der Aufgabe kontrollieren wird. Mit Wahrscheinlichkeit $1 - p$ hat er die Einschätzung, daß keine Kontrolle stattfinden wird.

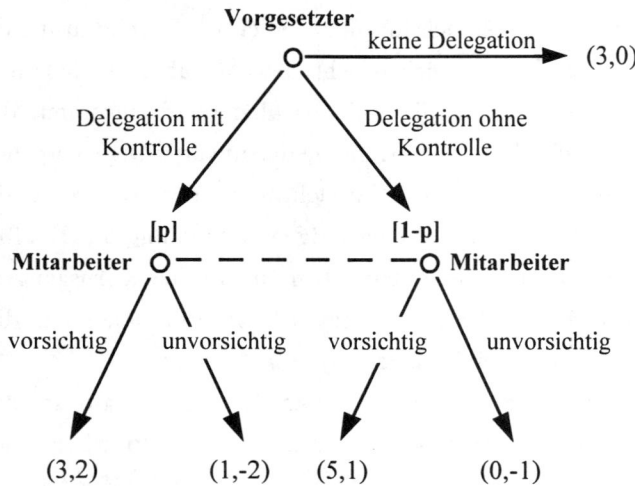

Abbildung 4.20:   Die Delegation einer gefährlichen Aufgabe, wenn Einschätzungen der Parteien berücksichtigt sind

Hat eine Konfliktpartei in einer Situation mit unvollständiger Information solche Einschätzungen gebildet, dann muß ihr Verhalten **sequentiell rational** sein: An jeder Informationsmenge wählt die agierende Partei die Alternative, die für sie optimal ist, gegeben ihre Wahrscheinlichkeitsverteilung über die Entscheidungsknoten der Informationsmenge und die Strategien der anderen Parteien. Eine Partei stimmt ihr Verhalten also nicht nur mit dem Verhalten der anderen Parteien ab, sondern berücksichtigt dabei auch ihre Einschätzungen über den bisherigen Konfliktverlauf.

Diese Forderung der sequentiellen Rationalität schließt in unserem Beispiel aus, daß der Mitarbeiter bei der Durchführung seiner Aufgabe unvorsichtig vorgeht. Für jede Einschätzung des Mitarbeiters an dieser Informationsmenge ist sein erwarteter Nutzen der Alternative "vorsichtig" gegeben durch $1+p$, wohingegen sein erwarteter Nutzen für die Alternative "unvorsichtig" durch $-(1 + p)$ gegeben ist. Vorsichtig zu sein ist also für jede Einschätzung des Mitarbeiters über das Kontrollverhalten des Vorgesetzten eine dominante Strategie.

Die sequentielle Rationalität einer Partei garantiert, daß diese an jeder Informationsmenge bei einer gegebenen Wahrscheinlichkeitsverteilung über die Entscheidungsknoten optimal handelt. Damit haben wir allerdings noch nicht spezifiziert, wie diese Einschätzungen gebildet werden. Wir greifen hier auf das Bayesianische Lernmodell zurück und fordern, daß jede Partei ihre Einschätzungen modifiziert, wenn neue Informationen zugänglich sind. Um dies zu präzisieren, ist folgende Unterscheidung von Bedeutung: Für ein gegebenes strategisch stabiles Verhalten der Konfliktparteien liegt eine Informationsmenge **auf dem Gleichgewichtspfad**, wenn sie im Verlauf der Konfliktsituation (mit positiver Wahrscheinlichkeit) erreicht wird. Hingegen liegt eine Informationsmenge **außerhalb des Gleichgewichtspfades**, wenn sie im Verlauf der Interaktion nicht erreicht wird.

Auf einem Gleichgewichtspfad ist die Bildung der Einschätzungen einer Partei durch die Regel von Bayes unmittelbar bestimmt: Aufgrund der Beobachtung des Verhaltens der anderen Parteien aktualisiert eine Partei ihre bisherigen Einschätzungen über ihre unvollständigen Informationen. Angenommen, bei der Delegation einer gefährlichen Aufgabe würde ein (hypothetisches) Gleichgewicht in gemischten Strategien existieren, in dem der Vorgesetzte mit Wahrscheinlichkeit a_1 eine Delegation mit Kontrolle durchführt, mit Wahrscheinlichkeit a_2 die Aufgabe ohne Kontrolle delegiert und mit Wahrscheinlichkeit $1 - a_1 - a_2$ die Aufgabe selbst durchführt. Dann fordert die Regel von Bayes, daß der Mitarbeiter eine Einschätzung von $p = \frac{a_1}{a_1+a_2}$ darüber hat, daß der Vorgesetzte kontrolliert, wenn er mit der Aufgabe beauftragt würde.

Außerhalb eines Gleichgewichtspfades ist die Regel von Bayes für die Bildung der Einschätzungen einer Partei nicht anwendbar: Da Informationsmengen außerhalb eines Gleichgewichtspfades während des Verlaufs der Konfliktsituation nicht erreicht werden, erhalten die Parteien keine neuen Informationen zur Aktualisierung ihrer Einschätzungen. Die Regel von Bayes stellt somit keine Restriktionen an die Einschätzungen der Parteien außerhalb des Gleichgewichtspfades.

Strategisches Verhaltensprinzip VIII: *Bilde konsistente Einschätzungen über den Verlauf der bisherigen Konfliktsituation nach der Regel von Bayes und berücksichtige diese bei der Wahl einer strategisch stabilen Strategie.*

In der spieltheoretischen Literatur entspricht dieses Verhaltensprinzip dem Konzept des **perfekten Bayesianischen Gleichgewichtes**. Demnach besteht ein perfektes Bayesianisches Gleichgewicht aus Strategien und Einschätzungen für die Parteien in einer Konfliktsituation, die den Anforderungen der sequentiellen Rationalität und des Bayesianischen Lernens genügen. Im Unterschied zu den bisherigen Verhaltensprinzipien besteht hier also eine explizite Verbindung zwischen Strategien und Einschätzungen: Einschätzungen sind mit den Strategien konsistent, die bei diesen Einschätzungen wiederum optimal sind.

4.3 Strategische Züge und die Rolle der Glaubwürdigkeit

In Konfliktsituationen werden die involvierten Parteien versuchen, ihre eigenen Interessen durch geeignete strategische Entscheidungen gegenüber den Interessen der anderen Parteien durchzusetzen. Drohungen, Versprechen, Provokationen, schrittweises Abtasten oder einfach Abwarten was der Andere tut, sind hier nur einige der Verhaltensweisen, die eingesetzt werden können, um den Konfliktverlauf zum eigenen Vorteil zu beeinflussen. Solche Taktiken einer Partei werden im folgenden **strategische Züge** genannt. Durch einen strategischen Zug versucht eine Partei, die Erwartungen der anderen Parteien über ihr Verhalten zu korrigieren. Aufgrund dieser geänderten Erwartungen werden die anderen Parteien dann das eigene Verhalten modifizieren. Ein ansonsten ungünstiger Konfliktverlauf wird so zum Vorteil der Partei korrigiert.

In einer Konfliktsituation sind grundsätzlich drei verschiedene Arten strategischer Züge möglich: Zunächst kann eine Partei versuchen, vor den anderen Parteien zu handeln, also als erste Partei in der Konfliktsituation zu agieren. Der Vorteil, den die Partei aus diesem aktiven strategischen Zug ziehen kann, wird in der spieltheoretischen Literatur als **First-mover-advantage** bezeichnet. Sie will dadurch das Verhalten der anderen Partei direkt beeinflussen. Wir können dies auch als einen **unbedingten strategischen Zug** bezeichnen. Weiterhin kann eine Partei aber auch ankündigen, wie sie auf ein bestimmtes Verhalten der anderen Partei reagieren wird. Indem sie sich auf eine bestimmte Reaktion verpflichtet, versucht sie, die Erwartungen der anderen Parteien über die Konsequenzen aus ihrem Handeln zu ändern und somit deren Verhalten zu steuern. Ein solches Handeln charakterisiert einen **aktiven bedingten strategischen Zug** und kann in Form einer Drohung oder eines Versprechens wirken. In diesem Fall handelt die Partei also bewußt nicht als erste, sie legt aber gleichwohl ihre Reaktionen fest bevor eine andere Partei handelt. Eine dritte Handlungsmöglichkeit einer Partei ist der **passive bedingte strategische Zug**: Die Partei verzichtet dabei bewußt auf eine Bindung an ein gewisses Agieren oder Reagieren. Vielmehr läßt sie zu, daß sich eine andere Partei zunächst in ihrem Verhalten bindet, um so geeignet auf deren Verhalten zu reagieren. In diesem Fall hat sie also einen Vorteil, denn sie kann zunächst das Verhalten der anderen Partei abwarten und erst dann handeln. Diesen Vorteil bezeichnet man in der spieltheoretischen Literatur als **Second-mover-advantage**.

Abbildung 4.21:   Eine Klassifikation strategischer Züge

In den ersten beiden Fällen ist ein strategischer Zug also immer eine Handlung, mit der eine Partei in einer Konfliktsituation einer anderen Partei zuvorkommen will. Sie schränkt dadurch bewußt ihren eigenen Handlungsspielraum ein, um so den Konfliktverlauf zu ihren Gunsten zu ändern. Im dritten Fall ist ein strategischer Zug eine Handlung, die einer anderen Partei die Möglichkeit gibt, zuerst zu handeln. Hier will die strategisch handelnde Partei im vorhinein also nicht ihren Handlungsspielraum einschränken, sondern flexibel auf das Handeln der anderen Partei reagieren.

Im folgenden sollen die verschiedenen Ausprägungen möglicher strategischer Züge näher untersucht werden. Dazu betrachten wir jeweils spezifische Konfliktsituationen und zeigen, unter welchen Umständen eine Partei welchen strategischen

Zug nutzt. Wir gehen dabei von einer Konfliktsituation mit unabhängigen Entscheidungen aus und zeigen, daß diese Konfliktsituation notwendigerweise einen dynamischen Charakter bekommt, wenn eine Partei einen strategischen Zug ergreift. Unter welchen Bedingungen sich eine Partei im vorhinein auf ein bestimmtes Verhalten festlegen kann und dadurch tatsächlich das Verhalten der anderer Konfliktparteien beeinflussen kann, wird im letzten Abschnitt untersucht.

4.3.1 Die Initiative ergreifen

Ein strategischer Zug, mit dem eine Partei versucht, vor den anderen Parteien zu handeln, wird als unbedingter Zug bezeichnet: Die Partei ergreift die Initiative in der Konfliktsituation und will durch ihr eigenes Verhalten das Verhalten der anderen Parteien direkt beeinflussen. Sie agiert dabei unabhängig von dem Handeln der anderen Parteien. Die anderen Parteien sollen dadurch veranlaßt werden, ihr eigenes Handeln in einem veränderten Licht zu sehen und diesen Zug in ihrem Verhalten zu berücksichtigen. In diesem Sinne ist dieser erste Zug ein unbedingtes Vorgehen. Der Vorteil, den eine Partei aus einem solchen unbedingten strategischen Zug ziehen kann, läßt sich unmittelbar an der bereits diskutierten Konfliktsituation mit zwei Führern illustrieren:

		Partei B	
		Alternative b_1	Alternative b_2
Partei A	Alternative a_1	6,5	0,0
	Alternative a_2	0,0	5,6

Abbildung 4.22: Konfliktsituation mit einem Anreiz zu einem unbedingten strategischen Zug

Die beiden Parteien würden sich gerne in ihrem Verhalten koordinieren, jede Partei präferiert jedoch eine andere Ausgestaltung der Koordination. Diejenige Partei, die in dieser Situation die Initiative ergreift, kann hier ihre eigenen Interes-

sen gegenüber den Interessen der anderen Partei durchsetzen: Wenn sich beispielsweise Partei A zur Alternative a_1 verpflichtet, dann kann sie einen Vorteil von 6
Einheiten erwarten. Partei B hat nämlich unter diesen Umständen nur die Möglich-
keit, mit b_1 5 Einheiten oder mit b_2 keine Einheit zu erzielen. Wenn andererseits
Partei B sich zuerst auf Alternative b_2 festgelegt hat, bleibt Partei A keine andere
Möglichkeit, als sich mit dem weniger präferierten Ausgang der Konfliktsituation
zufrieden zu geben und a_2 zu wählen. Die Initiative ergreifen sichert also einer
Partei den first-mover-advantage.

Es ist besonders dann vorteilhaft für eine Partei, die Initiative zu ergreifen,
wenn sie in ihrem Verhalten berechenbar ist und dies von den anderen Parteien
ausgenutzt werden kann. Ergreift die Partei in einer solchen Situation die Initiative,
dann kann sie möglicherweise den Konfliktverlauf zu ihren Gunsten ändern. Das
folgende Beispiel soll dies verdeutlichen.

Die Vergabe von Zuschüssen zu Forschungsprojekten _____

*Reicht das Budget der F&E-Abteilung eines Unternehmens nicht für alle For-
schungsvorhaben aus, so können die einzelnen Forschungsteams sich an ein Auswahlkomitee wenden, das abteilungsübergreifend gebildet wird und Zuschüsse zu
Forschungsprojekten zur Verfügung stellt. Die Vergabe erfolgt nach folgendem Auswahlverfahren: Zunächst müssen die verschiedenen Forschungsteams Projektanträge ausarbeiten, die die Chancen und Risiken, Kosten und Nutzen für das Unternehmen validieren. Nach Einreichen eines solchen Projektantrages werden einem Forschungsteam zusätzliche Mittel für die Durchführung zur Verfügung gestellt. Die
einzelnen Projektanträge werden von dem Auswahlkomitee bewertet. Dieses entscheidet dann über den Umfang der Zuschüsse zu den eingereichten Projekten. Es
hat ein eigenes Budget und verteilt die zur Verfügung stehenden Mittel auf die einzelnen Projektanträge. Dabei orientiert es sich ausschließlich an dem Nutzen für
das Unternehmen.*

*Bei dieser Entscheidung über die Vergabe der Zuschüsse geht das Komitee wie folgt
vor: Wenn zwei Teams Projekte vorschlagen, die gleichermaßen gut bewertet werden, dann steht auch beiden Teams derselbe Zuschuß zur Durchführung ihres Projekts zur Verfügung. Schlagen hingegen zwei Teams Projekte mit unterschiedlichen
Erfolgsaussichten vor, dann erhält auch das weniger erfolgversprechende Projekt*

noch einen gewissen Zuschuß. Im Fall, daß beide vorgeschlagenen Projekte nur einen mäßigen Erfolg erwarten lassen, ist die Vergabe der Zuschüsse von den bisher abgeschlossenen Projekten abhängig. In das Forschungsteam, das sich hier in der Vergangenheit durch die bessere Projektarbeit ausgezeichnet hat, setzt man mehr Vertrauen als in ein anderes Team. Dieses Team bekommt einen höheren Anteil am Gesamtbudget.

Die folgende Tabelle zeigt, wie die Aufteilung des Budgets im einzelnen erfolgt:

| | | Projekterfolg Forschungsteam 2 | |
		mäßig	gut
Projekterfolg Forschungsteam 1	mäßig	3:2	1:2
	gut	2:1	1:1

Abbildung 4.23:   Verteilung der Zuschüsse nach dem erwarteten Projekterfolg

Wir nehmen an, daß die Forschungsteams die Erfolgsaussichten ihres Projekts durch verstärkte Vorbereitungsarbeiten steuern können. Hierzu stehen ihnen zwei Möglichkeiten offen: Entweder sie betreiben einen hohen Aufwand für die Spezifizierung ihres Projektantrages und erhöhen somit dessen Erfolgsaussichten. Oder sie investieren im Vorfeld des eigentlichen Projekts wenig in diese Forschungs- und Entwicklungsarbeit und reduzieren somit ihre Aussichten auf einen höheren Zuschuß. Zur Vereinfachung gehen wir davon aus, daß ein Forschungsteam gute Aussichten für einen hohen Zuschuß garantieren kann, wenn es 9 Einheiten in den Projektantrag investiert. Um lediglich einen mäßigen Zuschuß zu erhalten, sei ein Aufwand von 2 Einheiten notwendig. Bei einem Gesamtbudget von 30 Einheiten ergeben sich somit folgende Auszahlungen für die beiden Forschungsteams:

		Forschungs-team 2	
		wenig Aufwand	viel Aufwand
Forschungs-team 1	wenig Aufwand	16,10	8,11
	viel Aufwand	11,8	6,6

Abbildung 4.24:   F&E-Aufwendungen und deren Nutzen

Forschungsteam 1 hat in dieser Konfliktsituation offensichtlich eine dominante Strategie: Die Alternative, wenig Aufwand zu betreiben, führt für dieses Team nämlich immer zu einem höheren Zuschuß als die Alternative "viel Aufwand", unabhängig davon, für welche Alternative sich Forschungsteam 2 entscheidet. Wenn nun Forschungsteam 2 berücksichtigt, daß das andere Team wenig investiert, dann wird es selbst einen hohen Aufwand erbringen, um sich einen Vorteil von 11 Einheiten zu sichern. Team 1 würde in diesem Fall also seine zweitschlechteste Auszahlung erzielen.

Will Forschungsteam 1 seine Position verbessern, dann kann es dies durch einen unbedingten strategischen Zug erreichen: Angenommen, Team 1 kann sich dazu verpflichten, viel in die Erstellung des Projektantrages zu investieren. In diesem Fall würde das Forschungsteam 1 dem anderen Team zuvorkommen und sich a priori an eine bestimmte Alternative binden. Durch diesen unbedingten strategischen Zug würde Team 1 die Initiative ergreifen und die simultane Interdependenz in eine sequentielle überführen.

In dieser modifizierten Konfliktsituation hat das Forschungsteam 1 durch seinen unbedingten strategischen Zug seine Position verbessert: Wenn es viel Aufwand betreibt, wird sich das Forschungsteam 2 für wenig Aufwand entscheiden. Somit kann aber Team 1 insgesamt 11 Einheiten realisieren, sich gegenüber der ursprünglichen Situation also deutlich verbessern. Ohne diesen strategischen Zug hätte Forschungsteam 2 erwartet, daß Team 1 wenig in den Projektantrag investiert. Indem Team 1 durch Bindung an einen hohen Aufwand die Initiative in dieser Situation ergreift, korrigiert es diese Erwartung von Team 2. Team 2 wird somit sein Verhalten ändern und eine Entscheidung treffen, die die Auszahlung von Team 1 verbessert.

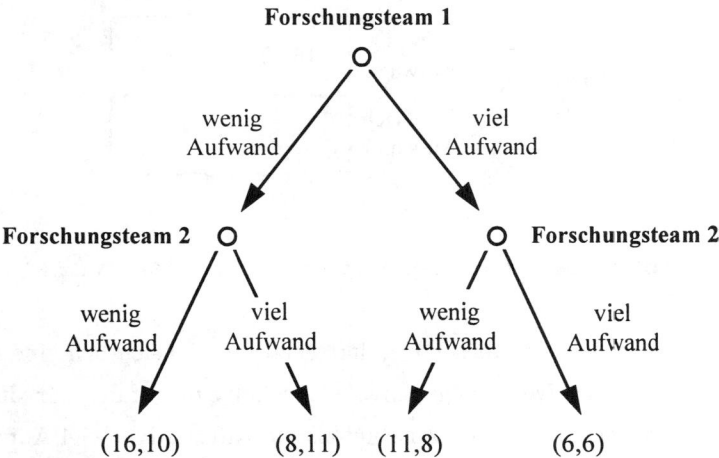

Abbildung 4.25: F&E-Aufwendungen und deren Nutzen bei sequentieller Interdependenz

4.3.2   Versprechen geben und Drohungen aussprechen

Eine Partei kann auch durch ein bedingtes Vorgehen versuchen, das Verhalten der anderen Parteien in der Konfliktsituation zu ihrem Vorteil zu steuern. Bei einem aktiven bedingten strategischen Zug verpflichtet sich eine Partei im vorhinein auf ein Reaktionsfunktion. Indem sie ankündigt, wie sie auf das Verhalten der anderen Parteien reagieren wird, will sie diese veranlassen, die Konsequenzen ihres Handelns neu zu bewerten und ihr Verhalten auf diesen bedingten Zug abzustellen. Wie bei unbedingten Zügen, legt sich die aktive Partei auch bei bedingten Zügen a priori auf ein gewisses Verhalten fest und schränkt dadurch ihren eigenen Handlungsspielraum bewußt ein. Bedingte strategische Züge sind im wesentlichen Versprechen und Drohungen.

Bei einem Versprechen kündigt eine Partei eine Reaktion an, mit der sie das Ergreifen einer bestimmten Handlung durch eine andere Partei belohnen will. Die zuerst agierende wird nur dann belohnt, wenn sie das geforderte Verhalten zeigt. Zentrales Element eines Versprechens ist dabei der Umstand, daß die Partei, die eine Belohnung versprochen hat, lieber von diesem Versprechen zurücktreten würde, wenn sich die andere Partei bereits zu ihren Gunsten verhalten hat. Hat die andere Partei dieses Verhalten dann gezeigt, besteht aus Sicht der reagierenden Partei ein Anreiz, sich von diesem Versprechen zu distanzieren. Ein Versprechen hat nur dann strategische Implikationen für das Verhalten einer anderen Partei, wenn sich die Partei glaubwürdig an ihr Versprechen binden kann.

Betrachten wir zur Illustration eines Versprechens das folgende Beispiel.

Die Finanzierung einer gemeinsamen Werbekampagne _____

Zwei Divisionen eines Unternehmens sind produktorientiert ausgerichtet: Division A ist für die Produktion von Kühlschränken zuständig, Division B stellt Backöfen her. Da die einzelnen Produkte beider Divisionen auf dieselben Käufergruppen ausgerichtet sind, bestehen vielfältige Marktinterdependenzen zwischen den beiden Divisionen.

Dadurch ist eine gemeinsame und somit kostengünstige Werbekampagne möglich. Anstelle einer individuellen, produktbezogenen Werbung durch die einzelnen Divisionen soll eine Imagewerbung für beide Divisionen des Unternehmens durchgeführt werden. Insgesamt könnten so die Werbeausgaben für die einzelnen Divisionen gegenüber einer allein durchgeführten Werbekampagne reduziert werden, ohne daß sich die Wirkung auf den Absatz verändern würde.

Die Frage, ob und wie die beiden Divisionen eine gemeinsame oder ihre jeweils individuelle Werbekampagne finanzieren werden, wollen wir als eine Konfliktsituation mit unabhängigen Entscheidungen modellieren. Wir nehmen an, daß sich die beiden Divisionen entweder für oder gegen eine Werbekampagne entscheiden können. Würden sich beide Divisionen für eine Werbekampagne aussprechen, würden sie eine gemeinsame Imagewerbung für das gesamte Unternehmen durchführen. In diesem Fall würden sie die Gesamtkosten der Werbung zu gleichen Teilen tragen. Diese Gesamtkosten sind jedoch nicht höher als die Kosten für eine eigenständige

Kampagne. Wenn nur eine Division an einer Werbekampagne interessiert ist, die andere Division jedoch nicht, dann besteht die Möglichkeit, allein und lediglich für die spezifischen Produkte dieser Division eine Werbekampagne durchzuführen. Zur Konkretisierung der Situation nehmen wir an, daß die Kosten für eine individuelle oder gemeinsame Werbung bei jeweils 4 Einheiten liegen. Der Vorteil aus einer gemeinsamen Werbekampagne beträgt für jede Division 3 Einheiten. Führt eine Division die Werbung allein durch, hat sie ebenfalls diesen Vorteil von 3 Einheiten, die andere Division profitiert von der Maßnahme aber ebenfalls mit 2 Einheiten. Somit ergibt sich folgende Bi-Matrix der dargestellten Konfliktsituation:

		Division B	
		für Werbung	gegen Werbung
Division A	für Werbung	1,1	-1,2
	gegen Werbung	2,-1	0,0

Abbildung 4.26:   Die Finanzierung einer gemeinsamen Werbekampagne

Die vorliegende Konfliktsituation ist ein typisches Kooperationsdilemma: Für jede Division ist es vorteilhaft, sich gegen eine Werbekampagne auszusprechen. Wenn nämlich die andere Division wirbt, kann man aufgrund der bestehenden Marktinterdependenzen daraus Vorteile ziehen, ohne Kosten zu tragen. Entscheidet sich die andere Division gegen eine Werbekampagne, dann ist es ebenfalls vorteilhaft, nicht zu werben, da die Kosten einer individuellen Kampagne den daraus resultierenden Vorteil übersteigen. Da diese Argumentation für beide Divisionen gilt, wird es letztendlich zu keiner Werbung kommen, obwohl es kollektiv für beide Divisionen vorteilhaft wäre, die Kosten einer gemeinsamen Imagewerbung zu teilen.

In dieser Situation kann ein unilaterales Versprechen zu einer Verbesserung der Situation für beide Parteien führen. Wenn beispielsweise Division B die Möglichkeit hat, sich an ein Versprechen zu binden, dann kann die für beide vorteilhafte gemeinsame Werbekampagne durch folgenden bedingten strategischen Zug erreicht werden: Division A verpflichtet sich im Vorfeld, dann in eine Werbekampagne zu investieren, wenn sich auch die andere Division dafür entscheidet. Der Konfliktbaum in dieser dynamischen Konfliktsituation hat dann die folgende Struktur:

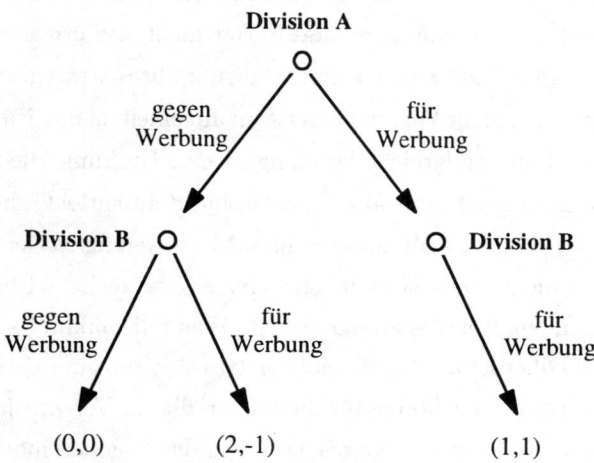

Abbildung 4.27: Die Finanzierung einer gemeinsamen Werbekampagne, wenn ein Versprechen vorliegt

Entscheidet sich Division A gegen die Durchführung einer Werbekampagne, dann wird Division B ebenfalls keine Kampagne starten. Wenn sich allerdings Division A für eine Werbekampagne ausspricht, kann sie aufgrund des Versprechens von Division B sicher sein, daß diese sich an den Werbeausgaben beteiligen wird. Da dies gegenüber dem ersten Fall zu einer Verbesserung für Division A führt, kommt bei Vorliegen eines Versprechens also eine für beide vorteilhafte Lösung zum Tragen.

Neben Versprechen sind Drohungen die zweite wesentliche Form aktiver bedingter strategischer Züge. Im Unterschied zu einem Versprechen kündigt eine Partei bei einer Drohung eine Reaktion an, mit der sie eine andere Partei bestraft, wenn diese eine nicht gewünschte Entscheidung trifft. Die zuerst agierende Partei wird nur dann nicht bestraft, wenn sie im Sinne der drohenden Partei handelt.

Genau wie bei einem Versprechen legt sich die aktive Partei auch bei einer Drohung auf eine Handlung fest, die sie außer zur Sanktionierung der anderen

Partei nicht ergreifen würde, da dies für sie mit Nachteilen behaftet ist. Ohne die Verpflichtung, die ausgesprochene Drohung durchzuführen, hätte die Partei keinen Anreiz, sich an ihre Drohung zu halten. Eine Drohung ist daher nur dann für die aktive Partei erfolgreich, wenn sie die Drohung nicht ausführen muß. Schlägt die Drohung fehl und handelt die agierende Partei nicht wie erwartet, dann hat die aktive Partei einen Nachteil aus der Durchführung ihres strategischen Zuges.

Im Unterschied zu einem Versprechen ist im allgemeinen die Stärke der Drohung ohne Bedeutung:[5] Eine erfolgreiche Drohung ist eine Drohung, die nicht ausgeführt werden muß. Wenn eine Partei also eine Drohung ausspricht, die über das Maß hinausgeht, das zu einer Verhaltensbeeinflussung notwendig ist, ist dies überflüssig, schadet aber auch nicht. Dies ist anders bei einem Versprechen: Ein Versprechen ist mit Kosten verbunden, wenn es erfolgreich ist. Wenn die ankündigte Belohnung für die andere Partei höher ist als die, die notwendig wäre, um eine Verhaltensänderung zu erzielen, dann ist dies nachteilig für die Partei, die ihr Versprechen erfüllen muß.

Betrachten wir zur Illustration einer Drohung das folgende modifizierte Beispiel der Finanzierung einer gemeinsamen Werbekampagne.

Die Finanzierung einer gemeinsamen
Werbekampagne, modifizierte Version _____

Aufgrund der Diversifikation des Unternehmens wurde eine der beiden Divisionen erst vor kurzem neu gebildet. In der Division A werden nun neuerdings Backöfen hergestellt, wohingegen in Division B seit längerem Kühlschränke produziert werden. Aufgrund der gemeinsamen Kundengruppen besteht die Möglichkeit einer gemeinsamen Werbekampagne.

Da sich Division A erst im Aufbau befindet und zur Zeit noch relativ unbedeutend ist, kann sie lediglich eine kleine Werbekampagne durchführen, von der allerdings Division B entsprechend wenig profitieren würde. Nur die sehr viel größere Division B ist in der Lage, eine größere Werbekampagne durchzuführen. In diesem Fall wäre ihr Vorteil aus einer solchen Kampagne größer als der für die kleinere Division.

	Division B	
	für Werbung	gegen Werbung
Division A für Werbung	1,3	-1,1
gegen Werbung	3,1	0,0

Abbildung 4.28: Die Finanzierung einer gemeinsamen Werbekampagne, modifizierte Version

Führt Division B eine eigene Werbekampagne durch oder beteiligt sich an einer gemeinsamen, so beträgt ihr Vorteil immer 5 Einheiten, während der für Division A nur bei 3 Einheiten liegt. Eine Werbekampagne, an der Division B beteiligt ist, kostet stets 4 Einheiten. Bei einer gemeinsamen Werbekampagne kann sie diese Kosten mit Division A teilen. Führt lediglich Division A eine eigene Werbekampagne durch, dann kostet sie das 2 Einheiten bei einem Vorteil aus der Werbung von 1 Einheit für beide Divisionen.

Da eine Investition in Werbemaßnahmen für Division B eine dominante Strategie ist, wird sich Division A gegen eine gemeinsame Imagekampagne entscheiden. So kann sie von der Werbewirkung der Division B ohne zusätzliche Kosten umfassend profitieren. Division B finanziert also in eine Werbung, die im vollen Umfang auch der anderen Division zugute kommt, allerdings ohne daß diese sich daran beteiligt.

In diesem Fall kann eine glaubwürdige Drohung von Division B ihr Dilemma lösen: Wenn sie glaubwürdig androhen kann, nur dann eine Werbekampagne durchzuführen, wenn sich die andere Division an den Kosten beteiligt, dann wird es zu einer gemeinsamen Imagewerbung kommen: Entscheidet sich Division A gegen die Durchführung einer Werbekampagne, dann wird sich auch Division B aufgrund der Drohung gegen eine Kampagne entscheiden, und keine der beiden Divisionen hat einen Vorteil. Würde sich allerdings Division A zur Durchführung einer Werbekampagne entschließen, wäre auch Division B für eine gemeinsame Imagewerbung.

In diesem Fall hätte Division A eine positive Auszahlung und würde einen Teil der Kosten einer gemeinsamen Werbekampagne tragen.

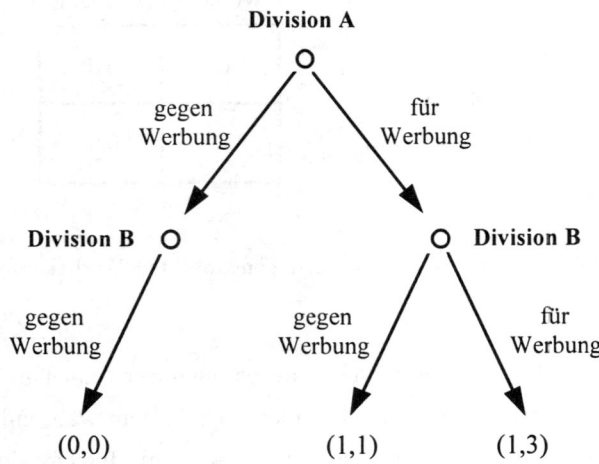

Abbildung 4.29:   Die gemeinsame Finanzierung einer Werbekampagne, wenn eine Drohung vorliegt

   Wie bei einem Versprechen legt sich auch bei einer Drohung die aktive Partei auf ein Verhalten fest, das sie ohne diesen strategischen Zug nicht wählen würde. Dieses Merkmal unterscheidet ein Versprechen von einer Beteuerung und eine Drohung von einer Warnung: Eine Beteuerung oder Warnung informiert eine andere Partei lediglich über die Konsequenzen ihres Handelns. Mit beiden Handlungen will eine Partei also verdeutlichen, wie sie auf das Handeln der anderen Partei reagieren wird. Beispielsweise ist diese Reaktion der warnenden Partei im Unterschied zu einer Drohung in ihrem eigenen Interesse. Auch ohne die Warnung würde die Partei so handeln. Aus diesem Grunde ändert eine Warnung die Erwartung über die Konsequenzen des eigenen Verhaltens nicht, führt also nicht zu einer Änderung des Verhaltens der anderen Parteien.

   Versprechen und Drohungen können in einer Konfliktsituation auch gemeinsam auftreten. Wenn wir unser letztes Beispiel so abändern, daß auch Division B einen Vorteil von 5 Einheiten aus einer individuellen Werbekampagne der Division A hat, dann ergibt sich folgendes Bild:

Division B

		für Werbung	gegen Werbung
Division A	für Werbung	1,3	-1,5
	gegen Werbung	3,1	0,0

Abbildung 4.30:   Die gemeinsame Finanzierung einer Werbekampagne, zweite modifizierte Version

In dieser Situation hat Division A eine dominante Strategie, nämlich sich gegen die Durchführung einer Werbekampagne zu entscheiden. Division B wird sich entsprechend für eine individuelle Werbekampagne entscheiden. Das einzig strategisch stabile Verhalten führt also zu einem Vorteil von 3 Einheiten für Division A und einem Vorteil von 1 Einheit für Division B.

Eine isolierte Drohung von Division B, keine Werbekampagne durchzuführen, würde hier das Verhalten der anderen Division nicht verändern: Würde sich Division A für eine Werbekampagne entscheiden, müßte sie damit rechnen, daß sich nun Division B ihrerseits gegen eine gemeinsame Imagewerbung ausspricht. In diesem Fall hätte Division A einen Nachteil von 1 Einheit gegenüber zumindest 0 Einheiten bei einer Entscheidung gegen eine Werbekampagne.

Eine Drohung gekoppelt mit einem Versprechen kann jedoch für Division B zu einem besseren Ausgang der Konfliktsituation führen: Division B droht, keine Werbekampagne durchzuführen, wenn sich Division A gegen eine Beteiligung aussprechen würde. Sollte Division A aber eine positive Entscheidung für die Kampagne treffen, verspricht Division B ihrerseits ihre Beteiligung. Kann Division B dies glaubwürdig ankündigen, dann wird eine gemeinsame Imagewerbung für das gesamte Unternehmen durchgeführt. Im Vergleich zum bisherigen Ausgang der Konfliktsituation verliert Division A 2 Einheiten und Division B gewinnt 2 Einheiten dazu.

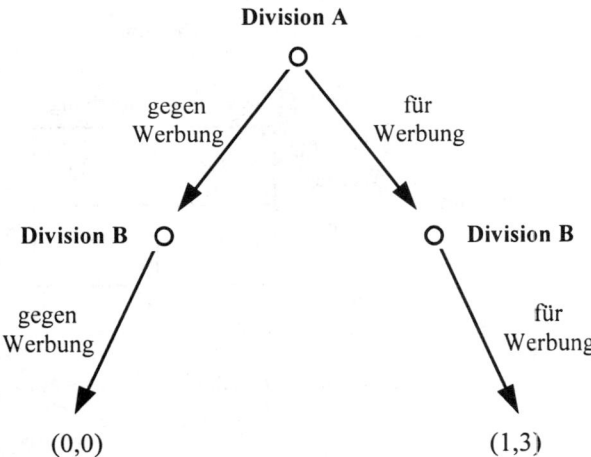

Abbildung 4.31:   Die gemeinsame Finanzierung einer Werbekampagne, wenn eine Drohung und ein Versprechen vorliegen

4.3.3   Abwarten, was der Andere tut

Die bisher betrachteten strategischen Züge einer Partei waren immer dadurch gekennzeichnet, daß diese Partei mit ihrem Handeln einer anderen Partei in der Konfliktsituation zuvorkommen will. In gewissen Konfliktsituationen kann es jedoch auch von Vorteil sein, nicht aktiv in den Konfliktverlauf einzugreifen, sondern einer anderen Partei die Initiative zu überlassen. Mit einem solchen passiven bedingten strategischen Zug schränkt eine Partei ihren eigenen Handlungsspielraum nicht a priori ein. Vielmehr ermöglicht sie der anderen Partei, selbst einen strategischen Zug zu wählen. Das Festlegen der anderen Partei auf ein gewisses Verhalten kann die passive Partei nutzen, um geeignet auf das Handeln der anderen Partei zu reagieren. Sie kann so den Ausgang der Konfliktsituation zu ihrem Vorteil gestalten.

Betrachten wir zur Illustration dieses passiven bedingten strategischen Zuges das bereits erwähnte Beispiel der Vergabe von Zuschüssen zu Forschungsprojekten mit der folgenden Modifikation bei der Entscheidung des Auswahlkomitees über die Vergabe ihres Gesamtbudgets: Wenn die beiden Forschungsteams Projekte vorschlagen, die gleichermaßen gut bewertet werden, dann ist die Vergabe der

Projektgelder von den bisher abgeschlossenen Projekten abhängig. Da sich das Forschungsteam 1 in der Vergangenheit durch eine bessere Projektarbeit ausgezeichnet hat als Team 2, wird in diesem Fall das Budget in einem Verhältnis von 3:2 zum Vorteil von Forschungsteam 1 vergeben. Ansonsten entspricht die Aufteilung des Budgets den bisherigen Annahmen. Unter Beibehaltung der möglichen Investition von 9 bzw. 2 Einheiten für das Erreichen eines guten bzw. mäßigen Projekterfolgs ergibt sich somit die folgende modifizierte Konfliktsituation:

<table>
<tr><td></td><td></td><td colspan="2">Forschungs-
team 2</td></tr>
<tr><td></td><td></td><td>wenig
Aufwand</td><td>viel
Aufwand</td></tr>
<tr><td rowspan="2">Forschungs-
team 1</td><td>wenig
Aufwand</td><td>16,10</td><td>8,11</td></tr>
<tr><td>viel
Aufwand</td><td>11,8</td><td>9,3</td></tr>
</table>

Abbildung 4.32: F&E-Aufwendungen und deren Nutzen, modifizierte Version

In dieser Situation existiert kein Gleichgewicht in reinen Strategien: Wenn Forschungsteam 1 einen hohen Aufwand betreibt, dann ist es für Team 2 vorteilhaft, wenig zu investieren. Dann allerdings würde Team 1 wenig investieren, um seine Reputation vor dem Auswahlkomitee zu nutzen. Bei einem geringen Aufwand von Team 1 ist nun aber die Alternative, selbst viel Aufwand zu betreiben, für Team 2 vorteilhaft. Wenn dies allerdings vom anderen Team antizipiert wird, würde sich auch das Forschungsteam 1 für die Durchführung eines hohen Aufwands entscheiden, um sich so einen zusätzlichen Vorteil von 1 Einheit zu sichern.

Angenommen, eine Partei würde in dieser Konfliktsituation zuerst einen unbedingten Zug machen, etwa weil sie das Zuteilungsverfahren beschleunigen möchte. Dann kann die andere Partei dieses Verhalten immer zu ihrem Vorteil und zum Nachteil der zuerst agierenden Partei ausnutzen. In dieser Konfliktsituation ist es also von Vorteil für eine Partei, wenn sich die andere Partei zuerst auf ein Verhalten festlegt. Gelingt dies beispielsweise Forschungsteam 1, kann es das maximal

mögliche Budget von 16 Einheiten erreichen. Vergleicht man dies mit der zu erwartenden Auszahlung in der Situation mit unabhängigen Entscheidungen - im
gemischten Gleichgewicht wählt Team 1 mit Wahrscheinlichkeit $\frac{5}{6}$ wenig Aufwand
und Team 2 mit Wahrscheinlichkeit $\frac{5}{6}$ viel Aufwand - dann sind dies zusätzliche $6\frac{2}{3}$
Einheiten mehr für Team 1.

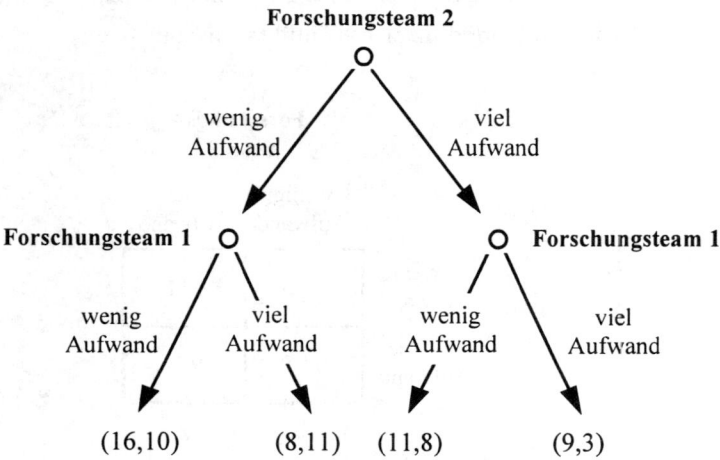

Abbildung 4.33:   F&E-Aufwendungen und deren Nutzen bei sequentieller Interdependenz, modifizierte Version

Neben der Möglichkeit, einen unbedingten ersten Zug einer anderen Partei zum
eigenen Vorteil zu nutzen, muß das Zulassen eines bedingten strategischen Zuges
einer anderen Partei differenzierter betrachtet werden. Es ist immer vorteilhaft,
der anderen Partei die Möglichkeit zu geben, eine Belohnung zu versprechen, so
etwa in unserem Beispiel des Gefangenendilemmas. Ein Versprechen belohnt eine
Partei ja immer dafür, daß sie vom ursprünglichen strategisch stabilen Verhalten
abweicht. Hingegen ist es nie vorteilhaft, wenn eine Partei zuläßt, daß eine andere
Partei eine Drohung ausspricht. Das Verhalten, das die andere Partei hier verlangt,
kann die Partei ja immer auch freiwillig ergreifen.

4.3.4   Die Rolle der Glaubwürdigkeit

Strategische Züge zielen darauf ab, die Erwartungen anderer Konfliktparteien zu verändern. Eine Partei, die beispielsweise eine Drohung ausspricht, versucht damit, das Verhalten einer anderen Partei zu ihren eigenen Gunsten zu ändern. Sie kündigt dabei bewußt eine Reaktion auf ein für sie unerwünschtes Verhalten der anderen Partei an, die sie ohne diese Drohung nie zeigen würde. Die andere Partei wird aber nur dann die Drohung berücksichtigen, wenn sie davon ausgeht, daß die drohende Partei auch tatsächlich ihre Drohung wahrmachen wird.

Die drohende Partei kann nur dann das Verhalten einer anderen Partei zu ihrem Vorteil beeinflussen, wenn sie ihren strategischen Zug glaubwürdig kommunizieren kann. Das bloße Aussprechen einer Drohung ist hier zu wenig. Wenn die Partei ihre Drohung ohne weiteres zurückziehen kann, dann bleibt diese ohne Wirkung. Die drohende Partei schadet sich ja selbst, wenn sie die Drohung wahrmacht, ohne daran gebunden zu sein.

Eine Kommunikation, die den strategischen Zug glaubwürdig unterstützen soll, erfordert daher mehr als nur eine verbale Kommunikation. Die anderen Parteien müssen eindeutige Klarheit darüber haben, daß die Ankündigung der aktiven Partei tatsächlich glaubwürdig ist. Um eine entsprechende Glaubwürdigkeit herzustellen, muß eine Partei zunächst einmal Handlungen vornehmen, die die Durchführung des strategischen Zuges sichern. Nur dann kann die andere Partei davon ausgehen, daß die Ankündigungen der aktiven Partei auch umgesetzt werden. Glaubwürdigkeit in diesem Sinne erfordert eine Selbstbindung der Partei an ihren strategischen Zug. Darüber hinaus muß diese Selbstbindung auch kommuniziert werden.

Anhand der Finanzierung einer gemeinsamen Werbekampagne sollen verschiedene Möglichkeiten diskutiert werden, wie sich eine Partei glaubwürdig an einen strategischen Zug binden kann. Welche dieser Möglichkeiten in einer konkreten Konfliktsituation wirkungsvoll ist, hängt von den Rahmenbedingungen dieser Situation ab.

Der Abschluß eines Vertrages zwischen den Parteien ist eine einfache Form, eine Selbstbindung zu erreichen. Man vereinbart in diesem Vertrag, daß ein Abweichen von der Ankündigung, die mit dem strategischen Zug verbunden ist, für die Partei mit einer Strafe verbunden ist. Betrachten wir hierzu das obige Kooperationsdilemma bei der Finanzierung einer gemeinsamen Werbekampagne. Wenn Division

B ihr Versprechen, in eine gemeinsame Werbekampagne zu investieren, vertraglich festhält, dann wäre mit der Nichteinhaltung dieses Versprechens eine Vertragsstrafe verbunden. Übersteigt diese den Vorteil, den die Division aus einem Vertragsbruch hat, dann hat sie keinen Anreiz, ihr Versprechen zu brechen. In unserem Beispiel müßte die Strafe also mindestens 2 Einheiten betragen.

Bei einer vertraglichen Lösung stellt sich die Frage nach der Durchsetzbarkeit des Vertrags. Einerseits muß eine Partei, die der Vertragsbeziehung neutral gegenüber steht, für die Einhaltung und Durchsetzung des Vertrags zuständig sein. Sie darf kein persönliches Interesses daran haben, ob der Vertrag erfüllt oder gebrochen wird. Zudem muß ein Vertragsbruch nachweisbar sein. Die Schiedspartei muß immer richtig urteilen. Andererseits dürfen die Kosten, die bei einem Vertragsbruch für die klagende Partei entstehen, nicht die Vertragsstrafe überschreiten. Sonst würde sie trotz Vertrag nicht auf die Vertragserfüllung bestehen.

Die Reputation einer Partei kann ebenfalls die Glaubwürdigkeit eines strategischen Zuges garantieren. Ist hier die Durchführung der angekündigten Reaktion an die Reputation der Partei gebunden, dann würde sie im Falle eines abweichenden Verhaltens ihre Reputation verlieren. Betrachten wir wieder Division A, die sich im Vorfeld verpflichtet hat, eine gemeinsame Werbekampagne durchzuführen. Angenommen, dieses gemeinsame Projekt ist nicht das einzige zwischen den beiden Divisionen, sondern es wird auch in Zukunft wiederholt die Frage eines gemeinsamen Vorgehens geben, von dem beide Divisionen profitieren könnten. Wenn nun Division A ihr Versprechen nicht einhält, führt dies zu einem Vertrauensverlust seitens Division B. In einer nächsten ähnlichen Situation wird sie sich dann auf das Versprechen der anderen Division nicht mehr verlassen. Die möglichen Kooperationsgewinne aus einer gemeinsamen zukünftigen Arbeit würden also nicht in dem Umfang realisiert, der grundsätzlich möglich wäre. Übersteigen die langfristigen Nachteile aus einem Vertragsbruch für Division A ihren kurzfristigen Vorteil aus einem solchen Verhalten, dann hat sie keinen Anreiz, ihr Versprechen zu brechen. Vielmehr wird sie in ihre Reputation und Glaubwürdigkeit investieren.

Eng verbunden mit dem Aufbau von Vertrauen ist ein Vorgehen in kleinen Schritten: Ein Konfliktgegenstand wird in mehrere kleine Teilkonfliktgegenstände aufgeteilt. Dadurch verringern sich die Konsequenzen aus jeder einzelnen Teilinteraktion. Entsprechend reduziert sich auch der Nachteil, der einer Partei aus dem Einlösen ihres Versprechens entsteht. Dadurch erhöht sich das Vertrauen der anderen Partei in ihr Versprechen. Ihr Versprechen wird glaubwürdiger. Nehmen wir zur Illustration an, daß die Entscheidung für oder gegen eine gemeinsame Werbekampagne in mehrere Teilentscheidungen gegliedert werden kann, wobei mit jeder einzelnen Teilentscheidung geringere Vorteile mit der Nichteinhaltung eines Versprechens verbunden sind. Dann können die beiden Divisionen schrittweise vorgehen und sich sukzessive über die einzelnen Teilentscheidungen abstimmen. Da für jede kleinere Teilentscheidung der Vorteil aus einem Vertrauensbruch gering ist, wird so der Anreiz reduziert, in den jeweiligen Teilschritten nicht miteinander zu kooperieren. Jede Partei wird so möglicherweise bereit sein, für die einzelne Teilentscheidung eine geringe Investition zu leisten, um gegenseitiges Vertrauen aufzubauen. Sukzessive kann so eine kooperative beiderseitige Entscheidung für eine gemeinsame Werbekampagne induziert werden.

Eine weitere Möglichkeit, einen strategischen Zug glaubwürdig zu übermitteln, besteht darin, die angekündigte Reaktion durch eine unterstützende Handlung unumgänglich zu machen. Diese unterstützende Handlung kann die Form einer Vorabinvestition oder einer Desinvestition haben. In beiden Fällen entstehen der Partei zusätzliche Kosten, wenn sie die angekündigte Reaktion nicht tatsächlich ausführt. Betrachten wir hierzu das Beispiel, in dem Division B unabhängig von der Entscheidung der Division A stets eine Werbekampagne durchführen wird. Ihre Drohung, nur dann eine Werbekampagne durchzuführen, wenn sich die andere Division an den Kosten beteiligt, kann sie glaubwürdig machen, wenn sie keinen Vorteil aus einer eigenen Kampagne hätte:

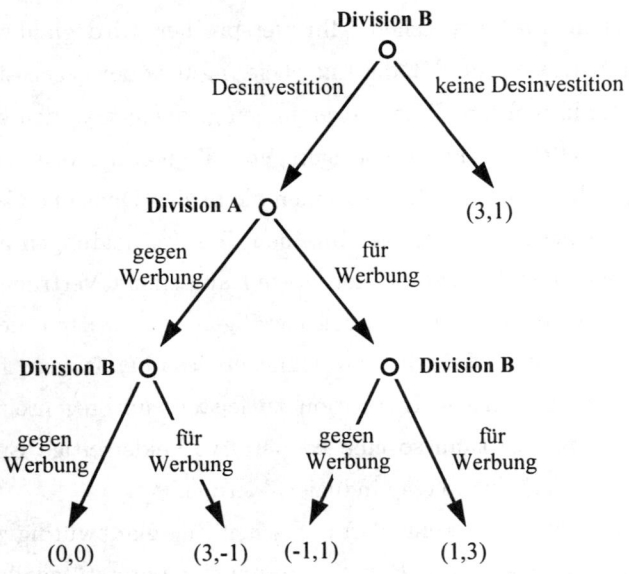

Abbildung 4.34:   Die gemeinsame Finanzierung einer Werbekampagne, wenn eine Drohung mit unterstützendem Schritt vorliegt

Im Unterschied zur bisherigen Situation führt der unterstützende Schritt der Division B zu einer negativen Auszahlung von 1 Einheit, wenn die Division allein eine Werbekampagne durchführt. Diese zusätzliche Handlung macht die ausgesprochene Drohung glaubwürdig. Sollte sich Division A nicht für eine Werbekampagne entscheiden, dann wird auch Division B aufgrund ihrer Desinvestition keine Kampagne durchführen. Ein solcher unterstützender Schritt kann beispielsweise darin bestehen, daß Division B ihren Vertrag mit der Werbeagentur, die bisher für die Durchführung der eigenen Werbekampagnen zuständig war, auflöst.

4.4 Strategische Züge und die Aufdeckung von Information

Im letzten Abschnitt haben wir strategische Züge in Situationen untersucht, in denen die Parteien zwar möglicherweise nicht über alle Entscheidungen der anderen Parteien informiert waren, jedoch vollständige Information über die Rahmenbedingungen der Konfliktsituationen hatten. In diesem Abschnitt untersuchen wir nun strategische Züge in Konfliktsituationen mit unvollständiger Information.

Eine Partei, die einen Informationsvorsprung gegenüber einer anderen Partei hat, wird versuchen, diesen Vorsprung zu ihrem Vorteil zu nutzen und ihre eigenen Interessen in der Konfliktsituation strategisch durchzusetzen. Andererseits wird sich eine schlechter informierte Partei bemühen, die ihr fehlenden Informationen durch entsprechende strategische Züge in Erfahrung zu bringen. Das Ausmaß der Informationsasymmetrie hat daher einen wesentlichen Einfluß auf die Manifestation der kooperativen oder konkurrierenden Interessen der Konfliktparteien und somit auf den Verlauf der Konfliktsituation.

Inwieweit eine Konfliktpartei ihren Informationsvorsprung gegenüber uninformierten Parteien strategisch nutzen kann, ist wesentlich von der Art der Information abhängig. Wir unterscheiden hier zwischen **verifizierbarer Information** und **nicht-verifizierbarer Information**: Information ist verifizierbar, wenn sie überprüft werden kann, sobald man sie erhalten hat. Der Beschluß des Vorstands über den Bau eines neuen Werks ist beispielsweise eine verifizierbare Information. Anhand des Sitzungsprotokolls kann eindeutig festgestellt werden, ob das Werk gebaut wird oder nicht.

Andere Informationen sind hingegen nicht verifizierbar, d.h. sie können nicht überprüft werden. So kann ein Vorgesetzter beispielsweise nicht mit Sicherheit sagen, ob sein Mitarbeiter Kopfschmerzen hat oder dies nur behauptet, um nicht zur Arbeit erscheinen zu müssen. Diese Informationen sind für ihn wichtig, wenn er seinen Mitarbeiter anläßlich des jährlichen Mitarbeitergesprächs beurteilen muß. Die privaten Informationen des Mitarbeiters sind hier nicht verifizierbar, da der Vorgesetzte eine entsprechende Erklärung des Mitarbeiters nicht unmittelbar auf ihren Wahrheitsgehalt hin überprüfen kann. In solchen Fällen wird der Vorgesetzte versuchen, aus anderen Handlungen des Mitarbeiters Rückschlüsse auf dessen private Informationen zu ziehen.

In Konfliktsituationen, in denen eine Partei nicht-verifizierbare private Informationen besitzt, unterscheiden wir zwischen den beiden folgenden strategischen Zügen:

Einerseits kann die informierte Partei versuchen, durch ihr Handeln der uninformierten Partei ihre privaten Informationen zu signalisieren. Ein Signalisieren findet statt, wenn die informierte Partei durch ihr Verhalten ihre Informationen der uninformierten Partei mitteilen kann. In diesem Fall ergreift also die informierte Partei die Initiative. In der spieltheoretischen Literatur werden solche Konfliktsituationen **Signalisierspiele** genannt.

Andererseits kann aber auch die uninformierte Partei versuchen, durch ihr Handeln die informierte Partei zu einem Verhalten zu veranlassen, das deren private Informationen enthüllt. Die uninformierte Partei handelt also zuerst und versucht so, frühzeitig die privaten Informationen zu erhalten, damit sie diese im weiteren Konfliktverlauf zu ihrem Vorteil nutzen kann. In der spieltheoretischen Literatur werden solche Konfliktsituationen als **Screeningspiele** bezeichnet.

4.4.1   Information freiwillig preisgeben

Betrachten wir zunächst anhand eines Beispiels eine Konfliktsituation, in der eine Partei private Informationen besitzt, die von den anderen Konfliktparteien verifizierbar sind, sobald sie von diesen Kenntnis haben.

Die Besetzung einer neuen Stelle ——————————————————

Ein Versicherungsunternehmen hat die Stelle eines regionalen Verkaufsleiters ausgeschrieben. Er soll eine Gruppe von Außendienstmitarbeitern führen und für den kontinuierlichen Ausbau der Vertriebskapazitäten sorgen. Das Unternehmen erwartet von einem Bewerber gute Kenntnisse im Erstversicherungsgeschäft.

Angenommen, es wäre möglich, die Kenntnisse eines Bewerbers auf allen Gebieten des Versicherungsgeschäfts in einer eindimensionalen Skala zu positionieren. Betrachten wir einen Stellenanwärter. Der Bewerber weiß, wie seine Kenntnisse einzuordnen sind: Er hat beispielsweise eine Ausbildung als Versicherungsfachwirt absolviert und danach drei Jahre als Außendienstmitarbeiter in einem anderen Versicherungsunternehmen gearbeitet. Beides kann er belegen. Das Abschlußzeugnis der Fachhochschule bescheinigt ihm seine allgemeinen Kenntnisse des Versicherungsgeschäfts, seinen Erfolg im derzeitigen Unternehmen kann er durch eine Reihe von Auszeichnungen ausweisen.

Der Personalleiter des Versicherungsunternehmens, der für die Einstellung des neuen Verkaufsleiters zuständig ist, kennt das Fachwissen eines Bewerbers nicht. Er weiß aber, daß der Bewerber weiß, welche Kenntnisse er im Versicherungsgeschäft besitzt. Der Bewerber hat also private Informationen. Wir nehmen an, daß eine Falschauskunft des Bewerbers bezüglich seiner Kenntnisse nach einer Anstellung offenkundig würde und er dann aufgrund dessen seine Position wieder verlöre. Allerdings hat das Versicherungsunternehmen keine Möglichkeit, einem Bewerber zu kündigen, der nicht in vollem Umfang über seine Kenntnisse Auskunft erteilt.

Unter diesen Umständen können wir davon ausgehen, daß es eine strategisch stabile Strategie für jeden Bewerber ist, freiwillig und wahrheitsgetreu seine Kenntnisse im Versicherungswesen offenzulegen, unabhängig davon, welche spezifischen Kenntnisse er tatsächlich hat. Betrachten wir hierzu einen Bewerber mit maximal möglichen Kenntnissen: Natürlich wird dieser Bewerber seine Kenntnisse offenlegen. Er wird hierzu dem Personalleiter entsprechende Referenzen vorlegen. Dies verbessert seine Aussichten auf eine Anstellung um ein Vielfaches. Der Bewerber hat zudem keinen Anreiz, falsche Informationen über seine Kenntnisse zu geben und das Risiko einer Kündigung einzugehen, da er ja die bestmöglichen Kenntnisse besitzt. Der Bewerber hat auch kein Interesse, Kenntnisse zu verschweigen. Dadurch würden sich nur seine hervorragenden Chancen reduzieren, die Stelle zu bekommen. Der Bewerber mit maximalen Kenntnissen wird also wahrheitsgetreu und freiwillig seine privaten Informationen preisgeben.

Betrachten wir nun einen Bewerber, der die zweitbesten Kenntnisse für die Stelle mitbringt, die möglich sind. Zunächst können wir argumentieren, daß auch er seine Kenntnisse bei der Bewerbung nicht verschweigen wird: Er hätte nur dann einen Anreiz, seine Kenntnisse nicht aufzudecken, wenn er davon ausgehen könnte, daß der Personalleiter ihn daraufhin als einen Bewerber mit maximalen Kenntnissen einstufen würde. Im Gleichgewicht kann er davon aber nicht ausgehen, da ein

Bewerber mit maximalen Kenntnissen seine privaten Informationen auf jeden Fall wahrheitsgetreu und freiwillig aufdecken würde. Nichts über seine Kenntnisse zu sagen bedeutet also, daß der Personalleiter davon ausgeht, daß der Bewerber auch viel geringere Kenntnisse haben könnte als er tatsächlich hat. Um dem zuvorzukommen wird daher auch der zweitbeste Bewerber seine Versicherungskenntnisse darlegen. Er wird dies wahrheitsgetreu tun, da diese Information verifizierbar ist und er ansonsten das Risiko einer Kündigung eingeht.

Die Argumentation für den nächstbesten Bewerber ist analog bis zum zweitschlechtesten Bewerber, der ebenfalls seine Kenntnisse über das Versicherungsgeschäft wahrheitsgetreu und freiwillig aufdecken wird. Nur für den am schlechtesten qualifizierten Bewerber ist es egal, ob er seine Kenntnisse offenlegt oder nicht: In beiden Fällen kann der Personalleiter im Gleichgewicht auf seine Kenntnisse schließen.

Die Logik dieser Überlegungen können wir allgemein wie folgt zusammenfassen: Eine Partei, die in einer Konfliktsituation für sie vorteilhafte Informationen besitzt, wird diese freiwillig preisgeben, da sie sich dadurch gegenüber Typen, die unvorteilhaftere Informationen haben, hervorheben kann.

Für dieses Ergebnis ist es nicht von Bedeutung, ob die privaten Informationen unmittelbar verifiziert werden können oder erst im Laufe der Interaktion überprüfbar sind. Wenn es für die Besetzung einer Stelle von Bedeutung ist, ob die Bewerberin Kinder haben möchte, dann kann der Personalleiter dies im Bewerbungsgespräch nicht unmittelbar überprüfen. Eine Bewerberin könnte also immer vorgeben, kinderlos bleiben zu wollen. Da aber der Arbeitgeber im Laufe der Betriebszugehörigkeit den Wahrheitsgehalt dieser Aussage verifizieren könnte, würde bereits im Bewerbungsgespräch jede Bewerberin freiwillig und wahrheitsgetreu ihre privaten Informationen über ihren Kinderwunsch preisgeben, wenn der Arbeitgeber ihr aufgrund einer falschen Aussage kündigen könnte. Hat er allerdings keine Möglichkeiten, eine falsche Aussage der Mitarbeiterin zu sanktionieren, dann ist die Beteuerung, keine Kinder zu wollen, nicht mehr glaubwürdig. Entweder werden Bewerberinnen daher keine Auskünfte über ihren Kinderwunsch geben, oder ihre Auskunft übermittelt keine Information mehr für den Arbeitsgeber. Eine entsprechende Frage des Personalleiters wäre in diesem Zusammenhang sinnlos.

Neben der Verifizierbarkeit der Information setzt unser obiges Ergebnis aber voraus, daß die Partei, die die privaten Informationen besitzt, sich der Relevanz dieser Informationen bewußt ist. Angenommen, für die Besetzung einer Stelle sei der Gesundheitszustand des Bewerbers wesentlich, dem Arbeitgeber sei es jedoch gesetzlich verboten, den Bewerber danach zu fragen. Wenn solche Bewerber, die keinen schlechten Gesundheitszustand haben, diese gesetzlichen Regelungen kennen, dann werden sie ihre privaten Informationen freiwillig aufdecken, wenn sie verifizierbar sind: Der Bewerber, der die beste Gesundheit besitzt, wird einen medizinischen Test durchführen und diese Informationen offenlegen. Wie oben argumentiert, wird dies auch der Bewerber tun, der eine etwas schlechtere Gesundheit hat, usw. In diesem Fall ist also die gesetzliche Regelung, Bewerber nicht nach ihrer Gesundheit zu fragen, völlig irrelevant. Jeder Bewerber wird dem Arbeitgeber freiwillig seinen Gesundheitszustand darlegen. Dies gilt allerdings nur dann, wenn die Bewerber mit einer guten Gesundheit diese gesetzliche Regelung und die Relevanz der Gesundheit für die zu besetzende Stelle kennen.

Dieses Beispiel zeigt auch, daß es Situationen gibt, in denen eine Partei entscheiden kann, ob sie private Informationen erwerben und preisgeben will. Ein Bewerber, der keinen medizinischen Test durchgeführt hat, kennt seinen Gesundheitszustand nicht genau und wird bei entsprechenden Konsequenzen für eine falsche Behauptung eher überhaupt keine Auskunft geben. Aus dem Umstand, daß ein Bewerber zu einem gewissen Sachverhalt keine Auskünfte gibt, kann also nicht unmittelbar geschlossen werden, daß seine privaten Informationen unvorteilhaft sind und er sie deshalb verschweigt. Die anderen Konfliktparteien wissen deshalb nicht, ob die Partei keine Informationen gibt, weil diese für sie nachteilig sind oder weil sie die Informationen überhaupt nicht besitzt. In solchen Fällen ist unser Ergebnis, daß vorteilhafte private verifizierbare Informationen freiwillig und wahrheitsgetreu preisgegeben werden, nur eingeschränkt gültig. Das folgende Beispiel illustriert dies:

Zur Vereinfachung nehmen wir an, daß ein Bewerber entweder einen guten oder einen schlechten Gesundheitszustand haben kann. Die Aussichten für einen Bewerber, die Stelle zu erhalten, sind bei einem guten Gesundheitszustand besser als bei einem schlechten. Insbesondere nehmen wir an, daß der Arbeitgeber bei Kenntnis des Gesundheitszustandes einen gesunden Bewerber mit Sicherheit einstellt, hingegen einen kranken Bewerber nur mit einer Wahrscheinlichkeit von 80%. Die ausgeschriebene Stelle habe daher für einen gesunden Bewerber einen erwarteten Wert von 100 Einheiten und für einen kranken Bewerber von 80 Einheiten. Der Arbeitgeber hat allerdings keine Möglichkeiten, die Informationen über den Gesundheitszustand des Bewerbers direkt zu erlangen. Lediglich der Bewerber kann durch einen medizinischen Test, dessen Kosten er selbst zu tragen hat, über seinen Gesundheitszustand genaue Kenntnis erlangen und dem Arbeitgeber das medizinische Gutachten vorlegen. Ohne Gutachten kann der Arbeitgeber nicht auf den Gesundheitszustand des Bewerbers schließen.

Im folgenden wollen wird die perfekten Bayesianischen Gleichgewichte in dieser Konfliktsituation analysieren. Wir gehen dabei davon aus, daß 50% der Bewerber einen guten Gesundheitszustand haben, während bei der anderen Hälfte bei einer Untersuchung ein schlechter Gesundheitszustand festgestellt würde. Ferner nehmen wir an, daß die eine Hälfte der Bewerber hohe Kosten für die Durchführung des medizinischen Tests hat, die andere Hälfte niedrige Kosten. Dies kann beispielsweise durch eine unterschiedliche Krankenversicherung der Fall sein. Dieser Sachverhalt ist allgemein bekannt. Die absolute Höhe dieser Kosten wollen wir noch offen lassen. Vielmehr wollen wir zeigen, wie sich in Abhängigkeit von dieser Größe verschiedene Gleichgewichte ergeben können.

Zunächst untersuchen wir, unter welchen Bedingungen ein Gleichgewicht existiert, in dem alle Bewerber bereit sind, die Kosten für den medizinischen Test zu tragen und das Ergebnis des Tests ihrem potentiellen Arbeitsgeber mitzuteilen: In einem solchen Gleichgewicht geht also der Arbeitgeber davon aus, daß jeder Bewerber einen medizinischen Test durchführt. Gibt ein Bewerber keine Information über seinen Gesundheitszustand, wird der Arbeitgeber demnach auf eine schlechte Gesundheit schließen. Der freiwilligen Aufdeckung der privaten Informationen eines Bewerbers liegen folgende Überlegungen zugrunde: Ein Bewerber, der gesund ist und dies offenbart, hat einen Vorteil von 100 Einheiten. Ein Bewerber, der feststellt, daß er krank ist, erhält lediglich einen Vorteil von 80 Einheiten. Da nun ein Bewerber vor der genauen Ermittlung seines Gesundheitszustands 90 Einheiten erwarten kann,[6] hat er einen Vorteil aus den Informationen über seinen Gesundheitszustand: Wenn er nämlich keinen Test macht, geht der Arbeitgeber von einem schlechten Gesundheitszustand aus und der Bewerber kann aufgrund dieser Einschätzung des Arbeitgebers nur mit 80 Einheiten rechnen. Dies ist aber weniger als das, was er vor der Ermittlung seines Gesundheitszustandes erwarten konnte. Die Informationen über seinen Gesundheitszustand haben also einen Wert von 10 Einheiten. Daher kann dieses Gleichgewicht aber nur dann existieren, wenn die Kosten für den medizinischen Test für jeden Bewerber nicht größer als 10 Einheiten sind. Ist dies nicht der Fall und hat nur ein Bewerber höhere Kosten, gibt es in dieser Konfliktsituation kein perfektes Bayesianisches Gleichgewicht, in dem alle Bewerber die Kosten für den medizinischen Test tragen und das Ergebnis des Tests ihrem potentiellen Arbeitsgeber mitteilen.

Wir können auch untersuchen, ob unter gewissen Kostenkonstellationen ein Gleichgewicht existiert, indem nur ein Teil der Bewerber einen medizinischen Test durchführen läßt. Nehmen wir also an, daß in einem Gleichgewicht nur die Bewerber mit den niedrigen Kosten einen Test machen. Da bei diesem Test nur die Hälfte der untersuchten Bewerber einen guten Gesundheitszustand hat, wird folgendes Verhalten zu beobachten sein: $\frac{1}{4}$ aller Bewerber werden ein medizinisches Gutachten vorlegen, das ihre Gesundheit bescheinigt. $\frac{3}{4}$ aller Bewerber werden kein Gutachten vorlegen. Davon sind $\frac{1}{3}$ über ihren schlechten Gesundheitszustand informiert, $\frac{1}{3}$ über ihren schlechten Gesundheitszustand nicht informiert und $\frac{1}{3}$ über ihren guten Gesundheitszustand uninformiert. Der Arbeitgeber kann also aufgrund der Tatsache, daß ein Bewerber keine Auskunft über seine Gesundheit gibt, keinen eindeutigen Rückschluß auf dessen Gesundheitszustand ziehen. Dennoch sollte er aufgrund der Verschwiegenheit eines Bewerbers seine Einschätzungen über dessen Gesundheit ändern: Wenn er ursprünglich davon ausging, daß die Hälfte der Bewerber gesund ist, so sollte er diese Einschätzung auf $\frac{1}{3}$ ändern. Legt nämlich ein Bewerber kein Gutachten vor, dann ist nach der Regel von Bayes die Wahrscheinlichkeit, daß er einen guten Gesundheitszustand hat - und zusätzlich hohe Kosten für den Test - $\frac{1}{3}$. Der Wert, den der Arbeitgeber einem Bewerber zumißt, der keine Auskunft über seine Gesundheit gibt, ist somit $86\frac{2}{3}$.[7] Ein Bewerber mit niedrigen Kosten kann also bei Durchführung eines medizinischen Tests entweder mit 100 Einheiten oder $86\frac{2}{3}$ Einheiten rechnen, im Durchschnitt also mit $93\frac{1}{3}$ Einheiten. Hiervon sind seine Kosten abzuziehen. Somit wird er genau dann einen Test durchführen lassen, wenn dieser Vorteil von $93\frac{1}{3}$ Einheiten den Wert übersteigt, den er ohne ein Gutachten erzielen könnte, also $86\frac{2}{3}$. Ein Gleichgewicht, indem nur die Hälfte der Bewerber einen medizinischen Test durchführt, existiert also nur dann, wenn deren Kosten geringer sind als $6\frac{2}{3}$ Einheiten und die Kosten der anderen Bewerber mehr als $6\frac{2}{3}$ Einheiten betragen. Unter diesen Umständen wird nur $\frac{1}{4}$ der Bewerber den Arbeitgeber freiwillig über ihren Gesundheitszustand informieren.

Zum Abschluß werden wir noch ein perfektes Bayesianisches Gleichgewicht untersuchen, in dem kein Bewerber ein medizinisches Gutachten vorlegt: In diesem Fall würde der Arbeitgeber jedem Bewerber einen durchschnittlichen Wert von 90 Einheiten zahlen. Würde sich ein Bewerber dennoch zur Durchführung eines medizinischen Test entschließen, dann könnte er mit einer Bezahlung von entweder 100 oder 90 Einheiten rechnen. Im ersten Fall würde der Test seine Gesundheit bescheinigen, im zweiten Fall seine Krankheit, die er dem Arbeitgeber nicht mitteilen würde. Er kann also im Durchschnitt mit einem Vorteil von 95 Einheiten rechnen. Es lohnt sich daher für einen Bewerber nicht, einen medizinischen Test durchführen zu lassen, wenn seine Kosten für den Test mehr als 5 Einheiten betragen. Ein Gleichgewicht, in dem kein Bewerber einen Test durchführt, existiert also nur dann, wenn die Kosten für jeden Bewerber mehr als 5 Einheiten betragen.[8]

4.4.2   Andere imitieren und sich von Anderen distanzieren

Bisher sind wir davon ausgegangen, daß die privaten Informationen der informierten Partei in einer Konfliktsituation verifizierbar sind, sobald diese aufgedeckt wurden. Wir haben gesehen, daß eine informierte Partei in solchen Situationen einen Anreiz hat, vorteilhafte private Informationen freiwillig und wahrheitsgetreu darzulegen.

In vielen Konfliktsituation sind jedoch die privaten Informationen nicht verifizierbar. Eine uninformierte Partei steht hier vor folgendem Dilemma: Sie kann nicht mehr unmittelbar feststellen, ob die informierte Partei ihre Informationen wahrheitsgemäß offenlegt oder nicht. Wenn beispielsweise der Gesundheitszustand eines Bewerbers nicht verifizierbar ist, dann ist seine Mitteilung, gesund zu sein, bedeutungslos für den Arbeitgeber. Dies kann der Bewerber ja unabhängig von seiner tatsächlichen Gesundheit immer behaupten. Die Offenlegung von Informationen durch die informierte Partei hat also keinen Informationswert für die uninformierte Partei, wenn diese Informationen nicht verifizierbar sind.

Einer uninformierten Partei bleibt in einer solchen Situation meist nur eines übrig: Sie beobachtet das Verhalten der informierten Partei und versucht, aus diesem Handeln Rückschlüsse auf deren private Informationen zu ziehen. Die Idee dabei ist, daß die Entscheidungen einer Partei zumindest einen Aufschluß über ihre Informationen geben könnten. Dabei muß die uninformierte Partei natürlich berücksichtigen, daß sich die informierte Partei strategisch verhalten wird:

Hat die informierte Partei private Informationen, die für sie bei Bekanntwerden negative Konsequenzen haben könnten, dann wird sie diese nicht enthüllen wollen. Die informierte Partei wird vielmehr versuchen, sich durch ihr Handeln in einem für sie positiven Licht darzustellen. Im Extremfall kann dies bedeuten, daß die informierte Partei durch ihr Handeln vorgibt, andere, für sie positive Informationen zu besitzen. Sie imitiert eine Partei, für die die Aufdeckung ihrer privaten Informationen vorteilhaft wäre. So kann eine Bewerberin, die einen Kinderwunsch hat, dies durch die Art und Weise ihres Auftretens im Vorstellungsgespräch verbergen. Sie kann so tun, als ob sie ihre Erfüllung im Berufsleben sähe und betonen, sie sei ungebunden und mobil.

Eine Partei, für die die Enthüllung ihrer privaten Informationen hingegen positive Konsequenzen hätte, wird versuchen, durch ihr Handeln ihre Informationen zu enthüllen. Sie weiß, daß die bloße Behauptung, sie hätte diese Informationen, gegenüber der uninformierten Partei nicht glaubwürdig ist. Also wird sie sich bemühen, durch ihr Verhalten ihre Informationen zu signalisieren. Eine Bewerberin, die kinderlos bleiben möchte, wird also durch ihr Auftreten auf diesen Umstand aufmerksam machen wollen. Die informierte Partei hat hier einen Anreiz, sich durch ihr Verhalten von einer Partei zu differenzieren, deren private Informationen nachteilig sind.

Inwiefern eine uninformierte Partei aus dem Handeln der informierten Partei tatsächlich Rückschlüsse auf deren Informationen ziehen kann, ist dann davon abhängig, welche "Kosten" der informierten Partei bei ihrem Verhalten entstehen. Die uninformierte Partei wird hier eindeutige Schlußfolgerungen ziehen können, wenn die informierte Partei mit den vorteilhaften Informationen eine Handlung durchführt, die eine Partei mit nachteiligen Informationen aufgrund ihrer Kosten nicht durchführen würde.

Im folgenden wollen wir die möglichen strategischen Züge der informierten Partei näher untersuchen. Insbesondere werden wir sehen, inwieweit die Möglichkeit zur Imitation bzw. zur Differenzierung von den Rahmenparametern der Konfliktsituation abhängig ist. Zur Illustration benutzen wir das folgende Beispiel.

Die Ausbildung eines unmotivierten Mitarbeiters _____

Ein Mitarbeiter ist aufgrund einer negativen Arbeitseinstellung mit seiner derzeitigen Stelle im Unternehmen unzufrieden. Bisher konnte er seine geringe Motivation vor seinem Vorgesetzten verbergen. Nun will er eigentlich bald seine Stelle kündigen. Bisher hat er seinem Vorgesetzten diese Absicht noch nicht mitgeteilt, da er möglicherweise im Rahmen seiner Personalentwicklung eine zusätzliche Ausbildung machen kann. Diese Ausbildung ist für ihn vorteilhaft, da sie seine späteren Möglichkeiten, auf dem Arbeitsmarkt eine neue Stelle zu bekommen, wesentlich verbessert.

Sein Vorgesetzter würde ihm die Weiterbildung natürlich nicht ermöglichen, wenn er in der Zwischenzeit feststellte, daß die Perspektiven des Mitarbeiters bei der Firma nur noch kurzfristige sind. Der Mitarbeiter hat sich daher vorgenommen, bei der Durchführung des vor kurzem übertragenen Projekts keinen Zweifel an seiner Arbeitseinstellung aufkommen zu lassen. Einerseits möchte er nicht, daß sein Vorgesetzter aufgrund seiner Arbeit Rückschlüsse auf seine Arbeitseinstellung zieht und ihn dann nicht mehr für die Ausbildung vorsieht. Andererseits ist für ihn aufgrund seiner geringen Motivation die Durchführung des Projekts mit erheblichen persönlichen Einbußen verbunden.

Wie wird sich nun der Mitarbeiter in dieser Konfliktsituation strategisch verhalten, und wovon ist sein Handeln im einzelnen abhängig? Aufgrund des bisher Gesagten ist klar, daß sich der Mitarbeiter mit einer niedrigen Motivation Vorstellungen darüber bilden muß, wie denn ein Mitarbeiter mit hoher Motivation an seiner Stelle das Projekt durchführen würde. Denn wenn er nicht preisgeben will, daß seine Arbeitseinstellung negativ ist, muß er sich wie ein Mitarbeiter verhalten, der eine hohe Motivation hat. So würde er auch die Erwartungen des Vorgesetzten stärken, daß er seine Zukunft bei der Firma sieht.

Betrachten wir zur Konkretisierung der Konfliktsituation den folgenden Konfliktbaum:

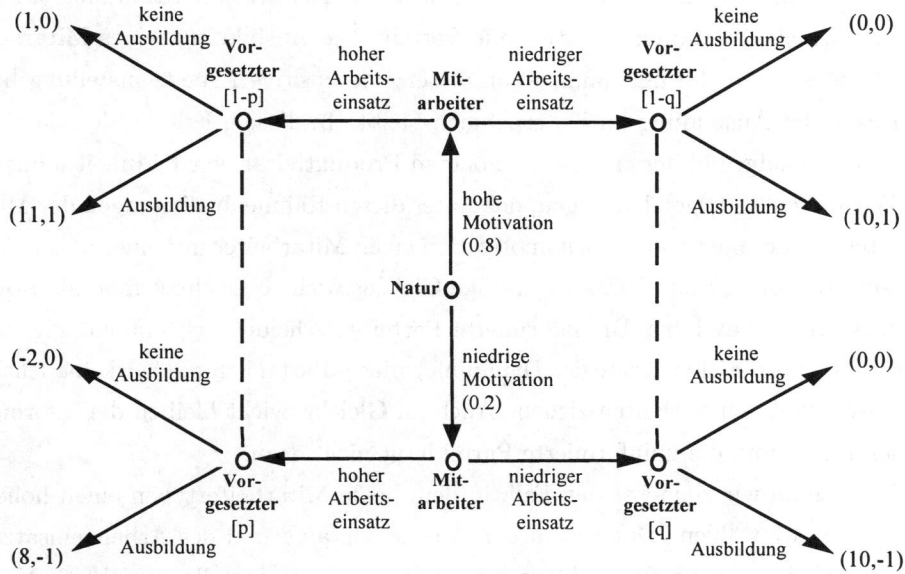

Abbildung 4.35: Die Ausbildung eines unmotivierten Mitarbeiters

Der Vorgesetzte geht in dieser Konfliktsituation aufgrund seiner bisherigen Erfahrung mit dem Mitarbeiter davon aus, daß dieser eher eine hohe Arbeitsmotivation hat. Er schätzt die Wahrscheinlichkeit, daß sein Mitarbeiter wenig Motivation hat, auf $\gamma = 0.2$. Der Mitarbeiter kann seine Arbeitseinstellung bei der Durchführung eines Projekts unter Beweis stellen. Er hat zwei Alternativen: Entweder er entscheidet sich für einen hohen Arbeitseinsatz oder für einen niedrigen. Ein Mitarbeiter mit einer positiven Arbeitseinstellung hat aufgrund seiner intrinsischen Motivation bei einem hohen Arbeitseinsatz einen Vorteil von 1 Einheit, bei einem niedrigen Arbeitseinsatz erhält er hingegen 0 Einheiten. Auch der Mitarbeiter mit einer niedrigen Arbeitsmotivation hat bei einem niedrigen Arbeitseinsatz eine Auszahlung von 0 Einheiten. Er hat jedoch bei einem hohen Einsatz Arbeitskosten in Höhe von 2 Einheiten zu tragen. Die Ausbildung hat für einen Mitarbeiter einen Vorteil von 10 Einheiten. Die Auszahlung des Vorgesetzten in dieser Konfliktsituation orientiert sich daran, welchen Vorteil er von der Ausbildung des Mitarbeiters hat. Er würde den Mitarbeiter nicht ausbilden, wenn er wüßte, daß dieser eine schlechte Arbeitseinstellung hat und nach der Ausbildung kündigt. In diesem Fall hätte er nämlich einen Nachteil von 1 Einheit, die Kosten der Ausbildung wären also größer als der daraus resultierende Vorteil. Die Ausbildung seines Mitarbeiters lohnt sich für ihn nur dann, wenn dieser eine positive Arbeitseinstellung hat und nach der Ausbildung im Unternehmen bleibt. In diesem Fall würde sich eine Ausbildung aufgrund der erwarteten höheren Produktivität von 1 Einheit lohnen.

Wir wollen im folgenden zeigen, daß unter diesen Rahmenbedingungen der Mitarbeiter mit der niedrigen Arbeitsmotivation einen Mitarbeiter mit einer hohen Arbeitsmotivation imitiert.[9] Das zugehörige Gleichgewicht bezeichnet man als **poolendes Gleichgewicht**: Die informierte Partei entscheidet sich unabhängig von ihrem Typ für dieselbe Strategie. Die uninformierte Partei kann daher keine Rückschlüsse aus ihrem Verhalten ziehen. Auch im Gleichgewicht bleiben die Informationen privat und die uninformierte Partei lernt nicht dazu.

Betrachten wir zunächst den Fall, in dem beide Mitarbeitertypen einen hohen Arbeitseinsatz wählen. Dann kann der Vorgesetzte aufgrund des Arbeitseinsatzes des Mitarbeiters keine Rückschlüsse auf dessen Arbeitseinstellung ziehen. Nach der Regel von Bayes ändert sich somit seine ursprüngliche Einschätzung über die Arbeitseinstellung seines Mitarbeiters nicht: In der linken Informationsmenge des Vorgesetzten ist seine a posteriori Einschätzung $p = \gamma$. Aufgrund dieser positiven Einschätzung der Arbeitseinstellung seines Mitarbeiters $(1 - \gamma = 0.8)$ wird sich der Vorgesetzte dann für eine Ausbildung des Mitarbeiters entscheiden. Für $p = \gamma$ ist nämlich der erwartete Vorteil aus einer Ausbildung größer als bei einem Verzicht auf eine Ausbildung des Mitarbeiters: $p(-1) + (1 - p) = 0.6 > 0$. Der Mitarbeiter mit einer negativen Arbeitseinstellung würde in diesem Fall eine Auszahlung von 8 Einheiten erzielen, ein Mitarbeiter mit einer positiven Arbeitseinstellung 11 Einheiten.

Ist dieses Verhalten nun strategisch stabil oder gibt es einen Anreiz für eine der Parteien, von diesem Verhalten abzuweichen? Um diese Frage zu beantworten, müssen wir zur vollständigen Charakterisierung des zugehörigen perfekten Bayesianischen Gleichgewichts noch spezifizieren, welche Einschätzungen der Vorgesetzte außerhalb des Gleichgewichtspfades hat, wenn also der Mitarbeiter einen niedrigen Arbeitseinsatz wählt. Da die Regel von Bayes in diesem Fall nicht angewendet werden kann, können wir beispielsweise annehmen, daß der Vorgesetzte dann von einer geringen Arbeitseinstellung des Mitarbeiters ausgeht. Seine a posteriori Einschätzung in der rechten Informationsmenge des Vorgesetzten sei also $q = 1$. Diese Einschätzung hätte zur Folge, daß der Vorgesetzte keine Ausbildung durchführen würde, da er erwartet, daß eine Ausbildung für ihn nur mit negativen Folgen verbunden wäre.

Betrachten wir nun die Anreize der Parteien, von diesem vorgeschlagenen Verhalten abzuweichen: Nehmen wir das Verhalten der beiden Typen von Mitarbeitern als gegeben an, dann sind die Einschätzungen des Vorgesetzten konsistent mit deren Verhalten und seine Ausbildungsentscheidung optimal, gegeben diese Einschätzungen. Auch eine Abweichung für einen Mitarbeiter würde sich unabhängig von dessen Typ nicht lohnen. Würde ein Mitarbeiter nämlich einen niedrigen Arbeitseinsatz wählen, ließe ihn der Vorgesetzte nicht ausbilden und seine Auszahlung wäre 0 Einheiten. Dies ist aber weniger als das, was er bei einem hohen Arbeitseinsatz erzielt, unabhängig von seiner Arbeitseinstellung. Die (implizite) Drohung des Vorgesetzten, bei einem niedrigen Arbeitseinsatz keine Ausbildung durchzuführen, führt also zur Stabilität des strategischen Verhalten des Mitarbeiters.

Neben diesem perfekten Bayesianischen Gleichgewicht gibt es noch ein zweites Gleichgewicht in der obigen Konfliktsituation, in dem der Mitarbeiter mit der hohen Arbeitseinstellung den mit der niedrigen Einstellung imitiert: Beide Mitarbeitertypen wählen einen niedrigen Arbeitseinsatz und der Vorgesetzte bildet den Mitarbeiter aus, wenn dieser einen niedrigen Einsatz zeigt, jedoch nicht bei einem hohen Einsatz. Die Einschätzungen des Vorgesetzten sind so, daß er bei einem hohen Arbeitseinsatz des Mitarbeiters mit Sicherheit auf eine niedrige Arbeitsmotivation schließt und bei einem niedrigen Arbeitseinsatz mit 80%iger Wahrscheinlichkeit von einer hohen Arbeitseinstellung ausgeht. Bei einem niedrigen Arbeitseinsatz führt der Vorgesetzte eine Ausbildung durch, bei einem hohen Arbeitseinsatz läßt er den Mitarbeiter nicht ausbilden.

Daß es sich hierbei um ein perfektes Bayesianisches Gleichgewicht handelt, folgt unmittelbar aus der bisherigen Diskussion: Bei gegebenem Verhalten der beiden Mitarbeitertypen sind zunächst die Einschätzungen des Vorgesetzten konsistent. Der Vorgesetzte kann aufgrund des niedrigen Arbeitseinsatzes keine zusätzlichen

Rückschlüsse auf die Arbeitseinstellung seines Mitarbeiters ziehen, so daß nach der Regel von Bayes seine a posteriori Einschätzung mit seiner ursprünglichen Einschätzung übereinstimmt. Somit ist $q = 0.2$ und der Vorgesetzte wird seinen Mitarbeiter ausbilden, da er sich Vorteile aus einer Ausbildung verspricht. Andererseits wird er bei einem hohen Arbeitseinsatz des Mitarbeiters aufgrund seiner Einschätzung über dessen Arbeitseinstellung ($p = 1$) keine Ausbildung durchführen. Die Einschätzungen des Vorgesetzten sind also konsistent mit dem Verhalten des Mitarbeiters und seine Ausbildungsentscheidung ist sequentiell rational, gegeben diese Einschätzungen. Auch der Mitarbeiter hat bei gegebenem Verhalten des Vorgesetzten keinen Anreiz, von seinem Verhalten abzuweichen. Bei einem niedrigen Arbeitseinsatz haben beide Mitarbeitertypen eine Auszahlung von 10 Einheiten, ein hoher Arbeitseinsatz würde für sie hingegen aufgrund des Verzichts auf die Ausbildung zu einer geringeren Auszahlung führen (1 Einheit für den Mitarbeiter mit hoher Motivation, -2 Einheiten für den Mitarbeiter mit niedriger Motivation).

Dieses letzte Gleichgewichtsverhalten ist natürlich unplausibel: Der Vorgesetzte droht, keine Ausbildung durchzuführen, wenn der Mitarbeiter einen hohen Arbeitseinsatz zeigt. Mit dem Konzept des perfekten Bayesianischen Gleichgewichts können wir dieses Verhalten nicht ausschließen, da mit ihm keine Restriktionen an die Einschätzung einer Partei außerhalb des Gleichgewichtspfads verbunden sind. Wir können aber unser Beispiel nutzen, um auch für diese Situationen plausible Einschätzungen herzuleiten.

Betrachten wir hierzu die Einschätzungen des Vorgesetzten in der linken Informationsmenge. Angenommen, er beobachtet, daß sein Mitarbeiter einen hohen Arbeitseinsatz erbringt. Wie kann er dann plausibel seine ursprüngliche Einschätzung über die Arbeitsmotivation seines Mitarbeiters korrigieren? Er weiß, daß ein Mitarbeiter mit niedriger Motivation in diesem Gleichgewicht eine Auszahlung von 10 Einheiten erhält. Diese Auszahlung ist das Maximum, das ein solcher Mitarbeiter überhaupt in dieser Konfliktsituation erzielen kann. Die Wahl eines hohen Arbeitseinsatzes würde ihn hier auf jeden Fall schlechter stellen. Die Wahl eines niedrigen Arbeitseinsatzes ist daher dominant. Andererseits hätte ein Mitarbeiter mit einer hohen Arbeitsmotivation durchaus einen Anreiz, einen hohen Arbeitseinsatz zu leisten. Aufgrund seiner intrinsischen Motivation hätte er hier eine Auszahlung von 11 Einheiten, wenn er ausgebildet würde. Nur für ihn besteht also die Möglichkeit, sich durch ein anderes Verhalten als das Gleichgewichtsverhalten zu verbessern. Aufgrund dieser Überlegungen sollte der Vorgesetzte also davon ausgehen, daß die Beobachtung eines hohen Arbeitseinsatzes nur auf einen intrinsisch motivierten Mitarbeiter zurückzuführen ist. Seine Einschätzung $p = 1$ ist daher unplausibel und führt zu einem ebenfalls nicht plausiblen Gleichgewicht.

Wir können diese Überlegung wie folgt zu einer Verfeinerung des perfekten Bayesianischen Gleichgewichtskonzepts nutzen: Die uninformierte Partei sollte bei ihrer Einschätzung die Möglichkeit ausschließen, daß ein Typ der informierten Partei eine abweichende Handlung ausführt, um dadurch eine Auszahlung zu erhalten, die selbst im günstigsten Fall niedriger ist als die Auszahlung, die ihm sein Gleichgewichtsverhalten garantiert. Wie beim Prinzip der dominanten Strategie sollte eine Partei also nicht erwarten, daß eine andere Partei eine Strategie wählt, die für sie immer eine geringere Auszahlung bringt als die betrachtete Gleichgewichtsstrategie. Diese Verfeinerung wird in der Literatur auch als **intuitives Kriterium** bezeichnet.

Kommen wir zu unserem ersten perfekten Bayesianischen Gleichgewicht für dieses Beispiel zurück und wenden wir hierauf das intuitive Kriterium an. Dieses Gleichgewicht kam dadurch zustande, daß der Vorgesetzten bei einem niedrigen Arbeitseinsatz auf eine niedrige Motivation seines Mitarbeiters schloß. Das intuitive Kriterium begründet die Plausibilität dieser Einschätzung: Ein Mitarbeiter mit einer positiven Arbeitseinstellung würde sich nämlich bei der Wahl eines niedrigen Arbeitseinsatzes gegenüber seiner Auszahlung in diesem Gleichgewicht immer verschlechtern. Somit hätte aber ein solcher Mitarbeiter nie einen Anreiz, von seinem strategisch stabilen Verhalten abzuweichen. Beobachtet also der Vorgesetzte einen niedrigen Arbeitseinsatz seines Mitarbeiters, dann sollte er auf eine niedrige Arbeitsmotivation schließen.

Wir haben bisher ausführlich diskutiert, wie sich eine informierte Partei strategisch so verhalten kann, daß sie einen anderen Typ imitiert, um so die mit ihren privaten Informationen verbundenen negativen Konsequenzen zu umgehen. Im folgenden wechseln wir unsere Perspektive und betrachten den umgekehrten Fall: Die informierte Partei möchte ihre privaten Informationen strategisch durch ihr Verhalten signalisieren, um so die damit verbundenen Vorteile zu nutzen. Wir zeigen dies anhand des folgenden Beispiels:

Die Ausbildung eines motivierten Mitarbeiters ————————————————

Ein Mitarbeiter ist motiviert und mit seiner derzeitigen Stelle sehr zufrieden. Insbesondere freut er sich, daß ihm sein Vorgesetzter eine Zusatzausbildung in Aussicht gestellt hat. Dadurch kann er neue Fähigkeiten erwerben und sich zusätzlich qualifizieren. Leider hat sein Vorgesetzter mit früheren Mitarbeitern eher schlechte Erfahrungen gemacht. Sie haben an der Ausbildung teilgenommen aber im Anschluß daran gekündigt, weil sie sich in der Unternehmung schon seit längerem nicht mehr wohlgefühlt haben. Dies war für das Unternehmen mit erheblichen Kosten verbunden. Der Mitarbeiter möchte deshalb seinem Vorgesetzten zeigen, daß er auch weiterhin seine Zukunft dort sieht, wo er die neuen Fähigkeiten erworben hat.

Wir können diese Konfliktsituation wie folgt darstellen:

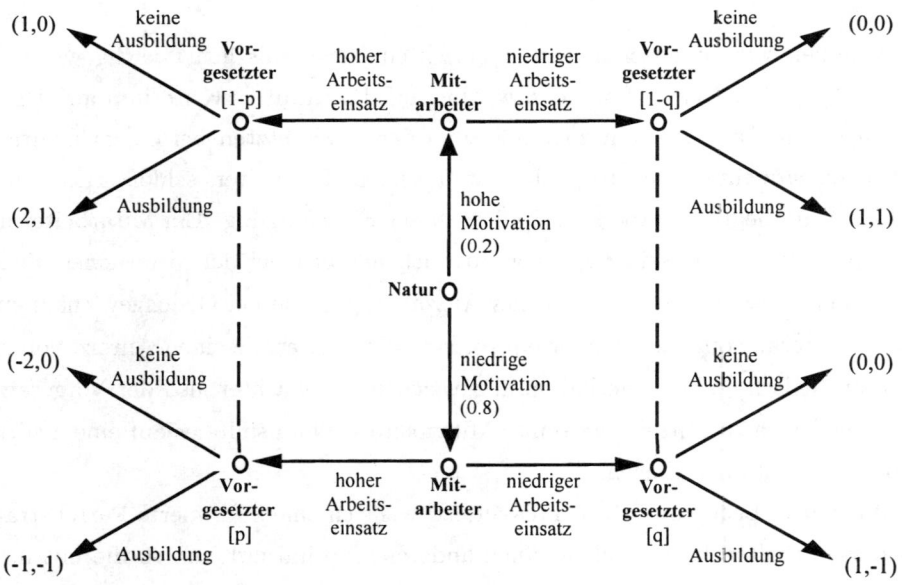

Abbildung 4.36:　Die Ausbildung eines motivierten Mitarbeiters

Gegenüber unserem vorhergehenden Beispiel der Ausbildung eines unmotivierten Mitarbeiters haben wir zwei Rahmenparameter der Konfliktsituation geändert:

Die Wahrscheinlichkeit, daß der Vorgesetzte seinem Mitarbeiter eine negative Arbeitseinstellung zuschreibt, sei $\gamma = 0.8$. Und der Wert der Ausbildung für den Mitarbeiter sei lediglich 1 Einheit.

Unter diesen Rahmenbedingungen zeigen wir, daß sich der hochmotivierte Mitarbeiter von einem Mitarbeiter mit einer geringen Arbeitsmotivation distanziert. Das zugehörige Gleichgewicht heißt auch **separierendes Gleichgewicht**: Jeder Typ der informierten Partei entscheidet sich für eine andere Strategie. Jeder Typ signalisiert dadurch glaubwürdig seine privaten Informationen. Die uninformierte Partei kann so aus dem jeweiligen Verhalten der informierten Partei eindeutig auf deren Informationen schließen.

In unserem Beispiel werden wir zeigen, daß nur ein perfektes separierendes Bayesianisches Gleichgewicht existiert: Der hochmotivierte Mitarbeiter wählt einen hohen Arbeitseinsatz, der Mitarbeiter mit einer geringen Arbeitsmotivation einen niedrigen Einsatz und der Vorgesetzte bildet seinen Mitarbeiter nur dann aus, wenn dieser einen hohen Arbeitseinsatz geleistet hat. Aufgrund der Regel von Bayes sind unter diesen Umständen die Einschätzungen des Vorgesetzten eindeutig bestimmt: In der linken Informationsmenge weiß er, daß sein Mitarbeiter eine positive Arbeitseinstellung hat, $p = 0$, in der rechten Informationsmenge schätzt er die Arbeitseinstellung seines Mitarbeiter negativ ein, $q = 1$.

Daß dieses Verhalten und diese Einschätzungen ein perfektes Bayesianisches Gleichgewicht darstellen, ergibt sich unmittelbar: Die Einschätzungen des Vorgesetzten sind konsistent mit dem Verhalten der Mitarbeitertypen, und seine Ausbildungsentscheidung ist sequentiell rational, gegeben diese Einschätzungen. Zudem hat kein Mitarbeitertyp einen Anreiz, von dem dargelegten Verhalten abzuweichen. Der Mitarbeiter mit einer hohen Motivation würde nämlich bei einem geringen Arbeitseinsatz keine Ausbildung bekommen, und seine Auszahlung würde sich um 2 Einheiten reduzieren. Ein Mitarbeiter mit einer negativen Arbeitseinstellung würde sich ebenfalls durch eine Abweichung verschlechtern, da er bei einem hohen Arbeitseinsatz zwar eine Ausbildung bekommt, seine damit verbundenen Arbeitskosten aber größer sind als der Vorteil der Ausbildung.

Weiterhin läßt sich einfach argumentieren, daß dies das einzig mögliche Konfliktverhalten ist: Betrachten wir zuerst ein separierendes Gleichgewicht, in dem der unmotivierte Mitarbeiter einen hohen Arbeitseinsatz erbringt und keine Ausbildung erhält ($p = 1$) und der motivierte Mitarbeiter einen niedrigen Arbeitseinsatz leistet und ausgebildet wird ($q = 0$). Dann führt dies für den unmotivierten Mitarbeiter zu einem Nachteil von 2 Einheiten. Er könnte sich demgegenüber jedoch verbessern, wenn er einen niedrigen Arbeitseinsatz wählen würde und aufgrund der damit verbundenen Ausbildung einen Vorteil von 1 Einheit erzielte. Das vorgeschlagene Verhalten ist für ihn also nicht strategisch stabil.

Wir können auch ausschließen, daß ein poolendes Gleichwicht in dieser Konfliktsituation existiert:

Würden sich beide Typen von Mitarbeitern für denselben Arbeitseinsatz entscheiden, könnte der Vorgesetzte seine Einschätzung über die Arbeitseinstellung nicht revidieren. Da er davon ausgeht, daß sein Mitarbeiter eher eine geringe Motivation hat, $\gamma = 0.8$, wird er in diesem Fall nie eine Ausbildung durchführen: $0 > \gamma(-1) + (1 - \gamma) = -0.6$.

Angenommen, es würden sich nun beide Typen für einen hohen Arbeitseinsatz entscheiden. Dann kann sich ein Mitarbeiter mit einer geringen Motivation durch abweichendes Verhalten unabhängig von der Ausbildungsentscheidung des Vorgesetzten immer verbessern.

Und wenn wir annehmen, daß beide Typen von Mitarbeitern einen niedrigen Arbeitseinsatz leisten, dann hat der hochmotivierte Mitarbeiter einen Anreiz, von diesem Verhalten abzuweichen. Er würde nämlich gegenüber einer Auszahlung von 0 Einheiten unabhängig von der Ausbildungsentscheidung des Vorgesetzten auf jeden Fall eine positive Auszahlung erzielen.

Dieses Beispiel zeigt, unter welchen Bedingungen sich eine informierte Partei von anderen Typen distanzieren kann. Je nach den Rahmenbedingungen der Konfliktsituation ist es in einem Gleichgewicht entweder möglich, sich zu distanzieren oder einen anderen Typ zu imitieren. Es kann aber auch vorkommen, daß in einer Konfliktsituation beides möglich ist: Hier existieren sowohl poolende als auch separierende Gleichgewichte nebeneinander.

4.4.3   Aufdecken, was der Andere weiß

Im vorangegangenen Abschnitt haben wir analysiert, wie eine informierte Partei ihre privaten Informationen gegenüber der uninformierten Partei strategisch nutzen kann. Wir haben gesehen, daß die informierte Partei unter gewissen Umständen ihre Informationen erfolgreich verbergen kann. Sie wird dies insbesondere dann versuchen, wenn die Aufdeckung dieser Informationen für sie mit negativen Konsequenzen verbunden ist. Gerade dann hat aber die uninformierte Partei ein besonderes Interesse an diesen Informationen: Da die Informationen für das Handeln der uninformierten Partei relevant sind, würde sie sich bei vollständiger Informationen anders verhalten als mit Informationsunsicherheit. Die uninformierte Partei muß aufgrund ihres Informationsdefizits eine Entscheidung treffen, die ihr nicht die Auszahlungen garantiert, die sie bei vollständiger Informationen hätte.

Die uninformierte Partei hat daher in einer solchen Situation ein Interesse, den Konfliktverlauf aktiv zu ihren eigenen Gunsten zu beeinflussen: Sie wird versuchen, die privaten Informationen der anderen Partei frühzeitig offenzulegen und in ihrem Verhalten dann auf diese Informationen aufzubauen. Sie will durch einen geeigneten bedingten strategischen Zug die informierte Partei zu einer Reaktion veranlassen, die ihre privaten Informationen enthüllt. Die Idee ist dabei folgende: Die uninformierte Partei bietet der informierten Partei verschiedene "Verträge" an. Ein Vertrag spezifiziert, welche Konsequenzen aus dem Handeln der informierten Partei resultieren. Ziel ist es, die Verträge so zu gestalten, daß unterschiedliche Typen der informierten Partei unterschiedliche Verträge annehmen und dadurch ihre privaten Informationen preisgeben. In der spieltheoretischen Literatur wird dies als die Gestaltung eines **Screening-Mechanismus** bezeichnet.

Wir können dieses Aufdecken privater Informationen durch die uninformierte Partei unmittelbar an unserem obigen Beispiel der Ausbildung eines Mitarbeiters illustrieren: Angenommen, der Vorgesetzte kann den Wert s der Ausbildung für den Mitarbeiter in einem gewissen Umfang frei bestimmen, $s \in (0, \overline{s}]$. Vor der Vergabe der Projektarbeit informiert er seinen Mitarbeiter dann über seine Ausbildungsentscheidung, die er wie folgt von dem Arbeitseinsatz des Mitarbeiters bei der Durchführung des Projekts abhängig macht: Bei einem hohen Arbeitseinsatz erhält der Mitarbeiter eine Ausbildung im Wert von s, bei einem niedrigen Arbeitseinsatz erhält der Mitarbeiter keine Ausbildung. Diese beiden "Verträge" bietet er dem Mitarbeiter an, der dann implizit durch Wahl einer der beiden Verträge selbst bestimmt, ob er ausgebildet wird oder nicht.

Ziel des Vorgesetzten ist es, durch geeignete Festlegung des Werts der Ausbildung die Arbeitsmotivation des Mitarbeiters aufzudecken. Ein Mitarbeiter mit

einer negativen Arbeitseinstellung soll also den Vertrag wählen, der ihm keine Ausbildung zusagt, ein Mitarbeiter mit einer positiven Einstellung hingegen soll sich
für den Vertrag entscheiden, der ihm eine Ausbildung garantiert.

Der geeignete Wert der Ausbildung läßt sich dann einfach berechnen: Der motivierte Mitarbeiter kann bei einem hohen Arbeitseinsatz aufgrund der zugesagten
Ausbildung mit einer Auszahlung von $1 + s$ rechnen, ein unmotivierter Mitarbeiter
hingegen mit $-2 + s$. Andererseits führt die Wahl eines niedrigen Arbeitseinsatz
und dem damit verbundenen Verzicht auf eine Ausbildung für beide Mitarbeiter zu
einer Auszahlung von 0 Einheiten. Somit wird der Mitarbeiter mit der positiven
Arbeitseinstellung immer einen hohen Einsatz erbringen. Der Mitarbeiter mit der
negativen Einstellung wird hingegen genau dann einen niedrigen Arbeitseinsatz einem hohen vorziehen, wenn $-2 + s < 0$. Der Wert der Ausbildung muß also kleiner
sein als die Arbeitskosten, die er zur Erlangung dieser Ausbildung aufbringen muß,
$s < 2$.

4.4.4   Eine Reputation aufbauen

Wir haben die Möglichkeit diskutiert, daß eine Konfliktpartei aufgrund ihrer Reputation einen strategischen Zug glaubwürdig ankündigen kann. Der Aufbau einer
Reputation für ein bestimmtes Verhalten setzt voraus, daß die Konfliktpartei in
eine Reihe ähnlicher Konfliktsituationen involviert ist: Wenn die Partei in vorangegangenen Konfliktsituationen wiederholt dasselbe Verhalten gezeigt hat, dann
werden die anderen Konfliktparteien erwarten, daß diese Partei auch zukünftig
entsprechend handeln wird. Sie werden daher ein solches Verhalten der Partei als
gegeben voraussetzen und ihr eigenes Handeln darauf abstimmen.

Im folgenden wollen wir uns eingehender mit der Frage auseinander setzen,
ob und wie eine Partei in einer Konfliktsituation eine solche Reputation aufbau-
en kann. Wenn beispielsweise die Geschäftsführung eines Unternehmens ihr Versprechen, bei unternehmensfreundlichen Betriebsvereinbarungen Arbeitsplätze zu
erhalten, bisher immer gehalten hat, wird dann der Betriebsrat glauben, daß die
Geschäftsführung auch in Zukunft so vorgehen wird?

Wir modellieren nun die Möglichkeit des Aufbaus einer Reputation anhand einer
Konfliktsituation mit unvollständiger Information: Dazu nehmen wir an, daß eine
der Konfliktparteien den Typ einer anderen Partei nicht kennt. Wenn sie erwartet,

daß verschiedene Typen der informierten Partei unterschiedlich handeln werden, dann kann die Reputation der informierten Partei als Einschätzung der uninformierten Partei über ihren Typ interpretiert werden. Angenommen, in unserem obigen Beispiel ist der Betriebsrat unsicher, ob die Geschäftsführung vertrauenswürdig ist und immer ihre Versprechen hält oder ob sie wortbrüchig wird. Dann ist die Einschätzung des Typs der Geschäftsführung durch den Betriebsrat ein Abbild ihrer Reputation. Je höher die Reputation der Geschäftsführung ist, tatsächlich Arbeitsplätze zu erhalten, desto höher schätzt der Betriebsrat die Wahrscheinlichkeit, daß die Geschäftsführung vertrauenswürdig ist.

Intuitiv ist klar, daß eine Reputation um so eher Vorteile für die informierte Partei beinhaltet, je langfristiger die Beziehung mit den uninformierten Parteien ist. Eine Geschäftsleitung, die auf eine unternehmensfreundliche Betriebsvereinbarung hin trotzdem Arbeitsplätze abbaut, wird die Nachteile, die ihr durch dieses Verhalten entstehen, gegenüber den Vorteilen aus einer Reputation abwägen. Die Vorteile einer Reputation als vertrauenswürdige Partei sind dabei um so größer, je länger ihre Beziehung zum Betriebsrat ist. Reputation stellt einen Wert dar, in den eine Partei investieren muß. Die Bereitschaft, in diesen Wert zu investieren, wird um so größer sein, je häufiger sie die Reputation zu ihrem Vorteil nutzen kann. In einer wiederholten Konfliktsituation wird eine Partei eher zu Anfang der Beziehung in ihre Reputation investieren als am Ende. Zur Überprüfung dieser Überlegungen betrachten wir die folgende Konfliktsituation.

Die Autorität des Gruppenführers _____

Die Produktion in einem kleineren Unternehmen ist seit einiger Zeit nach dem Modell der Gruppenarbeit organisiert. In einer der so gebildeten Arbeitsgruppen hat sich rasch die Rolle eines informellen Führers herausgebildet: Ein älterer Mitarbeiter, der aufgrund seiner langjährigen Betriebserfahrung ein umfangreiches Detailwissen besitzt und vielfältige Beziehungen im Unternehmen hat, konnte eine besondere Machtposition in der Gruppe aufbauen. Seine Autorität in der Arbeitsgruppe wurde von den anderen Gruppenmitgliedern voll akzeptiert, seine Führung der Gruppe von niemandem in Frage gestellt.
Seit kurzem arbeitet nun ein neuer, noch relativ junger Mitarbeiter in der Arbeitsgruppe mit. Er hat vor dieser Stelle eine Ausbildung in einem größeren Unter-

nehmen absolviert und so Einblicke in eine Reihe neuer technologischer Verfahren und arbeitsorganisatorischer Prozesse bekommen. Natürlich möchte er seine Erkenntnisse bei seiner jetzigen Tätigkeit umsetzen. Seine Versuche, die Kollegen von den Vorteilen der neuen Verfahren zu überzeugen, und seine Kritik an der althergebrachten Vorgehensweise haben bereits in den ersten Tagen seiner Anstellung zu kleineren Auseinandersetzungen mit seinen Kollegen geführt. Auch der ältere Mitarbeiter rechnet damit, daß der neue Mitarbeiter ihn herausfordern und versuchen wird, die Führung zu übernehmen, damit er die Gruppe mehr in seinem Sinne beeinflussen kann.

Modellieren wir diese Konfliktsituation als eine Auseinandersetzung zwischen dem informellen Führer und dem jüngeren Mitarbeiter, dann können wir diese Interaktion wie folgt abbilden: Der neue Mitarbeiter steht zunächst vor der Entscheidung, ob er die Autorität des informellen Führers tatsächlich in Frage stellen soll. Entscheidet er sich dagegen und akzeptiert dessen Machtposition, dann ist die Rolle des älteren Mitarbeiters gefestigt und dessen Auszahlung beträgt 2 Einheiten. Die Auszahlung des jüngeren Mitarbeiters ist in diesem Fall auf 0 Einheiten gesetzt. Kritisiert er hingegen den älteren Mitarbeiter, dann ist der Erfolg seines Vorstoßes von dessen Reaktion abhängig. Der informelle Führer hat zwei Alternativen, auf die Herausforderung des neuen Mitarbeiters zu reagieren. Ist er nachgiebig und sucht einen Kompromiß, dann bleibt seine Autorität in der Gruppe weitgehend unangetastet und er hat eine Auszahlung von 0 Einheiten. Der Mitarbeiter gewinnt in diesem Fall an Wertschätzung durch seine Kollegen und hat eine Auszahlung von 0.5 Einheiten. Ist der informelle Führer hingegen nicht nachgiebig und wehrt sich gegen die Kritik des Mitarbeiters, dann kommt es zu einer Auseinandersetzung zwischen den beiden. Der Gruppenführer verliert dabei an Ansehen in der Gruppe und hat eine Auszahlung von −1 Einheiten. Die Auszahlung des neuen Mitarbeiters im Falle einer Auseinandersetzung ist ebenfalls negativ (-0.5 Einheiten), da die anderen Gruppenmitglieder ihm sein Verhalten anlasten und in ihm den Sündenbock sehen.

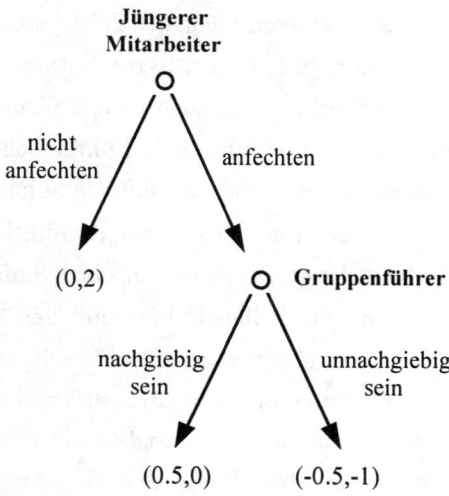

Abbildung 4.37: Die Herausforderung des Gruppenführers durch einen jüngeren Mitarbeiter

Das Verhalten der beiden Parteien in dieser Konfliktsituation ist offensichtlich. Aus dem Prinzip der Rückwärtsinduktion können wir unmittelbar schließen, daß der informelle Führer im Falle einer Anfechtung seiner Autorität durch den Mitarbeiter Kompromißbereitschaft zeigen wird, um die negativen Folgen einer Auseinandersetzung zu vermeiden. Antizipiert der Mitarbeiter dieses nachgiebige Verhalten des informellen Führers, dann wird er dessen Rolle anfechten, um dadurch sein Ansehen in der Gruppe zu erhöhen. Das Prinzip der Rückwärtsinduktion schließt insbesondere die Drohung des informellen Führers, eine Herausforderung mit Kampf zu erwidern, als unglaubwürdig aus. Der Mitarbeiter wird diese Drohung nicht beachten und sich in seinem Verhalten dadurch nicht beeinflussen lassen.

Das nachgiebige Verhalten des informellen Führers und sein damit einhergehender Verlust an Autorität ist das Ergebnis der obigen Modellierung der Konfliktsituation. Wir haben den Konflikt als einmaliges Ereignis modelliert. Dabei wurde weder berücksichtigt, daß die beiden Kontrahenten auch in Zukunft aufeinandertreffen werden, noch wie die übrigen Gruppenmitglieder reagieren werden.

Dadurch haben wir die Auswirkungen des Verhaltens in der Konfliktsituation auf mögliche künftige Auseinandersetzungen nicht beachtet. So ist zu erwarten, daß in Anbetracht der Kompromißbereitschaft des älteren Mitarbeiters und dem damit für ihn verbundenen Autoritätsverlust nun auch andere Gruppenmitglieder seine Autorität in Frage stellen werden. Der informelle Führer befindet sich also nicht in einer einmaligen Konfliktsituation, sondern muß wiederholt Anfechtungen der anderen Gruppenmitglieder befürchten. Der obige Konfliktbaum müßte also so erweitert werden, daß die langfristige Beziehung in einer umfassenderen Gesamt-konfliktsituation zwischen dem informellen Führer und den Gruppenmitgliedern berücksichtigt ist. Diese Erweiterung wurde in der spieltheoretischen Literatur zuerst von Selten (1978) als **Chain-store-Paradox** diskutiert.

Zunächst werden wir zeigen, daß die Langfristigkeit der Beziehung keine hinreichende Bedingung für den Aufbau einer Reputation ist: Angenommen, wir würden die Konfliktsituation so modellieren, daß jedes Gruppenmitglied jeweils einmal entscheidet, ob es die Autorität des informellen Führers in Frage stellt. Gehören also beispielsweise N Mitarbeiter außer dem informellen Führer zur Arbeitsgruppe, dann sieht sich dieser mit N möglichen Auseinandersetzungen konfrontiert: Die Mitarbeiter entscheiden sequentiell über ihre jeweilige Herausforderung, und der informelle Führer entscheidet bei jeder Herausforderung, ob er nachgiebig oder kämpferisch darauf reagiert:

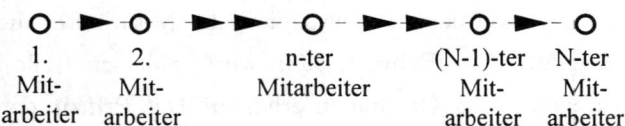

1. Mit- arbeiter	2. Mit- arbeiter	n-ter Mitarbeiter	(N-1)-ter Mit- arbeiter	N-ter Mit- arbeiter

Abbildung 4.38: Die Herausforderung des Gruppenführers durch mehrere Mitarbeiter

Entsprechen nun die Auszahlungen in jeder einzelnen Konfliktsituation zwischen dem informellen Führer und einem der Mitarbeiter denen in dem oben dargestellten Konfliktbaum, dann können wir auch für diese Gesamtsituation unmittelbar auf das Verhalten der Parteien schließen: Jeder Mitarbeiter wird die Autorität des informellen Führers in Frage stellen, und dieser wird jedesmal einer Auseinandersetzung aus dem Wege gehen.

Dieses Ergebnis ergibt sich ebenfalls direkt aus dem Prinzip der Rückwärtsinduktion. Betrachten wir hierzu das Verhalten des Gruppenführers in der letzten Konfliktsituation mit dem N-ten Mitarbeiter. Entschließt sich dieser Mitarbeiter die Autorität des Gruppenführers anzufechten, wird dieser der Auseinandersetzung ausweichen, da diese für ihn zu einem schlechteren Ergebnis führt als ein nachgiebiges Verhalten. Der N-te Mitarbeiter wird also die Autorität in Frage stellen. Dieselbe Argumentation läßt sich nun sukzessive bis zum ersten Mitarbeiter fortsetzen. Jeder Mitarbeiter wird die kompromißbereite Haltung des informellen Führers antizipieren und entsprechend dessen Autorität anfechten.

Auf den ersten Blick ist dieses Ergebnis überraschend. Man würde viel eher erwarten, daß der Gruppenführer zur Abschreckung Auseinandersetzungen in Kauf nimmt. In unserem Modellrahmen ist diese Intuition aber nicht schlüssig: In der letzten Konfliktsituation lohnt sich eine Auseinandersetzung für den Gruppenführer nicht, da er damit niemanden mehr abschrecken kann. Bei der vorletzten Konfliktsituation mit einem Mitarbeiter wäre eine Auseinandersetzung jedoch nur dann sinnvoll, wenn er dadurch die Herausforderung durch den letzten Mitarbeiters verhindern könnte. Da er den N-ten Mitarbeiter aber sowieso niemals abschrecken wird, lohnt sich eine Auseinandersetzung mit dem vorletzten Mitarbeiter auch nicht. Antizipiert dies der $(N-1)$-te Mitarbeiter, wird er ebenfalls die Autorität des informellen Führers anfechten, usw.

Auf den zweiten Blick ist dieses Ergebnis nun nicht mehr überraschend. Nach unserer obigen Argumentation hat nämlich der Gruppenführer in der dargestellten Situation überhaupt keine Möglichkeit, eine Reputation für ein unnachgiebiges Verhalten aufzubauen. Da alle Gruppenmitglieder vollständige Informationen über seine Präferenzen besitzen, ist sein Verhalten für sie berechenbar. Unsere Idee, die Reputation einer Partei als die Einschätzungen der anderen Parteien über seine Präferenzen zu interpretieren, muß bei einer Konfliktsituation mit vollständiger Information fehlschlagen. In solchen Situationen können die anderen Parteien nichts mehr über die Partei dazulernen.

Um also ein Verhalten des Gruppenführers zu erklären, bei dem er zu Anfang auf Anfechtungen von Mitarbeitern unnachgiebig reagiert, um so spätere Anfechtungen zu unterbinden, führen wir unvollständige Information seitens der Gruppenmitglieder über die Präferenzen des Gruppenführers in unsere Konfliktsituation ein:

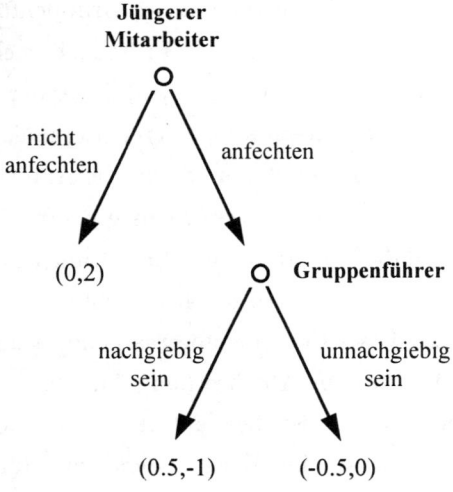

Abbildung 4.39: Die Herausforderung eines kämpferischen Gruppenführers durch einen Mitarbeiter

Die obige Abbildung zeigt die Konfliktsituation, in der ein Gruppenmitglied mit einem Gruppenführer interagiert. Im Unterschied zur Konfliktsituation mit dem zuvor beschriebenen, eher friedfertigen Gruppenführer ist dieser ein kämpferischer Typ. Sollte er nämlich von einem Mitarbeiter in seiner Autorität herausgefordert werden, dann wird er auf jeden Fall eine Auseinandersetzung provozieren. Anders als bei einem friedfertigen Gruppenführer ist seine Drohung glaubwürdig, unnachgiebig auf jede Herausforderung zu reagieren. In einer Konfliktsituation mit einem solchen Gruppenführer würde also ein Gruppenmitglied dessen Autorität nie in Frage stellen, da es sonst in der mit Sicherheit zu erwartenden Auseinandersetzung negative Konsequenzen hinzunehmen hätte.

Angenommen, die Gruppenmitglieder sind nicht ganz sicher, ob ihr Gruppenführer ein friedfertiger Typ ist oder ob er kämpferisch ist. Sei δ die Wahrscheinlichkeit dafür, daß der Gruppenführer tatsächlich kämpferisch auf eine Anfechtung reagiert. Dann stellt sich für einen Mitarbeiter die Konfliktsituation mit dem Gruppenführer wie folgt dar:

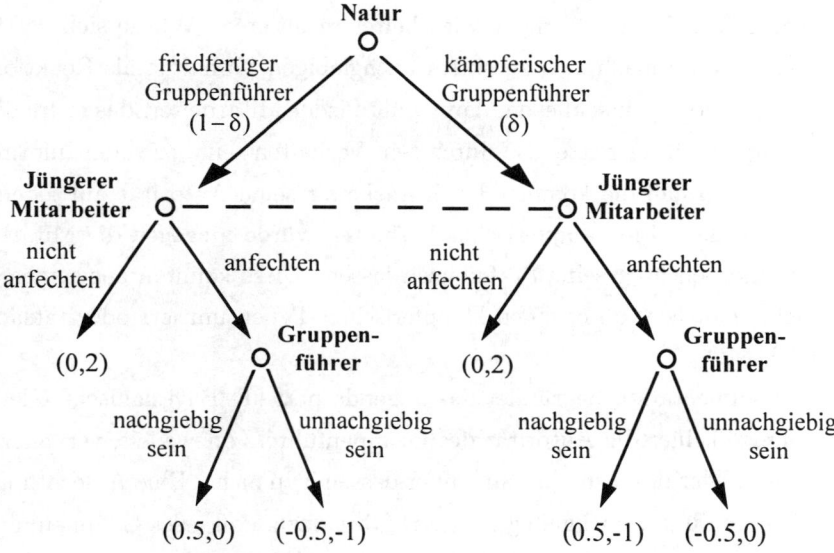

Abbildung 4.40: Die Herausforderung eines friedfertigen oder kämpferischen Gruppenführers durch einen Mitarbeiter

Betrachten wir in der Gesamtkonfliktsituation mit N Gruppenmitgliedern das Verhalten der Parteien in der letzten Konfliktsituation, d.h. zwischen dem N-ten Mitarbeiter und dem Gruppenführer. Ein kämpferischer Gruppenführer wird immer unnachgiebig reagieren, ein friedfertiger Gruppenführer immer nachgiebig. Ein Mitarbeiter hätte im Fall eines kämpferischen Gruppenführers bei einer Herausforderung eine Auszahlung von -0.5, im Fall eines friedfertigen Führers 0.5. Solange es also wahrscheinlicher ist, daß der Gruppenführer friedfertig ist, wird der Mitarbeiter dessen Autorität in Frage stellen. Der friedfertige Gruppenführer hat hier keinen Anreiz, unnachgiebig zu reagieren, da dies die letzte Konfliktsituation mit einem Gruppenmitglied ist.

Dies ändert sich, wenn wir uns die vorletzte (oder eine frühere) Konfliktsituation zwischen einem Mitarbeiter und dem Gruppenführer anschauen. Sollte sich
hier ein Mitarbeiter für eine Anfechtung entscheiden, dann kann es auch für den
friedfertigen Gruppenführer sinnvoll sein, unnachgiebig zu handeln, um sich so eine
Reputation als kämpferischer Führer aufzubauen. Dies kann sinnvoll für ihn sein,
wenn die Vorteile aus einem solchen Verhalten die Nachteile überwiegen, die aus
der Abschreckung der zukünftigen Mitarbeiter resultieren. Würde sich der friedfertige Gruppenführer nämlich zu einem nachgiebigen Verhalten als Reaktion auf
eine Herausforderung entschließen, dann wüßte jeder Mitarbeiter, das er friedfertig
ist. Der Gruppenführer hätte also durch sein Verhalten seine privaten Informationen offenbart, so daß die kommenden Mitarbeiter seine Autorität auf jeden Fall
anzweifeln würden. Ein kämpferisches Verhalten würde hingegen die Mitarbeiter
weiter im unklaren über seine Präferenzen lassen. Diese könnten aus seinem Verhalten nicht schließen, ob er einen kämpferischen Typen imitiert oder tatsächlich
kämpferisch ist.

Diese Argumentation begründet das folgende perfekte Bayesianische Gleichgewicht: Solange keiner die Autorität des Gruppenführers anzweifelt, verändern die
Gruppenmitglieder ihre Einschätzung über dessen Typ nicht. Eine Anfechtung, auf
die der Gruppenführer nachgiebig reagiert, führt dazu, daß jedes Gruppenmitglied
mit Sicherheit davon ausgeht, daß der Führer friedfertig ist. Eine Herausforderung,
auf die eine Auseinandersetzung folgt, führt dazu, daß die Gruppenmitglieder ihre
Einschätzung über den Führer korrigieren und ihn eher als kämpferisch betrachten.
Somit ist es optimal für einen friedfertigen und kämpferischen Führer, zu Anfang
auf eine Herausforderung eines Gruppenmitglieds mit einer Auseinandersetzung
zu reagieren. Dieses Verhalten verhindert anfänglich, daß ein Gruppenmitglied die
Autorität des Gruppenführers in Frage stellt. Erst im Laufe der Gesamtkonfliktsituation, wenn der Vorteil aus einem kämpferischen Verhalten für einen friedfertigen Gruppenführer geringer wird, nimmt die Wahrscheinlichkeit für eine Herausforderung seitens der verbleibenden Gruppenmitglieder zu. Dieses Verhalten
eines Gruppenmitglieds ist konsistent mit einem möglichen nachgiebigen Verhalten
des friedfertigen Gruppenführers. Sobald sich dabei herausstellen sollte, daß der
Gruppenführer auf eine Herausforderung nicht kämpferisch reagiert, werden alle

nachfolgenden Gruppenmitglieder ebenfalls seine Autorität in Frage stellen und der Gruppenführer wird stets nachgeben.

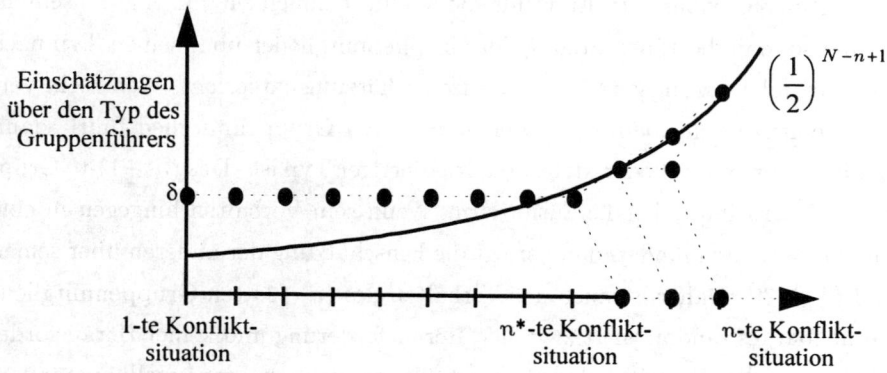

Abbildung 4.41: Die Entwicklung der Reputation des Gruppenführers und des Verhaltens der Parteien im Gleichgewicht

Die obige Abbildung zeigt, wie sich die Parteien in der Gesamtkonfliktsituation in dem dargestellten perfekten Bayesianischen Gleichgewicht verhalten - die gestrichelten Linien geben hier das Verhalten der Parteien auf den möglichen Gleichgewichtspfaden an. Die Abbildung stellt auch dar, wie sich die Einschätzungen der Gruppenmitglieder zu Beginn einer jeweiligen Einzelkonfliktsituation entwickeln - die Punkte zeigen hier die konsistenten Einschätzungen entlang der möglichen Gleichgewichtspfade. Somit können wir das perfekte Bayesianische Gleichgewicht wie folgt verstehen:

Die Kurve $(\frac{1}{2})^{N-n+1}$ gibt die Grenzeinschätzung der Gruppenmitglieder über den Typ des Gruppenführers an: Ist ihre momentane Einschätzung unterhalb dieser Grenzeinschätzung, dann werden sie die Autorität des Gruppenführers nicht anfechten, oberhalb der Grenzeinschätzung hingegen mit Sicherheit. n^* bezeichnet nun die erste der Einzelkonfliktsituationen, bei der die ursprüngliche Einschätzung δ der Gruppenmitglieder größer ist als die Grenzeinschätzung. In allen Einzelkonfliktsituationen vor der n^*-ten werden alle beteiligten Gruppenmitglieder die Autorität des Gruppenführers nicht anfechten, ihre Einschätzung seiner Kampfbereitschaft wird sich somit nicht ändern. Da die Grenzeinschätzung in der n^*-

ten Einzelkonfliktsituation größer ist als die ursprüngliche Einschätzung, wird das in diese Situation involvierte Gruppenmitglied auf jeden Fall die Autorität des Gruppenführers in Frage stellen. Der friedfertige Gruppenführer reagiert mit einer gewissen Unberechenbarkeit: Er wählt die Wahrscheinlichkeit für eine Auseinandersetzung so, daß die Einschätzung der Gruppenmitglieder über seinen Typ nach einer Auseinandersetzung gerade der Grenzeinschätzung entspricht. Wenn sein Verhalten zu einem Nachgeben gegenüber dem n^*-ten Gruppenmitglied führt, dann wissen die Gruppenmitglieder, daß er ein friedfertiger Typ ist. Das (n^*+1)-te Gruppenmitglied wird ihn daher herausfordern. Wenn sein Verhalten hingegen in eine Auseinandersetzung mündet, dann steigt die Einschätzung der anderen über seinen Typ auf $(\frac{1}{2})^{N-n^*}$. Daher ist auch das Verhalten des (n^*+1)-ten Gruppenmitglieds unberechenbar, es randomisiert zwischen Herausforderung und keiner Herausforderung. Wenn er die Autorität des Gruppenführers nicht in Frage stellt, verändert sich die Einschätzung des Typs des Gruppenführers nicht und das nachfolgende Gruppenmitglied wird auf jeden Fall eine Auseinandersetzung wagen. Wenn er hingegen seine Autorität anzweifelt und der Gruppenführer kämpferisch darauf reagiert, dann steigt die Reputation des Gruppenführers auf $(\frac{1}{2})^{N-n^*+1}$. Hingegen führt eine friedfertige Antwort des Gruppenführers in diesem Fall zu einer Aufdeckung seines Typs. Dieses Verhalten der Partei setzt sich so fort bis zum Ende der Gesamtkonfliktsituation.

Unser Beispiel hat gezeigt, daß eine langfristige Beziehung allein nicht ausreicht, um eine Reputation zu begründen. Vielmehr ist hierzu auch die Möglichkeit eines Lernprozesses notwendig. Dieser wiederum setzt voraus, daß eine Partei unvollständige Informationen hat. In einer solchen Situation ist der Aufbau einer Reputation für die informierte Partei möglich und kann von Vorteil sein.

4.5 Zusammenfassung

Dynamische Konfliktsituationen sind durch sequentielle Interdependenzen zwischen den Konfliktparteien gekennzeichnet. Mindestens eine Partei kann somit ihr Verhalten auf das bisherige Handeln einer anderen Konfliktpartei konditionieren. Die strategisch relevanten Rahmenparameter einer Konfliktsituation mit sequentiellen Interdependenzen werden in der extensiven Form zusammengefaßt. Dabei wird zusätzlich zu den Konfliktparteien und den Konsequenzen aus den möglichen Handlungskombinationen auch der Verlauf der Interaktion zwischen den Konfliktparteien berücksichtigt: Hierzu gehören die zeitliche Abfolge der Reaktionen der Parteien sowie ihre jeweiligen Handlungsalternativen und Informationen, die ihnen zu den jeweiligen Zeitpunkten ihres Handelns zur Verfügung stehen. Eine Strategie für eine Konfliktpartei spezifiziert dann einen Handlungsplan, der für jeden ihrer Entscheidungszeitpunkte eine mögliche Handlungsalternative festlegt.

Für die Analyse des Verhaltens der Konfliktparteien in dynamischen Konfliktsituationen sind deren Informationen zu den Zeitpunkten ihres Handelns von entscheidender Bedeutung. Je nach den Informationen, die ihnen dabei zur Verfügung stehen, können drei verschiedene Klassen von Konfliktsituationen unterschieden werden:

In Situationen mit vollständiger und perfekter Information kennen alle Parteien die strategisch relevanten Rahmenparameter der Konfliktsituation und jede Partei kann ihr Handeln auf den bisherigen Konfliktverlauf konditionieren. Dies ermöglicht es jeder Partei, das zukünftige Verhalten der anderen Parteien zu antizipieren und bei ihrer eigenen Entscheidung zu berücksichtigen. Das strategische Verhaltensprinzip der Rückwärtsinduktion leitet sich unmittelbar aus diesen Überlegungen ab.

In Konfliktsituationen mit vollständiger und imperfekter Information kann dieses Verhaltensprinzip aber nicht angewendet werden, da hier zumindest eine Partei zu einem Entscheidungszeitpunkt nicht weiß, wie sich eine zuvor agierende Partei verhalten hat. Das adäquate strategische Verhaltensprinzip für solche Konfliktsituationen ist das Konzept der Teilspielperfektheit, welches das Nash-Gleichgewichtskonzept und das Konzept der Rückwärtsinduktion miteinander verbindet. Der Konflikt wird in sinnvolle Teilkonflikte zerlegt und für jeden Teilkonflikt werden die strategisch stabilen Strategien der Konfliktparteien untersucht. Auf diese Weise wird die komplexe Konfliktsituation sukzessive vereinfacht. Teilspielperfektheit eliminiert insbesondere unglaubwürdige Drohungen oder Versprechen einer Partei, da ihr Verhalten in jedem Teilkonflikt strategisch stabil sein muß.

In Konfliktsituationen mit unvollständiger Information ist zumindest eine Partei unvollständig über die strategisch relevanten Rahmenparameter der Situation informiert. Da in diesen Fällen kein echter Teilkonflikt isoliert werden kann, reicht

Teilspielperfektheit als Verhaltensprinzip nicht aus. Zur Analyse solcher Konflikt-situationen wird die Idee der Erwartungsbildung in das strategische Verhaltens-prinzip aufgenommen. An jeder Informationsmenge trifft eine Partei zunächst Einschätzungen über den bisherigen Konfliktverlauf und stimmt dann ihr eigenes Verhalten optimal auf diese Einschätzungen ab. Die Erwartungsbildung erfolgt im Rahmen des Bayesianischen Lernmodells. Dieses Verhaltensprinzip entspricht dem Konzept des perfekten Bayesianischen Gleichgewichts.

Mit Hilfe dieser Verhaltensprinzipien für dynamische Konfliktsituationen haben wir dann untersucht, wie eine Partei durch einen strategischen Zug das Konflikt-verhalten anderer Parteien zum eigenen Vorteil beeinflussen kann. Ein solches Ver-halten umfaßt beispielsweise das Ausprechen von Drohungen oder Versprechen, das Ergreifen der Initiative oder das Abwarten der Aktion des Anderen. Ein Verspre-chen soll ein bestimmtes Verhalten einer anderen Konfliktpartei belohnen. Zentra-les Element ist hier, daß die Partei lieber von dem Versprechen zurücktreten würde, sobald sich die andere Partei wunschgemäß verhalten hat. Ebenso möchte eine Par-tei, die eine Drohung ausspricht, die andere Partei zu einer bestimmten Handlung bewegen, allerdings wäre die tatsächliche Ausführung der Sanktionierung für die aktive Partei von Nachteil. Dies wirft die Frage auf, wie sich eine Konfliktpartei glaubwürdig an Versprechen oder Drohungen binden kann. Um dies zu erreichen, muß eine Partei zunächst Handlungen vornehmen, die die Durchführung des stra-tegischen Zuges sichern. Möglichkeiten hierzu sind vertragliche Vereinbarungen, der Aufbau einer Reputation oder das Ergreifen unterstützender Maßnahmen, die die angekündigte Handlung unumgänglich machen.

In Konfliktsituationen mit unvollständiger Information werden die strategischen Züge der besser informierten Partei darauf ausgerichtet sein, ihren Informationsvor-sprung zu ihrem Vorteil zu nutzen. Umgekehrt wird sich die schlechter informierte Partei in solchen Konfliktsituationen bemühen, fehlende Informationen durch ge-eignete strategische Züge in Erfahrung zu bringen. Das strategische Verhalten der Konfliktparteien ist dabei abhängig von der Art der Information, die die Informa-tionsasymmetrie begründet:

Verifizierbare Information liegt vor, wenn sie überprüft werden kann, sobald man sie erhalten hat. Besitzt nun eine Partei verifizierbare private Informationen, dann wird sie diese freiwillig und wahrheitsgetreu preisgeben. Sie will so zeigen, daß ihre Informationen zumindest nicht so unvorteilhaft sind, wie die uninformierte Partei möglicherweise vermutet.

In Situationen, in denen eine Partei nicht-verifizierbare private Informationen besitzt, funktioniert dieser Mechanismus nicht mehr, da die uninformierte Partei den Wahrheitsgehalt der Informationen nicht unmittelbar überprüfen kann und somit die Informationen nicht glaubwürdig ist. Zwei Arten von strategischen Zügen können aber dennoch zur Informationsaufdeckung eingesetzt werden: In Signalisierspielen ergreift die informierte Partei die Initiative, um der uninformierten Partei ihre privaten Informationen offenzulegen. In Screeningspielen wird dagegen die uninformierte Partei einen Screening-Mechanismus gestalten, um die informierte Partei zur Enthüllung ihrer privaten Informationen zu veranlassen. Inwieweit es dabei zu einer Aufdeckung der privaten Informationen kommt, ist insbesondere von dem strategischen Verhalten der besser informierten Partei abhängig. Grundsätzlich kann ihr Gleichgewichtsverhalten zwei Ausprägungen haben: In einem poolenden Gleichgewicht gelingt es einer informierten Partei nicht, vorteilhafte Informationen glaubwürdig zu übermitteln. Vielmehr wird auch eine informierte Partei mit nachteiligen Informationen durch ihr Handeln vorgeben können, andere, für sie günstigere Informationen zu besitzen. In einem separierenden Gleichgewicht hingegen ist das Handeln der besser informierten Partei abhängig von ihren privaten Informationen, so daß in diesem Fall die uninformierte Partei eindeutige Rückschlüsse aus diesem Verhalten ziehen kann.

4.6 Literaturhinweise

Eine illustrative und prägnante Einführung in die Modellierung von dynamischen Spielen unter verschiedenen Annahmen an die Informationen, die den Spielern zur Verfügung stehen, findet sich bei Kreps (1990b). Grundlegend hierfür ist auch die Einführung in die Darstellung von Entscheidungssituationen unter Unsicherheit von Holloway (1979).

Eine Darstellung der in diesem Kapitel aufgezeigten Lösungskonzepte für nichtkooperative Spiele bei sequentiellen Interaktionen findet man in jedem der bereits in Kapitel 2 genannten Lehrbücher zur Spieltheorie. Das Konzept des perfekten Bayesianischen Gleichgewicht ist eng verwandt mit dem des sequentiellen Gleichgewichts, das zuerst von Kreps und Wilson (1982a) untersucht wurde. Die Unterschiede zwischen diesen beiden Gleichgewichtsbegriffen werden bei Fudenberg und Tirole (1991) diskutiert. Weitere Verfeinerungen des Nash-Gleichgewichtskonzepts finden sich bei van Damme (1987). In den Arbeiten von McLennan (1985), Banks und Sobel (1987), Cho und Kreps (1987) und Kreps (1990a) werden verschiedene Annahmen an die Einschätzungen von Spielern außerhalb des Gleichgewichtspfades diskutiert.

Der Begriff des strategischen Zuges und dessen Bedeutung wird eingehend in Schelling (1960) diskutiert. In diesem Buch finden sich zu den hier dargestellten strategischen Zügen eine Reihe von Illustrationen und Beispielen, die das Buch äußerst lesenswert machen. Auch die Rolle der Information und Kommunikation wird bei Schelling angesprochen, wobei sich die Ausführungen in diesem Kapitel auf spätere Arbeiten stützen:

Das freiwillige Preisgeben von verifizierbaren Informationen wird bei Grossman (1981) und Milgrom (1981) eingehend angesprochen. Jovanovic (1982) betrachtete eine Situation, in der die Informationsaufdeckung mit Kosten verbunden ist. Die Arbeit von Okuno-Fujiwara, Postlewaite und Suzumura (1990) enthält eine theoretische Analyse der Bedingungen, unter denen es zu einer freiwilligen Aufdeckung von Informationen kommt.

Die Literatur zu Signalisierspielen beginnt mit der Arbeit von Spence (1973). Er untersucht, inwieweit die Ausbildung eines Mitarbeiters ein Signal für seine Produktivität ist. Die Übertragung dieser Ideen auf andere Zusammenhänge findet sich z.B. bei Grossman (1981), der Garantieleistungen eines Produzenten als Signal für die Produktqualität interpretiert, oder bei Milgrom und Roberts (1986), die die Werbepolitik eines Unternehmens als Signal für seine Produktqualität diskutieren. Ausführliche Einführungen zu dieser Thematik finden sich in den oben genannten Lehrbüchern, wie z.B. in Fudenberg und Tirole (1991) oder Myerson (1991).

Screening-Mechanismen wurden zuerst von Rothschild und Stiglitz (1976) im Zusammenhang mit Versicherungsverträgen und der Identifikation der Risikobereitschaft des Versicherten durch den Versicherer untersucht. Auch hier gibt es eine Vielzahl von Anwendungen dieser Idee auf andere ökonomische Fragestellungen: So untersuchen Guasch und Weiss (1981), inwieweit die Bereitschaft von Bewerbern, für einen Eingangstest Gebühren zu zahlen, als Indikator ihrer Qualifikation für die Stelle zu interpretieren ist. In Salop und Salop (1976) wird die Kündigungswahrscheinlichkeit von Bewerbern durch geeignete Entlohnungssysteme aufgedeckt. Die Unterschiede, die zwischen Screening-Mechanismen und Signalisierspielen bestehen, werden von Stiglitz und Weiss (1983) behandelt.

Die Arbeit von Selten (1978) über das Chain-store-Paradox bildet den Ausgangspunkt der Literatur über Reputation. Der Aufbau von Reputation im Zusammenhang mit unvollständiger Information wurde zuerst von Milgrom und Roberts (1982), Kreps, Milgrom, Roberts und Wilson (1982) und Kreps und Wilson (1982b) thematisiert und untersucht.

Die Rahmenparameter der Konfliktsituation sind neu gestaltet.
Der Hase geht auf Jägerjagd.

Teil III
Die Gestaltung
von Konfliktsituationen

5

Vertikales

Konfliktmanagement

6

Laterales

Konfliktmanagement

5

Vertikales
Konfliktmanagement

... the prince ... must imitate the fox and the lion, for the lion cannot protect himself from traps and the fox cannot protect himself from wolves. One must, therefore, be a fox to recognise traps and a lion to frighten wolves. Those who wish to be lions do not understand this. (Machiavelli, 1950)

Wir haben im ersten Kapitel dieses Buches Konfliktmanagement als geeignete Beeinflussung der Interdependenzen und Interessengegensätze von organisatorischen Einheiten in einer Konfliktsituation definiert. Daraus ließen sich zwei grundsätzliche Funktionen des Konfliktmanagements ableiten: Die zielorientierte Gestaltung der Rahmenbedingungen der Konfliktsituation sowie die zielgerichtete Steuerung des Verhaltens der organisatorischen Einheiten.

Im folgenden werden nun strukturelle und personelle Maßnahmen des Konfliktmanagements im Rahmen des bisher entwickelten spieltheoretischen Ansatzes diskutiert. Ausgangspunkt unserer Analysen ist das in den letzten beiden Kapiteln betrachtete strategische Verhalten von Parteien in Konfliktsituationen. Wir untersuchen, wie dieses Konfliktverhalten durch entsprechende Maßnahmen so beeinflußt werden kann, daß sich die modifizierte Konfliktsituation vorteilhaft auf die Ziele der Organisation auswirkt.

In diesem Kapitel werden wir solche Instrumente des Konfliktmanagements für vertikale Interdependenzen eingehend untersuchen. **Vertikales Konfliktmanagement** befaßt sich damit, wie eine Instanz die adäquate Aufgabenerfüllung eines ihr unterstellten Mitarbeiters sicherstellen kann. In der Literatur wird diese Problematik auch als **Prinzipal-Agenten-Beziehung** diskutiert: Ein Mitarbeiter handelt als Agent im Auftrag eines Prinzipals, seines Vorgesetzten. Der Agent soll mit der Durchführung seiner Aufgabe die Interessen und Ziele des Prinzipals unterstützen. Der Prinzipal möchte daher ein geeignetes Anreizsystem gestalten, um den Agenten zu einem Handeln in seinem Interesse zu bewegen. Hierbei steht vor allem der Einsatz von Motivationsinstrumenten im Vordergrund der Betrachtung. Darüber hinaus kann der Prinzipal aber auch versuchen, durch strukturelle Maßnahmen das Verhalten des Agenten zu beeinflussen.

Unsere nachfolgenden Untersuchungen knüpfen somit unmittelbar an die bisher durchgeführte Analyse des Verhaltens von Konfliktparteien an: Prinzipal und Agent sind die beiden einzigen Parteien in der Konfliktsituation. Der Prinzipal hat die Möglichkeit, durch eine geeignete Gestaltung der Rahmenbedingungen der Konfliktsituation ein adäquates Handeln des Agenten zu induzieren. Er muß dabei berücksichtigen, wie sich diese Veränderungen auf das Verhalten des Agenten auswirken.

Prinzipal-Agenten-Beziehungen sind immer dynamische Konfliktsituationen. Darüber hinaus sind für sie Informationsasymmetrien zu ungunsten des Prinzipals charakteristisch.[1] Die Analyse einer Prinzipal-Agenten-Beziehung kann daher auch als spieltheoretische Untersuchung bestimmter Vertragsstrukturen bei verschiedenen asymmetrischen Informationsverteilungen verstanden werden. Die von uns in diesem Zusammenhang abgeleiteten strategischen Verhaltensprinzipien sind zur Beantwortung der Frage geeignet, wie der Prinzipal die Rahmenbedingungen gestalten sollte.

In Abschnitt 5.1 untersuchen wir zunächst, inwieweit der Prinzipal durch den Einsatz von Motivationsinstrumenten das Verhalten des Agenten steuern kann. Die geeignete Gestaltung solcher Anreizsysteme wird unter verschiedenen Annahmen über die Informationen durchgeführt, die dem Prinzipal bei der Anreizgestaltung zur Verfügung stehen. Abschnitt 5.2 behandelt dann den Einsatz von Koordinationsinstrumenten zur Verhaltensbeeinflussung. Durch geeignete Maßnahmen sollen dabei die strukturellen Rahmenbedingungen seiner Beziehung zu dem Agenten zielkonform gestaltet werden.

5.1 Die Gestaltung von Anreizsystemen

Einem Vorgesetzten stehen zur Steuerung des Verhaltens seines Mitarbeiters eine Vielzahl an Motivationsinstrumenten zur Verfügung. So kann er beispielsweise den Selbstverwirklichungsbedürfnissen seines Mitarbeiters durch geeignete Gestaltung der Arbeitsinhalte und des Entscheidungsspielraums entgegenkommen. Auch Aus- und Weiterbildungsmaßnahmen können hier zu einer stetigen Verbesserung des Wissen und der Fähigkeiten des Mitarbeiters führen und so dessen Bedürfnis nach Entfaltung befriedigen. Oder der Vorgesetzte kann durch Eröffnung neuer Karrierepfade in der Organisation den Ich-Bedürfnissen seines Mitarbeiters Rechnung tragen. Soziale Bedürfnisse seines Mitarbeiters könnten durch Einführung von Gruppenarbeit befriedigt werden.

Alle diese Motivationsinstrumente zielen auf die Konsequenzen ab, die für den Mitarbeiter mit dem Ausgang der Konfliktsituation verbunden sind. Der Einsatz von Motivationsinstrumenten verändert die Auszahlungen des Mitarbeiters aus der Interaktion mit dem Vorgesetzten. Dabei ist es unerheblich, ob diese Modifikation direkt oder indirekt erfolgt: Das Aufzeigen von Karrieremöglichkeiten oder die Einführung eines leistungsorientierten Entlohnungssystems führen hier ebenso zu einer Veränderung der Auszahlung des Mitarbeiters wie der Aufbau eines innerbetrieblichen Wertesystems.

Sollen die Instrumente zielorientiert die Entscheidungsgrundlage des Mitarbeiters beeinflussen, dann muß der Vorgesetzte die strategische Reaktion des Mitarbeiters auf seine Maßnahmen berücksichtigen. Sein Ziel ist es somit, ein Anreizsystem so zu gestalten, daß das strategische Handeln des Mitarbeiters konform mit den Organisationszielen ist. Inwieweit der Vorgesetzte dieses Ziel erreicht, hängt davon ab, ob die Auszahlungsänderungen groß genug sind, um die gewünschte Verhaltensänderung des Mitarbeiters zu induzieren.

Grundsätzlich könnten wir für jedes Motivationsinstrument untersuchen, unter welchen Umständen sein Einsatz dem Mitarbeiter geeignete Anreize zum Handeln setzt. Dies würde jedoch den Rahmen dieses Buches sprengen. Wir wollen uns vielmehr im folgenden auf die Entlohnung eines Mitarbeiters als Motivationsinstrument konzentrieren. Leistungsgerechte Entlohnung ist eines der wichtigsten Instrumente in der Praxis. Anhand eines Beispiels werden wir auf die spezifischen Probleme bei der geeigneten Gestaltung von Anreizsystemen eingehen.

Die Entlohnung eines Biochemikers

Ein kleineres Unternehmen im pharmazeutischen Bereich hat sich entschlossen, seine derzeitige Produktpalette um ein weiteres Medikament zur Behandlung einer neuen Krankheit zu erweitern. Davon verspricht man sich eine geringere Spezialisierung als bisher und die Möglichkeit, auch in andere Bereiche des pharmazeutischen Markts einzudringen. Um die Chancen für eine erfolgreiche Entwicklung des neuen Medikaments zu steigern, will das Unternehmen einen zusätzlichen Biochemiker für die Dauer des Projekts einstellen. Dieser soll ausschließlich mit der Durchführung dieses Projekts beauftragt werden.

Aufgrund eines Inserats haben sich nun eine Reihe von potentiellen Kandidaten für diese Stelle beworben. Bereits nach den ersten Bewerbungsgesprächen findet der Eigentümer des Unternehmens und zukünftige Vorgesetzte des neuen Mitarbeiters heraus, daß sich der Pool an Bewerbern in zwei Gruppen aufteilt, nämlich in hervorragende und durchschnittliche Biochemiker. Die hervorragenden Kandidaten bringen sehr gute Kenntnisse mit und zeigen ein hohes Engagement. Die durchschnittlichen Bewerber haben zwar auch sehr gute Kenntnisse, allerdings zeigen sie weit weniger Engagement für die neue Aufgabe.

Die Gehaltsvorstellungen der Kandidaten sind dabei zumindest innerhalb der beiden Gruppen ausgesprochen homogen. Zwischen den Gruppen besteht jedoch ein deutlicher Unterschied, wobei ein durchschnittlicher Bewerber für ein weitaus geringeres Gehalt eingestellt werden könnte als ein hervorragender Kandidat. Der Arbeitsmarkt für Biochemiker ist gut, so daß diese ihre Gehaltsvorstellungen realisieren können.

Für den Vorgesetzten stellt sich nun die Frage, ob er eher einen durchschnittlichen oder eher einen hervorragenden Biochemiker für die Entwicklung des neuen Medikaments einstellt und wie er dessen Tätigkeit am besten entlohnen sollte. Aus Sicht des Vorgesetzten ist es optimal, wenn sein Mitarbeiter bei gegebener Entlohnung ein möglichst hohes Engagement zeigen würde. Aus Sicht des Biochemikers ist es hingegen nicht unbedingt vorteilhaft, bei einer fixen Entlohnung ein möglichst hohes Engagement zu leisten. Aufgrund seiner damit verbundenen Arbeitskosten wird er viel eher versuchen, seinen eigenen Nutzen aus Entlohnung und Arbeitseinsatz zu steigern.

Der Vorgesetzte muß bei der Gestaltung des Entlohnungssystems berücksichtigen, daß er vom Engagement eines Biochemikers nicht unmittelbar auf die erfolgreiche Durchführung des Projekts schließen kann: Zum großen Teil beruht die Forschung auf dem Trial-and-Error-Prinzip, da die therapeutischen Wirkungen einer neu entwickelten Zusammensetzung nur schwer vorherzusagen sind. Insbesondere kann es dabei durchaus vorkommen, daß die Forschungsergebnisse nicht kommerziell verwertbar sind.

Um eine Lösung für diese Probleme zu finden, nehmen wir für die Beziehung zwischen dem Vorgesetzten und seinem potentiellen Mitarbeiter folgende zeitliche Struktur an:

(1) Der Vorgesetzte bietet dem Kandidaten einen Vertrag an, der ihm die Entwicklung des neuen Medikaments überträgt und der seine Entlohnung regelt.

(2) Der potentielle Mitarbeiter entscheidet, ob er diesen Vertrag annimmt oder nicht.

(3) Nimmt er den Vertrag an, dann forscht er an der Zusammensetzung für das neue Medikament.

(4) Die Forschung wird entweder erfolgreich abgeschlossen oder schlägt fehl.

(5) Der Mitarbeiter wird vertragsgemäß entlohnt.

Diese zeitliche Struktur liegt jedem Prinzipal-Agenten-Modell zugrunde. Das Vertragsangebot in der ersten Stufe der Beziehung setzt dabei den Anreiz, der den potentiellen Mitarbeiter zu einer adäquaten Durchführung seiner Aufgabe motivieren soll.

Welche Möglichkeiten der Vorgesetzte bei der Vertragsgestaltung überhaupt hat, d.h. von welchen Faktoren er die Entlohnung des Mitarbeiters abhängig machen kann, wird durch die Informationen bestimmt, die den Parteien in der Konfliktsituation jeweils zur Verfügung stehen. Die Beziehung zwischen dem Vorgesetzten und seinem Mitarbeiter ist aus strategischer Perspektive allerdings nur dann von Interesse, wenn mindestens eine der Parteien Informationsdefizite hat. Ist dies nicht der Fall und haben die beiden Parteien vollständige Informationen über alle Aspekte der Beziehung, kann unmittelbar ein sehr einfaches Anreizsystem gefunden werden:

Der Vorgesetzte kennt die Interessen des Mitarbeiters und kann auch die Durchführung der delegierten Aufgabe direkt beobachten. Daher kann er ein Anreizsystem auf die Bedürfnisse und Fähigkeiten des Mitarbeiters zuschneiden, das alle möglichen Reaktionsweisen des Mitarbeiters berücksichtigt. Der Vorgesetzte kann somit bei der Delegation einer Aufgabe die für ihn vorteilhafteste Lösung implementieren: Der Mitarbeiter erhält genau dann eine Belohnung, wenn er die an ihn delegierte Aufgabe adäquat durchführt, ansonsten erhält er keine Belohnung oder muß sogar mit einer Sanktion rechnen. Die Belohnung ist dabei so gestaltet, daß sie den Interessen des Mitarbeiters entgegenkommt. Aufgrund der vollständigen Informationen hat nun der Mitarbeiter ein Interesse, im Sinne des Vorgesetzten zu handeln. Dies ist auch für ihn vorteilhaft, da die Belohnung bei adäquater Aufgabendurchführung genau auf seine Bedürfnisse zugeschnitten ist. Ein abweichendes Verhalten würde sich sofort nachteilig für ihn auswirken.

So kann der Vorgesetzte bei vollständigen Informationen die Entlohnung des Biochemikers direkt an dessen Einsatz bei der Entwicklung des neuen Medikaments festmachen. Legt der Vorgesetzte bei einem niedrigen Einsatz die Entlohnung des Biochemikers entsprechend niedrig fest, wird dieser keinen Anreiz haben, nur ein geringes Engagement zu zeigen.

Im allgemeinen werden dem Vorgesetzten die zur Gestaltung und Durchsetzung dieses Vertrages notwendigen Informationen über den Mitarbeiter aber nicht in vollem Umfang zur Verfügung stehen. Kann er beispielsweise das Verhalten des Mitarbeiters nicht mehr unmittelbar beobachten, dann ist auch das skizzierte einfache Anreizsystem nicht mehr optimal: Dem Mitarbeiter eröffnen sich diskretionäre Handlungsspielräume, die er aufgrund der Unbeobachtbarkeit seines Handelns zu seinem eigenen Vorteil und zum Nachteil des Vorgesetzten ausnutzen kann. Ist der Vorgesetzte also schlechter über die Konfliktsituation informiert als der Mitarbeiter, muß er sein Informationsdefizit bei der Gestaltung eines Anreizsystems berücksichtigen. Informationsdefizite des Vorgesetzten über den Mitarbeiter können aus drei Gründen bestehen:

(1) Der Vorgesetzte kann das Verhalten des Mitarbeiters in der dritten Stufe der Beziehung nicht unmittelbar beobachten und die Kosten für eine Kontrolle sind prohibitiv hoch, so daß der Vorgesetzte auch nicht indirekt auf das Handeln des Mitarbeiters schließen kann. In unserem Beispiel ist diese Situation gegeben, wenn der Vorgesetzte nicht beobachten kann, mit welchem Engagement der Biochemiker seine Forschung betreibt, ob dieser z.B. beim Testen

von Wirkungszusammenhängen aufgrund des bisherigen Wissens systematisch vorgeht oder nicht. In der Literatur wird diese Informationsasymmetrie auch als **hidden action** bezeichnet.

(2) Der Vorgesetzte kann das Verhalten des Mitarbeiters zwar beobachten, aber nicht unmittelbar beurteilen: Der Mitarbeiter hat im Rahmen der Durchführung seiner Aufgabe Informationen erlangt, von denen der Vorgesetzte keine Kenntnis hat. Aufgrund dieser zusätzlichen Informationen kann der Mitarbeiter den Erfolg des Projekts besser einschätzen als der Vorgesetzte. So kann beispielsweise der Biochemiker im Laufe seiner Forschung durch Literaturstudium erfahren haben, daß eine Teilsubstanz des neuen Medikaments bereits mit Erfolg in anderen Präparaten eingesetzt wurde, was die Wahrscheinlichkeit erhöht, daß er sein Projekt erfolgreich abschließen kann. Diese Form der Informationsasymmetrie wird in der Literatur auch **hidden information** genannt.

(3) Der Vorgesetzte kann zwar das Verhalten des Mitarbeiters beobachten, im Unterschied zur vorangegangenen Problematik kann er aber die Aufgabendurchführung aufgrund unbeobachtbarer Eigenschaften des Mitarbeiters nicht beurteilen: Dieser besitzt private Informationen über seine Eigenschaften oder die von ihm zu erbringende Leistung. Im Beispiel des Biochemikers ist dies dann der Fall, wenn der Vorgesetzte nicht weiß, ob der Bewerber ein sehr guter oder ein durchschnittlicher Biochemiker ist. In der Literatur verwendet man die Bezeichnung **hidden characteristics** für diese Form der unvollkommenen Information.

Obwohl in einer Konfliktsituation diese verschiedenen Formen der Informationsasymmetrie im allgemeinen gleichzeitig auftreten, untersuchen wir im folgenden die geeignete Gestaltung eines Anreizvertrages jeweils ausschließlich für einen der drei genannten Fälle. Dadurch können wir die spezifische Struktur der Anreizgestaltung in Abhängigkeit der jeweiligen Form der Informationsasymmetrie herausarbeiten, die auch bei einem Nebeneinander verschiedener Informationsasymmetrien erhalten bleibt.

5.1.1   Konfliktsituationen mit unbeobachtbarem Verhalten

Angenommen, der Vorgesetzte kann in einer Konfliktsituation das Verhalten seines Mitarbeiters nicht beobachten. Da neben dem Verhalten des Mitarbeiters auch exogene Faktoren das Handlungsergebnis bestimmen, besteht kein eindeutiger Zusammenhang zwischen dem Verhalten des Mitarbeiters und dem Erfolg des Projekts. Der Mitarbeiter kann ein schlechtes Handlungsergebnis mit dem Einfluß ungünstiger exogener Faktoren erklären. Daher kann der Vorgesetzte aufgrund des Projektausgangs nicht auf das Handeln des Mitarbeiters schließen. Folglich kann aber auch das Verhalten des Mitarbeiters nicht zum Gegenstand des Vertrages zwischen ihm und dem Vorgesetzten gemacht werden.

Der Mitarbeiter kann sich somit für ein Handeln entscheiden, das nicht im Sinne seines Vorgesetzten ist, ohne daß damit Lohneinbußen für ihn verbunden sein müssen. Die Gefahr, daß der Mitarbeiter das Informationsdefizit des Vorgesetzten zu seinem eigenen Vorteil ausnutzt, wird als **moralisches Risiko** bezeichnet.

Ziel des Vorgesetzten ist es, durch einen geeigneten Vertrag dieses moralische Risiko zu begrenzen. Er wird dabei den Vertrag so gestalten, daß sein eigener Vorteil maximal ist, und gleichzeitig das durch den Vertrag beeinflußte Verhalten des Mitarbeiters berücksichtigen. Um aufzuzeigen, welche Implikation die Unbeobachtbarkeit des Mitarbeiterverhaltens für die Anreizgestaltung hat, konkretisieren wir unser obiges Beispiel:

Engagement	Wahrscheinlichkeit des Projekterfolges	Kosten des Arbeitseinsatzes
niedrig	50 %	1
hoch	90 %	3

Abbildung 5.1:   Engagement, Erfolgschancen und Arbeitskosten des Biochemikers

Der Biochemiker kann bei der Durchführung des Forschungsprojekts zwischen einem niedrigen und einem hohen Engagement wählen. Bei einem niedrigen Engagement leistet er Routinearbeit, die für ihn mit Arbeitskosten von 1 Einheit verbunden ist. Ein hohes Engagement ist für ihn hingegen mit Arbeitskosten von 3 Einheiten verbunden. Von seinem Engagement hängen die Chancen für eine erfolgreiche Entwicklung des neuen Medikaments ab: Bei einem hohen Engagement liegt die Erfolgswahrscheinlichkeit bei 90%, bei einer Routinearbeit nur noch bei 50%. Wir nehmen weiterhin an, daß der Ertrag des Unternehmens und damit des Vorgesetzten bei einem Projekterfolg bei 10 Einheiten liegt. Bei einem Mißerfolg ergibt sich kein Ertrag. Die Gehaltsvorstellung des Mitarbeiters abzüglich seiner Arbeitskosten liegt bei 3 Einheiten. Dies stellt seine **Reservationsauszahlung** dar.

Bevor wir die Gestaltung des geeigneten Anreizsystems bei Vorliegen von hidden action untersuchen, diskutieren wir kurz die Vertragsgestaltung in der dargestellten Situation für den Fall, daß der Vorgesetzte das Verhalten des Mitarbeiters beobachten kann. Bei vollständigen Informationen kann er die Entlohnung des Mitarbeiters direkt von dessen Engagement abhängig machen:

Würde der Biochemiker seine Forschungsarbeiten mit niedrigem Engagement durchführen, müßte er dem Mitarbeiter mindestens 4 Einheiten Lohn zahlen. Da eine Routinearbeit mit 50%iger Wahrscheinlichkeit zu einem Ertrag von 10 Einheiten führt, im Durchschnitt also zu 5 Einheiten, bleibt dem Unternehmer lediglich ein Vorteil von 1 Einheit.

Würde der Biochemiker nun hochmotiviert arbeiten, dann müßte sein Lohn mindestens 6 Einheiten betragen. Seine Arbeitsleistung würde in diesem Fall durchschnittlich zu 9 Einheiten für den Vorgesetzten führen, so daß dessen Vorteil insgesamt 3 Einheiten betragen würde.

Für den Vorgesetzten ist es also vorteilhaft, wenn er einen Vertrag mit dem Mitarbeiter abschließt, der ein engagiertes Verhalten des Mitarbeiters bewirkt. Ein solcher Vertrag könnte beispielweise so aussehen, daß er dem Mitarbeiter bei hohem Engagement eine Entlohnung von 6 Einheiten garantiert und bei einem niedrigen Engagement eine Entlohnung von 3 Einheiten. Der Biochemiker würde diesen Vertrag annehmen, da er ihm seine Gehaltsvorstellung von 3 Einheiten sichert, wenn er ein hohes Engagement zeigt.

In einer Situation, in der das Verhalten des Mitarbeiters nicht beobachtbar ist, kann der Vorgesetzte in seinem Vertrag nicht mehr auf das Verhalten des Mitarbeiters abstellen. Um dennoch die Entlohnung des Mitarbeiters an etwas Beobachtbares zu koppeln, kann er den Vertrag auf den Erfolg oder Mißerfolg des Projekts konditionieren. Da der Mitarbeiter mit seinem Verhalten einen Einfluß auf den Projekterfolg hat, kann dieser Vertrag als Anreizsystem gestaltet werden.

Bezeichnen wir mit w_E bzw. w_M die Entlohnung des Mitarbeiters, wenn er das Projekt mit Erfolg bzw. mit Mißerfolg abschließt. Dann können wir einen Vertrag zwischen Vorgesetztem und Mitarbeiter als (w_E, w_M) darstellen. Der Konfliktbaum für die Beziehung zwischen den beiden Parteien hat dann die folgende Struktur:

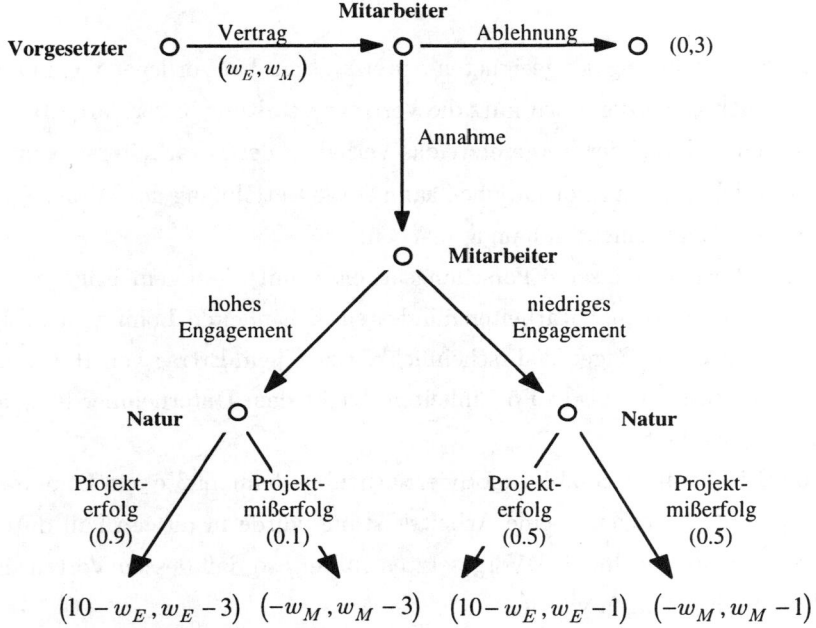

Abbildung 5.2:   Prinzipal-Agenten Beziehung mit hidden action

Der Vorgesetzte offeriert dem Mitarbeiter einen Vertrag (w_E, w_M). Lehnt dieser den Vertrag ab, kann der Vorgesetzte das Projekt nicht direkt durchführen, sondern muß Verzögerungen in Kauf nehmen. Der Biochemiker kann in diesem Fall seine Gehaltsvorstellung bei einem anderen Unternehmen verwirklichen und erhält seine Reservationsauszahlung von 3 Einheiten. Akzeptiert der Mitarbeiter den Vertrag, dann muß er sich zwischen einem hohen oder einem niedrigen Engagement entscheiden. Nach seiner Entscheidung wird der Erfolg des Projektes durch einen Zufallszug der Natur bestimmt. Die Auszahlungen der beiden Parteien ergeben sich dann entsprechend dem Vertrag.

Um in dieser Situation das optimale Anreizsystem (w_E, w_M) zu bestimmen, muß der Vorgesetzte nach dem Prinzip der Rückwärtsinduktion das folgende zweistufige Problem lösen: In einem ersten Schritt wählt er für jeden möglichen Arbeitseinsatz des Mitarbeiters jeweils einen Vertrag (w_E, w_M), der seine erwartete Auszahlung maximiert und den Mitarbeiter dazu veranlaßt, den Vertag anzunehmen sowie und im eigenen Interesse den gewünschten Arbeiteinsatz zu wählen. In einem zweiten Schritt wird der Vorgesetzte dann den Vertrag anbieten, der ihm die höchste zu erwartende Auszahlung sichert.

Betrachten wir zunächst den Fall, in dem der Vorgesetzte den Mitarbeiter zu einem niedrigen Arbeiteinsatz motivieren will. Der optimale Vertrag sichert dem Mitarbeiter dann immer eine Auszahlung von 4 Einheiten, unabhängig vom Erfolg des Projekts: Bei diesem Vertrag entspricht die erwartete Auszahlung des Mitarbeiters 3 Einheiten, wenn er Routinearbeit durchführt, hingegen nur 1 Einheit bei einem hohen Engagement. Der Mitarbeiter wird also den Vertrag annehmen und den gewünschten Arbeitseinsatz leisten. Die erwartete Auszahlung des Vorgesetzten beträgt dann 1 Einheit.

Angenommen, der Vorgesetzte will den Mitarbeiter mit einem Vertrag (w_E, w_M) zu einem hohen Arbeitseinsatz motivieren. Gelingt ihm dies, dann kann er mit einer Auszahlung von $0.9(10 - w_E) - 0.1w_M$ rechnen. Hierfür sind zwei Voraussetzung notwendig: Der Mitarbeiter muß den Vertag annehmen, und es muß in seinem eigenen Interesse sein, die Arbeit hochmotiviert durchzuführen. Betrachten wir zur Bestimmung des optimalen Vertrages also diese beiden Bedingungen für das Verhalten des Mitarbeiters.

Der Mitarbeiter wird genau dann den Vertrag akzeptieren, wenn seine erwartete Auszahlung mindestens der Reservationsauszahlung entspricht:

$$0.9w_E + 0.1w_M - 3 \geq 3$$

Diese Bedingung wird **Teilnahmebedingung** genannt. Ist sie erfüllt, akzeptiert der Mitarbeiter den Vertrag (w_E, w_M). Die zweite Bedingung spezifiziert, daß es im Interesse des Mitarbeiters liegt, ein hohes statt ein niedriges Engagement zu wählen:

$$0.9w_E + 0.1w_M - 3 \geq 0.5w_E + 0.5w_M - 1$$

Diese Bedingung wird in der Literatur als **Anreizverträglichkeitsbedingung** bezeichnet. Sie garantiert, daß der Mitarbeiter den Arbeitseinsatz erbringt, den der Vorgesetzte antizipiert.

Da die erwartete Auszahlung des Vorgesetzten negativ von der Entlohnung des Mitarbeiters abhängt, wird er versuchen, die Vertragsgrößen w_E und w_M so niedrig wie möglich zu wählen. Im Optimum wird er daher einen Vertrag anbieten, der dem Mitarbeiter lediglich seine Reservationsauszahlung sichert. Die Teilnahmebedingung ist im Optimum also bindend. Daraus folgt, daß die erwartete Auszahlung des Vorgesetzten genau 3 Einheiten beträgt, wenn er den Mitarbeiter zu einem engagierten Handeln motivieren kann: mit 90%iger Wahrscheinlichkeit erhält er 10 Einheiten, und dem Mitarbeiter bezahlt er im Durchschnitt genau 6 Einheiten.

Die Frage stellt sich nun, wie die Anreize gestaltet sein müssen, damit es tatsächlich im Interesse des Mitarbeiters ist, ein hohes Engagement zu wählen. Betrachten wir hierzu den Erfolgsbonus, also die Differenz zwischen der Entlohnung bei Erfolg und bei Mißerfolg. Ein hohes Engagement des Mitarbeiters erhöht die Wahrscheinlichkeit, diesen Bonus zu bekommen. Je höher also der Erfolgsbonus ist, desto eher wird es im Interesse des Mitarbeiters sein, ein hohes Engagement zu wählen. In unserem Beispiel muß der Erfolgsbonus so groß sein, daß die zusätzliche Entlohnung, die der Mitarbeiter erwarten kann, mindestens seine zusätzlichen Arbeitskosten von 2 Einheiten kompensiert. Da die Wahrscheinlichkeit, den Erfolgsbonus zu erhalten, bei einem höheren Arbeitseinsatz um 40% größer ist als bei einer Routinearbeit, muß der Erfolgsbonus also mindestens 5 Einheiten betragen.

Ein optimales Anreizsystem, das dem Mitarbeiter seine Gehaltsvorstellungen erfüllt und optimale Anreize für einen hohen Arbeitseinsatz setzt, ist der folgende Vertrag: Der Mitarbeiter erhält ein Fixum von $w_M = 1.5$. Im Fall eines erfolgreichen Projektabschlusses erhält er außerdem einen Bonus von 5 Einheiten, so daß seine Entlohnung in diesem Fall $w_E = 6.5$ ist. Dieses Anreizsystem funktioniert perfekt: Die Teilnahme- und Anreizverträglichkeitsbedingung sind erfüllt, und der

Vorgesetzte hat einen durchschnittlichen Ertrag von 3 Einheiten. Trotz seines Informationsdefizits muß der Vorgesetzte also keine Ertragseinbußen hinnehmen.

In dieser Argumentation haben wir allerdings implizit vorausgesetzt, daß sich der Mitarbeiter **risiko-neutral** verhält: Er ist indifferent zwischen einer sicheren Auszahlung und einer Lotterie, die ihm die gleiche erwartete Auszahlung garantiert. In unserem Beispiel bewertet der Biochemiker das mit Risiko verbundene Entlohnungssystem von 1.5 Einheiten Lohn mit 10%iger Wahrscheinlichkeit und 6.5 Einheiten Lohn mit 90%iger Wahrscheinlichkeit genauso gut wie ein sicheres Gehalt von 6 Einheiten.

Ein **risiko-averser** Mitarbeiter würde den oben spezifizierten Vertrag nicht annehmen. Vielmehr würde er ein sicheres Gehalt einer Lotterie mit gleicher erwarteter Entlohnung vorziehen. Obwohl ihm also der Vertrag in unserem Beispiel eine erwartete Entlohnung von 6 Einheiten garantiert, würde ihn ein risiko-averser Biochemiker ablehnen, da seine vertragliche Entlohnung einer Lotterie entspricht, in der er 1.5 Einheiten Lohn mit 10%iger Wahrscheinlichkeit und 6.5 Einheiten Lohn mit 90%iger Wahrscheinlichkeit erhält.

Im Fall der Risikoaversion des Mitarbeiters muß der Vorgesetzte den Mitarbeiter daher nicht nur für den hohen Arbeitseinsatz sondern auch für die Übernahme eines Risikos entschädigen. Der Vorgesetzte hat nun zwei Möglichkeiten, das Anreizsystem zu modifizieren: Einerseits kann er dem Mitarbeiter für das übernommene Risiko einen zusätzlichen Bonus bezahlen. Je höher das Risiko ist, das der Mitarbeiter trägt, desto höher wird die erforderliche Kompensation sein. Andererseits kann er dem Mitarbeiter aber auch einen Teil des Risikos abnehmen, das dieser trägt. Je höher das Risiko ist, daß der Vorgesetzte hier übernimmt, desto geringer schwankt die Entlohnung des Mitarbeiters. Je geringer aber das Risiko, das der Mitarbeiter trägt, desto geringer sind auch seine Anreize, seine Aufgabe adäquat zu erfüllen. Daher muß er ein Risiko tragen. Risikoaversion führt also zu einem trade-off zwischen Risikoallokation und Anreizverträglichkeit. Ein optimales Anreizsystem müßte diesen trade-off berücksichtigen. Der risiko-averse Mitarbeiter würde im Ergebnis ein geringeres Risiko tragen und einen höheren Erfolgsbonus erhalten. Sein Arbeitseinsatz wäre folglich geringer als bei Risikoneutralität. Die erwartete Auszahlung des Vorgesetzten würde ebenfalls geringer ausfallen.

5.1.2 Konfliktsituationen mit unbeobachtbaren Informationen

Wir gehen nun von einer Konfliktsituation aus, in der der Vorgesetzte zwar das Verhalten seines Mitarbeiters beobachten kann, aber der Mitarbeiter nach Vertragsabschluß Informationen gewonnen hat, zu denen der Vorgesetzte keinen Zugang hat. Diese Informationen beziehen sich auf die Realisation exogener Faktoren, die neben dem Verhalten des Mitarbeiters das Handlungsergebnis bestimmen.

Obwohl der Vorgesetzte das Verhalten des Mitarbeiters beobachten und es zum Gegenstand des Vertrages zwischen ihm und dem Mitarbeiter machen kann, ist für ihn eine Beurteilung des Verhaltens nicht möglich: Im allgemeinen wird der Mitarbeiter seinen optimalen Arbeitseinsatz von der Realisierung der exogenen Faktoren abhängig machen. Da der Vorgesetzte gegenüber dem Mitarbeiter einen Informationsnachteil über die Realisierung der exogenen Faktoren hat, kann er nicht feststellen, ob der vom Mitarbeiter getätigte Einsatz adäquat war oder ob das beobachtbare Ergebnis auf die Realisation der exogenen Faktoren zurückzuführen ist. Wie in einer Konfliktsituation mit unbeobachtbarem Verhalten besteht also ein moralisches Risiko: Der Mitarbeiter kann bei einem Scheitern des Projekts beispielsweise vorgeben, einen niedrigen Arbeitseinsatz gewählt zu haben, da aufgrund des Eintretens besonders ungünstiger exogener Faktoren der Projekterfolg unwahrscheinlich gewesen sei. Tatsächlich aber waren die exogenen Faktoren günstig und der Mitarbeiter hat mit seinem niedrigen Arbeitseinsatz darauf spekuliert, dennoch das Projekt erfolgreich abzuschließen.

Zur Illustration modifizieren wir unser obiges Beispiel und nehmen an, daß sowohl der Vorgesetzte als auch der Biochemiker bei Vertragsabschluß unsicher bezüglich der Erfolgsaussichten des Forschungsprojekts seien:

Das Forschungsprojekt kann entweder gute oder schlechte Erfolgsaussichten haben. Sei $\delta \in (0,1)$ die Wahrscheinlichkeit, daß eine Teilsubstanz des neuen Medikaments bereits mit Erfolg in anderen Präparaten eingesetzt wurde. Diese Wahrscheinlichkeit ist allgemein bekannt. Bei erfolgreichem Einsatz der Teilsubstanz in anderen Präparaten führt ein hohes Engagement des Biochemikers zu einer Erfolgswahrscheinlichkeit von 90%, Routinearbeit zu 50%. Hat sich die Teilsubstanz als wirkungslos herausgestellt, führt ein hohes Engagement des Mitarbeiters doch noch mit 50%iger Wahrscheinlichkeit zu einem erfolgreichen Projektabschluß. Geringes

Engagement hingegen reduziert diese Wahrscheinlichkeit auf 40%. Alle sonstigen Rahmenparameter der Konfliktsituation sind unverändert.

Engagement	Gute Aussichten auf Projekterfolg	Schlechte Aussichten auf Projekterfolg
niedrig	50%	40%
hoch	90%	50%
Einschätzung der Aussichten	δ	$1-\delta$

Abbildung 5.3: Engagement und Projekterfolg bei guten und schlechten Aussichten

Angenommen, der Vorgesetzte hätte vor Vertragsabschluß Kenntnis über die Wirkungsweise der Teilsubstanz. Dann würde er den Arbeitseinsatz des Mitarbeiters in Abhängigkeit davon vertraglich festlegen. Bei positiver Wirkungsweise würde er einen hohen Arbeitseinsatz bevorzugen. Bei Wirkungslosigkeit der Teilsubstanz lohnt sich aber ein hohes Engagement des Mitarbeiters nicht: Der Vorgesetzte hätte dann nämlich eine erwartete negative Auszahlung von 1 Einheit. Bei einem niedrigen Arbeitseinsatz könnte er zumindest eine Auszahlung von 0 Einheiten erzielen.[2]

Betrachten wir nun die Situation, in der der Mitarbeiter von der Wirkungsweise der Teilsubstanz nach Vertragsabschluß Kenntnis erhält, der Vorgesetzte jedoch nicht. Für den Vorgesetzten besitzt der Mitarbeiter dann zwei verschiedene Ausprägungen: Er ist entweder ein Mitarbeitertyp, der eine positive Wirkungsweise beobachtet hat, oder er ist ein Mitarbeitertyp, der weiß, daß die Teilsubstanz wirkungslos ist. Die privaten Informationen des Mitarbeiters über die Realisierung der exogenen Faktoren bestimmt seinen Typ.

Für den Vorgesetzten ist es vorteilhaft, wenn er den Typ seines Mitarbeiters kennt. Nehmen wir deshalb an, daß er den Mitarbeiter nach der Wirkungsweise der Teilsubstanz fragt. Dann wäre die Situation für ihn einfach, wenn er davon ausgehen könnte, daß der Mitarbeiter ehrlich wäre und seine Beobachtungen stets wahrheitsgetreu berichten würde. In diesem Fall könnte er das Engagement des Mitarbeiters eindeutig beurteilen und ihn entsprechend entlohnen.

Im allgemeinen kann der Vorgesetzte allerdings aufgrund des moralischen Risikos a priori nicht davon ausgehen, daß der Mitarbeiter immer ehrlich ist. Vielmehr wird dieser die Information an den Vorgesetzten weiterleiten, die für ihn selbst vorteilhaft ist. Der Vorgesetzte wird deshalb versuchen, den Vertrag mit dem Mitarbeiter so zu gestalten, daß dieser bei einer positiven Wirkungsweise der Teilsubstanz tatsächlich einen Anreiz hat, mehr Einsatz zu leisten als in einer Situation, in der die Teilsubstanz wirkungslos ist. Ist dies der Fall, dann ist es im Interesse des Mitarbeiters, den Vorgesetzten umfassend und wahrheitsgetreu über die Erfolgsaussichten zu informieren, da er ansonsten mit einer geringeren Auszahlung rechnen müßte. Die erfolgreiche Gestaltung eines solchen Anreizsystems garantiert also, daß das moralische Risiko wirkungsvoll eingeschränkt wird.

Grundsätzlich könnte der Vorgesetzte natürlich dem Mitarbeiter einen Vertrag anbieten, der ihn indirekt nach seinen privaten Informationen fragt. Oder der Vorgesetzte gestaltet einen Vertrag so, daß es im Interesse des Mitarbeiters ist, nie die Wahrheit zu sagen. Antizipiert der Vorgesetzte z.B., daß der Mitarbeiter lügt, dann würde er ihn bei einem Bericht über schlechte Aussichten zu einem hohen Arbeitseinsatz motivieren und umgekehrt, bei einer Schilderung guter Aussichten zu einem niedrigen Einsatz bewegen. In beiden Fällen kann der Vorgesetzte aufgrund der Mitteilung des Mitarbeiters ein entsprechendes Anreizsystem gestalten.

Das **Revelationsprinzip** garantiert, daß sich der Vorgesetzte auf Verträge konzentrieren kann, die eine ehrliche und direkte Berichterstattung des Mitarbeiters über seine privaten Informationen induzieren: Zu jedem Anreizsystem, das davon ausgeht, daß Lügen für den Mitarbeiter eine strategisch stabile Strategie darstellt, oder das indirekt seine Information aufdeckt, kann der Vorgesetzte ein neues Anreizsystem gestalten, das ihn nicht schlechter stellt und den Mitarbeiter veranlaßt, seine Informationen direkt und wahrheitsgetreu mitzuteilen.

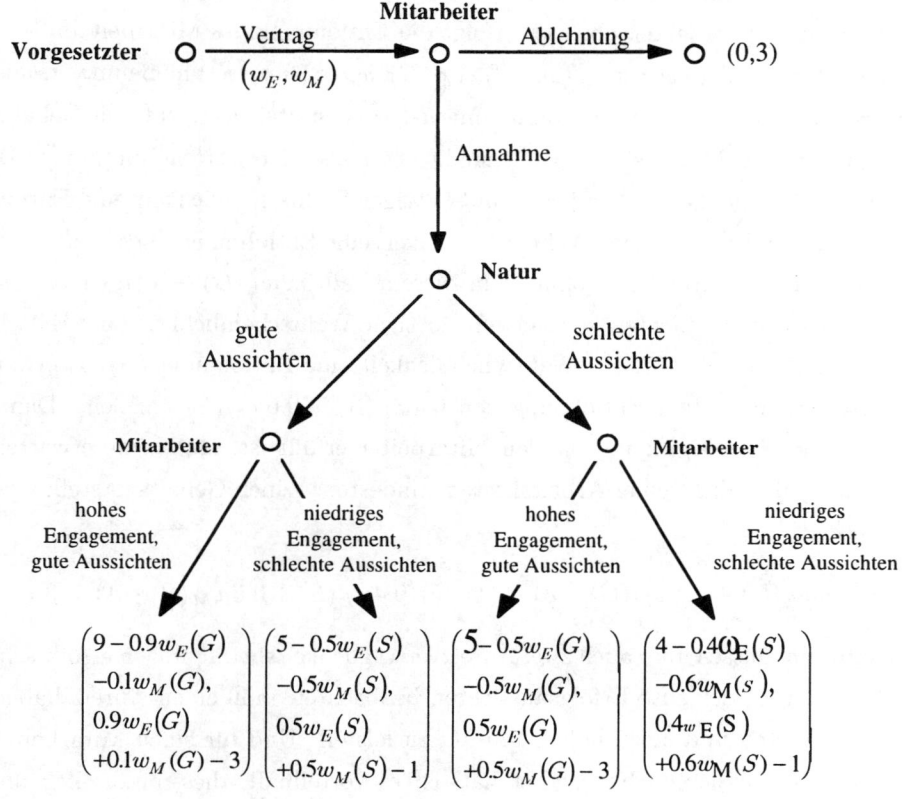

$$\begin{pmatrix} 9 - 0.9w_E(G) \\ -0.1w_M(G), \\ 0.9w_E(G) \\ +0.1w_M(G) - 3 \end{pmatrix} \begin{pmatrix} 5 - 0.5w_E(S) \\ -0.5w_M(S), \\ 0.5w_E(S) \\ +0.5w_M(S) - 1 \end{pmatrix} \begin{pmatrix} 5 - 0.5w_E(G) \\ -0.5w_M(G), \\ 0.5w_E(G) \\ +0.5w_M(G) - 3 \end{pmatrix} \begin{pmatrix} 4 - 0.4w_E(S) \\ -0.6w_M(s), \\ 0.4w_E(S) \\ +0.6w_M(S) - 1 \end{pmatrix}$$

Abbildung 5.4:   Principal-Agenten Beziehung mit unbeobachtbaren Informationen

Betrachten wir die obige Darstellung der Konfliktsituation in ihrer extensiven Form. Der Vorgesetzte bietet dem Mitarbeiter einen Vertrag an, der aus vier Komponenten $(w_E(G), w_M(G), w_E(S), w_M(S))$ besteht: $w_E(G)$ bzw. $w_M(G)$ spezifizieren die Entlohnung des Mitarbeiters, wenn dieser berichtet, daß die Erfolgsaussichten gut sind und er das Projekt bei hohem Arbeitseinsatz mit Erfolg bzw. mit Mißerfolg abschießt. Analog bezeichnen $w_E(S)$ bzw. $w_M(S)$ die Entlohnung des Mitarbeiters, wenn dieser über schlechte Erfolgsaussichten berichtet und er das Projekt bei niedrigem Arbeitseinsatz mit Erfolg bzw. mit Mißerfolg abschließt. Nimmt der Mitarbeiter diesen Vertrag an, beobachtet er den Zufallszug der Natur, der die Erfolgsaussichten seines Arbeitens bestimmt. Anschließend berichtet er dem Vor-

gesetzten über die Aussichten des Projekts und wählt seinen Arbeitseinsatz. Nach
Realisierung des Projektergebnisses erfolgt die Entlohnung des Mitarbeiters.

Ein optimales Anreizsystem $(w_E(G), w_M(G), w_E(S), w_M(S))$ muß nun verschiedene Bedingungen erfüllen: Es muß zunächst so gestaltet sein, daß die Gehaltsvorstellungen des Mitarbeiters erfüllt sind, dieser also den Vertrag annimmt. Da der Mitarbeiter bei guten Aussichten mit 90%iger Wahrscheinlichkeit eine Entlohnung $w_E(G)$ und mit 10%iger Wahrscheinlichkeit eine Entlohnung $w_M(G)$ erwarten kann, ist seine erwartete Entlohnung in diesem Fall $0.9w_E(G) + 0.1w_M(G)$. Bei schlechten Erfolgsaussichten kann er mit 40%iger Wahrscheinlichkeit eine Entlohnung $w_E(S)$ und mit 60%iger Wahrscheinlichkeit eine Entlohnung $w_M(S)$ erwarten, also eine erwartete Entlohnung von $0.4w_E(S) + 0.6w_M(S)$ erzielen. Damit nun die Teilnahmebedingung für den Mitarbeiter erfüllt ist, muß seine erwartete Entlohnung abzüglich seiner Arbeitskosten mindestens seinen Gehaltsvorstellungen entsprechen:

$$\delta\big(0.9w_E(G) + 0.1w_M(G) - 3\big) + (1 - \delta)\big(0.4w_E(S) + 0.6w_M(S) - 1\big) \geq 3$$

Weiterhin müssen aber auch zwei Anreizverträglichkeitsbedingungen erfüllt sein: Ein Mitarbeiter, der gute Erfolgsaussichten beobachtet, muß einen Anreiz haben, dies zu berichten und einen hohen Einsatz zu leisten. Und für einen Mitarbeiter, der schlechte Aussichten beobachtet hat, ist es vorteilhaft, dies mitzuteilen und einen niedrigen Einsatz zu wählen:

Diese erste Anreizverträglichkeitsbedingung setzt einem Mitarbeiter, der gute Erfolgsaussichten beobachtet hat, geeignete Anreize:

$$0.9w_E(G) + 0.1w_M(G) - 3 \geq 0.5w_E(S) + 0.5w_M(S) - 1$$

Der Vorgesetzte muß vermeiden, daß der Mitarbeiter vorgibt, schlechte Erfolgsaussichten zu haben, um dann bei geringem Arbeitseinsatz die guten Chancen von 50% für einen Projekterfolg für sich zu nutzen. Seine erwartete Entlohnung abzüglich seiner Arbeitskosten bei hohem Einsatz muß größer sein als die Entlohnung, die er erwarten kann, wenn er vorgibt, die Aussichten seien schlecht.

Die zweite Anreizverträglichkeitsbedingung sorgt dafür, daß ein Mitarbeiter auch dann zielkonform handelt, wenn er schlechte Aussichten beobachtet hat:

$$0.4w_E(S) + 0.6w_M(S) - 1 \geq 0.5w_E(G) + 0.5w_M(G) - 3$$

Hier muß der Vorgesetzte sicherstellen, daß der Mitarbeiter nicht vorgibt, die Aussichten seien gut. Seine Entlohnung bei einem wahrheitsgetreuen Bericht muß also größer sein als bei einer Vortäuschung falscher Tatsachen, wenn er seine jeweiligen Arbeitskosten mitberücksichtigt.

Die erwartete Auszahlung des Vorgesetzten bei einem optimalen Anreizsystem ergibt sich aus dem erwarteten Projekterfolg von $9\delta + 4(1 - \delta)$ abzüglich der erwarteten Entlohnung für den Mitarbeiter. Die erwartete Auszahlung ist um so höher, je geringer die Entlohnung des Mitarbeiters ist. Der Vorgesetzte wird also die Vertragsgrößen $(w_E(G), w_M(G), w_E(S), w_M(S))$ im Optimum so wählen, daß der Mitarbeiter lediglich seine Reservationsauszahlung erhält. Die Teilnahmebedingung ist also bindend, so daß der Vorgesetzte bei einem optimalen Anreizsystem eine erwartete Auszahlung von 3δ Einheiten hat.[3]

Der Vorgesetzte muß bei der Gestaltung des optimalen Anreizsystems weiterhin die beiden Anreizverträglichkeitsbedingungen beachten. Die erste dieser Bedingungen impliziert, daß ein Mitarbeiter bei guten Erfolgsaussichten einen Erfolgsbonus erhält, der einen hohen Arbeitseinsatz für ihn attraktiv macht. In unserem Fall muß somit der Erfolgsbonus so groß sein, daß seine erwartete Entlohnung mindestens seine zusätzlichen Arbeitskosten von 2 Einheiten gegenüber seiner erwarteten Entlohnung bei Vorgabe schlechter Aussichten kompensiert. Die zweite Anreizverträglichkeitsbedingung ist erfüllt, wenn ein Mitarbeiter bei schlechten Erfolgsaussichten keinen Anreiz hat, einen hohen Arbeitseinsatz zu wählen. Je niedriger hier sein Erfolgsbonus bei guten Aussichten ist, desto eher wird es in seinem Interesse sein, sich für ein niedriges Engagement zu entscheiden. Allerdings darf aufgrund der ersten Anreizverträglichkeitsbedingung dieser Erfolgsbonus nicht zu gering sein: Vergleicht man die beiden Anreizverträglichkeitsbedingungen, dann muß die um 40% des Erfolgsbonus bei guten Aussichten gestiegene Entlohnung bei einem hohen Engagement mindestens so groß sein wie die um 10% des Erfolgsbonus bei schlechten Aussichten erhöhte Entlohnung bei einem niedrigen Engagement.

Ein optimales Anreizsystem, das die Gehaltsvorstellungen des Mitarbeiters erfüllt und optimale Anreize für jeden Mitarbeitertyp setzt, ist z.B. der folgende Vertrag: Der Mitarbeiter, der gute Erfolgsaussichten beobachtet, erhält wie bisher ein Fixum von $w_M(G) = 1.5$ und im Fall eines erfolgreichen Projektabschlusses einen Bonus von 5 Einheiten, so daß $w_E(G) = 6.5$. Der Mitarbeiter, der schlechte Erfolgsausichten beobachtet, erhält hingegen eine ergebnisunabhängige Entlohnung: Unabhängig vom Projekterfolg erhält er eine Entlohnung von 4 Einheiten. Dieses Anreizsystem garantiert, daß der Mitarbeiter bei Abschluß des Vertrags seine Gehaltsvorstellungen sowohl bei guten als auch bei schlechten Erfolgsaussichten realisiert. Zudem ist dieses Anreizsystem auch dann optimal, wenn der Vorgesetzte neben dem Problem der hidden information auch das Verhalten des Mitarbeiters nicht beobachten kann.

5.1.3 Konfliktsituationen mit unbeobachtbaren Eigenschaften

Als dritte Konfliktsituation wollen wir jetzt den Fall untersuchen, daß der Mitarbeiter für den Vorgesetzten unbeobachtbare Eigenschaften hat. Der Mitarbeiter hat also private Informationen darüber, inwieweit ihn seine Eigenschaften befähigen, die an ihn gestellte Aufgabe durchzuführen. Im Unterschied zur Situation mit unbeobachtbaren Informationen besitzt hier der Mitarbeiter bereits vor Vertragsabschluß private Informationen. Der Vorgesetzte hat unvollständige Information: Er kennt den Typ des Mitarbeiters nicht.

Bei dieser Informationsasymmetrie besteht für den Vorgesetzten die Gefahr der **adversen Selektion**: Bietet der Vorgesetzte z.B. einen Vertrag an, der lediglich auf den durchschnittlichen Mitarbeitertyp zugeschnitten ist, dann muß er befürchten, daß ein Mitarbeiter mit schlechten Eigenschaften diese verheimlicht und einen Mitarbeiter mit guten Eigenschaften imitiert und daß ein Mitarbeiter mit guten Eigenschaften den Vertrag nicht annimmt. Deshalb läuft der Vorgesetzte Gefahr, systematisch einen für die Projektdurchführung unvorteilhaften Mitarbeitertyp anzuziehen.

Wie wir bereits im vierten Kapitel diskutiert haben, wird der Vorgesetzte in einer solchen Konfliktsituation versuchen, durch geeignete Vertragsgestaltung die privaten Informationen des Mitarbeiters aufzudecken. Insbesondere wird er unterschiedliche Verträge anbieten in der Erwartung, daß unterschiedliche Mitarbeitertypen jeweils andere Verträge auswählen. Dies zeigt auch den Unterschied zu einer Konfliktsituationen mit unbeobachtbaren Informationen: Wurde dort bei der Analyse des optimalen Anreizvertrages der spezifische Arbeitseinsatz, den der Mitarbeiter erbringen soll, betont, so steht hier die optimale Gestaltung separierender

Verträge im Mittelpunkt der Betrachtung. Wir wollen dies im folgenden wieder anhand der Entlohnung des Biochemikers aufzeigen:

Engagement	Arbeitskosten des vorteilhaften Typs	Arbeitskosten des nachteiligen Typs
niedrig	1	1.5
hoch	3	6
Wahrscheinlichkeit für den Typ von Mitarbeiter	ρ	1-ρ

Abbildung 5.5: Engagement und Arbeitskosten eines guten und eines schlechten Biochemikers

Der Biochemiker hat bei der Durchführung des Forschungsprojekts hohe oder niedrige Arbeitskosten. Sei $\rho \in (0, 1)$ die Einschätzung, mit der er niedrige Arbeitskosten hat. Ein Biochemiker mit niedrigen Arbeitskosten hat bei einem hohen Engagement Kosten von 3 Einheiten, bei einer Routinearbeit Kosten von 1 Einheit. Im Unterschied dazu hat ein Biochemiker mit hohen Arbeitskosten im ersten Fall Kosten von 6 Einheiten, im zweiten Fall von 1.5 Einheiten. Alle anderen Rahmenparameter der Konfliktsituation sind mit den bisherigen Analysen identisch.

Bei vollständigen Informationen über die Arbeitskosten des Mitarbeiters würde der Vorgesetzte den optimalen Arbeitseinsatz von dessen Kosten abhängig machen: Hat der Biochemiker niedrige Kosten, dann zieht der Vorgesetzte ein hohes Engagement einem niedrigen vor, wie wir bereits oben gesehen haben. Dies ist bei einem Biochemiker mit hohen Arbeitskosten jedoch anders: Ein hoher Arbeitseinsatz führt hier zu einer erwarteten Auszahlung von 0 Einheiten, wohingegen eine Routinearbeit des Mitarbeiters eine positive erwartete Auszahlung von 0.5 Einheiten garantiert.[4] In diesem Fall würde der Vorgesetzte dem Mitarbeiter also keine Anreize für einen höheren Arbeitseinsatz geben.

Kennt der Vorgesetzte die Arbeitskosten des Mitarbeiters nicht, kann er einen Vertrag nicht auf dessen Arbeitskosten konditionieren. Um dennoch die privaten

Informationen des Mitarbeiters aufzudecken, muß er zwei Verträge anbieten, die auf die Mitarbeitertypen zugeschnitten sind, $(w_E(N), w_M(N))$ und $(w_E(H), w_M(H))$: Es muß im Eigeninteresse des jeweiligen Mitarbeitertyps liegen, den für ihn vorgesehenen Vertrag anzunehmen. Der Mitarbeiter mit den niedrigen Kosten wählt den Vertrag $(w_E(N), w_M(N))$ und der Mitarbeiter mit den hohen Kosten entscheidet sich für $(w_E(H), w_M(H))$. Dies stellt an die Gestaltung eines optimalen Anreizsystems folgende Anforderungen:

Zunächst müssen beide Typen von Mitarbeitern mindestens ihre Reservationsauszahlung erhalten, d.h. ihre Gehaltsvorstellungen müssen erfüllt sein. Da der Mitarbeiter mit den hohen Kosten eine Routinearbeit verrichten soll und der Mitarbeiter mit den niedrigen Kosten einen hohen Arbeitseinsatz leisten soll, müssen die folgenden beiden Teilnahmebedingungen erfüllt sein:

$$0.9w_E(N) + 0.1w_M(N) - 3 \geq 3$$

$$0.5w_E(H) + 0.5w_M(H) - 1.5 \geq 3$$

Sind beide Bedingungen erfüllt, akzeptiert ein Mitarbeiter sowohl mit hohen als auch mit niedrigen Arbeitskosten einen Vertrag. Weiterhin muß ein optimales Anreizsystem so gestaltet sein, daß es im Interesse des jeweiligen Mitarbeitertyps ist, tatsächlich den Vertrag zu wählen, der für ihn vorgesehen ist:

$$0.9w_E(N) + 0.1w_M(N) - 3 \geq 0.5w_E(H) + 0.5w_M(H) - 1$$

$$0.5w_E(H) + 0.5w_M(H) - 1.5 \geq 0.9w_E(N) + 0.1w_M(N) - 6$$

Die erste Anreizverträglichkeitsbedingung richtet sich an den Mitarbeiter mit niedrigen Kosten. Seine Auszahlung, wenn er den vom Vorgesetzten vorgesehenen hohen Arbeitseinsatz erbringt, muß größer sein als die Auszahlung, die er bei Imitation des Typs mit hohen Arbeitskosten erhalten würde. Die zweite Anreizverträglichkeitsbedingung stellt den entsprechenden Zusammenhang für den Mitarbeiter mit hohen Arbeitskosten dar. Sind beide Bedingungen erfüllt, dann kann der Vorgesetzte sicherstellen, daß sein Mitarbeiter den von ihm gewünschten Arbeitseinsatz erbringt. Darüber hinaus kennt er die privaten Informationen seines Mitarbeiters nach dessen Vertragswahl.

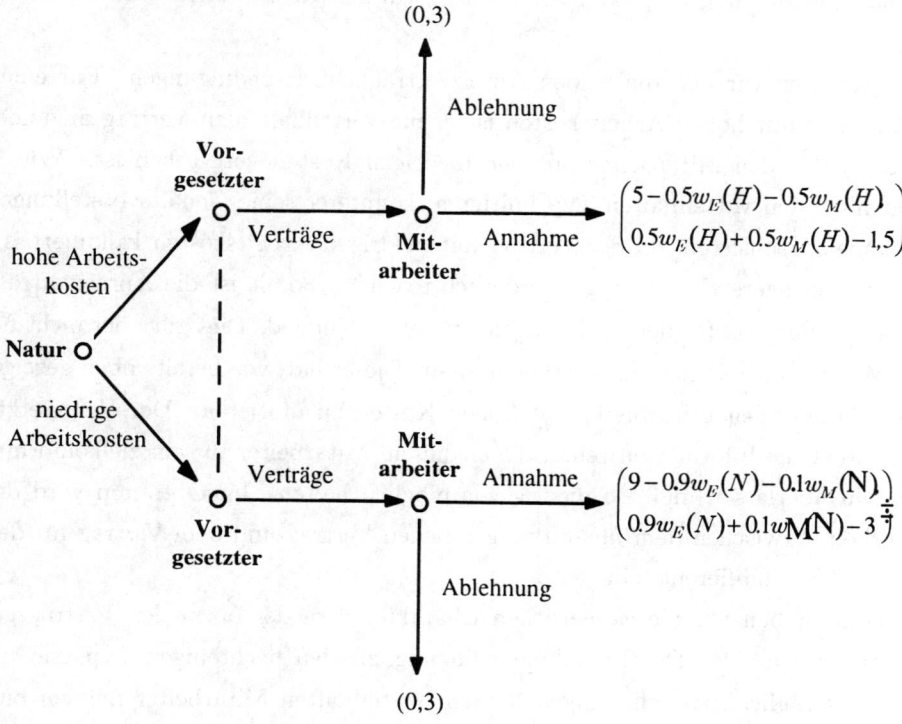

Abbildung 5.6: Prinzipal-Agenten Beziehung mit unbeobachtbaren Eigenschaften, wenn die Anreizverträglichkeitsbedingungen erfüllt sind

Welche dieser vier Bedingungen wird nun bei einem optimalen Anreizsystem bindend erfüllt sein? Betrachten wir zunächst die Teilnahmebedingungen und nehmen wir an, daß die für den Mitarbeiter mit den hohen Kosten gerade erfüllt ist. Wenn sich nun der Mitarbeiter mit den niedrigen Kosten für denselben Vertrag entscheidet, würde er dieselbe erwartete Entlohnung erhalten, hätte allerdings geringere Arbeitskosten als der nachteilige Typ. Er hätte aufgrund dieser Imitation also eine Auszahlung, die höher als seine Reservationsauszahlung ist. Also muß der Vorgesetzte dem Mitarbeiter mit den niedrigen Kosten einen Vertrag anbieten, der ihm mehr als seine Gehaltsvorstellungen garantiert. Diese zusätzliche Entlohnung wird auch als **Informationsrente** bezeichnet. Insbesondere kann daher die

Teilnahmebedingung des Mitarbeiters mit niedrigen Kosten nicht bindend erfüllt sein.

Betrachten wir nun die beiden Anreizverträglichkeitsbedingungen. Für einen Mitarbeiter mit hohen Arbeitskosten ist es nie vorteilhaft, den Vertrag anzunehmen, der für den Mitarbeiter mit den niedrigen Kosten vorgesehen ist. Würde er nämlich den vorteilhaften Typ imitieren, könnte er seine Gehaltsvorstellungen nicht mehr realisieren, da der Vertrag mit niedrigen Arbeitskosten kalkuliert ist, die eine geringere Entlohnung erforderlich machen. Somit ist die Anreizverträglichkeitsbedingung für den nachteiligen Typ nicht bindend. Dies gilt aber nicht für den Mitarbeiter mit niedrigen Arbeitskosten. Dieser hat, wie bereits oben gezeigt, einen Anreiz, den Mitarbeiter mit hohen Kosten zu imitieren. Der Vorgesetzte wird daher die Informationsrente, die er diesem Mitarbeiter für ein zielkonformes Handeln überlassen muß, so niedrig wie möglich halten. Im Optimum wird der Mitarbeiter zwischen dem für ihn vorgesehenen Vertrag und dem Vertrag für den anderen Typ indifferent sein.

Damit haben wir die wesentlichen Charakteristika der optimalen Vertragsgestaltung aufgezeigt: Die Teilnahmebedingung für den nachteiligen Typ und die Anreizverträglichkeitsbedingungen für den vorteilhaften Mitarbeiter müssen bindend erfüllt sein. Für unser Beispiel folgt aus der ersten Eigenschaft, daß die erwartete Entlohnung des Mitarbeiters mit den hohen Kosten gerade 4.5 Einheiten beträgt. Zusammen mit der zweiten Eigenschaft ist dann die erwartete Entlohnung des Mitarbeiters mit den niedrigen Kosten 6.5 Einheiten, also genau um seine Differenz der Arbeitskosten von 2 Einheiten höher. Da die erwartete Auszahlung des Vorgesetzten bei einem optimalen Anreizsystem aus seinem erwarteten Projektertrag $9\rho + 5(1 - \rho)$ abzüglich der erwarteten Entlohnung des Mitarbeiters von $6.5\rho + 4.5(1 - \rho)$ besteht, ergibt sich für ihn eine erwartete Auszahlung von $0.5 + 2\rho$.

Ein optimales Anreizsystem kann nun wie folgt spezifiziert werden: Der Vorgesetzte bietet zwei Verträge an. Der eine Vertrag offeriert dem Mitarbeiter ein Fixum von $w_M(N) = 1.5$ und im Fall eines erfolgreichen Projektabschlusses einen Bonus von $5\frac{4}{9}$ Einheiten, so daß $w_E(N) = 7\frac{1}{18}$. Der zweite Vertrag ist erfolgsunabhängig und garantiert dem Mitarbeiter $w_M(H) = w_E(H) = 4.5$ Einheiten unabhängig vom Projekterfolg. Dieses Anreizsystem separiert die beiden Mitarbeitertypen perfekt: Beide nehmen das Vertragsangebot an und ein Mitarbeiter mit niedrigen Arbeitskosten wählt das erfolgsabhängige Anreizsystem, wohingegen ein Mitarbeiter mit den hohen Kosten die erfolgsunabhängige Entlohnung wählt. Aufgrund seines Informationsdefizits reduziert sich die erwartete Auszahlung des Vorgesetzten gegenüber einer Situation, in der er weiß, daß sein Mitarbeiter niedrige Kosten hat: Er muß dem Mitarbeiter mit niedrigen Arbeitskosten eine Informationsrente von 0.5 Einheiten überlassen.

5.2 Die Gestaltung struktureller Rahmenbedingungen

Neben personellen Maßnahmen stehen einem vertikalen Konfliktmanagement auch strukturelle Maßnahmen zur Verfügung. Grundsätzlich können dabei die folgenden Rahmenparameter der Konfliktsituation Ansatzpunkte für strukturelle Maßnahmen sein: die Anzahl und Identität der Konfliktparteien, ihre Information über den Konfliktgegenstand, der Verlauf der Konfliktsituation sowie die Handlungsalternativen, die einer Konfliktpartei zur Verfügung stehen.

Zur Variation dieser Rahmenparameter kommen für den Vorgesetzten eine Vielzahl von Koordinationsinstrumenten in Betracht. So kann er eine adäquate Aufgabendurchführung durch seinen Mitarbeiter sicherstellen, in dem er ihm beispielsweise eine dritte Partei zur fachlichen Betreuung zur Seite stellt, oder er kann eine Zwischeninstanz schaffen, die ihn bei seiner Aufgabendurchführung kontrolliert. Zur Verbesserung seiner Informationen über das Handeln des Mitarbeiters kann der Vorgesetzte auch zusätzliche Berichtssysteme einrichten, die den Mitarbeiter zu einer Auskunft über seine Aufgabenwahrnehmung veranlassen. Umgekehrt kann der Vorgesetzte auch den Informationsstand seines Mitarbeiters durch die Gestaltung neuer Kommunikationswege verbessern, etwa wenn er einen anderen Mitarbeiter damit beauftragt, ihm für seine Aufgabenerfüllung bestimmte Informationen bereitzustellen.

Zwei Koordinationsinstrumente sind zur Gestaltung der strukturellen Rahmenbedingungen der Konfliktsituation von besonderer Bedeutung: die Veränderung der Zugriffsmöglichkeiten des Mitarbeiters auf Ressourcen sowie die Neuformulierung von Verhaltensnormen, wie z.B. die explizite Festlegung von unerwünschten Handlungsalternativen oder die Setzung gewisser Mindestanforderungen an die Handlungsalternativen. Beide Maßnahmen wirken auf die Handlungsalternativen, die dem Mitarbeiter bei der Durchführung seiner Aufgaben zur Verfügung stehen.

Welche konkreten strukturellen Maßnahmen der Vorgesetzte einsetzen kann, hängt von der spezifischen Struktur der Konfliktsituation ab. Grundsätzlich kommen hierzu alle Koordinationsinstrumente in Betracht. Je nach ihrer Wirkungsweise werden dabei nicht nur die strukturellen Rahmenbedingungen der Konfliktsituation neu gestaltet, sondern es können sich auch die Auszahlungen für den Mitarbeiter verändern.

Inwieweit der Einsatz von Koordinationsinstrumenten die Aufgabenerfüllung des Mitarbeiters tatsächlich positiv beeinflußt, hängt davon ab, wie der Mitarbeiter auf diese Maßnahmen reagiert. Wie bei der Gestaltung eines Anreizsystems für den Mitarbeiter muß der Vorgesetzte hier die strukturellen Rahmenbedingungen der Konfliktsituation so gestalten, daß das Handeln des Mitarbeiters zur Erreichung des Organisationsziels beiträgt.

Bei einer Analyse der geeigneten Gestaltung der Konfliktsituation zwischen einem Vorgesetzten und seinem Mitarbeiter müßten wir grundsätzlich alle in Frage kommenden strukturellen Maßnahmen berücksichtigen. Unter welchen Umständen eine Maßnahme dabei dem Mitarbeiter geeignete Anreize zum Handeln setzt, wird von der jeweiligen Struktur der Konfliktsituation und dem Konfliktgegenstand abhängen. Eine umfassende Behandlung dieses Themenkomplexes würde den Rahmen dieser Arbeit sprengen. Daher konzentrieren wir uns im folgenden auf die spezifische Beziehung zwischen einem Vorgesetzten und seinem Mitarbeiter. Die nachfolgenden Darstellungen sollen beispielhaft aufzeigen, wie der Vorgesetzte das Handeln des Mitarbeiters durch geeignete Gestaltung der strukturellen Rahmenbedingungen einer Konfliktsituation strategisch beeinflussen kann.

Kontrolle und Entlohnung eines Lageristen ─────────────────────────

In der Materialwirtschaft eines Unternehmens arbeitet ein Mitarbeiter im Hochregallager für Fertigfabrikate. Neben der Kommissionierung von Aufträgen und den damit verbundenen Ein- und Auslagerungen ist er auch für Umlagerungen zur optimalen Ausnutzung des Lagerraums zuständig. Aufgrund dieses Tätigkeitsspektrums kann die Produktivität des Lageristen nicht unmittelbar ermittelt werden, so daß lediglich eine ergebnisunabhängige Entlohnung für ihn in Frage kommt. Ein direkter Arbeitsanreiz auf der Basis von Outputgrößen ist jedoch möglich.

Hierzu will der direkte Vorgesetzte des Lageristen und Leiter der Materialwirtschaft ein System von Kontrollen einführen: Eine Überprüfung der durchgeführten Kommissionen sowie direkte Inspektionen der Tätigkeiten des Lageristen sollen Drückebergerei aufdecken und unterbinden. Zudem strebt der Leiter der Materialwirtschaft an, die Entlohnung seines Mitarbeiters vom Ergebnis seiner Kontrolle abhängig zu machen. Sollten seine Kontrollen einen zu niedrigen Arbeitseinsatz aufzeigen, dann wird der Lagerist mit einer Sanktionierung rechnen müssen.

Ziel des Leiters der Materialwirtschaft ist es also, dem Lageristen durch Gestaltung eines Kontroll- und Entlohnungssystems geeignete Arbeitsanreize zu setzen. Das Beispiel verknüpft somit die bereits in Kapitel 3 angesprochene Frage der optimalen Kontrollstrategie eines Vorgesetzten mit der oben diskutierten Gestaltung eines optimalen Entlohnungssystems.

5.2.1   Beeinflussung des Konfliktverlaufs

Bevor wir untersuchen, wie der Vorgesetzte durch strukturelle Maßnahmen das Verhalten des Agenten beeinflussen kann, konkretisieren wir die dargestellte Konfliktsituation wie folgt:

Der Lagerist hat zwei Handlungsalternativen zur Verfügung. Er kann entweder einen hohen oder einen geringen Arbeitseinsatz erbringen. Ein hoher Arbeitseinsatz führt für ihn im Vergleich zur Drückebergerei zu zusätzlichen Arbeitskosten in Höhe von 2 Einheiten. Mit einem höheren Arbeitseinsatz ist ebenfalls eine höhere Produktivität von 9 Einheiten verbunden. Der Leiter der Materialwirtschaft kann den Arbeitseinsatz seines Mitarbeiters kontrollieren. Kontrolle ist für ihn mit Kosten von 1 Einheit verbunden. Für den Fall, daß er dabei einen hohen Arbeitseinsatz aufdeckt, zahlt er dem Lageristen einen Bonus b zusätzlich zu seinem Gehalt. Deckt er hingegen eine Drückebergerei des Lageristen auf, entfällt die Zahlung des Bonus. Finden keine Kontrollen statt, geht der Vorgesetzte von einem hohen Einsatz seines Mitarbeiters aus und zahlt ihm ebenfalls den Bonus b.

Wie bestimmt sich nun das optimale Kontroll- und Entlohnungssystem für den Lageristen? Und welche Anreize setzt es für seinen Arbeitseinsatz? Bei der Beantwortung dieser Fragen gehen wir zunächst davon aus, daß die beiden Parteien ihr Verhalten jeweils in Unkenntnis des Handelns der anderen wählen. Beide Parteien entscheiden sich also unabhängig voneinander. In diesem Fall kann daher die Konfliktsituation durch folgende Bi-Matrix dargestellt werden:

		Leiter der Materialwirtschaft	
		Kontrolle	keine Kontrolle
Lagerist	hohes Engagement	b-2,8-b	b-2,9-b
	niedriges Engagement	0,-1	b,-b

Abbildung 5.7: Kontrolle und Entlohnung des Lageristen bei unabhängigen Entscheidungen

Damit ein hoher Arbeitseinsatz überhaupt vom Lageristen in Betracht gezogen wird, muß der Bonus b mindestens seine damit verbundenen Arbeitskosten ausgleichen. Ist dies nicht der Fall, dann ist die Alternative "niedriger Arbeitseinsatz" eine dominante Strategie und der Vorgesetzte wird immer kontrollieren. Wir nehmen daher für die folgende Diskussion an, daß der Bonus auf jeden Fall die zusätzlichen Arbeitskosten des Lageristen übersteigt, d.h. $b \geq 2$.

In Kapitel 3 hatten wir argumentiert, daß das Verhalten einer Partei für die jeweils andere Partei nicht berechenbar sein darf. Es gibt also kein strategisch stabiles Verhalten in reinen Strategien, vielmehr wird jede Partei eine gemischte Strategie wählen. Sei $k \in [0, 1]$ die Kontrollwahrscheinlichkeit des Leiters der Materialwirtschaft und sei $a \in [0, 1]$ die Wahrscheinlichkeit, mit der der Lagerist einen niedrigen Arbeitseinsatz leistet. Dann können wir das Gleichgewichtsverhalten wie folgt ableiten:

Damit das Verhalten des Mitarbeiters für den Vorgesetzten unberechenbar ist, muß er zwischen einem niedrigen und hohen Arbeitseinsatz indifferent sein. Somit muß für ihn der Vorteil aus einer Drückebergerei von 2 Einheiten mit dem erwarteten Einkommensverlust identisch sein. Dieser beträgt kb Einheiten, so daß sich die optimale Kontrollwahrscheinlichkeit des Vorgesetzten als $k^* = \frac{2}{b}$ ergibt. Diese Indifferenz des Vorgesetzten hinsichtlich seiner Kontrollstrategie setzt voraus, daß die Kosten der Kontrolle von 1 Einheit identisch sind mit der erwarteten Einsparung an Bonuszahlungen. Da diese gerade ab Einheiten betragen, ergibt sich die optimale Strategie des Lageristen als $a^* = \frac{1}{b}$. Annahmegemäß ist $k^*, a^* \in [0, 1]$.

Legen wir dieses strategisch stabile Verhalten der Beziehung zwischen den Parteien zugrunde, dann können wir das optimale Entlohnungssystem wie folgt berechnen: Der Leiter der Materialwirtschaft wird den Bonus b so wählen, daß seine erwartete Auszahlung maximal ist, gegeben das Gleichgewichtsverhalten im Laufe der Arbeitsbeziehung. Die erwartete Auszahlung ergibt sich somit wie folgt: Mit Wahrscheinlichkeit $(1 - a^*)$ kann er eine zusätzliche Produktivität von 9 Einheiten erzielen, mit Wahrscheinlichkeit k^* entstehen ihm dabei Kontrollkosten von 1 Einheit und mit Wahrscheinlichkeit $(1 - k^* a^*)$ muß er dem Lageristen einen Bonus von b Einheiten zahlen. Somit ergibt sich als erwartete Auszahlung

$$9\left(1 - a^*\right) - k^* - b\left(1 - k^* a^*\right) = 9\left(1 - \frac{1}{b}\right) - b.$$

Der optimale Bonus errechnet sich dann als $b^* = 3$. Das optimale Kontroll- und Entlohnungssystem kann somit wie folgt charakterisiert werden: Der Leiter der Materialwirtschaft bezahlt seinem Lageristen einen Bonus von 3 Einheiten, es sei denn, er ertappt ihn bei Drückebergerei. Er wird weiterhin seinen Mitarbeiter in $\frac{2}{3}$ aller Fälle kontrollieren. Seine erwartete Auszahlung ist somit 3 Einheiten. Der Lagerist seinerseits wird in $\frac{1}{3}$ aller Fälle einen niedrigen Arbeitseinsatz leisten.

Im folgenden wollen wir darlegen, wie der Vorgesetzte durch eine Änderung der strukturellen Rahmenbedingungen der Konfliktsituation den Konfliktverlauf zu seinen Gunsten beeinflussen kann. Wir nehmen hierzu an, daß er sich bereits bei Vertragsabschluß an seine Kontrollstrategie binden kann. Der Vertrag besteht also aus zwei Komponenten: einem Entlohnungssystem in Form eines zu zahlenden Bonus b und einem Kontrollsystem in Form der Kontrollwahrscheinlichkeit k.

In Kapitel 4 hatten wir dieses Vorgehen als einen unbedingten strategischen Zug bezeichnet. Bevor wir der Frage nach der Glaubwürdigkeit dieses strategischen

Zuges nachgehen, wollen wir im folgenden zunächst einmal zeigen, welche Vorteile für den Vorgesetzten mit einem solchen Zug verbunden sind.

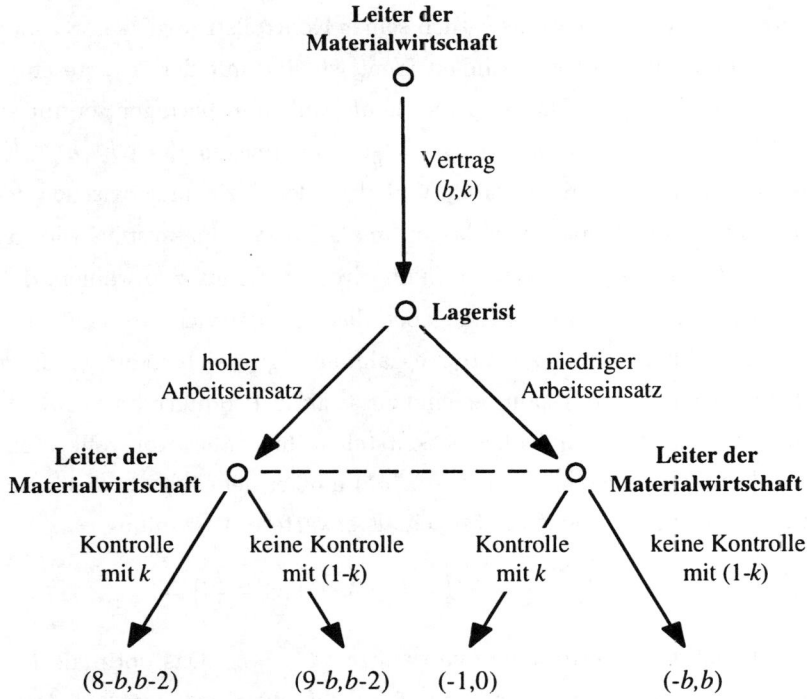

Abbildung 5.8:   Kontrolle und Entlohnung des Lageristen bei sequentiellen Entscheidungen

Angenommen, der Leiter der Materialwirtschaft könnte sich bei Abschluß des Arbeitsvertrages mit dem Lageristen glaubwürdig an seine künftige Kontrolle binden. Um in dieser Situation den Mitarbeiter zu einem hohen Arbeitseinsatz zu motivieren, muß das optimale Kontroll- und Entlohnungssystem (k^*, b^*) die folgende Anreizverträglichkeitsbedingung erfüllen:[5]

$$b - 2 \geq (1 - k^*)\, b$$

Die linke Seite der Ungleichung beschreibt die erwartete zusätzliche Auszahlung des Lageristen bei einem hohen Arbeitseinsatz. Er erhält den Bonus unabhängig von der Kontrolle seines Vorgesetzten, hat jedoch auch immer die zusätzlichen Arbeitskosten von 2 Einheiten zu tragen. Die rechte Seite der Ungleichung zeigt die erwartete Auszahlung bei einem niedrigen Arbeitseinsatz. Hier kann er nur dann mit einem Bonus rechnen, wenn der Vorgesetzte seinen Arbeitseinsatz nicht kontrolliert, ansonsten erhält er keinen Bonus.

Für einen beliebigen Bonus $b \geq 2$ ergibt sich somit als optimale Kontrollwahrscheinlichkeit gerade $k^* = \frac{2}{b}$: In diesem Fall ist der Mitarbeiter indifferent zwischen einem hohen und niedrigen Arbeitseinsatz und würde sich daher für jede noch so kleine aber positive Zahl ε bei einer Kontrolle von $\frac{2}{b} + \varepsilon$ mit Sicherheit gegen Drückebergerei entscheiden. Unter diesen Umständen kann nun der Leiter der Materialwirtschaft aber mit einer zusätzlichen Produktivität von 9 Einheiten rechnen. Da der Lagerist stets einen hohen Einsatz leistet, muß er weiterhin mit Sicherheit den Bonus b zahlen, unabhängig von seiner tatsächlichen Kontrolle. Somit ergibt sich als erwartete (approximative) Auszahlung des Vorgesetzten $9 - b - \frac{2}{b}$.

Insbesondere wäre die erwartete Auszahlung größer als 3 Einheiten - nämlich $5\frac{1}{3}$ Einheiten - wenn er dem Lageristen einen Bonus von 3 Einheiten zahlen würde. Der Leiter der Materialwirtschaft kann sich also gegenüber einer Konfliktsituation mit unabhängigen Entscheidungen verbessern, wenn er die strukturellen Rahmenbedingungen der Konfliktsituation ändert und die Initiative ergreift.

Ein Bonus von 3 Einheiten ist für ihn jedoch noch nicht optimal. Wenn er seine erwartete Auszahlung maximiert, wird er dem Lageristen einen Bonus von 2 Einheiten zahlen und damit selbst 6 Einheiten erhalten. Dies impliziert, daß er den Lageristen mit Sicherheit kontrolliert und ihm gerade seine Arbeitskosten entlohnt. Bei diesen Überlegungen sind wir davon ausgegangen, daß sich der Leiter der Materialwirtschaft kostenlos an seine Kontrolle binden kann. Davon wird man in der Regel jedoch nicht ausgehen können. Berücksichtigt man dies, so dürfen die Kosten einer Bindung den Betrag von 3 Einheiten nicht überschreiten.

5.2.2 Delegation von Entscheidungskompetenzen

Wir haben im letzten Abschnitt die Frage offengelassen, wie sich der Vorgesetzte bereits bei Vertragsabschluß an seine Kontrollstrategie binden kann.[6] Im folgenden soll nun aufgezeigt werden, wie der Vorgesetzte durch Delegation seiner Kontrolltätigkeit sicherstellen kann, daß er seine angekündigte Kontrolle auch tatsächlich ausführt.

Delegation in diesem Sinne ist aber dann eine strukturelle Änderung der Konfliktsituation: Eine dritte Partei wird in die Konfliktsituation eingeführt. Sie hat die Aufgabe, die Interessen des Vorgesetzten wahrzunehmen und in seinem Auftrag zu handeln. Ziel des Vorgesetzten ist es hier, durch eine geeignete Entscheidungsdelegation an die dritte Partei den unmittelbaren Interessengegensatz zwischen ihm und seinem Mitarbeiter auf eine neue Ebene zu verlagern. Dadurch soll der Konfliktverlauf so beeinflußt werden, daß es zu keiner Manifestation der konkurrierenden Interessen kommt.

Im folgenden diskutieren wir diesen Aspekt der Delegation von Entscheidungskompetenzen anhand des Kontroll- und Entlohnungssystems für einen Laristen. Wir gehen dabei davon aus, daß eine Delegation der Kontrollaufgaben für den Leiter der Materialwirtschaft vorteilhaft ist: Die zusätzlichen Auszahlungen, die aus einer glaubwürdigen Ankündigung einer Kontrollstrategie resultieren, übersteigen die Kosten, die mit der Delegation dieser Aufgabe an eine dritte Partei verbunden sind.

Angenommen, es ist für den Leiter der Materialwirtschaft vorteilhaft, sich bei Vertragsabschluß mit dem Laristen an eine Kontrollstrategie k^* zu binden, die den Mitarbeiter zu einem hohen Arbeitseinsatz bewegen würde. Dann kann sein Glaubwürdigkeitsproblem durch die Delegation dieser Kontrollaufgabe beispielsweise an den Leiter des Hochregallagers wie folgt gelöst werden:

Er stellt dem Leiter des Hochregallagers ein Budget zur Verfügung, daß von diesem zur Durchführung seiner Kontrollaufgaben genutzt werden kann. Da in unserem Beispiel die Kontrollkosten 1 Einheit betragen, hat das Budget einen Umfang von k^* Einheiten. Zusätzlich zu diesem Budget offeriert er dem Leiter des Hochregallagers ein Anreizsystem, das dessen Entlohnung w für seine Kontrolltätigkeiten γ - dies entspricht Kontrollkosten von γ - wie folgt festlegt:

$$w = \begin{cases} w_0 + b & \text{wenn Kontrolle Drückebergerei des Laristen aufdeckt} \\ w_0 - (\gamma - k^*)^2 & \text{wenn Kontrolle keine Drückebergerei aufdeckt} \end{cases}$$

Dieses Anreizsystem hat eine einfache Interpretation: Der Leiter des Hochregallagers wird angehalten, die Summe der nicht ausgezahlten Boni b an den Laristen zu maximieren. Ist er erfolgreich in seinen Bemühungen und deckt er

Drückebergerei des Lageristen auf, dann erhält er neben einem Grundlohn w_0 für seine Kontrolltätigkeiten den Bonus b, der nun nicht an den Lageristen ausgezahlt wird. Wenn allerdings seine Kontrollaktivitäten ergeben, daß der Lagerist einen hohen Arbeitseinsatz erbracht hat, dann ist die Entlohnung des Hochregalleiters abhängig von seinem für diese Kontrolle ausgegebenen Budget. Insbesondere hat er einen Anreiz, das ihm zur Verfügung stehende Budget k^* vollständig auszuschöpfen und eine Kontrollstrategie $\gamma = k^*$ zu wählen. Budget und Entlohnungssystem des Hochregalleiters sind dem Lageristen bekannt.

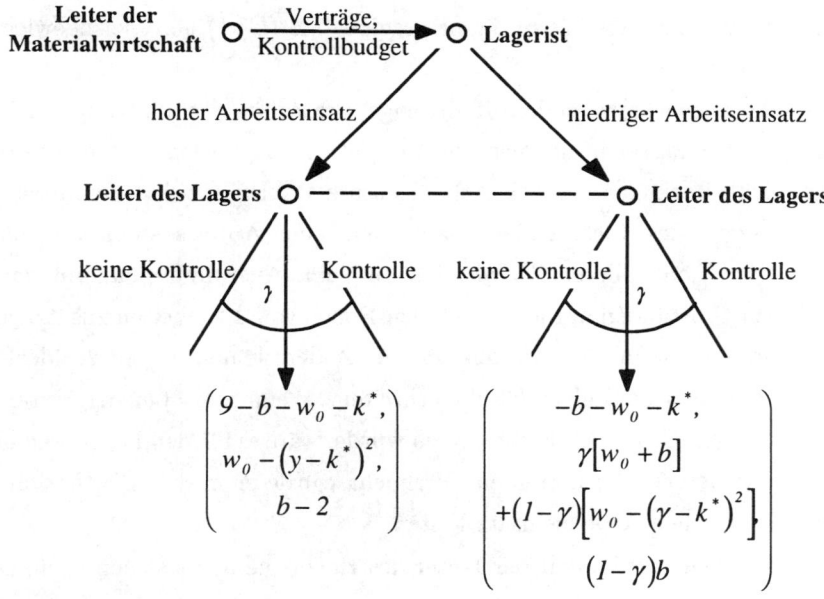

Abbildung 5.9: Kontrolle und Entlohnung des Lageristen bei einer Delegation der Kontrolltätigkeiten

Wie wird sich nun der Leiter des Hochregallagers in dem Teilkonflikt zwischen ihm und dem Lageristen verhalten? Und für welchen Arbeitseinsatz wird sich der Lagerist im Rahmen dieser geänderten Konfliktsituation entscheiden? Betrachten wir hierzu die folgende Strategienkombination $(\gamma, a) = (k^*, 1)$, d.h. der Leiter des Hochregallagers wählt die zu implementierende Kontrollstrategie k^* und der Lagerist entscheidet sich mit Wahrscheinlichkeit 1 für einen hohen Arbeitseinsatz.

Dann ist diese Strategienkombination das einzige strategisch stabile Verhalten in dem Teilkonflikt der beiden Parteien:

Angenommen, der Lagerist ginge davon aus, daß der Leiter des Hochregallagers eine Kontrollstrategie $\gamma = k^*$ wählt. Dann wäre für ihn die Wahl eines hohen Arbeitseinsatzes eine beste Antwort auf diese Strategie, da er bei einem Kontrollumfang von k^* nie Drückebergerei betreiben würde. Angenommen, der Leiter des Hochregallagers würde erwarten, daß der Lagerist mit Sicherheit einen hohen Arbeitseinsatz wählt. Dann hätte er keinen Anreiz, von der Strategie k^* abzuweichen, da jede andere Kontrollwahrscheinlichkeit zu einer geringeren Auszahlung als w_0 für ihn führen würde. Wir haben damit gezeigt, daß $(k^*, 1)$ ein Gleichgewicht in diesem Teilkonflikt ist.

Dieses Gleichgewicht ist zudem die einzige strategisch stabile Strategienkombination. Um dies zu sehen nehmen wir an, daß der Lagerist mit einer positiven Wahrscheinlichkeit einen niedrigen Arbeitseinsatz wählen würde. Dann wäre es aber für den Leiter des Hochregallagers aufgrund seines Anreizsystems vorteilhaft, mit Sicherheit zu kontrollieren: Er würde somit seine Auszahlung maximieren, da er unter diesen Umständen auf jeden Fall den Bonus von 2 Einheiten zusätzlich zu seinem Grundlohn w_0 für sich erzielen könnte. Zudem könnte er zur Aufdeckung von Drückebergerei sein Budget k^* überschreiten. Wenn nun aber der Leiter des Hochregallagers mit Sicherheit kontrollieren würde, wäre es für den Lageristen nicht optimal, Drückebergerei zu betreiben. Vielmehr würde er in dieser Situation mit Sicherheit einen hohen Arbeitseinsatz leisten.

Im Gleichgewicht wird somit der Leiter des Hochregallagers seinen Grundlohn w_0 erhalten. Dieser Grundlohn muß so bemessen sein, daß er bereit ist, die Kontrolle des Lageristen zu übernehmen. Ob sich eine Delegation der Kontrolle für den Leiter der Materialwirtschaft lohnt, wird ebenfalls durch w_0 bestimmt: Seine Auszahlung bei Delegation der Kontrolle muß mindestens der erwarteten Auszahlung entsprechen, die er erhält, wenn er sich nicht binden kann. In unserem Beispiel bekommt der Leiter der Materialwirtschaft 3 Einheiten, wenn er sich nicht binden kann. Bei einer kostenlosen Bindung kann er eine maximale Auszahlung von 6 Einheiten erzielen. Daher darf der Grundlohn w_0 des Hochregalleiters den Betrag von 3 Einheiten nicht überschreiten.

Bei unseren Überlegungen sind wir implizit davon ausgegangen, daß der Leiter des Hochregallagers die Aufdeckung von Drückebergerei an den Leiter der Materialwirtschaft melden würde. Der Leiter der Materialwirtschaft kann davon aber nicht mit Sicherheit ausgehen. Vielmehr muß er berücksichtigen, daß es zu einer Kollusion zwischen dem Leiter des Hochregallagers und dem Lageristen kommen kann: Der Leiter des Hochregallagers könnte sich mit dem Lageristen darauf einigen, ihn nicht zu kontrollieren aber dem Leiter der Materialwirtschaft zu melden, er habe kontrolliert und keine Drückebergerei aufgedeckt. Unter diesen Umständen würde der Lagerist natürlich Drückebergerei betreiben. Der Leiter der Materialwirtschaft würde dann das Kontrollbudget zu seiner eigenen Verfügung haben und der Lagerist den Bonus erhalten. Um eine solche Kollusion auszuschließen, muß der Leiter der Materialwirtschaft entweder selbst die Durchführung der Kontrolle überprüfen oder zusätzliche Anreize schaffen. In beiden Fällen reduzieren sich die Vorteile der Delegation.

5.3 Zusammenfassung

Vertikales Konfliktmanagement umfaßt personelle sowie strukturelle Maßnahmen, die einer Instanz (Prinzipal) zur Verfügung stehen, um einen unterstellten Mitarbeiter (Agent) zu einem von ihr gewünschten Verhalten zu veranlassen. Eine solche Prinzipal-Agenten-Beziehung ist im allgemeinen durch eine asymmetrische Informationsverteilung zu ungunsten des Vorgesetzten gekennzeichnet. Diese Asymmetrie kann sich darauf beziehen, daß der Vorgesetzte das Verhalten des Mitarbeiters nicht beobachten kann (hidden action), es aufgrund ihm nicht zugänglicher Informationen nicht beurteilen kann (hidden information), oder daß er über die Eigenschaften des Mitarbeiters im unklaren ist (hidden characteristics). Aus dem Informationsvorsprung ergibt sich ein diskretionärer Handlungsspielraum, den der Mitarbeiter zur Durchsetzung seiner eigenen Ziele einsetzen kann.

Ein wesentliches Instrument zur Verhaltenssteuerung sind Anreizsysteme, die je nach Form der Informationsasymmetrie unterschiedlich ausgestaltet sein sollten:

In Konfliktsituationen mit hidden action kann der Vorgesetzte einen Anreizvertrag nicht auf das Verhalten des Mitarbeiters konditionieren, da er dieses nicht beobachten kann und auch das beobachtbare Handlungsergebnis aufgrund exogener

Einflüsse keine eindeutigen Rückschlüsse auf das Handeln des Mitarbeiters zuläßt. Die Gefahr, daß der Mitarbeiter dieses Informationsdefizit des Vorgesetzten zu seinem eigenen Vorteil ausnutzt und sich nicht im Sinne des Vorgesetzten verhält, haben wir als moralisches Risiko bezeichnet. Zur Reduzierung dieses moralischen Risikos muß ein Vertrag deshalb Anreize setzen, die den Mitarbeiter dazu bewegen, aus eigenem Antrieb heraus im Interesse des Vorgesetzten zu handeln. Dies kann beispielsweise in Form eines Anreizsystems geschehen, das dem Mitarbeiter einen Lohn in Abhängigkeit von der Realisation des Handlungsergebnisses zahlt. Nimmt man an, daß sich der Mitarbeiter risiko-neutral verhält, wird dieser das gesamte externe Risiko tragen. Geht man hingegen von dem Fall der Risikoaversion des Mitarbeiters aus, wird es im Optimum zu einer Aufteilung des Risikos zwischen den beiden Parteien kommen.

In Konfliktsituationen mit hidden information kann der Vorgesetzte das Verhalten des Mitarbeiters zwar beobachten, aber aufgrund der ihm nicht zugänglichen Informationen nicht beurteilen. Somit besteht auch hier ein moralisches Risiko, da der Mitarbeiter einen niedrigen Arbeitseinsatz mit besonders ungünstigen exogenen Faktoren rechtfertigen kann, tatsächlich die exogenen Faktoren aber so günstig waren, daß er selbst mit einem niedrigen Arbeitseinsatz noch auf ein gutes Handlungsergebnis spekulieren konnte. In dieser Situation kann ein Anreizvertrag, der den Mitarbeiter dazu veranlaßt, seine Informationen über die Realisation der Umweltfaktoren wahrheitsgemäß mitzuteilen, das moralische Risiko reduzieren. Der Vertrag muß daher die Anreize so setzen, daß es im Interesse des Mitarbeiters ist, auf die Realisation der exogenen Faktoren mit einem Verhalten zu reagieren, das aus Sicht des Vorgesetzten optimal ist.

In Konfliktsituationen mit hidden characteristics, in denen der Vorgesetzte unsicher über gewisse Eigenschaften des Mitarbeiters ist, besteht für den Vorgesetzten die Gefahr der adversen Selektion: Er muß befürchten, daß ein Mitarbeiter mit schlechten Eigenschaften diese verheimlicht und einen Mitarbeiter mit guten Eigenschaften imitiert. Ein Vertrag, der aufgrund dieses Informationsdefizits nur auf die durchschnittlichen Eigenschaften eines Mitarbeiters abgestellt, zieht also vornehmlich Mitarbeiter an, die unterdurchschnittliche Eigenschaften besitzen. Die Aufgabe der Anreizgestaltung besteht somit darin, ein Set an Verträgen anzubieten, so daß jeder Mitarbeiter abhängig von seinen spezifischen Eigenschaften freiwillig genau denjenigen Vertrag auswählt, der für ihn vorgesehen ist. Durch die Wahl eines Vertrages kann der Vorgesetzte daher auf die Eigenschaften des Mitarbeiters schließen.

Neben diesen personellen Maßnahmen zielen die strukturellen Instrumente des vertikalen Konfliktmanagements auf die Gestaltung der Interdependenzen zwischen den Parteien ab. Zwei Instrumente wurden untersucht, nämlich die Beeinflussung der Interaktionen zwischen dem Vorgesetzten und seinem Mitarbeiter sowie die Einführung einer zusätzlichen dritten Partei in die bestehende Konfliktsituation. Im ersten Fall veränderte der Vorgesetzte durch einen strategischen Zug den bisherigen Konfliktverlauf zu seinen Gunsten. Den zweiten Fall diskutierten wir anhand der Möglichkeit des Vorgesetzten, sich durch Delegation von Entscheidungskompetenzen an einen bisher unbeteiligten Akteur ex ante an einen solchen strategischen Zug zu binden.

5.4 Literaturhinweise

Die in diesem Abschnitt entwickelten Prinzipal-Agenten-Modelle gehören zu den Grundmodellen der ökonomischen Anreiztheorie. Sie finden nicht nur in der Mitarbeiter-Vorgesetzten Beziehung Anwendung, sondern auch bei vielen anderen Fragestellungen. So werden beispielsweise in Mathewson und Winter (1985) die Anreize untersucht, die ein Franchisegeber einem Franchisenehmer zur Qualitätssicherung seiner Produktion geben kann. Grossman und Hart (1982) diskutieren, wie Kapitaleigentümer dem Management Anreize für eine zielkonforme Investitionspolitik setzen können. Holmstrom und Ricart i Costa (1986) untersuchen die Anreizgestaltung für Manager, damit diese in ihr Humankapital investieren, und Lambert (1986) betrachtet die Frage, inwieweit ein Anreizsystem für Manager gestaltet werden sollte, damit diese auch in riskante Unternehmensprojekte investieren.

Wesentliche Beiträge zu Prinzipal-Agenten-Modellen wurden von Harris und Raviv (1979), Holmstrom (1979), Shavell (1979) und Grossman und Hart (1983) geleistet. Die Aufsätze von Ross (1973), Arrow (1986), Pratt und Zeckhauser (1985) und Sappington (1991) sind hilfreiche Einführungs- und Übersichtsartikel zu diesem Thema. Erweiterungen der hier vorgestellten Grundmodelle finden sich z.B. bei Radner (1985), der eine langfristige Prinzipal-Agenten-Beziehung untersucht, bei Holmstrom (1982) und Demski und Sappington (1984), die Anreizverträge mit mehreren Agenten analysieren, oder bei Dye (1986) und Jost (1988), die die Möglichkeit von Kontrollen als zusätzliches Anreizinstrument betrachten.

Das Revelationsprinzip für Bayesianische Spiele geht auf Myerson (1979) zurück, wurde zuvor aber bereits von eine Reihe von Autoren in anderen Zusammenhängen formuliert, z.B. von Gibbard (1973), Green und Laffont (1977) oder Dasgupta, Hammond und Maskin (1979).

Die Frage der Bindungsfähigkeit des Prinzipals im Zusammenhang mit seiner Kontrolltätigkeit wird insbesondere bei Jost (1996) untersucht. Delegation als eine Möglichkeit für den Prinzipal, sich an seine Kontrollstrategie zu binden, wurde zuerst von Schelling (1960) vorgeschlagen und von Melumad und Mookherjee (1989) im Zusammenhang mit Steuerkontrollen formalisiert. Die Kollusionsprobleme, die mit der Delegation von Kontrollaktivitäten an eine dritte Partei verbunden sind, werden z.B. in Tirole (1986) und Kofman und Lawarree (1993) analysiert.

6

Laterales
Konfliktmanagement

... a general sense of common interest; which sense all the members of the society express to one another, and which induces them to regulate their conduct by certain rules. ... When this common sense of interest is mutually express'd and is known to both, it produces a suitable resolution and behaviour. (Hume, 1888)

Vertikales Konfliktmanagement bezieht sich auf Interdependenzen zwischen einer Instanz und den ihr unterstellten Mitarbeitern. Im folgenden untersuchen wir nun Beziehungen zwischen organisatorischen Einheiten, die in der Organisationshierarchie einander nicht nachgeordnet sind. Für solche lateralen Interdependenzen werden wir verschiedene Instrumente des Konfliktmanagements eingehend untersuchen.

Die Zusammenarbeit zwischen organisatorischen Einheiten bei lateralen Interdependenzen wird nicht durch den direkten Eingriff einer übergeordneten Instanz gesteuert. Vielmehr geht es bei einem **lateralen Konfliktmanagement** um die geeignete Gestaltung der Konfliktsituation zwischen den involvierten Einheiten, so daß deren Zusammenarbeit in diesem Rahmen konform mit dem Organisationsziel stattfinden kann. Die übergeordnete Instanz ist beim lateralen Konfliktmanagement nicht unmittelbar in die Konfliktsituation involviert. Nach der Gestaltung der Konfliktsituation überläßt sie den involvierten Einheiten die Selbststeuerung ihrer Interessengegensätze.

Laterales Konfliktmanagement stellt somit wesentlich höhere Anforderungen an den Konfliktmanager als ein vertikales Konfliktmanagement: Der Konfliktmanager muß nicht nur das strategische Verhalten eines ihm direkt nachgeordneten Mitarbeiters berücksichtigen, sondern er muß bei der Wahl seiner Maßnahmen zusätzlich die Interdependenzen zwischen den organisatorischen Einheiten beachten. Im allgemeinen wird er dabei ein strategisches Konfliktmanagement in zwei Schritten durchführen: Zunächst wird er für die Konfliktsituation mit fest vorgegebenen, konstanten Rahmenbedingungen das Verhalten der Parteien antizipieren müssen. Je nachdem inwieweit das Ergebnis dieser Interaktion mit dem Organisationsziel übereinstimmt, wird er dann die Rahmenparameter der Konfliktsituation systematisch variieren. Auch dabei muß er sich stets eine Vorstellung darüber bilden, wie die Parteien auf die Modifikation der Rahmenbedingungen reagieren werden. Die endgültige Gestaltung der Konfliktsituation und deren Implementierung orientiert sich dabei an der Erreichung des Organisationsziels.

Abschnitt 6.1 untersucht laterales Konfliktmanagement zunächst in Situationen, in denen die Konfliktparteien innerhalb fest vorgegebener Strukturen ihre Interessengegensätze selbst steuern können. Verschiedene Instrumente der Selbststeuerung werden diskutiert und die Rahmenbedingungen der Konfliktsituation analysiert, die notwendig sind, damit ein zielkonformes laterales Konfliktmanagement tatsächlich gewährleistet ist. Abschnitt 6.2 diskutiert dann, inwieweit ein Konfliktmanager durch zusätzliche Maßnahmen eine günstige Kooperationssituation zwischen den Konfliktparteien schaffen kann. Er tritt dabei als Vermittler zwischen den Parteien auf, wenn diese sein Engagement im Rahmen ihrer Selbststeuerung als notwendig erachten. Der Konfliktmanager kann aber auch Gestalter sein, wenn er die institutionellen Rahmenbedingungen der Zusammenarbeit so gestalten muß, das sie die zielorientierte gemeinsame Erfüllung der Aufgaben der Konfliktparteien fördern.

6.1 Selbststeuerung im Rahmen vorgegebener Strukturen

Wie verhalten sich Parteien, die in einer vorgegebenen Konfliktsituation zu einem gemeinsamen zielkonformen Vorgehen gelangen sollen? Inwieweit können hier die Parteien durch Selbststeuerung bestehende Interessengegensätze managen?

Im folgenden gehen wir davon aus, daß die Konfliktsituation für die involvierten Parteien fest vorgegeben ist. Die übergeordnete Instanz als Konfliktmanager überläßt es den Parteien, sich eigenständig auf eine vorteilhafte Zusammenarbeit zu einigen. Diese Form des Konfliktmanagements erfordert von der übergeordneten Instanz ein großes Maß an Vertrauen in ihre Konfliktanalyse. Ohne eine verläßliche Antizipation des Verhaltens der Konfliktparteien in der gegebenen Situation setzt sich die Instanz der Gefahr aus, daß die Selbststeuerung der Parteien nicht zu dem gewünschten Ergebnis führt.

In diesem Abschnitt wollen wir darstellen, unter welchen Rahmenbedingungen der Konfliktsituation eine Selbststeuerung der Konfliktparteien zu einer Zusammenarbeit im Sinne des Organisationsziels führt. Drei Instrumente der Selbststeuerung werden diskutiert: Vertrauen zwischen den Konfliktparteien in ihre zukünftige Zusammenarbeit, Kommunikation zwischen den Parteien über ihre heutige Zusammenarbeit und Verhandlungen zwischen den Parteien, wenn Kommunikation allein nicht zu einer Beilegung ihrer Interessengegensätze führt.

6.1.1   Vertrauen

In Kapitel 3 hatten wir Konfliktsituationen untersucht, in denen die involvierten Parteien lediglich einmal miteinander interagierten. Dies kann für die Zusammenarbeit bei innovativen Projekten gerechtfertigt sein, im allgemeinen werden die Parteien bei der Durchführung ihrer Aufgaben jedoch wiederholt miteinander arbeiten: Ein Mitarbeiter wird mit seinem Vorgesetzten periodisch eine Gehaltserhöhung aushandeln, die Vertriebsabteilung wird die Produktion häufiger davon überzeugen wollen, daß der vorliegende Kundenauftrag besonders wichtig ist und unmittelbar bearbeitet werden muß, oder zwei Mitarbeiter arbeiten täglich an einer gemeinsamen Aufgabe.

Konfliktsituationen, in denen sich die Parteien wiederholt in einer strategischen Interaktion befinden, werden als **wiederholte Konfliktsituationen** bezeichnet. Eine wiederholte Konfliktsituation in einer Organisation kann beispielsweise durch die folgende Situation beschrieben werden.[1]

Die tägliche Zusammenarbeit zweier Kollegen _____

Zwei Mitarbeiter in der Kundenabteilung einer Bank sind für die Anliegen von Kleinanlegern der Bank zuständig. Sie sind bereits seit vielen Jahren mit dieser Aufgabe betraut und arbeiten, nur durch eine Schiebewand voneinander getrennt, in der Schalterhalle der Bank.

Obwohl sie die Gesamtheit der Kunden alphabetisch in zwei Gruppen geteilt haben
- Kollege 1 bearbeitet die Kunden von A bis K, sein Kollege 2 die von L bis Z -
kommt es immer wieder vor, daß einer der beiden einen höheren Arbeitsaufwand
hat als sein Kollege. Insbesondere kurz vor der Schließung der Bank kann es so
vorkommen, daß bei dem einen Kollegen noch mehrere Kunden anstehen, während
sein Kollege keine Beratung mehr hat. Solche Situationen entstehen häufig, ohne
daß dies auf die Arbeitsweise eines Kollegen zurückzuführen wäre.

Diese Arbeitsbeziehung zwischen den beiden Kollegen kann als wiederholte Konfliktsituation interpretiert werden. Jeder der beiden Mitarbeiter steht täglich vor der Entscheidung, ob er kooperiert und seinem Kollegen bei der Beratung der Kunden aushilft, oder ob er nicht kooperiert und seinen Arbeitstag früher beendet als sein Kollege. Diese Entscheidung über sein Handeln kann er dabei natürlich daran orientieren, wie sich sein Kollege in der bisherigen Beziehung verhalten hat.

Wiederholte Konfliktsituationen lassen sich als Wiederholungen einer **Basiskonfliktsituation** darstellen: Die Abfolge der Interaktion, die Zeitpunkte, zu denen eine Partei eine Entscheidung treffen kann, oder die Handlungsalternativen, die einer Partei bei ihren Entscheidungen zur Verfügung stehen, alle diese Rahmenbedingungen der Basiskonfliktsituation ändern sich von Wiederholung zu Wiederholung nicht. Lediglich die Informationen, die einer Partei bei einer Wiederholung der Basiskonfliktsituation zur Verfügung stehen, unterscheiden sich von den Informationen, die ihr bei einer der vorhergehenden Wiederholungen zugänglich waren.

Wiederholte Konfliktsituationen sind Voraussetzung dafür, daß zwischen den involvierten Parteien Vertrauen entstehen kann. Daß die Konfliktparteien nicht nur einmal miteinander interagieren, sondern in einer langfristigen Beziehung stehen, kann zur Manifestation der gemeinsamen Interessen führen: Wenn eine Partei in eine langfristige Beziehung mit anderen Parteien eingebunden ist, wird sie die langfristigen Auswirkungen ihres heutigen Verhaltens berücksichtigen. Die einseitige Durchsetzung der eigenen Interessen kann so dazu führen, daß die anderen Parteien künftig ihr Verhalten anpassen werden und ihrerseits auf die Durchsetzung eigener Interessen bestehen. Übersteigen hier die Nachteile, die aus einem unkooperativen Verhalten für die künftige Zusammenarbeit resultieren, die kurzfristigen

Vorteile aus einem solchen Verhalten, dann kann dies eine kooperationsfördernde Wirkung haben.

Es ist also zu erwarten, daß sich das Verhalten von Parteien in einer dauerhaften Beziehungen wesentlich von ihrem Handeln unterscheiden wird, wenn sie nur einmalig miteinander interagieren. Kooperation, Drohungen und Versprechen oder auch Vergeltung sind hier als strategische Züge denkbar. Um unsere intuitiven Überlegungen und die strategischen Interaktionen in solchen dynamischen Beziehungen zu überprüfen, präzisieren wir das obige Beispiel. Wir gehen davon aus, daß die Kollegen jeden Tag ihre Entscheidung jeweils unabhängig voneinander treffen. Die folgende Darstellung soll die Basiskonfliktsituation zwischen den beiden Kollegen wiedergeben:[2]

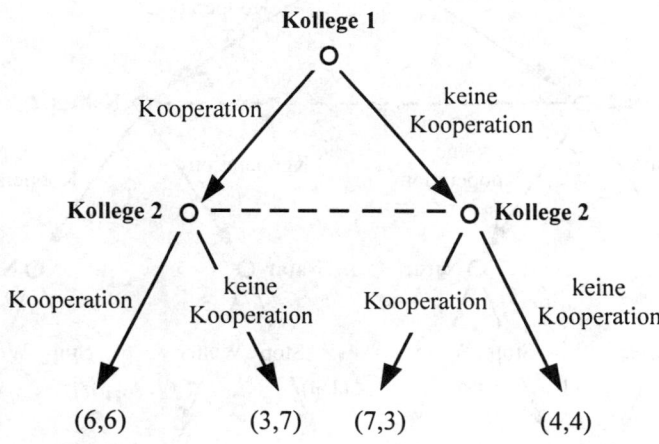

Abbildung 6.1: Die Basiskonfliktsituation für die tägliche Zusammenarbeit zweier Kollegen

Wir haben hier die Basiskonfliktsituation als ein Kooperationsdilemma dargestellt: Obwohl es für beide Kollegen vorteilhaft ist, miteinander zu kooperieren und sich gegenseitig auszuhelfen, wird es zu keiner gemeinsamen Zusammenarbeit kommen. Die Alternative, sich unkooperativ zu verhalten und den anderen bei seiner Arbeit nicht zu entlasten, ist eine dominante Strategie für beide Parteien. Es ist also in einer einmaligen Beziehung zwischen den beiden Kollegen individuell

rational, sich unkooperativ zu verhalten, obwohl damit der für beide schlechteste
Konfliktausgang verbunden ist.

In der Regel werden die beiden Kollegen nicht wissen, wann ihre Beziehung
enden wird: Der eigene Arbeitsplatzwechsel aufgrund eines Aufstiegs innerhalb
der Bank, eine berufliche Umorientierung oder eine bessere Stelle bei einer anderen
Bank stellen für beide Parteien Veränderungsmöglichkeiten dar, die sich erst im
Laufe der Zeit ergeben. Wir gehen daher im folgenden davon aus, daß mit einer
Wahrscheinlichkeit $(1 - p)$ die Beziehung am Ende eines jeden Arbeitstages nicht
weiter fortgeführt wird.

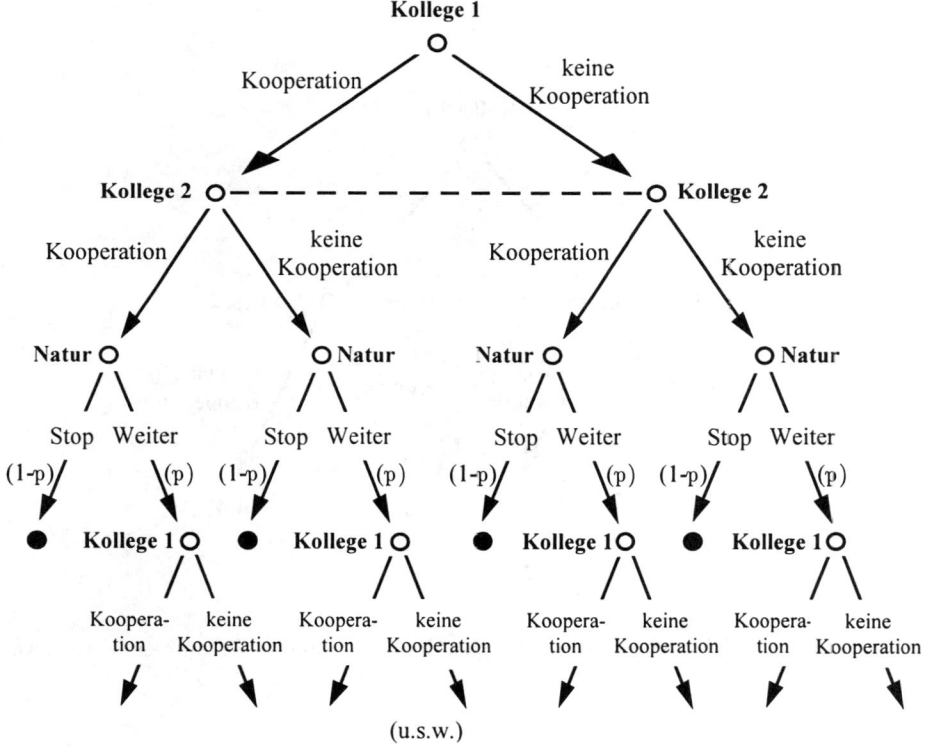

Abbildung 6.2: Die Konfliktsituation für die Zusammenarbeit zweier Kollegen, wenn
die Fortsetzung der Beziehung unsicher ist

Zu Anfang eines jeden Tages wissen also beide Kollegen, daß sie mit einer Wahrscheinlichkeit von p auch morgen noch zusammen arbeiten werden. Die Wahrscheinlichkeit, daß sie auch übermorgen zusammen Kunden betreuen, ist dann p^2, für T Tage weiterer Zusammenarbeit ist die Wahrscheinlichkeit p^T. Die Beziehung zwischen den beiden Kollegen stellt sich wie eine unendliche Konfliktsituation dar: An jedem Tag ist die Fortsetzung der Beziehung denkbar. In der Literatur wird eine solche Situation auch als **Superspiel** bezeichnet.

Um diese Konfliktsituation vollständig zu beschreiben, müssen wir noch die Auszahlungen der Parteien spezifizieren. Dies setzt voraus, daß wir zwischen den Auszahlungen in einer Konfliktsituation und denen in späteren Situationen einen Zusammenhang herstellen müssen. Wir nehmen hier an, daß eine Partei eine künftige Auszahlung weniger hoch bewertet als dieselbe Auszahlung zum heutigen Zeitpunkt. Der Diskontierungsfaktor gibt dabei an, um welchen Betrag der Wert einer morgigen Auszahlung berichtigt werden muß, um seinen Gegenwartswert widerzuspiegeln. Ein Diskontierungsfaktor von δ besagt also, daß der Gegenwartswert einer Auszahlung von 1 Einheit morgen heute gerade δ Einheiten beträgt.[3]

Welche strategischen Möglichkeiten haben nun die Parteien in einer wiederholten Konfliktsituation? Bei jeder Wiederholung der Basiskonfliktsituation können die beiden Kollegen eine ihrer beiden Alternativen wählen. Wenn sie am Ende des Tages jeweils die Entscheidung des anderen Kollegen beobachten, können sie ihre Entscheidung in der T-ten Konfliktsituation vom bisherigen Konfliktverlauf abhängig machen.[4] Bezeichnen wir mit h_T die Historie der Beziehung bis zur T-ten Konfliktsituation, dann ist eine Strategie des Kollegen i, $i = 1, 2$, für die wiederholte Konfliktsituation wie folgt bestimmt:

(1) Wähle am ersten Tag eine Alternative s_{i1}.

(2) Wenn die Beziehung am zweiten Tag noch weiterbesteht, wähle für diesen Tag eine Alternative $s_{i2}(h_2)$, die von dem bisherigen Konfliktverlauf $h_2 = (s_{11}, s_{21})$ abhängen kann.

(3) Wenn die Beziehung am dritten Tag noch weiterbesteht, wähle für diesen Tag eine Alternative $s_{i3}(h_3)$, die von dem bisherigen Konfliktverlauf $h_3 = (s_{11}, s_{21}, s_{12}, s_{22})$ abhängen kann.

$\vdots$

(T) Wenn die Beziehung am T-ten Tag noch weiterbesteht, wähle für diesen Tag eine Alternative $s_{iT}(h_T)$, die von dem bisherigen Konfliktverlauf $h_T = (s_{11}, s_{21}, s_{12}, s_{22}, ..., s_{1T-1}, s_{2T-1})$ abhängen kann.

$\vdots$

Eine reine Strategie s_i für den Kollegen i ist dann eine Folge von Entscheidungen $\{s_{i1}, s_{i2}(h_2), s_{i3}(h_3), ..., s_{iT}(h_T), ...\}$. Beispielsweise sind die Strategien "Wähle an jedem geraden Tag die Alternative Kooperation und an jedem ungeraden Tag die Alternative Nicht-Kooperation" oder "Wähle Kooperation am ersten Tag und an den folgenden Tagen immer die Alternative, die der andere am Vortag gewählt hat" Handlungspläne, die für eine Partei an jeder Informationsmenge - d.h. an jedem Tag - der wiederholten Konfliktsituation festlegen, wie sie sich dort verhalten soll. Der Verlauf der wiederholten Konfliktsituation ist dann durch die Sequenz der Entscheidungen an jedem Tag bis zum Ende ihrer Beziehung bestimmt.

Um das Verhalten der beiden Parteien in dieser wiederholten Konfliktsituation zu untersuchen, können wir das Verhaltensprinzip der Rückwärtsinduktion nicht anwenden: Es gibt keine letzte Konfliktsituation und somit keine definitiv letzte Entscheidung einer Partei. Wir werden daher das Verhalten der Parteien nach dem Konzept der Teilspielperfektheit bestimmen: Für eine gegebene Strategie einer Partei werden wir untersuchen, ob diese in jedem Teilkonflikt eine strategisch stabile Strategie induziert.

In unserer unendlich wiederholten Konfliktsituation beginnt an jedem Tag ein Teilkonflikt für die beiden Kollegen. Dieser Teilkonflikt an einem Tag T umfaßt nicht die isolierte Konfliktsituation an diesem Tag, sondern die an diesem Tag beginnende, ebenfalls unendlich wiederholte, zukünftige Beziehung der beiden Parteien. Ein Teilkonflikt ist somit immer identisch mit der ursprünglich unendlich wiederholten Konfliktsituation. Zudem beginnt an einem Tag T für jede mögliche Historie der bisherigen Beziehung ein anderer Teilkonflikt. Da die Beziehung bereits $(T\text{-}1)$ Tage lang andauert und jede Partei an jedem Tag zwischen zwei Alternativen wählen kann, gibt es somit an einem Tag T insgesamt $2^{2(T-1)}$ verschiedene Teilkonflikte.

Wir wollen im folgenden argumentieren, daß im Unterschied zu einer einmaligen Konfliktsituation Kooperation nun ein strategisch stabiles Verhalten für beide Kollegen an jedem Tag der Beziehung sein kann: Wenn die beiden Kollegen heute kooperativ handeln, dann werden sie sich auch morgen gegenseitig aushelfen. Ist dies allerdings heute nicht der Fall und handelt eine Partei unkooperativ, dann wird sich die andere Partei zumindest morgen ebenfalls unkooperativ verhalten. Betrachten wir hierzu die folgende **Trigger-Strategie** des Kollegen i:

(1) Wähle am ersten Tag der Beziehung die Alternative Kooperation.

(2) Wähle am T-ten Tag der Beziehung die Alternative Kooperation, wenn bis zum T-ten Tag niemand von der kooperativen Alternative abgewichen ist. Ansonsten wähle die Alternative Nicht-Kooperation.

Diese Trigger-Strategie übt Vergeltung: Eine Partei kooperiert solange, bis die Kooperation zusammenbricht, und wechselt dann für immer zu einem nichtkooperativen Verhalten. Kooperation kann als implizite Vereinbarung zwischen den beiden Parteien verstanden werden. Sobald sich eine Partei nicht an diese Vereinbarung hält, wird für die restliche Dauer der Beziehung nicht mehr miteinander kooperiert. Ein Abweichen von der Verabredung wird somit unmittelbar und dauerhaft bestraft. Dem kurzfristigen Vorteil, den eine Partei aufgrund der Abweichung erzielt, steht also langfristig der Nachteil der Vergeltung gegenüber. Jede Partei wird sich daher an die Vereinbarung halten, wenn die angedrohte Vergeltung Nachteile mit sich bringt, die die einmaligen Vorteile einer Abweichung übersteigen.

Wir zeigen nun, daß die obige Trigger-Strategie in jedem möglichen Teilkonflikt strategisch stabil ist, wenn der Diskontierungsfaktor und die Wahrscheinlichkeit für eine dauerhafte Beziehung hinreichend groß sind. Bei dieser Argumentation können wir uns auf die Berücksichtigung eines Diskontierungsfaktors beschränken: Wenn eine Partei die Vor-und Nachteile einer Strategie abwägt, wird sie die morgige Auszahlung mit ihrem Diskontierungsfaktor $\tilde{\delta}$ und der Wahrscheinlichkeit p für eine morgige Interaktion bewerten, die Auszahlung übermorgen mit $\tilde{\delta}^2$ und p^2 usw. Die Partei wird also ihre Auszahlung jeden Tag mit dem Diskontierungsfaktor $\tilde{\delta}p$ bewerten. Wir können daher eine Konfliktsituation mit einem unsicheren Ende als eine unendlich wiederholte Konfliktsituation mit einem um die Wahrscheinlichkeit des vorzeitigen Endes korrigierten Diskontierungsfaktor $\delta = \tilde{\delta}p$ interpretieren.

Zunächst prüfen wir, wann die obige Trigger-Strategie überhaupt eine Gleichgewichtsstrategie ist. Wir betrachten hierzu Kollege 1 und nehmen an, daß Kollege 2 die Trigger-Strategie wählt. Wir werden zeigen, daß bei hinreichend hoher Bewertung künftiger Auszahlungen durch Kollege 1 die obige Trigger-Strategie für ihn eine beste Antwort ist. Da beide Kollegen in einer symmetrischen Position sind, ist somit die Trigger-Strategie strategisch stabil. Wir argumentieren dann, daß dieses Gleichgewicht auch teilspielperfekt ist:

Da sein Kollege künftig immer unkooperativ handeln wird, sobald er ihm an einem Tag nicht aushilft, ist es auch für Kollege 1 eine beste Antwort, künftig unkooperativ zu agieren. Angenommen, an den bisherigen $(T\text{-}1)$ Tagen haben beide Parteien dem jeweils anderen ausgeholfen. Wenn sich der Kollege 1 auch zukünftig an die Trigger-Strategie hält, werden die beiden Parteien auch in Zukunft miteinander kooperieren. Somit erhält der Kollege 1 jeden Tag eine Auszahlung von 6 Einheiten, der Gegenwartswert aller zukünftigen Auszahlungen ist also $\frac{6}{1-\delta}$.[5] Was passiert nun, wenn Kollege 1 am T-ten Tag unkooperativ handelt? An diesem Tag wird er eine Auszahlung von 7 Einheiten realisieren, an allen künftigen Tagen jedoch nur noch 4 Einheiten. Der Gegenwartswert eines nichtkooperativen Verhaltens am T-ten Tag ist somit $7 + \frac{4\delta}{1-\delta}$. Folglich ist ein kooperatives Verhalten am T-ten Tag genau dann vorteilhaft für den Kollegen 1, wenn gilt

$$\frac{6}{1-\delta} > 7 + \frac{4\delta}{1-\delta}.$$

Der Diskontierungsfaktor δ muß somit größer als $\frac{1}{3}$ sein, damit die Vorteile eines kooperativen Verhaltens diejenigen aus einem nichtkooperativen Handeln überwiegen. Je größer hier der Faktor δ ist, desto geringer ist der Anreiz des Kolleges, unkooperativ zu handeln, da er seine zukünftigen Gewinne aus der Kooperation stärker gewichtet. Ist die Bedingung $\delta > \frac{1}{3}$ erfüllt, wird Kollege 1 am ersten Tag und an jedem T-ten Tag kooperieren mit einer bis dahin kooperativen Beziehung. Die Trigger-Strategie ist also genau dann strategisch stabil, wenn $\delta > \frac{1}{3}$ ist.

Um zu zeigen, daß die Trigger-Strategie auch für jeden Teilkonflikt ein strategisch stabiles Verhalten induziert, gruppieren wir die unendlich vielen Teilkonflikte in zwei Klassen: In der ersten Klasse fassen wir alle Teilkonflikte zusammen, deren Historien nur kooperatives Verhalten aufzeigen, in der zweiten Klasse bündeln wir alle Teilkonflikte, deren Historien zumindest an einem Tag ein nichtkooperatives Verhalten aufweisen. Alle Teilkonflikte, unabhängig von ihrer Klassenzugehörigkeit, sind aber wieder identisch mit dem Gesamtkonflikt, da jeder Teilkonflikt wieder eine unendliche Konfliktsituation darstellt.

Angenommen nun, die beiden Kollegen entscheiden sich jeweils vom ersten Tag ihrer Interaktion an für die Trigger-Strategie. Dann sind in jedem Teilkonflikt der ersten Klasse die induzierten Strategien ebenfalls Trigger-Strategien. Diese sind somit nach unserer obigen Argumentation strategisch stabil. Die in einem Teilkonflikt der zweiten Klasse induzierten Strategien schreiben vor, künftig stets unkooperativ zu handeln. Dies stellt aber bereits für den Basiskonflikt ein strategisch stabiles Verhalten dar. Daher ist also eine strategisch stabile Trigger-Strategie für die gesamte Konfliktsituation, auch für jeden Teilkonflikt, eine Gleichgewichtsstrategie.

Nach diesem Ergebnis ermöglicht eine langfristige Beziehung die Manifestation kooperativer Interessen der Konfliktparteien. Allerdings darf dieses Ergebnis nicht überbewertet werden. Die folgenden Einschränkungen sind hier zu nennen:

(1) Die vorgestellte Trigger-Strategie ist nicht das einzige Verhalten, welches das Prinzip der Teilspielperfektheit erfüllt. So ist insbesondere eine Strategie, bei der sich ein Kollege an jedem Tag nichtkooperativ verhält, ebenfalls teilspielperfekt. In der Tat kann man hier zeigen, daß bei einem hinreichend hohen Diskontierungsfaktor jedes Verhaltensmuster von Kooperation und Nicht-Kooperation als Gleichgewichtsverhalten gestützt werden kann, wenn als Vergeltung ein sofortiges und dauerhaftes unkooperatives Handeln angedroht wird. Dieses Ergebnis kann für jede unendlich wiederholte Konfliktsituation verallgemeinert werden: Jede Auszahlungskombination, die jeder Konfliktpartei zumindest die Auszahlung garantiert, die sie im Gleichgewicht der Basiskonfliktsituation erzielt und die zudem aufgrund der Auszahlungsstruktur erreichbar ist, kann durch ein teilspielperfektes Gleichgewicht in der unendlich wiederholten Konfliktsituation erreicht werden - vorausgesetzt, der Diskontierungsfaktor ist hinreichend hoch. Dieses Ergebnis wird in der Literatur als **Folk-Theorem** bezeichnet. Die Bedingung, daß die Auszahlungskombination aufgrund der Auszahlungsstruktur erreichbar ist, bedeutet dabei, daß die Auszahlungskombination als eine konvexe Kombination der Auszahlungen der reinen Strategien der Basiskonfliktsituation dargestellt werden kann.[6] Die Menge der erreichbaren Auszahlungskombinationen wird daher auch als **kooperativer Auszahlungsraum** bezeichnet. Für unser obiges Beispiel zeigt die nachfolgende Abbildung die Menge der erreichbaren Auszahlungskombinationen sowie die

Menge der erreichbaren Auszahlungskombinationen, die durch ein teilspielperfektes Gleichgewicht erreicht werden können:

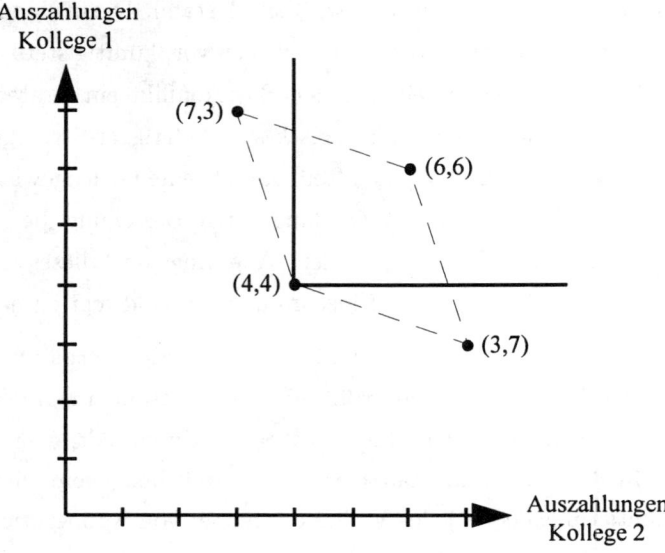

Abbildung 6.3:   Durch teilspielperfekte Gleichgewichte erreichbare Auszahlungskombinationen bei der Zusammenarbeit zweier Kollegen

Das Folk-Theorem besagt, daß es bei einer unendlichen Wiederholung einer
Basiskonfliktsituation eine Vielzahl von strategisch stabilen Verhaltensmustern
gibt. Eine langfristige Beziehung zwischen organisatorischen Einheiten ermöglicht also ein kooperatives Handeln, ohne daß dieses Verhalten aber zwingend
ist. Auf welches Verhalten sich die Parteien dann tatsächlich implizit oder
explizit einigen, ist von einer Reihe von Faktoren abhängig, die in der bisherigen Modellierung unberücksichtigt blieben. In den nachfolgenden Abschnitten
werden wir auf zwei dieser zusätzlich notwendigen Instrumente der Selbststeuerung, Kommunikation und Verhandlungen, näher eingehen.

(2) Die vorgestellte Trigger-Strategie ist nicht **wiederverhandlungsstabil**: Die
Drohung eines Mitarbeiters, seinen Kollegen bei einem Abweichen von der Kooperation durch eine sofortige und dauerhafte Nicht-Kooperation zu strafen, ist

nicht glaubwürdig, denn hiermit würde sich der Strafende auch selbst schaden. Nicht-Kooperation führt auch für ihn zu einer Auszahlung von 4 Einheiten, wohingegen eine beidseitige Rückkehr zur Kooperation nach einer Abweichung eine Auszahlung von 6 Einheiten ermöglichen würde. Der Mitarbeiter hat also einen Anreiz, die Bestrafung seines Kollegen nicht dauerhaft durchzuführen. Somit besteht ein Anreiz, das zukünftige Verhalten neu zu verhandeln, die vorher vereinbarten Sanktionen zu verwerfen und aufs Neue eine Kooperation zu vereinbaren. Diese Möglichkeit der Wiederverhandlung gefährdet natürlich die Glaubwürdigkeit der Trigger-Strategie. Da beide Kollegen antizipieren, daß eine Abweichung von der Kooperation keine Sanktionen nach sich zieht, hätte jeder von ihnen gleich zu Beginn der Interaktion einen Anreiz, unkooperativ zu spielen.

Wiederverhandlungen schränken also den Rahmen für eine Kooperation erheblich ein. In unserem Beispiel wäre mit derselben Argumentation tatsächlich nur noch die Strategie, die täglich ein nichtkooperatives Handeln festlegt, wiederverhandlungsstabil. Denn jede der unter Punkt (1) angesprochenen Strategien beruht ja auf derselben Drohstrategie, nämlich einen Abweichenden durch das Wechseln zur Nicht-Kooperation zu strafen. Damit besteht aber nach einer Abweichung bei jeder der Strategien ein Anreiz zur Wiederverhandlung.

Um dennoch eine kooperative tägliche Zusammenarbeit der Kollegen mit Hilfe einer wiederverhandlungsstabilen Strategie zu ermöglichen, müssen wir auf differenziertere Drohstrategien zurückgreifen: Wie bisher handelt ein Mitarbeiter kooperativ, solange kein unkooperatives Verhalten vorliegt. Sobald nun sein Kollege von der Kooperation abweicht, verhält auch er sich unkooperativ, allerdings nur solange, wie der andere Reue zeigt. Dieser kann sein Abweichen bereuen, indem er sich wieder kooperativ verhält und damit dem Mitarbeiter die Möglichkeit gibt, durch ein unkooperatives Verhalten einen einmaligen Vorteil zu erzielen. Der Abweichende straft sich damit selbst. Sobald nun sein Kollege sein Abweichen bereut hat, kehrt auch der Mitarbeiter wieder zur Kooperation zurück. Diese Strategie ist wiederverhandlungsstabil, da bei einer Abweichung nur der Abweichende verliert, aber nicht der andere Mitarbeiter.

(3) Unsere Argumentation zur strategischen Stabilität der Trigger-Strategie setzte voraus, daß die Basiskonfliktsituation keinen festen Endzeitpunkt hat, also

unendlich oft wiederholt wird. Angenommen, die Konfliktsituation zwischen den beiden Kollegen hat einen vorherbestimmten Endzeitpunkt, wird also nur endlich oft wiederholt. Dann besteht aus strategischen Überlegungen kein Anreiz zur Kooperation, wie man mit dem Prinzip der Rückwärtsinduktion zeigen kann:

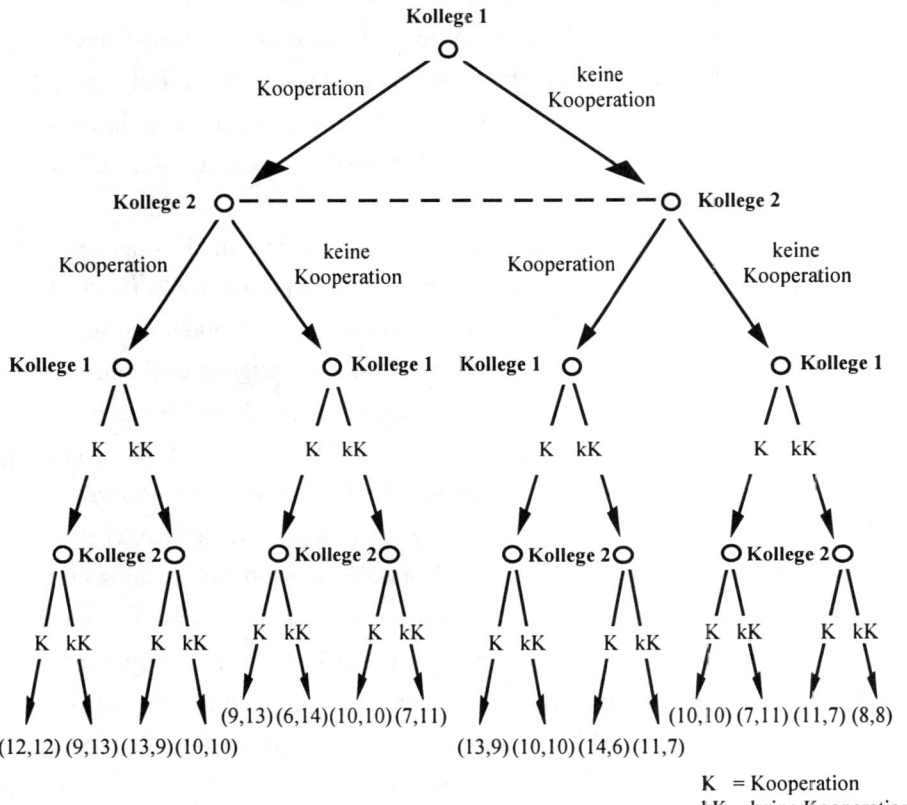

Abbildung 6.4: Die einmal wiederholte Konfliktsituation bei der Zusammenarbeit zweier Kollegen, ohne Diskontierung

Am letzten Tag der Beziehung zwischen den beiden Kollegen werden sich beide unabhängig vom bisherigen Konfliktverlauf immer nichtkooperativ verhalten. Somit kann aber eine Abweichung von der Kooperation am vorletzten

Tag der Zusammenarbeit auch nicht mehr am letzten Tag bestraft werden. Kooperation am vorletzten Tag kann also nicht durch eine geeignete Sanktionierung gestützt werden, und die beiden Parteien werden sich auch an diesem Tag nichtkooperativ verhalten. Diese Argumentation setzt sich bis zum ersten Tag der Beziehung fort und führt zu einer Nicht-Kooperation in der gesamten wiederholten Konfliktsituation. Die Drohung eines Mitarbeiters, bei einer Abweichung von der Kooperation für den Rest der Beziehung nichtkooperativ zu handeln, ist also nicht mehr glaubwürdig.

Aus unseren bisherigen Analysen können wir zwei Bedingungen ableiten, unter denen dennoch, auch bei einer endlichen Konfliktsituation, Kooperation ermöglicht wird: Erstens, einer der beiden Kollegen kann sich zu Anfang der Beziehung an die folgende Trigger-Strategie glaubwürdig binden: "Wähle am ersten Tag ein kooperatives Verhalten und wiederhole dies solange, bis sich der Kollege nicht kooperativ verhält. Sabotiere dann für die restliche Dauer der Interaktion die Arbeit des anderen." Sabotieren ist hier also eine zusätzliche dritte Handlungsalternative der Basiskonfliktsituation und führt zu den folgenden Auszahlungen:

	Kollege 2		
	Koopera-tion	keine Ko-operation	Sabo-tage
Kooperation	6,6	3,7	0,2
Kollege 1 keine Kooperation	7,3	4,4	1,2
Sabotage	2,0	2,1	2,2

Abbildung 6.5: Die modifizierte Basiskonfliktsituation für die Zusammenarbeit zweier Kollegen

In dieser modifizierten Basiskonfliktsituation gibt es zwei strategisch stabile Gleichgewichte: Beide Parteien wählen ein nichtkooperatives Verhalten und beide entscheiden sich für eine Sabotage der Arbeit des anderen. Die Bindung an obige Trigger-Strategie hat folgende Auswirkung auf das Verhalten der Parteien: Angenommen, die Konfliktsituation wird einmal wiederholt. Dann führt ein Abweichen vom kooperativen Verhalten am ersten Tag am darauf folgenden Tag aufgrund der Trigger-Strategie zu einer Auszahlung von 2 Einheiten für beide. Eine Kooperation am ersten Tag hingegen führt am zweiten Tag zu einer Auszahlung von 4 Einheiten, da sich dann beide Parteien nichtkooperativ verhalten. Addiert man diese Auszahlungen des zweiten Tages zu den entsprechenden Auszahlungen des ersten Tages, dann ergibt sich folgende Bi-Matrix:

		Kollege 2		
		Koopera-tion	keine Ko-operation	Sabo-tage
	Kooperation	10,10	5,9	2,4
Kollege 1	keine Kooperation	9,5	6,6	3,4
	Sabotage	4,2	4,3	4,4

Abbildung 6.6: Die Konfliktsituation am ersten Tag der Zusammenarbeit zweier Kollegen, wenn sich einer an eine Sabotage am zweiten Tag binden kann

Da sich ein Mitarbeiter an die Trigger-Strategie gebunden hat, wird dieser am ersten Tag kooperieren. Die beste Antwort seines Kollegen darauf ist aber, ebenfalls zu kooperieren.

Eine zweite Möglichkeit, Kooperation als strategisches Verhalten in einer endlichen Konfliktsituation zu erzielen, beruht auf dem Aufbau der Reputation einer Partei: Angenommen, der eine Mitarbeiter ist unsicher darüber, ob sein Kollege tatsächlich strategisch handelt - und somit immer die Alternative Nicht-Kooperation wählt - oder ob er einem anderem Verhaltensmuster folgt. Im zweiten Fall geht er beispielsweise davon aus, daß der Kollege immer der folgenden Tit-for-Tat Strategie folgt: "Wähle am ersten Tag die Alternative Kooperation. Wähle dann am T-ten Tag die Alternative, für die sich der Kollege am Tag zuvor entschieden hat". Bei einer Tit-for-Tat Strategie imitiert der Kollege also immer den Mitarbeiter mit einem Tag Verzögerung.

Inwiefern kann nun die so eingeführte Unsicherheit über das strategische Handeln des Kollegen zu einem kooperativen Verhalten führen? Die Argumentation ist wie folgt: Wenn ein strategisch handelnder Kollege jemals von der Tit-for-Tat Strategie abweicht, erkennt der Mitarbeiter sofort, daß dieser keinem Verhaltensmuster folgt. Dies impliziert aber, daß nach diesem Zeitpunkt beide Parteien bis zum Ende der Beziehung immer unkooperativ handeln werden. Somit hat also der Kollege mit den privaten Informationen einen Anreiz, einen Mitarbeiter, der einem Verhaltensmuster folgt, zu imitieren. Die beste Antwort des uninformierten Kollegen auf eine Tit-for-Tat Strategie des anderen kann ein kooperatives Verhalten bis zum letzten Tag der Beziehung sein. Dies ist abhängig von der Auszahlungsstruktur, die der Basiskonfliktsituation zugrunde liegt, sowie von der Wahrscheinlichkeit, mit der er davon ausgeht, daß der Kollege einem Verhaltensmuster folgt.

Berücksichtigt man diese Einschränkungen, könnte man zu dem Schluß kommen, daß auch die Gestaltung einer dauerhaften Interaktion zwischen organisatorischen Einheiten wenig nützt, um kooperatives Verhalten zu induzieren. Hierbei muß aber beachtet werden, daß nur die Langfristigkeit der Beziehung überhaupt zu einem kooperativen Verhalten führen kann. Dies gilt nicht nur für den Aufbau von Vertrauen zwischen den Parteien, sondern auch für den Aufbau einer Reputation.

6.1.2   Kommunikation

Wir haben bereits bei der Diskussion verschiedener Konfliktsituationen in Kapitel 3 gesehen, daß trotz kooperativer Interessen der Parteien in einer Konfliktsituation ein Konflikt entstehen kann. Typisches Beispiel hierfür war das nicht wiederholte Kooperationsdilemma, in dem die Konfliktparteien ihre Eigeninteressen verfolgen, obwohl damit ein für sie schlechterer Konfliktausgang verbunden ist als bei der gemeinsamen Verfolgung ihrer kooperativen Interessen. In solchen Konfliktsituationen, in denen der Aufbau von Vertrauen nicht möglich ist, ist zu überlegen, wie die kooperativen Interessen dennoch gestützt werden können. Da es sich dabei insbesondere um ein Koordinationsproblem handelt, stellt sich unmittelbar die Frage, inwieweit eine Kommunikation der Parteien vor der eigentlichen Konfliktsituation, auch als **Pre-play-communication** bezeichnet, den Konfliktverlauf verändert.

Im Kooperationsdilemma ist die Antwort auf diese Frage offensichtlich: Kommunikation zwischen den Parteien hat keine Auswirkungen auf den Konfliktverlauf.

Beide Parteien können vor der eigentlichen Konfliktsituation mit Nachdruck beteuern, auf jeden Fall die kooperative Handlungsalternative zu wählen. Solange diese Beteuerungen aber für die beiden Parteien keine bindende Wirkung haben, sind sie für das tatsächliche Verhalten beider Parteien in der Konfliktsituation ohne Bedeutung. Sie werden ignoriert, da für beide Parteien die nichtkooperative Handlungsalternative unabhängig von dem Handeln des andern immer zu einer besseren Auszahlung führt als die kooperative Alternative.

Dieses Versagen der Kommunikation im Kooperationsdilemma ist aufgrund des Gleichgewichtskonzepts nicht überraschend. Die Ankündigung einer Partei, in der Konfliktsituation eine Strategie zu wählen, die nicht strategisch stabil ist, ist ohne bindende Wirkung dieser Ankündigung nicht glaubwürdig. Da das angekündigte Verhalten nie eine beste Antwort auf das Verhalten der anderen Partei sein kann, hat sie immer einen Anreiz, eine andere, für sie vorteilhaftere Handlungsalternative zu wählen.

Wir haben argumentiert, daß eine Kommunikation ohne bindende Wirkung den Ausgang eines Konfliktes nicht beeinflussen kann. Dennoch kann eine nichtbindende Kommunikation koordinierende Wirkung haben. Das werden wir im folgenden veranschaulichen:

In einer Konfliktsituation, in der mehrere Gleichgewichte existieren, kann Kommunikation zwischen den Konfliktparteien zur Auswahl herangezogen werden. In einer reinen Kooperationssituation ist dies offensichtlich: Die Parteien einigen sich im Vorfeld ihres Handelns auf ein koordiniertes Vorgehen. Dies wird dasjenige Gleichgewicht sein, daß auszahlungseffizient ist, also jeder Partei die größtmögliche Auszahlung garantiert. Keine Partei hat hier einen Anreiz, sich nicht an diese Abmachung zu halten, da sie sich durch eine andere Handlungsalternative nie verbessern könnte.

Welche Auswirkungen hat eine Kommunikation ohne bindende Wirkung nun in Konfliktsituationen, in denen die Parteien neben kooperativen Interessen auch konkurrierender Interessen haben? Können sich die Parteien hier trotzdem auf ein Gleichgewicht einigen? An zwei Beispielen diskutieren wir im folgenden, inwieweit Koordination durch Kommunikation gelingen kann:

Partei 2

	Alternative A_1	Alternative A_2
Alternative A_1	3,1	0,0
Alternative A_2	0,0	1,3

Partei 1

Abbildung 6.7: Konfliktsituation mit zwei Führern

In dieser Konfliktsituation mit zwei Führern gibt es zwei Gleichgewichte in reinen Strategien: Beide Parteien entscheiden sich für Alternative A_1 oder beide für Alternative A_2. Das erste Gleichgewicht wird von Partei 1 präferiert, das zweite von Partei 2.

Angenommen nun, Partei 1 sagt im Vorfeld dieser Konfliktsituation zu Partei 2: "Laß uns doch beide die Alternative A_1 wählen". Welche Auswirkungen hat dies für das tatsächliche Verhalten der beiden Parteien? Nehmen wir zur Vereinfachung der Modellierung von Kommunikation an, daß lediglich Partei 1 die Möglichkeit hat, vor dem eigentlichen Handeln zu kommunizieren: Entweder Alternative K_1 "Laß uns doch beide die Alternative A_1 wählen" oder Alternative K_2 "Laß uns doch beide Alternative A_2 wählen".

Partei 1 hat in dieser erweiterten Konfliktsituation vier Strategien: K_1A_1, K_1A_2, K_2A_1 und K_2A_2, wobei K_1A_1 beispielsweise bedeutet, daß sie zunächst Kommunikationsalternative K_1 und dann Handlungsalternative A_1 wählt. Partei 2 hat in dieser Konfliktsituation ebenfalls vier Strategien: A_1A_1, A_1A_2, A_2A_1 und A_2A_2, wobei A_1A_2 beispielsweise notiert, daß sie Alternative A_1 wählt, wenn Partei 1 K_1 kommuniziert hat und sie sich für Alternative A_2 entscheidet, wenn diese Kommunikationsalternative K_2 gewählt hat.

Die um diese Kommunikation erweiterte Konfliktsituation können wir in ihrer extensiven Form wie folgt darstellen:

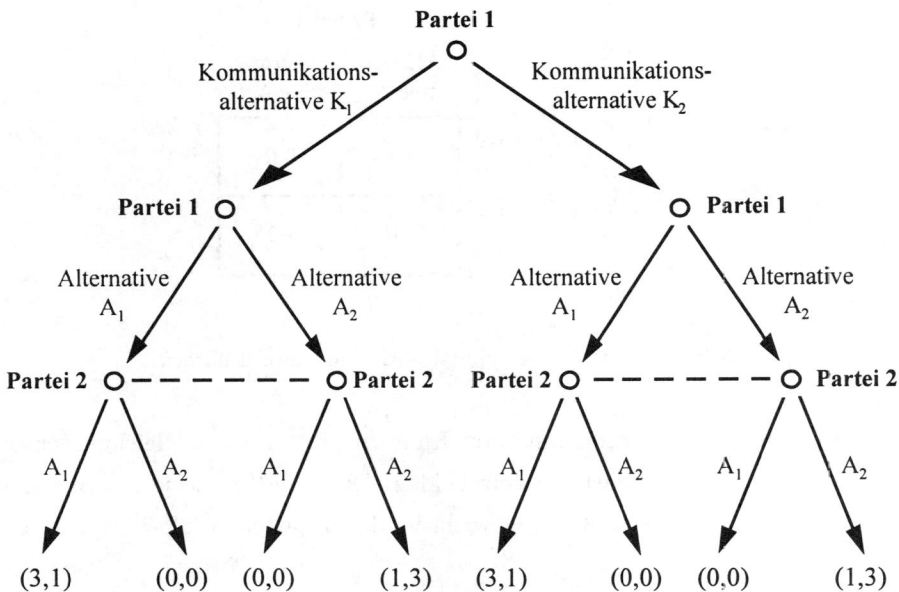

Abbildung 6.8: Konfliktsituation mit zwei Führern, wenn Kommunikation möglich ist

Für jedes der Gleichgewichte in der ursprünglichen Konfliktsituation gibt es in dieser erweiterten Konfliktsituation Gleichgewichte, die zur selben Auszahlung für beide Parteien führen. Betrachten wir z.B. das Gleichgewicht (K_2A_1, A_2A_1): Partei 1 schlägt Alternative A_2 vor, wählt aber dann tatsächlich Alternative A_1, und Partei 2 entscheidet sich für A_1, würde aber Alternative A_2 wählen, wenn Partei 1 Alternative A_1 vorgeschlagen hätte. Dieses Gleichgewicht garantiert Partei 1 eine Auszahlung von 3 Einheiten, Partei 2 erhält 1 Einheit.

Dieses Gleichgewicht kann als **Babbling Gleichgewicht** bezeichnet werden. Die Ankündigung einer Partei hat keinen Einfluß auf das Verhalten der Parteien in der tatsächlichen Konfliktsituation. Die Kommunikation wird von den Parteien behandelt, als sei sie bedeutungslos für das spätere Handeln. Trotz Kommunikation kann also keines der ursprünglichen Gleichgewichte eliminiert werden, eine Koordination durch Kommunikation findet nicht statt.

Allerdings hat diese um Kommunikation erweiterte Konfliktsituation einen prominenten Konfliktausgang (K_1A_1, A_1A_2): Partei 1 schlägt Alternative A_1 vor und handelt dann entsprechend, und Partei 2 handelt so, wie Partei 1 vorgeschlagen hat. Dies ist das einzige Gleichgewicht in dieser Situation, in der die Ankündigung der Partei 1 entsprechend umgesetzt wird. Kommunikation ist also nur dann vorteilhaft für die Koordination der Parteien, wenn diese ein gemeinsames Sprachverständnis haben. Um Babbling Gleichgewichte auszuschließen, muß also eine zusätzliche Annahme über einen gemeinsamen kulturellen Hintergrund der Parteien getroffen werden.

In der bisherigen Betrachtung haben wir lediglich Partei 1 die Möglichkeit zur Kommunikation gegeben. Nun nehmen wir an, daß auch Partei 2 kommunizieren kann. Da die Ankündigung von Partei 1 zu dem für sie präferierten Konfliktausgang führt, hat sie ein Interesse daran, die Kommunikation nach dieser Ankündigung abzubrechen, um so der anderen Partei keine Möglichkeit zur Gegenkommunikation zu geben.

Grundsätzlich ist aber vorstellbar, daß ein sehr komplexer Kommunikationsprozeß zwischen den Konfliktparteien stattfindet, in dem diese wechselseitig Erklärungen zum eigenen oder gemeinsamen Handeln abgeben. Um das strategische Verhalten der Parteien in einer solchen, durch Kommunikation erweiterten Konfliktsituation zu untersuchen, müßten wir unser Modell um diesen Kommunikationsprozeß ergänzen. Bereits in unserem Beispiel haben wir gesehen, daß wir mit einseitiger Kommunikation mehr Gleichgewichte erhalten als ohne Kommunikation. Daher können wir erwarten, daß beidseitige Kommunikation die Anzahl der Gleichgewichte noch um eine Vielzahl vergrößert. Im folgenden wollen wir deshalb einen anderen Weg beschreiten: Wir zeigen zunächst, welche Ausgänge einer Konfliktsituation überhaupt durch Kommunikation erzielt werden können, und beschreiben dann einen einfachen Kommunikationsmechanismus, durch den diese Konfliktausgänge realisiert werden können.

Bei einer Kommunikation ohne bindende Wirkung werden sich die Parteien im Vorfeld der Konfliktsituation nur über ein Verhalten unterhalten, das strategisch stabil ist. Die Ankündigung eines Verhaltens, das nicht strategisch stabil ist, würde von allen Parteien ignoriert werden, da es bessere Handlungsalternativen gibt. Somit können wir davon ausgehen, daß sich die Parteien in der Kommunikationsphase nur auf Auszahlungen verständigen werden, die Ergebnis eines Gleichgewichtsver-

haltens sind. Betrachten wir hierzu die folgende Konfliktsituation mit zwei Feiglingen:

Partei 2

	Alternative A_1	Alternative A_2
Partei 1 Alternative A_1	3,3	1,4
Alternative A_2	4,1	0,0

Abbildung 6.9:   Konfliktsituation mit zwei Feiglingen

In dieser Konfliktsituation gibt es zwei reine Gleichgewichte (A_1,A_2) und (A_2,A_1)
mit den Auszahlungen (1,3) und (3,1) sowie ein gemischtes Gleichgewicht - jede Partei wählt ihre Alternativen mit Wahrscheinlichkeit $\frac{1}{2}$ - mit einer erwarteten Auszahlung von (2,2). Die durch Kommunikation erreichbaren Auszahlungen werden
durch die konvexe Hülle aus diesen drei Gleichgewichtsauszahlungen bestimmt:[7]

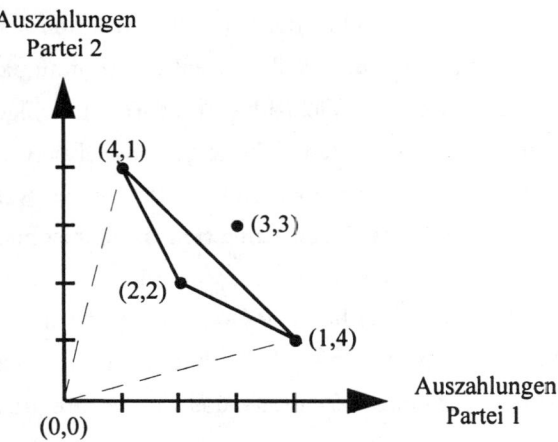

Abbildung 6.10:   Der Auszahlungsraum bei einer Konfliktsituation mit zwei Feiglingen, wenn Kommunikation möglich ist

Jeder der Punkte in dieser Auszahlungsregion ist durch Randomisierung erreichbar: Betrachten wir z.B. den Punkt $\left(2\frac{1}{2}, 2\frac{1}{2}\right)$. Vor der eigentlichen Konfliktsituation einigen sich die beiden Parteien darauf, daß ein Münzwurf den Konfliktausgang und somit ihr Konfliktverhalten festlegt. Bei Kopf stimmen sie überein, die Strategienkombination (A_1, A_2) zu wählen, bei Zahl stimmen sie überein, die Strategienkombination (A_2, A_1) zu wählen. Die Auszahlungskombination $\left(2\frac{3}{4}, 2\right)$ läßt sich durch dasselbe Verfahren erzielen:

$$\left(2\frac{3}{4}, 2\right) = \frac{1}{2}(4, 1) + \frac{1}{4}(1, 4) + \frac{1}{4}(2, 2)$$

Die beiden Parteien einigen sich darauf, den Konfliktausgang von zwei Münzwürfen abhängig zu machen. Zweimal Kopf resultiert in $(1, 4)$, zweimal Zahl in $(2, 2)$, und ansonsten wird $(4, 1)$ gewählt. Unabhängig davon, auf welchen Punkt sich die beiden Parteien in der obigen Auszahlungsregion einigen, bestimmt jede Vereinbarung zwischen ihnen einen prominenten Konfliktausgang. Ist so beispielsweise zweimal Kopf geworfen, bestimmt (A_1, A_2) einen prominenten Konfliktausgang. Obwohl dies für Partei 1 enttäuschend ist - sie hätte zumindest gern einmal Zahl beobachtet - wird sie antizipieren, daß Partei 2 die Alternative A_2 wählt. Somit ist es für sie optimal, sich für A_1 zu entscheiden.

Auf welchen Konfliktausgang sich die Parteien in der Kommunikationsphase einigen, wird das Ergebnis eines Verhandlungsprozesses sein. Das Kriterium der Auszahlungseffizienz läßt hier vermuten, daß sie sich auf eine Auszahlungskombination einigen werden, die zwischen den Punkten $(4, 1)$ und $(1, 4)$ liegt.

In Konfliktsituationen, in denen Kommunikation eine koordinierende Wirkung für das spätere Verhalten der Parteien hat, ist es Ziel einer kommunizierenden Partei, die andere Partei über ihr Handeln zu informieren bzw. sich mit der anderen Partei über ein Verhalten abzustimmen. Manipulation liegt nicht im Interesse der Partei. Eine Abweichung von dem angekündigten oder vereinbarten Verhalten wäre für sie nachteilig, da die pre-play communication zu einem prominenten Konfliktausgang führt.

Im folgenden betrachten wir nun Konfliktsituationen, in denen Parteien durch Kommunikation manipulieren wollen. Dies setzt voraus, daß die kommunizierende Partei private Informationen besitzt, die die anderen Parteien nicht unmittelbar verifizieren können. Je nach Art dieser privaten Information hat die Partei ein

Interesse daran, sich in besserem Licht darzustellen als es ihre Informationen erlauben. Welche Rolle hat aber in einer solchen Situation Kommunikation? Werden die schlechter informierten Parteien den Behauptungen der informierten Partei überhaupt glauben?

In Kapitel 4 hatten wir im Zusammenhang mit Signalisierspielen diese Fragen bereits diskutiert: Eine besser informierte Partei kann ihre privaten Informationen glaubwürdig kommunizieren, wenn es ihr gelingt, diese Informationen durch eine unterstützende Handlung eindeutig offenzulegen: In unserem Beispiel über die Ausbildung eines motivierten Mitarbeiters konnte sich dieser über die besonders gute Durchführung eines Auftrages für eine berufliche Weiterbildung qualifizieren und seine Motivation zeigen. Drei Voraussetzungen waren notwendig, damit diese Kommunikation tatsächlich gelang: Die Auftragsbearbeitung mußte mit Arbeitskosten für den Mitarbeiter verbunden sein, die geringer waren als die für einen unmotivierten Mitarbeiter, die Arbeitskosten stellten seine Vorinvestition dar und konnten nicht mehr rückgängig gemacht werden, und die Qualität der Durchführung war verifizierbar und konnte vom Vorgesetzten überprüft werden.

Was passiert aber nun in Konfliktsituationen, in denen diese drei Voraussetzungen nicht erfüllt sind, in denen die Kommunikation einer unterstützenden Handlung keine Kosten verursacht, rückgängig gemacht werden kann und zudem nichtverifizierbar ist? Kann die besser informierte Partei noch glaubwürdig ihre privaten Informationen kommunizieren, wenn die Kommunikation der besser informierten Partei reines **Cheap-talk** oder billiges Geschwätz ist?

In Signalisierspielen, in denen es einer informierten Partei nicht gelingt, ihre vorteilhaften Informationen glaubwürdig zu signalisieren, wird Cheap-talk auch nicht informativ sein: In unserem Beispiel ist jeder Mitarbeiter, unabhängig von seiner Arbeitsmotivation, an einer Weiterbildung interessiert. Wenn nun nicht die adäquate Auftragsbearbeitung, sondern lediglich ein Mitarbeitergespräch Voraussetzung für die Qualifikation zur Weiterbildung gewesen wäre, dann hätte der Vorgesetzte im allgemeinen keine eindeutigen Rückschlüsse auf die Motivation seines Mitarbeiters ziehen können. Ein Mitarbeiter wird hier, unabhängig von seiner tatsächlichen Motivation, im Gespräch immer eine positive Arbeitseinstellung kommunizieren, um so in den Vorzug der Ausbildung zu kommen.

Wenn also die besser informierte Partei ein Interesse daran hat, daß unabhängig von ihrem Typ die schlechter informierte Partei stets gleich reagiert, kann Cheaptalk nicht informativ sein. Unabhängig von ihrer Information wird jede Partei den Typ mit der vorteilhaften Information kostenlos imitieren können. Eine Partei kann daher durch Cheap-talk nur dann ihre Informationen glaubwürdig kommunizieren, wenn verschiedene Typen unterschiedliche Reaktionen der uninformierten Partei bevorzugen.

6.1.3   Verhandlungen

Neben Kommunikation ist Verhandlung ein weiteres wichtiges Instrument der Selbststeuerung von Konfliktparteien. Insbesondere bei Verteilungskonflikten spielen Verhandlungen zwischen den betroffenen organisatorischen Einheiten eine wichtige Rolle für die Handhabung dieser Konflikte. Verhandlungen können dabei als Prozesse bezeichnet werden, in denen die organisatorischen Einheiten durch Angebote, Gegenangebote und Konzessionen versuchen, ihre Positionen anzunähern. Betrachten wir das folgende Beispiel.

Die Verteilung finanzieller Mittel in der Marketingabteilung _____

In der Marketingabteilung eines Unternehmens sind zwei Mitarbeiter für die Werbung eines bestimmten Produkts zuständig. Ein Mitarbeiter betreut die Rundfunkwerbung, der andere Mitarbeiter die Zeitschriftenwerbung.

Der Leiter der Marketingabteilung hat für die Gesamtwerbung des Produkts einen Etat aufgestellt. Nun muß er dieses Budget auf die beiden Werbearten aufteilen. Natürlich will jeder Mitarbeiter für seine Werbung ein möglichst großes Budget zur Verfügung haben. Der Abteilungsleiter delegiert daher die Entscheidung über die Aufteilung des Gesamtetats an seine beiden Mitarbeiter. Diese sollen sich zusammensetzen und eine Verteilung der finanziellen Mittel selbständig aushandeln. Er behält sich allerdings vor, im Falle einer erfolglosen Verhandlung selbst das Budget aufzuteilen.

Wir nehmen an, daß die beiden Parteien um die Aufteilung eines Budgets in der Höhe von 1 Einheit verhandeln. Der Verhandlungsprozeß läuft wie folgt ab:

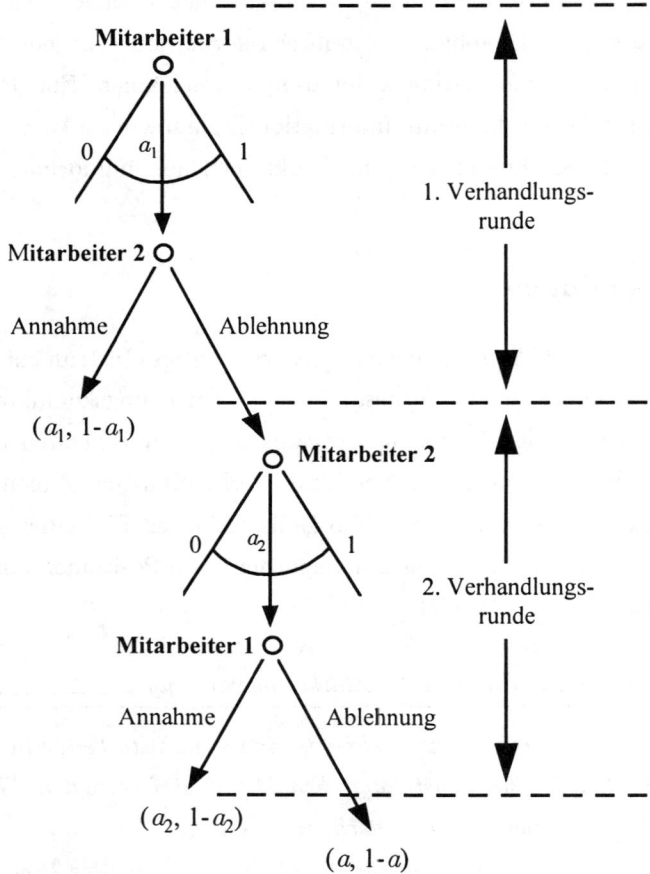

Abbildung 6.11:   Der Verhandlungsprozeß bei der Verteilung finanzieller Mittel

(1a) Mitarbeiter 1, der für die Radiowerbung zuständig ist, eröffnet die Verhandlung und schlägt eine Aufteilung $(a_1, 1 - a_1)$ vor, wonach er einen Anteil a_1
am Gesamtetat und sein Kollege einen Anteil $1 - a_1$ erhalten soll.

(1b) Mitarbeiter 2, der für die Zeitschriftenwerbung verantwortlich ist, entscheidet,
ob er dieses Angebot annimmt oder nicht. Im ersten Fall endet die Verhandlung und er erhält einen Anteil $1 - a_1$ am Gesamtetat, Mitarbeiter 1 einen

Anteil von a_1. Lehnt er das Angebot hingegen ab, findet eine zweite Verhandlungsrunde statt.

(2a) In dieser zweiten Verhandlungsrunde macht nun Mitarbeiter 2 einen Vorschlag $(a_2, 1 - a_2)$ über die Aufteilung des Gesamtetats. Demnach würde er einen Anteil $1 - a_2$ erhalten, Mitarbeiter 1 einen Anteil a_2.

(2b) Anschließend hat nun Mitarbeiter 1 die Möglichkeit, der vorgeschlagenen Verteilung zuzustimmen oder sie abzulehnen. Bei einer Ablehnung geht die Entscheidung über die Aufteilung des Etats an den Vorgesetzten.

(3) Finden die beiden Mitarbeiter auf dem Verhandlungswege nicht zu einer Einigung, dann wird der Etat vom Vorgesetzten wie folgt aufgeteilt: Für die Radiowerbung steht ein Anteil a zur Verfügung, für die Zeitschriftenwerbung ein Anteil $1 - a$, wobei $a \in (0, 1)$. Diese Aufteilung ist beiden Mitarbeitern bekannt.

Jede erfolglose Verhandlungsrunde führt zu einer verzögerten Verteilung des Gesamtetats. Da in dieser Zeit die Mittel nicht eingesetzt werden können, entstehen dem Unternehmen Nachteile. Wir nehmen hier an, daß der Gegenwartswert des Gesamtbudgets mit jeder Verhandlungsrunde um den Diskontierungsfaktor $\delta \in (0, 1)$ schrumpft. Der Gegenwartswert des Gesamtbudgets nach einer erfolglosen ersten Verhandlungsrunde bezogen auf den Verhandlungsbeginn ist also nur noch δ Einheiten wert, nach einer erfolglosen zweiten Verhandlungsrunde nur noch δ^2 Einheiten.

Wie werden sich die beiden Mitarbeiter in dieser Konfliktsituation verhalten? Wird es zu einer Einigung über die Budgetaufteilung kommen und wenn ja, wann wird diese getroffen? Oder wird der Vorgesetzte schließlich doch den Verteilungskonflikt auflösen? Um diese Fragen zu beantworten, werden wir das Verhalten der Parteien nach dem Prinzip der Rückwärtsinduktion analysieren.

Betrachten wir zunächst den optimalen Vorschlag von Mitarbeiter 2, wenn die zweite Verhandlungsrunde erreicht ist. Sein Kollege kann bei einer Ablehnung seines Vorschlags in der dritten Stufe der Verhandlung auf jeden Fall einen Anteil a am Gesamtbudget erzielen. Dies hat für ihn in der zweiten Verhandlungsrunde einen Wert von δa. Somit wird er einen Vorschlag von Mitarbeiter 2 genau dann akzeptieren, wenn dieser ihm einen Anteil $a_2 \geq \delta a$ zusichert. Angenommen, Mitarbeiter 2 möchte einen Vorschlag offerieren, der von seinem Kollegen angenommen wird.

Dann maximiert er seine Auszahlung, wenn er dem anderen einen Anteil $a_2 = \delta a$ zugesteht. Seine Auszahlung ist dann $1 - \delta a$. Wenn Mitarbeiter 2 hingegen einen Vorschlag macht, der vom anderen Mitarbeiter nicht akzeptiert wird, d.h. wenn er $a_2 < \delta a$ wählt, dann ist der Gegenwartswert seiner Budgetzuweisung durch den Vorgesetzten $\delta(1 - a)$. Dies ist aber weniger als $1 - \delta a$. Wenn also die zweite Verhandlungsrunde erreicht wird, dann ist der optimale Vorschlag des Mitarbeiters 2 gerade $a_2^* = \delta a$.

Untersuchen wir nun die optimale Aufteilung des Gesamtetats, die von Mitarbeiter 1 in der ersten Verhandlungsrunde vorgeschlagen wird. Da er dieselben Überlegungen wie Mitarbeiter 2 durchführen wird, weiß er, daß dieser in der zweiten Verhandlungsrunde auf jeden Fall $1 - a_2^*$ erzielt, wenn er sein Angebot in dieser Runde ablehnt. Der Gegenwartswert dieser Auszahlung ist für Mitarbeiter 2 in der ersten Verhandlungsrunde $\delta(1 - a_2^*)$. Somit wird er genau dann sein Angebot $1 - a_1$ akzeptieren, wenn $1 - a_1 \geq \delta(1 - a_2^*)$ ist, d.h. wenn der Anteil von Mitarbeiter 1 hinreichend klein ist, $a_1 \leq 1 - \delta(1 - a_2^*)$. Wenn Mitarbeiter 1 also darauf abzielt, daß sein Vorschlag angenommen wird, kann er maximal eine Auszahlung von $1 - \delta(1 - a_2^*)$ erzielen. Wenn er aber einen Anteil von $a_1 > 1 - \delta(1 - a_2^*)$ für sich beansprucht und sein Vorschlag abgelehnt wird, kann er mit einer Auszahlung δa_2^* rechnen. Da $\delta a_2^* < 1 - \delta(1 - a_2^*)$, ist es für Mitarbeiter 1 also optimal, eine Aufteilung $(a_1^*, 1 - a_1^*)$ vorzuschlagen mit $a_1^* = 1 - \delta(1 - \delta a)$.

Das Prinzip der Rückwärtsinduktion führt also zu einer eindeutigen Vorhersage des Ausgangs der Konfliktsituation: Beide Mitarbeiter werden sich unmittelbar über die Aufteilung des Gesamtetats einigen. Die von Mitarbeiter 1 in der ersten Verhandlungsrunde vorgeschlagene optimale Aufteilung wird vom anderen Mitarbeiter akzeptiert und führt zu folgender Budgetverteilung: Mitarbeiter 1 erhält einen Anteil von $1 - \delta(1 - \delta a)$ Einheiten, Mitarbeiter 2 einen Anteil von $\delta(1 - \delta a)$ Einheiten.

Diese Verhandlungslösung wird noch sehr stark vom Eingreifen des Vorgesetzten in der dritten Stufe des Verhandlungsprozesses bestimmt. Er delegiert die Aufgabe der Budgetverteilung hier nicht vollständig, sondern behält sich das Recht auf eine Schlichtung des Verteilungskonflikts vor. Da sich die beiden Mitarbeiter aber bereits in der ersten Verhandlungsrunde auf eine Budgetaufteilung einigen, wäre zu untersuchen, ob er sich prinzipiell auch ganz aus der Verhandlung zurückziehen könnte. In diesem Fall würde er die Entscheidung über die Aufteilung des Budgets vollständig an die beiden Mitarbeiter delegieren.

Der damit verbundene Verhandlungsprozeß zwischen den beiden Mitarbeitern würde dann wie folgt aussehen: An die Stelle der exogenen Budgetaufteilung des Vorgesetzten in der Stufe (3) würde eine unendliche Folge von Verhandlungsstufen (3a), (3b), (4a), (4b) etc. treten, die von der Struktur analog zu den ersten beiden Verhandlungsstufen sind. Mitarbeiter 1 würde dabei in jeder ungeraden Verhandlungsrunde zuerst eine Budgetaufteilung vorschlagen, die dann von Mitarbeiter 2 entweder angenommen oder abgelehnt wird. Und Mitarbeiter 2 würde in jeder geraden Verhandlungsrunde einen Vorschlag zur Budgetaufteilung machen, der dann seinerseits vom Mitarbeiter 1 entweder angenommen oder abgelehnt wird. Die Verhandlungen würden so lange dauern, bis einer der Mitarbeiter die vom anderen vorgeschlagene Aufteilung des Etats akzeptiert.

Wie im Fall der unendlichen Konfliktsituation kann hier das Prinzip der Rückwärtsinduktion nicht mehr angewendet werden, um das Verhalten der Parteien zu untersuchen, da es in diesem unendlichen Verhandlungsprozeß keine letzte Verhandlungsrunde mehr gibt. Folgende Aufteilung des Verhandlungsprozesses hilft uns hier, die Verhandlungslösung für den Fall einer unendlichen Folge von Runden unmittelbar aus unseren obigen Überlegungen abzuleiten: Die Struktur der Verhandlungen ab der dritten Verhandlungsrunde - sofern diese erreicht wird - ist identisch mit der Struktur zu Beginn der Verhandlungen. Mitarbeiter 1 ist hier jeweils diejenige Partei, die zuerst ein Angebot macht, danach wechseln sich die beiden Mitarbeiter mit den Vorschlägen ab, solange bis einer den Vorschlag des anderen akzeptiert.

Angenommen, der Verhandlungsprozeß zwischen den beiden Mitarbeitern führt zu einer Aufteilung $(a, 1 - a)$. Dann können wir nach der obigen Argumentation diese Auszahlungen für den Verhandlungsprozeß substituieren, der ab der dritten Verhandlungsrunde beginnt. Dann aber ist die Struktur des unendlichen Verhandlungsprozesses ähnlich der des oben diskutierten dreistufigen Verhandlungsprozesses. Insbesondere können wir so wieder auf das Prinzip der Rückwärtsinduktion zurückgreifen und von der dritten Verhandlungsrunde auf das Verhalten in der ersten Verhandlungsrunde schließen. Wie oben wird also die in der ersten Stufe der

Verhandlung vorgeschlagene Aufteilung Mitarbeiter 1 einen Anteil von $1-\delta(1-\delta a)$ Einheiten und Mitarbeiter 2 einen Anteil von $\delta(1-\delta a)$ Einheiten garantieren.

Sei nun a_H bzw. a_L der höchste bzw. niedrigste Anteil, den Mitarbeiter 1 in der Verhandlung mit dem anderen Mitarbeiter jemals als Ergebnis eines teilspielperfekten Gleichgewichts erzielen kann. Dann ist aufgrund unserer Rückwärtsinduktion die höchste bzw. niedrigste Auszahlung des Mitarbeiters 1 in der ersten Verhandlungsrunde $1-\delta(1-\delta a_H)$ bzw. $1-\delta(1-\delta a_L)$. Da a_H bzw. a_L aber auch die höchsten bzw. niedrigsten Anteile in der Verhandlung sind, muß gelten:

$$1-\delta(1-\delta a_H) \;=\; a_H, \text{ d.h. } a_H = \frac{1}{1+\delta} \text{ und}$$

$$1-\delta(1-\delta a_L) \;=\; a_L, \text{ d.h. } a_L = \frac{1}{1+\delta}$$

Somit hat aber der Verhandlungsprozeß einen eindeutigen teilspielperfekten Konfliktausgang: In der ersten Verhandlungsperiode macht Mitarbeiter 1 den Vorschlag, den Gesamtetat so zu teilen, daß er einen Anteil $\frac{1}{1+\delta}$ und sein Kollege einen Anteil $\frac{\delta}{1+\delta}$ erhält. Dieser Vorschlag wird von Mitarbeiter 2 angenommen. Strebt der Diskontierungsfaktor δ gegen Eins, findet also keine Diskontierung statt, werden beide Mitarbeiter jeweils die Hälfte des Gesamtetats erhalten.

Dieser Ausgang der Verhandlung impliziert, daß der Verteilungskonflikt zwischen den beiden Partei bereits in der ersten Verhandlungsrunde in einer kooperativen Weise gelöst wird. Dabei hat die Partei, die mit den Verhandlungen startet, einen strategischen Vorteil: Sie kann als erste Partei einen strategische Zug machen. Dadurch kann sie die zweite Partei in eine Position bringen, in der diese das Angebot gerade annimmt. Da ein Ablehnen mit einer verzögerten Einigung und daher mit einem verringerten, abdiskontierten Gesamtetat verbunden wäre, ist die zweite Partei in einer strategisch nachteiligen Position.

6.2 Fremdsteuerung durch Führung

In den bisherigen Untersuchungen sind wir davon ausgegangen, daß der übergeordneten Instanz als Konfliktmanager bei der Selbststeuerung zwischen den organisatorischen Einheiten keine direkte Aufgabe mehr zukommt, mit Ausnahme einer etwaigen Vermittlungsfunktion. Allerdings haben wir gesehen, daß Selbststeuerung nicht in allen Konfliktsituationen zu einer zielorientierten Zusammenarbeit führt. Hier ist der Konfliktmanager aufgefordert, durch zusätzliche Maßnahmen eine günstige Kooperationssituation zwischen den Parteien zu schaffen.

Im Sinne des lateralen Konfliktmanagements tritt der Konfliktmanger dabei nicht als übergeordnete Instanz auf, der Interessengegensätze zwischen den Parteien, beispielsweise durch direkte Weisungen oder Richtlinien, beeinflussen will, sondern als Vermittler oder Gestalter.

Als Vermittler engagiert sich die Instanz auf Initiative der Konfliktparteien. Diese wollen mit ihrer Hilfe den Ausgang der Konfliktsituation zu ihrem Vorteil beeinflussen. Als Form des Konfliktmanagements muß diese Vermittlungstätigkeit zwei Anforderungen genügen. Zum einen darf sie nicht im Widerspruch zu den Zielen der Organisation stehen und muß auch für deren Zielerreichung förderlich sein. Zum anderen darf aufgrund der Rahmenbedingungen der Konfliktsituation ein alternatives vertikales Konfliktmanagement nicht möglich oder weniger erfolgversprechend sein.

Im einfachsten Fall besteht die Vermittlungsaufgabe der Instanz in der Sicherung eines Gleichgewichts. Die Parteien befinden sich in einer reinen Kooperationssituation, in der allerdings verschiedene Formen der Koordination möglich sind. Hier kann die Instanz zusätzlich zur Kommunikation zwischen den Parteien das Koordinationsergebnis positiv beeinflussen, wenn diese sich beispielsweise trotz Auszahlungseffizienz nicht auf ein strategisch stabiles Verhalten einigen können. Um dieser Gefahr vorzubeugen, wird die Instanz beauftragt, ein Gleichgewicht vorzuschlagen. Sie koordiniert dadurch die Erwartungen der Parteien über ihr Verhalten und führt somit einen Fokal-Punkt in die Beziehung ein.

In Situationen, in denen neben den kooperativen Interessen auch Interessengegensätze zwischen den Konfliktparteien bestehen, ist diese Art der Vermittlung kritisch zu beurteilen: Gibt es mehrere Gleichgewichte, dann bedeutet der Vorschlag eines Fokal-Punktes durch die Instanz im allgemeinen die Benachteiligung mindestens einer Partei. In solchen Situationen hat die Instanz differenziert vorzugehen: Sie muß nicht nur evaluieren, ob der Konfliktausgang effizient ist, sondern auch die konkurrierenden Interessen der Parteien im Hinblick auf das Organisationsziel bewerten. Insbesondere muß sie ihren Vermittlungsvorschlag für beide Konfliktparteien akzeptabel gestalten.

Als Gestalter schafft die Instanz die institutionellen Rahmenbedingungen, die die zielorientierte gemeinsame Erfüllung der Aufgaben der Konfliktparteien fördern bzw. ermöglichen. Durch eine geeignete Gestaltung der Struktur schafft die Instanz so eine vorteilhafte Kooperationssituation zwischen den Konfliktparteien. Gleichzeitig stellt sie sicher, daß sich die Parteien im Sinne des Organisationsziels verhalten.

Diese Form des Konfliktmanagements kann daher als eine Lösung des Organisationsproblems verstanden werden: Durch die Berücksichtigung der Interdependenzen und Interessengegensätze zwischen den organisatorischen Einheiten löst die Instanz sowohl das Motivations- als auch des Koordinationsproblem bei der Gestaltung der Konfliktsituation. Die Gestaltung der Konfliktsituation ist somit Organisationsgestaltung. Dies kann neben der hierarchischen und prozeßorientierten Strukturierung auch die Gestaltung von Informations- und Kommunikationssystemen sowie die Anreizgestaltung umfassen.

6.2.1   Schaffung von Bindungsmöglichkeiten

Wir haben im letzten Abschnitt gesehen, daß Kommunikation allein nicht in jeder Konfliktsituation den Ausgang eines Konflikts positiv beeinflußt. Im Kooperationsdilemma beispielsweise führt eine Kommunikation ohne die explizite Bindung der Parteien an die vereinbarten Abmachungen nicht zu einem Ausweg aus ihrem Dilemma.

Die Situation wäre natürlich gänzlich anders, wenn sich die Parteien im Vorfeld der Konfliktsituation vertraglich an ihre Ankündigungen binden könnten. Betrachten wir hierzu folgendes Beispiel:

Die Mindestanwesenheit in einer Arbeitsgruppe ————————————————

In der Verwaltung eines Unternehmens ist ein Sekretärinnen-Pool für sämtliche dort anfallenden Schreibaufgaben zuständig. Ihre Arbeitszeit können die Sekretärinnen im Rahmen einer qualifizierten Gleitzeit mit Gruppenabstimmung eigenständig gestalten: Innerhalb einer vorgegebenen Gleitzeitspanne kann jede Sekretärin belie-

big ihre Arbeitsstunden wählen. Allerdings muß sichergestellt sein, daß während der Kernzeiten jeweils eine Mindestanwesenheit garantiert ist. Die Abstimmung darüber, welche Sekretärin wann arbeiten muß, damit diese Mindestanwesenheitspflicht gewährleistet ist, obliegt allen Sekretärinnen gemeinsam. Jeweils am Freitag setzen sich die Frauen zusammen, um den Einsatzplan für die kommende Woche auszuarbeiten.

Aufgrund ihrer familiären Situation kommt es gelegentlich vor, daß eine der Frauen kurzfristig nicht ihren Dienst entsprechend des vorgesehenen Einsatzplans leisten kann. In solchen Fällen muß dann eine Kollegin kurzfristig ihren Einsatz übernehmen. Diese kurzfristigen Einsätze werden von den Sekretärinnen nicht geschätzt. Der Leiter der Verwaltungsabteilung sah daher im Vorfeld der neuen Arbeitszeitregelung die Gefahr, daß einige der Frauen möglicherweise zu häufig von dieser Vertretungsregelung Gebrauch machen könnten, ohne in demselben Umfang für andere Kolleginnen in Notsituationen einzuspringen. Ein schlechtes Arbeitsklima bis hin zum Abbruch des Arbeitszeitmodells wären mögliche Folgen.

Um diesen Gefahren vorzubeugen, vereinbart der Leiter der Verwaltung mit den Sekretärinnen folgende zusätzliche Regelung: Sollte eine Frau innerhalb eines festgesetzten Zeitraums mehrmals ihren Dienst nicht antreten und zudem selbst keine Vertretungen gemacht haben, erfolgen zunächst bis zu drei Abmahnungen und dann sogar die Kündigung.

Die Frauen im Sekretärinnen-Pool befinden sich ohne Eingriff ihres Vorgesetzten in einem Kooperationsdilemma. Betrachten wir hierzu zwei Sekretärinnen:

		Sekretärin 2	
		kooperatives Verhalten	nichtkooperatives Verhalten
Sekretärin 1	kooperatives Verhalten	2,2	0,5
	nichtkooperatives Verhalten	5,0	1,1

Abbildung 6.12: Das Kooperationsdilemma der Sekretärinnen

Jede der Sekretärinnen kann zwischen einer kooperativen und einer nichtkooperativen Strategie wählen. Kooperation bedeutet dabei, für eine Kollegin in einer Notsituation einzuspringen, bei der Alternative Nicht-Kooperation würde die Sekretärin stets durch Ausreden versuchen, Noteinsätze zu umgehen. Für die Sekretärinnen wäre es vorteilhaft, wenn sie gemeinsam die kooperative Strategie wählten, allerdings würde das Eigeninteresse der Sekretärinnen zum schlechten, nichtkooperativen Ausgang der Konfliktsituation führen.

Die Regelung, die der Leiter der Verwaltung mit den Sekretärinnen getroffen hat, kann zur Überwindung dieses Kooperationsdilemmas führen. Sie ermöglicht die Bindung der Sekretärinnen an ein kooperatives Verhalten. Dabei ist unwesentlich, ob diese Bindung dann explizit in Form eines juristischen Vertrags oder implizit in Form einer Übereinkunft garantiert wird. In beiden Fällen ist es notwendig, daß der Vorgesetzte als übergeordnete Instanz die Einhaltung des Vertrages sicherstellt. Dies stellt zumindest zwei Bedingungen an die Rahmenbedingungen der Konfliktsituation: Zum einen muß die Einhaltung des Vertrages überprüfbar sein, d.h. die Arbeitszeiten einer Sekretärin müssen anhand ihres Zeitnachweises beobachtbar sein. Zum anderen muß die Instanz das Recht zur Sanktionierung haben, d.h. der Leiter der Verwaltung muß bei einem Abweichen einer Sekretärin von den vereinbarten Abmachungen auch tatsächlich eine Kündigung aussprechen können.

Wie wirkt sich nun die Möglichkeit, sich an ein kooperatives Verhalten zu binden, auf die Arbeitszeiten der Sekretärinnen aus? Wir nehmen an, daß der Pool aus zwei Sekretärinnen besteht und modellieren hierzu den Vertrag des Vorgesetzten wie folgt: "Wenn beide Sekretärinnen diesem Vertrag zustimmen, dann verpflichten sie sich, kooperativ zu handeln. Sollte jedoch lediglich eine Sekretärin diesem Vertrag zustimmen, dann verpflichtet sich diese, unkooperativ zu handeln." Die strategische Form der Konfliktsituation erweitert sich also um die zusätzliche Alternative einer Sekretärin, diesem Vertrag zuzustimmen:

	Sekretärin 2		
	kooperatives Verhalten	nichtkooperatives Verhalten	Vertrag zustimmen
Sekretärin 1 kooperatives Verhalten	2,2	0,5	0,5
nichtkooperatives Verhalten	5,0	1,1	1,1
Vertrag zustimmen	5,0	1,1	2,2

Abbildung 6.13: Das Kooperationsdilemma der Sekretärinnen mit der zusätzlichen Option, einem bindenden Vertrag zuzustimmen

Diese modifizierte Konfliktsituation hat ein einziges Gleichgewicht: Beide Sekretärinnen werden dem Vertrag des Vorgesetzten zustimmen und sich bei der Arbeitszeitgestaltung kooperativ verhalten.

Für beide Sekretärinnen ist aber sogar eine noch bessere Auszahlung möglich. Vertraglich können sie grundsätzlich vereinbaren, was immer für sie vorteilhaft ist, gegeben, sie können die Mindestanwesenheit sicherstellen. So können sich die beiden Sekretärinnen beispielsweise vertraglich auf die folgende Lotterie einigen: Nach Vertragsabschluß wird ein Münze geworfen. Bei Kopf wählt Sekretärin 1 ein kooperatives Verhalten und Sekretärin 2 ein nichtkooperatives Verhalten, bei Zahl entscheiden sich beide für die jeweils andere Alternative. Somit ergibt sich eine erwartete Auszahlung bei Vertragsabschluß von

$$\frac{1}{2}(0,5) + \frac{1}{2}(5,0) = \left(2\frac{1}{2}, 2\frac{1}{2}\right).$$

Die beiden Sekretärinnen können also eine höhere Auszahlung erreichen, als wenn sie sich beide kooperativ verhalten. Allgemein kann durch dieses Vorgehen jede Auszahlung im kooperativen Auszahlungsraum einer Konfliktsituation erreicht werden. Jede Auszahlung im kooperativen Auszahlungsraum kann als konvexe Kombinationen der Auszahlungen bei reinen Strategienkombinationen erreicht werden.

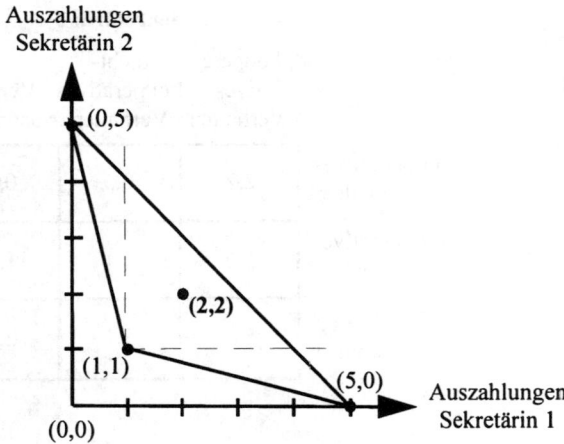

Abbildung 6.14: Der kooperative Auszahlungsraum für das Kooperationsdilemma

Der kooperative Auszahlungsraum wird hier durch alle Auszahlungskombinationen in der Bi-Matrix des Kooperationsdilemmas aufgespannt. Wenn die Parteien in einer Konfliktsituation die Möglichkeit haben, vor ihrem eigentlichen Handeln einen bindenden Vertrag darüber zu schreiben, welche reinen Strategien sie wählen werden, dann kann jeder Punkt in diesem kooperativen Auszahlungsraum erreicht werden. Jeder dieser Punkte kann daher als eine Wahrscheinlichkeitsverteilung $(\alpha_{11}, \alpha_{12}, \alpha_{21}, \alpha_{22})$ über die Menge aller reinen Strategienkombinationen dargestellt werden. Eine solche Wahrscheinlichkeitsverteilung nennen wir auch **korrelierte Strategie**.

Die Möglichkeit der vertraglichen Bindung erlaubt es den Konfliktparteien hier, sich im Vorfeld der Konfliktsituation auf einen gemeinsamen Zufallsmechanismus zu einigen und somit ihre bislang unabhängigen Entscheidungen aufeinander zu konditionieren. Ohne übergeordnete Instanz, die diesen Vertrag durchsetzt, würde eine korrelierte Strategie im allgemeinen nie befolgt: Falls diese Strategie keine Gleichgewichtsstrategie ist, hätte zumindest eine der Parteien immer einen Anreiz, von der vereinbarten Strategie abzuweichen, sobald der Zufallsmechanismus ausgeführt wurde.

Auf welche korrelierte Strategie werden sich die Parteien nun verständigen? Betrachten wir hierzu eine allgemeine korrelierte Strategie für unser Beispiel:

Sekretärin 1

	koopera- tives Verhalten	nicht- kooperatives Verhalten
kooperatives Verhalten	α_{11}	α_{12}
nichtkooperatives Verhalten	α_{21}	α_{22}

Sekretärin 2 (zu den letzten beiden Zeilen der linken Spalte)

Abbildung 6.15: Eine allgemeine korrelierte Strategie für das Kooperationsdilemma

Wir können hier zunächst solche Auszahlungskombinationen ausschließen, die einer Partei weniger zugestehen als sie im nichtkooperativen Gleichgewicht erhalten würde. Eine für eine Vereinbarung zulässige korrelierte Strategie müßte also für jede Partei eine Anreizverträglichkeitsbedingung erfüllen. Eine Sekretärin würde so beispielsweise nie in einen Vertrag einwilligen, der ihr die Alternative Kooperation, ihrer Kollegin aber die Alternative Nicht-Kooperation zuweist. Ein solcher Vertrag würde für sie zu einer Auszahlung von 0 Einheiten führen, wenn auch ihre Kollegin dem Vertrag zustimmen würde. Stimmt sie dem Vertrag allerdings nicht zu, kann sie zumindest eine Einheit erzielen. In der obigen Abbildung ist die Menge der zulässigen korrelierten Strategien somit durch das Dreieck mit den Punkten (1,1), (4,1) und (1,4) definiert.[8]

Welche zulässige korrelierte Strategie die Konfliktparteien dann tatsächlich für eine Vereinbarung auswählen, wird im allgemeinen das Ergebnis einer Verhandlung zwischen den Parteien sein. Der im Abschnitt zur Selbststeuerung dargestellte Verhandlungsprozeß würde hier beispielsweise zu einer korrelierten Strategie mit $\alpha_{12} = \alpha_{21} = \frac{1}{2}$ führen. Die erwartete Auszahlung wäre dann für jede Partei $2\frac{1}{2}$.

6.2.2   Bereitstellung von Informationen

Wir sind im vorherigen Abschnitt davon ausgegangen, daß sich organisatorische Einheiten vertraglich an ihre vereinbarten Abmachungen binden können. Diese vertragliche Bindung und insbesondere deren Einhaltung wurde durch die übergeordnete Instanz ermöglicht. Dadurch konnten sich die Einheiten auf einen für sie und die Organisation vorteilhaften Konfliktausgang einigen. Führung in diesem Sinne trug also entscheidend zur Sicherung der Kooperation und Koordination zwischen den Einheiten bei.

In vielen Konfliktsituationen ist für den Vorgesetzten allerdings die Durchsetzung eines Vertrages problematisch. Zwei grundsätzliche Probleme können hier auftreten: Entweder kann der Vorgesetzte die Einhaltung des Vertrages nicht überprüfen, d.h. das Handeln der Parteien ist für ihn nicht unmittelbar beobachtbar. Oder es fehlen dem Vorgesetzten geeignete Sanktionierungsmaßnahmen, um von einer Abweichung von der vertraglichen Vereinbarung effektiv abzuschrecken. Besteht aufgrund der Rahmenbedingungen der Konfliktsituation eines dieser beiden Probleme, dann hat die vertragliche Vereinbarung für das tatsächliche Verhalten keine bindende Wirkung mehr.

Der Vorteil einer Forschungskooperation _____

Zwei Mitarbeiter in der Forschungs- und Entwicklungsabteilung eines Unternehmens sollen gemeinsam an einem Forschungsprojekt arbeiten. Beide wissen, daß von ihrem Engagement der Forschungserfolg abhängt. Grundsätzlich sind sie daher bestrebt, einen hohen Einsatz zu erbringen. Beide wissen aber auch, daß ein hohes Engagement des anderen bereits wesentlich zum Gelingen des Projekts beiträgt, auch wenn man selbst in einem solchen Fall nur Routinearbeit leisten würde. Jeder der beiden würde sich hier am liebsten auf die Arbeit des anderen verlassen. Verlassen sich allerdings beide aufeinander, ist der Erfolg des Forschungsprojekts gefährdet.

Vor dem Projektstart überlegen nun die beiden Mitarbeiter, wie sie in dieser verzwickten Situation dennoch die Früchte einer gemeinsamen Forschungsarbeit ernten können. Eine vertragliche Bindung wäre hier die beste Lösung: Beide würden sich zu einem hohen Engagement verpflichten. Allerdings wissen die beiden auch,

daß ein solcher Vertrag keine Auswirkungen auf ihr Verhalten hätte, da ihr Vor-
gesetzter ihren jeweiligen Forschungsinput gar nicht beurteilen kann und so der
Vertrag nicht durchgesetzt werden könnte.

Aber eine andere Lösung scheint ihnen sinnvoll: Ihr Vorgesetzter soll jedem von
ihnen sagen, ob ihr eigener Beitrag für das Gelingen des Projektes wichtig oder
weniger wichtig ist. Er soll dabei so vorgehen, daß er zumindest bei einem von ih-
nen die Wichtigkeit seines Forschungsbeitrags betont. Ansonsten ist er ganz frei
in seiner Empfehlung. Insbesondere kann der Vorgesetzte also durchaus dem einen
Mitarbeiter etwas anderes mitteilen als dem anderen. Wichtig ist, daß er nicht
sagt, was er dem jeweils anderen anvertraut hat. Die Information des Vorgesetz-
ten wollen dann beide Mitarbeiter als Empfehlung für ihr Handeln nutzen. Ist ihr
Projektbeitrag wichtig, dann deutet dies auf ein hohes Engagement hin, ist ihr Pro-
jektbeitrag hingegen weniger wichtig, genügt auch ein niedriges Engagement.

Inwiefern kann diese Abmachung zwischen den beiden Forschern zu einer Lösung
ihres Kooperationsproblems führen? Konkretisieren wir hierzu ihre Konfliktsituation wie folgt:

		Mitarbeiter 2	
		hohes Engage- ment	niedriges Engage- ment
Mitarbeiter 1	hohes Engagement	3,3	1,4
	niedriges Engagement	4,1	0,0

Abbildung 6.16:   Die Forschungskooperation als Konfliktsituation mit zwei Führern

In dieser strategischen Form der Konfliktsituation gibt es drei Gleichgewich-
te: Mitarbeiter 1 wählt ein hohes Engagement und Mitarbeiter 2 ein niedriges.
Oder umgekehrt: Mitarbeiter 1 wählt ein niedriges und Mitarbeiter 2 ein hohes
Engagement. Oder: beide Parteien wählen eine ihrer Alternativen mit 50%iger
Wahrscheinlichkeit aus. Im letzten Fall würden sie beide jeweils eine erwartete

Auszahlung von 2 Einheiten erzielen. Die für beide beste symmetrische Auszahlungskombination (3,3) kann aber nicht realisiert werden, da sie nicht Ergebnis eines Gleichgewichtsverhaltens in der Konfliktsituation ist und da eine vertragliche Vereinbarung nicht durchsetzbar wäre.

Nehmen wir nun an, daß die beiden Mitarbeiter ihrem Vorgesetzten mitteilen, wie sie sich die Verbesserung ihrer Forschungskooperation vorstellen. Natürlich wird hier zunächst einmal der Vorgesetzte ein Interesse daran haben, dieses Vorgehen zu unterstützen. Grundsätzlich möchte auch er, daß die beiden Forscher voll engagiert das Forschungsprojekt bearbeiten. Welche Auswirkungen hätte seine Vermittlertätigkeit auf die Zusammenarbeit der beiden Kollegen? Angenommen, der Vorgesetzte würde im Vorfeld seiner Vermittlertätigkeit die Bedeutung ihrer Projektbeiträge wie folgt bestimmen: Mit einer Wahrscheinlichkeit von $\frac{1}{3}$ teilt er beiden Mitarbeitern mit, daß ihre Projektbeiträge wichtig sind, mit einer Wahrscheinlichkeit von jeweils $\frac{1}{3}$ teilt er dies nur einem Mitarbeiter mit.

Obwohl die Mitteilungen des Vorgesetzten keine bindenden Auswirkungen auf das Handeln der beiden Mitarbeiter haben, führt dieses Vorgehen zu einem für beide Parteien vorteilhaften Gleichgewicht in der modifizierten Konfliktsituation, in dem sich beide Mitarbeiter an die Empfehlung halten:

Um dies zu sehen, betrachten wir zunächst den Fall, indem der Vorgesetzte Mitarbeiter 1 mitteilt, daß sein Projektbeitrag wichtig ist. Dann weiß dieser Mitarbeiter, daß der Vorgesetzte seinem Kollegen mit gleicher Wahrscheinlichkeit entweder auch die Wichtigkeit dessen Projektbeitrags mitteilt oder nicht. Mitarbeiter 1 ist aber dann indifferent zwischen seinen beiden Alternativen und erzielt jeweils eine erwartete Auszahlung von 2 Einheiten.

Für den Fall, daß der Vorgesetzte nun Mitarbeiter 1 darüber informiert, daß sein Projektbeitrag weniger wichtig ist, kann dieser schließen, daß er seinem Kollegen die Wichtigkeit dessen Beitrags mitteilt. Somit ist also ein niedriges Engagement für Mitarbeiter 1 eine beste Antwort auf ein hohes Engagement seines Kollegen.

In beiden Fällen wird sich somit Mitarbeiter 1 an die Abmachung halten und die Mitteilung des Vorgesetzten als Indikator für sein vereinbartes Engagement nehmen. Da dies analog für den zweiten Mitarbeiter zutrifft, können die beiden Mitarbeiter also eine sich selbst stützende Übereinkunft über ihr späteres Konfliktverhalten treffen, wenn der Vorgesetzte die ihm zugeordnete Vermittlertätigkeit entsprechend ausfüllt. Beide Mitarbeiter können somit die folgende Auszahlung erwarten:

$$\frac{1}{3}(1,4) + \frac{1}{3}(3,3) + \frac{1}{3}(4,1) = \left(2\frac{2}{3}, 2\frac{2}{3}\right)$$

Die Vereinbarung zwischen den beiden Parteien ist also vorteilhafter als das Gleichgewicht in gemischten Strategien. Sie ist ebenfalls besser als eine Vereinbarung, die ihr Verhalten anhand eines Münzwurfes koordiniert. In diesem Fall wäre ihre erwartete Auszahlung jeweils nur $2\frac{1}{2}$ Einheiten.

Allerdings bedarf die hier dargestellte Lösung des Kooperationsproblems der Mitwirkung des Vorgesetzten als Vermittler: Wenn dieser beispielsweise Mitarbeiter 1 darüber informieren würde, was er seinem Kollegen über die Wichtigkeit dessen Projektbeitrags anvertraut hat, dann würde Mitarbeiter 1 ein niedriges Engagement wählen, obwohl der Vorgesetzte auch ihm die Wichtigkeit seines Projektbeitrags mitgeteilt hat. Nur die Tatsache, daß jede Partei partielle private Informationen erhält, stellt die Vorteilhaftigkeit dieser Lösung sicher.

Im Vergleich zu einer vertraglichen Einigung ist die vorgestellte, sich selbst stützende Vereinbarung allerdings schlechter. Könnten sich die beiden Mitarbeiter nämlich im Vorfeld ihrer Zusammenarbeit vertraglich an ein gemeinsames Vorgehen binden, würde jede Partei eine Auszahlung von 3 Einheiten erzielen.

Somit stellt sich die Frage, ob die vorgeschlagene Lösung nicht durch eine alternative, sich selbst stützende Vereinbarung noch verbessert werden könnte? In unserer oben eingeführten Terminologie suchen wir also diejenige korrelierte Strategie, die die gemeinsame Auszahlung der Parteien maximiert und die sich zudem selbst stützt. In diesem Sinne kann eine solche Strategie auch als eine **korrelierte strategisch stabile Strategie** der Parteien bezeichnet werden: Keiner der Mitarbeiter hat einen Anreiz, von den Empfehlungen des Vorgesetzten abzuweichen.

Betrachten wir hierzu wiederum die folgende allgemeine korrelierte Strategie $(\alpha_{11}, \alpha_{12}, \alpha_{21}, \alpha_{22})$:

**Mitteilung des Vorgesetzten
an Mitarbeiter 2**

		Projekt- beitrag ist wichtig	Projekt- beitrag ist weniger wichtig
Mitteilung des Vorgesetzten an Mitarbeiter 1	Projektbeitrag ist wichtig	α_{11}	α_{12}
	Projektbeitrag ist weniger wichtig	α_{21}	α_{22}

$$\text{mit } \alpha_{11} + \alpha_{12} + \alpha_{21} + \alpha_{22} = 1$$

Abbildung 6.17:   Eine korrelierte Strategie als Empfehlung für die Forschungskooperation

Dann ist die gemeinsame Auszahlung der beiden Mitarbeiter durch $6\alpha_{11} + 5\alpha_{12} + 5\alpha_{21}$ gegeben. Diese korrelierte Strategie stützt sich selbst, wenn keine Partei einen Anreiz hat, von der vereinbarten Empfehlung abzuweichen. Dies kann durch die folgenden Anreizverträglichkeitsbedingungen spezifiziert werden:

$$3\alpha_{11} + \alpha_{12} \geq 4\alpha_{11}$$

$$4\alpha_{21} \geq 3\alpha_{21} + 4\alpha_{22}$$

$$3\alpha_{11} + \alpha_{21} \geq 4\alpha_{11}$$

$$4\alpha_{12} \geq 3\alpha_{12} + \alpha_{22}$$

Die ersten beiden Bedingungen steuern das Verhalten des Mitarbeiters 1, die letzten beiden das des Mitarbeiters 2. So besagt beispielsweise die erste Ungleichung, daß ein hohes Engagement für Mitarbeiter 1 zu einer höheren Auszahlung führt als ein niedriges Engagement, wenn der Vorgesetzte ihm die Wichtigkeit seines Projektbeitrags mitteilt. Hält er sich an die Vereinbarung und engagiert sich, dann erhält er 3 Einheiten mit Wahrscheinlichkeit α_{11} und 1 Einheit mit Wahrscheinlichkeit α_{12}. Weicht er hingegen von der Vereinbarung ab und wählt ein niedriges Engagement, erzielt er 4 Einheiten mit Wahrscheinlichkeit α_{11}. Analog sind die Bedingungen für Mitarbeiter 2 zu interpretieren. So setzt die letzte Ungleichung beispielsweise geeignete Anreize, wenn ihm der Vorgesetzte mitteilt, daß sein Projektbeitrag weniger wichtig ist: Hält er sich an die Vereinbarung und wählt ein niedriges Engagement, kann er eine Auszahlung von 4 Einheiten mit Wahrscheinlichkeit α_{12} erwarten. Würde er stattdessen ein hohes Engagement ergreifen, ist seine Auszahlung $3\alpha_{21} + \alpha_{22}$.

Nutzt man die Symmetrie der Beziehung zwischen den beiden Mitarbeitern aus, dann muß im Optimum $\alpha_{12} = \alpha_{21}$ gelten. Die beiden Anreizbedingungen für jeden Mitarbeiter sind somit identisch und reduzieren sich auf $\alpha_{12} \geq \alpha_{22}$ und $\alpha_{12} \geq \alpha_{11}$. Da ein niedriges Engagement von beiden Mitarbeitern eine Auszahlung von 0 Einheiten liefert, ist somit $\alpha_{22} = 0$. Berücksichtigt man weiterhin, daß die Summe aller Wahrscheinlichkeiten sich zu Eins addiert, dann ergibt sich als gemeinsame Auszahlung insgesamt $-6 - 2\alpha_{12}$. Es ist somit optimal, α_{12} so gering wie möglich zu halten, d.h. $\alpha_{12} = \alpha_{11}$. Diese Überlegungen zeigen, daß in der Tat die oben vorgeschlagene korrelierte Strategie mit $\alpha_{11} = \alpha_{12} = \alpha_{21} = \frac{1}{3}$ optimal ist. Somit ist die maximal mögliche Auszahlung bei vertraglicher Bindung der Parteien von jeweils 3 Einheiten nicht erreichbar.

In den bisherigen Überlegungen sind wir davon ausgegangen, daß der Vorgesetzte seine vermittelnde Rolle zwischen den Konfliktparteien zu Beginn der Konfliktsituation wahrnimmt. Er gibt den Konfliktparteien Handlungsempfehlungen, die, wenn sie anreizverträglich sind, von den Parteien aufgegriffen werden und zu einer Verbesserung der Kooperation und Koordination führen. Hierbei kann er nicht über den Zeitpunkt seines Eingreifens entscheiden. Im allgemeinen ist jedoch von Bedeutung, zu welchem Zeitpunkt der Vorgesetzte vermittelnd in die Konfliktsituation eingreift. Das folgende Beispiel soll dies illustrieren:

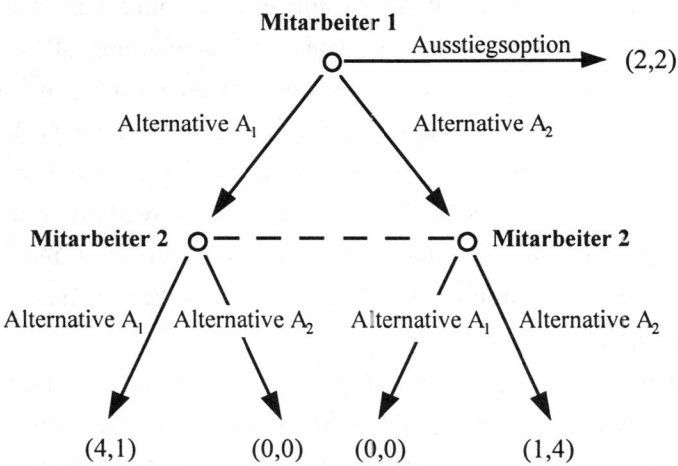

Abbildung 6.18: Konfliktsituation mit zwei Führern und einer Ausstiegsoption

In dieser dynamischen Konfliktsituation hat Mitarbeiter 1 die Möglichkeit, eine Auseinandersetzung mit Mitarbeiter 2 zu riskieren oder ihr auszuweichen. Im zweiten Fall wählt er seine Ausstiegsoption und erhält eine Auszahlung von 2 Einheiten. Im ersten Fall muß er sich zwischen Alternative A_1 und A_2 entscheiden. Da er bei A_2 maximal eine Auszahlung von 1 Einheit erreichen kann, wird er diese Alternative nie wählen: Alternative A_2 wird von der Ausstiegsoption strikt dominiert. Daher kann Mitarbeiter 2 bei seiner Entscheidung davon ausgehen, daß sein Kollege Alternative A_1 gewählt hat. In diesem Fall würde er auch A_1 wählen. Somit resultiert für Mitarbeiter 1 eine Auszahlung von 4 Einheiten gegenüber 2 Einheiten bei Wahrnehmung seiner Ausstiegsoption. Mitarbeiter 2 müßte also mit 1 Einheit rechnen.

Ein Vorgesetzter kann in dieser Situation die gemeinsame Auszahlung der beiden Mitarbeiter durch den folgenden Vermittlungsplan verbessern:

Zuerst weist der Vorgesetzte Mitarbeiter 1 an, nicht die Ausstiegsoption zu wählen. Sollte der Mitarbeiter dieser Empfehlung folgen, gibt der Vorgesetzte weiter folgende Handlungsempfehlungen: Mit einer Wahrscheinlichkeit von $\frac{1}{2}$ rät er beiden Mitarbeitern jeweils zu Alternative A_1, mit der Wahrscheinlichkeit von $\frac{1}{2}$ empfiehlt er beiden Alternative A_2. Dieser Vermittlungsplan erbringt beiden

Parteien eine erwartete Auszahlung von $\frac{1}{2} \cdot 1 + \frac{1}{2} \cdot 4 = 2\frac{1}{2}$, also mehr, als wenn Mitarbeiter 1 die Ausstiegsoption wahrnehmen würde. Da keine Partei einen Anreiz hat, von der Empfehlung des Vorgesetzten abzuweichen, ist der Vermittlungsplan strategisch stabil.

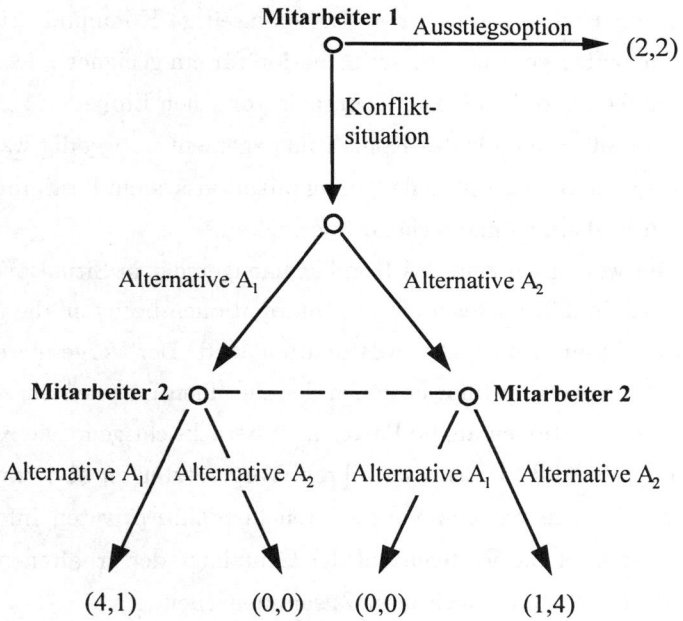

Abbildung 6.19: Modifizierte Konfliktsituation mit zwei Führern und einer Ausstiegsoption

Die Zeitpunkte, an denen der Vorgesetzte seine Empfehlungen gibt, sind entscheidend für diese erfolgreiche Vermittlung. Würde nämlich beispielsweise der Vorgesetzte dem Mitarbeiter gleich zu Beginn der Konfliktsituation mitteilen, ob er ihm zum späteren Zeitpunkt Alternative A_1 oder A_2 vorschlagen wird, wären wir wieder in der zuvor diskutierten ursprünglichen Konfliktsituation. Erst der Umstand, daß Mitarbeiter 1 die Empfehlung für die Alternative A_1 oder A_2 nach seiner Entscheidung gegen die Ausstiegsoption getroffen hat, macht diesen Vermittlungsplan des Vorgesetzten anreizverträglich.

6.2.3   Mechanismusgestaltung

In den bisher untersuchten Konfliktsituationen lag eine einseitige Kommunikation zwischen den Konfliktparteien und ihrem Vorgesetzten vor. Der Vorgesetzte in der Vermittlerrolle informierte die Konfliktparteien partiell, was zu einer verbesserten Koordination und Kooperation führte. Diese einseitige Kommunikation mit den nachgeordneten Einheiten war in dieser Situation für ein geeignetes Konfliktmanagement vollständig ausreichend. Da die organisatorischen Einheiten keine privaten Informationen besaßen, die für das Konfliktmanagement notwendig waren, konnte die Instanz eigenständig das optimale Kommunikationssystem bestimmen und ihre nachgeordneten Einheiten entsprechend informieren.

Im folgenden wollen wir nun das Konfliktmanagement in Situationen betrachten, in denen die Konfliktparteien private Informationen besitzen, die für die Ausgestaltung ihrer Zusammenarbeit von Bedeutung sind. Der Vorgesetzte wird dann bestrebt sein, diese privaten Informationen der einzelnen Parteien bei seinen Empfehlungen und Informationen an die Parteien zu berücksichtigen. Die Kommunikation zwischen den Konfliktparteien und ihrem Vorgesetzten ist also zweiseitig: Die Konfliktparteien informieren den Vorgesetzten über ihre privaten Informationen, und dieser unterrichtet die Parteien auf der Grundlage der erhaltenen Mitteilungen über die Rahmenbedingungen ihrer Zusammenarbeit.

In diesem Sinne kann die Aufgabe des Vorgesetzten als die Gestaltung der Konfliktsituation zwischen den Konfliktparteien bei unvollständiger Information verstanden werden. In der spieltheoretischen Literatur wird diese Aufgabe als **Mechanismusgestaltung** bezeichnet: Der Vorgesetzte als Prinzipal entwirft einen Mechanismus und teilt diesen seinen nachgeordneten Einheiten, den Agenten, mit. Dieser Mechanismus spezifiziert die Rahmenbedingungen einer Konfliktsituation, in der die Agenten zunächst aufgefordert sind, Auskunft über ihre privaten Informationen zu geben. Diese Mitteilungen bestimmen dann die tatsächliche Form der Zusammenarbeit zwischen den Agenten.

Die Vergabe eines Kundenauftrags ⸺⸺⸺⸺⸺⸺⸺⸺⸺⸺⸺⸺⸺⸺

Zwei Produktionseinheiten eines Unternehmens stehen in direktem Wettbewerb zueinander. Sie produzieren die gleichen Produkte und liefern diese an dieselbe Ver-

triebsabteilung im Unternehmen. Ihr Erfolg ist davon abhängig, zu welchen Preisen sie an die Vertriebsabteilung liefern. Gerade bei großen Kundenaufträgen werden diese vorher auftragsspezifisch vereinbart.

Der Erfolg der Vertriebsabteilung ist abhängig von der Differenz zwischen dem vereinbarten Kundenpreis und den an die Produktionsabteilungen zu zahlenden Preisen. Die Vertriebsabteilung ist daher bestrebt, Kundenaufträge so kostengünstig wie möglich abzuwickeln.

Bei der Vergabe von Kundenaufträgen an die beiden Produktionseinheiten steht die Vertriebsabteilung allerdings vor einem Problem: Sie kennt nämlich die jeweiligen Produktionskosten der Einheiten nicht genau. Daher holt Sie im Vorfeld der Ausführung eines Kundenauftrages von beiden Einheiten Angebote ein und entscheidet auf der Grundlage dieser Informationen über die Vergabe des Aufträge.

Wie sollte der Kundenauftrag aufgrund der abgegebenen Angebote an die beiden Produktionseinheiten vergeben werden? Die Suche nach der optimalen Vergabe des Kundenauftrags durch die Vertriebsabteilung entspricht der Suche nach einem geeigneten Mechanismus. Wir wollen diesen Mechanismus für die folgende Spezifikation des Beispiels berechnen:

Wir nehmen an, daß der Kundenauftrag ein Produktionsvolumen von 100 Stück umfaßt. Die Kapazitäten beider Produktionseinheiten würden für die Bearbeitung dieses Auftrags ausreichen. Ihre Kostenstruktur ist linear mit konstanten Grenzkosten k und ohne Fixkosten. Die jeweiligen Grenzkosten k_1 bzw. k_2 der Produktionseinheit 1 bzw. 2 sind dabei private Informationen der Parteien. Die Grenzkosten der Produktion betragen entweder 1 oder 2 Einheiten. Beide Grenzkosten sind gleich wahrscheinlich. Das ist allgemein bekannt.

Wüßte die Vertriebsabteilung im Vorfeld, welche Produktionskosten die beiden Produktionseinheiten haben, wäre ihre Vergabe des Kundenauftrags einfach zu lösen: Bei gleichen Kosten würde sie den Auftrag zwischen den Produktionseinheiten splitten, bei unterschiedlichen Kosten würde sie den Auftrag an die Einheit geben, die am günstigsten produzieren kann. Sie könnte somit mit 75%iger Wahrscheinlichkeit mit Kosten von 100 Einheiten rechnen, ansonsten mit Kosten von 200 Einheiten. Im Durchschnitt wären ihre erwarteten Kosten für den Kundenauftrag also 125 Einheiten.

Diesen einfachen Modus der Auftragsvergabe kann die Vertriebsabteilung aber nicht mehr anwenden, wenn sie über die tatsächlichen Produktionskosten der beiden Einheiten unsicher ist:

Angenommen, sie würde die beiden Produktionseinheiten im Vorfeld fragen, welche Kosten sie haben und anschließend entsprechend dem obigen Vergabemodus entscheiden. Dann würden beide Produktionseinheiten stets hohe Kosten mitteilen, unabhängig davon, wie ihre tatsächlichen Kosten sind. Betrachten wir hierzu die erste Produktionseinheit. Angenommen, ihre Produktionskosten betragen 2 Einheiten. Dann wird sie dies immer wahrheitsgetreu berichten, da sie keinen Anreiz hat, niedrigere Kosten anzugeben: Würde in diesem Fall nämlich die zweite Produktionseinheit ebenfalls niedrige Kosten melden, so daß der Auftrag geteilt würde, hätte sie einen Verlust von 50 Einheiten. Berichtete die zweite Produktionseinheit hohe Kosten, ergäbe sich sogar ein Defizit von 100 Einheiten.

Nehmen wir nun an, daß die erste Produktionseinheit tatsächlich geringe Produktionskosten hat. Würde sie diese wahrheitsgetreu mitteilen, müßte sie zu Grenzkosten produzieren und hätte keinen Profit aus der Auftragsbearbeitung. Würde sie nun aber stattdessen vorgeben, hohe Produktionskosten zu haben, könnte sie einen positiven Profit erwarten: Mit einer Wahrscheinlichkeit von mehr als 50% berichtet auch die zweite Produktionseinheit hohe Kosten. Dann wird der Auftrag geteilt und Produktionseinheit 1 kann einen Vorteil von 50 Einheiten realisieren. Da die Situation zwischen den beiden Produktionseinheiten symmetrisch ist, werden also beide immer hohe Kosten berichten und die Vertriebsabteilung wird Kosten von 200 Einheiten haben.

Die Vertriebsabteilung kann ihre Position nur verbessern, wenn es ihr gelingt, die beiden Produktionseinheiten zu einer wahrheitsgetreuen Auskunft über ihre Produktionskosten zu bewegen. Die Vertriebsabteilung muß den Produktionseinheiten also einen Anreiz geben, sich entsprechend zu verhalten. Das Revelationsprinzip garantiert, daß sie sich auf Mechanismen beschränken kann, die eine ehrliche und direkte Berichterstattung der Produktionseinheiten über ihre Produktionskosten induzieren. Betrachten wir den folgenden einfachen Mechanismus:[9]

- Wenn beide Produktionseinheiten hohe Produktionskosten berichten, wird der Kundenauftrag geteilt, und die Vertriebsabteilung zahlt entsprechend einen Preis von 2 Einheiten pro Stück.

- Wenn beide Produktionseinheiten niedrige Produktionskosten berichten, wird ebenfalls der Kundenauftrag geteilt und die Vertriebsabteilung zahlt einen Preis von p_1 pro Stück, $p_1 \geq 1$.

- Wenn eine Produktionseinheit hohe und die andere niedrige Produktionskosten berichtet, erhält diejenige mit den niedrigeren Kosten den Auftrag bei einem Preis von p_2 pro Stück, $p_2 \geq 1$.

Die Implementation dieses Mechanismus führt dann zu folgenden Gewinnen für die beiden Produktionseinheiten:

		Produktionseinheit 2	
		berichtet niedrige Kosten	berichtet hohe Kosten
Produktions-einheit 1	berichtet niedrige Kosten	$50p_1, 50p_1$	$100p_2, 0$
	berichtet hohe Kosten	$0, 100p_2$	$100, 100$

Abbildung 6.20: Die Gewinne der beiden Produktionseinheiten

Die in der Abbildung angegebenen Auszahlungen spezifizieren, welche Zahlungen die beiden Parteien in Abhängigkeit ihrer Angebote von der Vertriebsabteilung erhalten. Die Auszahlungen berücksichtigen noch nicht die Kosten, die ihnen für die Produktion entstehen. Die Nettoauszahlungen sind davon abhängig, inwieweit die berichteten Produktionskosten den tatsächlichen Kosten entsprechen.

Wir wollen nun zeigen, unter welchen Bedingungen der oben angegebene Mechanismus eine ehrliche Berichterstattung der beiden Produktionseinheiten über ihre Produktionskosten induziert.[10] Wir nehmen dafür an, daß die zweite Produktionseinheit wahrheitsgetreu ihre Information berichtet. Dann sind die erwarteten (Netto-)Auszahlungen der ersten Produktionseinheit wie folgt:

**Tatsächliche
Produktionskosten**

		niedrig	hoch
Berichtete Produktionskosten	niedrig	$25(p_1 - 1)$ $+50(p_2 - 1)$	$25(p_1 - 2)$ $+50(p_2 - 2)$
	hoch	25	0

Abbildung 6.21: Die Auszahlungen der ersten Produktionseinheit, wenn die zweite Einheit ihre Produktionskosten wahrheitsgetreu berichtet

Angenommen, die erste Produktionseinheit hat hohe Kosten. Wenn sie dies entsprechend berichtet, wird sie keinen Profit machen: Entweder berichtet die andere Einheiten niedrigere Kosten und erhält den Auftrag, oder der Auftrag wird geteilt und sie produziert zu Grenzkosten. Wenn sie nun stattdessen vorgibt, niedrige Produktionskosten zu haben, dann ist ihre erwartete Auszahlung wie folgt: Mit 50%iger Wahrscheinlichkeit hat die andere Einheit niedrige Produktionskosten, der Kundenauftrag wird in diesem Fall geteilt, und die Auszahlung beträgt $50(p_1 - 2)$. Andererseits wird mit 50%iger Wahrscheinlichkeit die andere Einheit hohe Produktionskosten berichten, und die Auszahlung ist $100(p_2 - 2)$. Eine wahrheitsgetreue Mitteilung hoher Produktionskosten erfordert also, daß die folgende Anreizverträglichkeitsbedingung erfüllt ist:

$$0 \geq \frac{1}{2} \cdot 50(p_1 - 2) + \frac{1}{2} \cdot 100(p_2 - 2)$$

Angenommen nun, die erste Produktionseinheit hat niedrige Grenzkosten. Berichtet sie diese ehrlich, dann kann sie mit einer Wahrscheinlichkeit von $\frac{1}{2}$ mit dem Gesamtauftrag rechnen - gegeben, die andere Produktionseinheit hat hohe Kosten - und dabei eine Auszahlung von $100(p_2 - 1)$ erzielen. Andererseits hat die andere Einheit mit einer Wahrscheinlichkeit von $\frac{1}{2}$ aber ebenfalls niedrige Kosten, so daß der Auftrag geteilt wird und eine Auszahlung von $50(p_1 - 1)$ erbringt. Würde sie nun stattdessen bei der Darstellung ihrer Produktionskosten übertreiben, könnte sie mit einer Wahrscheinlichkeit von $\frac{1}{2}$ die Hälfte des Kundenauftrages produzieren, also eine erwartete Auszahlung von 25 Einheiten erreichen. Die folgende zweite Anreizverträglichkeitsbedingung garantiert, daß die Produktionseinheit auch bei niedrigen Kosten ehrlich über diese Kosten berichtet:

$$\frac{1}{2} \cdot 50 \, (p_1 - 1) + \frac{1}{2} \cdot 100 \, (p_2 - 1) \geq 25$$

Sind beide Anreizverträglichkeitsbedingungen erfüllt, werden beide Parteien wahrheitsgetreu ihre Produktionskosten der Vertriebsabteilung mitteilen. Diese ihrerseits wird versuchen, die Rahmenparameter des Mechanismus so zu wählen, daß ihre Kosten für die Bearbeitung des Kundenauftrages möglichst gering sind. Ihre erwarteten Kosten sind dabei

$$100 \left(\frac{1}{4} p_1 + \frac{1}{2} p_2 + \frac{1}{4} \cdot 2 \right).$$

Mit einer Wahrscheinlichkeit von $\frac{1}{4}$ haben beide Produktionseinheiten niedrige Kosten und erzielen einen Stückpreis p_1. Mit derselben Wahrscheinlichkeit kann der Auftrag nur bei hohen Kosten von 2 Einheiten bearbeitet werden. Und mit der Wahrscheinlichkeit von $\frac{1}{2}$ hat eine der beiden Produktionseinheiten niedrige Kosten und erhält einen Stückpreis von p_2. Die zu minimierenden erwarteten Kosten betragen somit $25 p_1 + 50 p_2$. Die zweite Anreizverträglichkeitsbedingung fordert aber, daß $25 p_1 + 50 p_2 \geq 100$ ist. Im Optimum wird diese Bedingung also mit Gleichheit erfüllt sein, d.h. $p_1 + 2 p_2 = 4$, und die erwarteten Kosten der Vertriebsabteilung werden sich auf 150 Einheiten belaufen. Zudem ist die erste Anreizverträglichkeitsbedingung automatisch erfüllt, da $p_1 + p_2 < 4$ ist.

Wir haben somit eine Reihe von Mechanismen gefunden, die eine wahrheitsgetreue Berichterstattung der Produktionseinheiten induzieren und die die Kosten der Vertriebsabteilung für die Bearbeitung des Kundenauftrags minimieren. Jedes Paar von Transferpreisen (p_1, p_2), das die Bedingung $p_1 + 2 p_2 = 4$ erfüllt, charakterisiert einen solchen Mechanismus.

Unsere Argumentation hat bisher allerdings noch nicht berücksichtigt, daß ein solcher Mechanismus auch ein anderes strategisch stabiles Verhalten der Parteien induzieren kann. Neben dem Gleichgewicht, in dem es strategisch stabil ist, die Wahrheit zu berichten, könnten auch noch andere Gleichgewichte vorkommen. Möchte die Vertriebsabteilung hier sicherstellen, daß es ein eindeutiges Gleichgewicht gibt, muß der Mechanismus weitere Bedingungen erfüllen:[11]

Angenommen, die zweite Produktionseinheit würde immer hohe Produktionskosten berichten. Dann müssen wir sicherstellen, daß die erste Produktionseinheit
keinen Anreiz hat, ebenfalls immer hohe Kosten zu berichten. Ansonsten wäre
nämlich auch die unbedingte Mitteilung hoher Kosten ein strategisch stabiles Verhalten. Nehmen wir also an, daß die erste Produktionseinheit niedrige Kosten hat.
Würde sie diese berichten, könnte sie mit dem Gesamtauftrag rechnen und hätte
eine Auszahlung von $100\,(p_2 - 1)$. Gäbe sie nun vor, hohe Kosten zu haben, käme
es zu einer Teilung des Kundenauftrages und somit zu einer erwarteten Auszahlung
von 50 Einheiten. Daher muß

$$100\,(p_2 - 1) \geq 50$$

sein, wenn die Vertriebsabteilung ausschließen will, daß die Produktionseinheiten möglicherweise immer hohe Kosten berichten. Diese Bedingung reduziert sich
zu $p_2 \geq 1\frac{1}{2}$.

Andererseits muß die Vertriebsabteilung aber auch sicherstellen, daß eine Produktionseinheit keinen Vorteil daraus zieht, immer niedrige Kosten zu berichten.
Ist nämlich $p_2 = 2$ und somit $p_1 = 0$, dann führt dies zu einem strategisch stabilen Verhalten: Die zweite Einheit berichtet immer niedrige Kosten, während die
erste Einheit immer hohe Kosten mitteilt. Würde die erste Einheit niedrige Kosten berichten, dann hätte sie einen Verlust von 50 Einheiten hinzunehmen, da
sie aufgrund des Mechanismus keine Zahlung erhielte. Folglich wird sie immer hohe Kosten berichten, gegeben die zweite Einheit berichtet niedrige Kosten. Und
die erste Produktionseinheit kann ihre Produktionskosten auf jeden Fall mit einem
Preis von 2 decken. Um dieses Verhalten auszuschließen, muß daher $p_2 < 2$ sein.

Ein Mechanismus, der nur die wahrheitsgetreue Auskunft der Produktionseinheiten zuläßt, kann somit wie folgt spezifiziert werden: Berichten beide Produktionseinheiten niedrige Kosten, dann wird der Auftrag geteilt und die Vertriebsabteilung kompensiert gerade die Produktionskosten, d.h. $p_1 = 1$. Wenn eine Produktionseinheit hohe Kosten und die andere niedrige Kosten berichtet, erhält die
mit den niedrigen Kosten den Auftrag bei einem Preis, der die durchschnittlichen
Produktionskosten widerspiegelt, $p_2 = 1\frac{1}{2}$. Und berichten beide Einheiten hohe
Kosten, findet wiederum eine Teilung des Auftrags zu Produktionskosten statt.[12]

6.3 Zusammenfassung

Laterale Interdependenzen sind dadurch gekennzeichnet, daß die Konfliktparteien in keinem vertikalen hierarchischen Verhältnis stehen. Laterales Konfliktmanagement bezeichnet die geeignete Gestaltung einer Konfliktsituation, so daß eine Zusammenarbeit der involvierten Konfliktparteien konform mit dem Organisationsziel stattfinden kann. Eine übergeordnete Instanz ist dabei nicht unmittelbar in die Konfliktsituation involviert. Sie gestaltet zwar die Rahmenbedingungen der Konfliktsituation, überläßt aber dann den involvierten Parteien die Selbststeuerung ihrer Interessengegensätze.

Zwei Formen des lateralen Konfliktmanagement können unterschieden werden: Im Rahmen der Selbststeuerung versuchen die Konfliktparteien, sich eigenständig auf ein im Sinne der Organisation vorteilhaftes Vorgehen zu einigen, ohne daß eine übergeordnete Instanz in diesen Prozeß eingreift. Bei einer Fremdsteuerung hingegen tritt ein Konfliktmanager als Vermittler oder Gestalter auf und versucht, eine günstige Kooperationssituation zwischen den Konfliktparteien zu schaffen.

Als mögliche Instrumente der Selbststeuerung wurden das Vertrauen der Parteien in die zukünftige Zusammenarbeit, Kommunikation und Verhandlungen zwischen den Parteien diskutiert:

Vertrauen zwischen den Konfliktparteien kann aufgebaut werden, wenn sich die Parteien wiederholt in derselben Konfliktsituation befinden. Unter diesen Umständen kann nämlich eine Partei eine kooperative Zusammenarbeit durch eine Trigger-Strategie stützen, beispielsweise wenn sie droht, bei einem unkooperativen Verhalten der anderen Partei in künftigen Konfliktsituationen selbst immer unkooperativ zu handeln. Dieses Ergebnis muß allerdings unter gewissen Einschränkungen betrachtet werden: Da die drohende Partei sich bei der Ausführung ihrer Drohung selbst schadet, hat sie einen Anreiz, die Bestrafung nicht dauerhaft durchzuführen. Eine Trigger-Strategie muß also stabil gegenüber solchen Wiederverhandlungen sein. Weiterhin darf die Konfliktsituation keinen festen Endzeitpunkt haben, da in diesem Fall aufgrund des fehlenden Drohpotentials am Ende der Zusammenarbeit auch das entsprechende Drohpotential zu Anfang der Beziehung fehlt.

Kommunikation zwischen den Konfliktparteien ist ein weiteres Instrument der Selbststeuerung. Insbesondere in Konfliktsituationen, die durch Koordinationsprobleme gekennzeichnet sind, kann Kommunikation eine koordinierende Wirkung haben. Dies gilt auch, wenn sich die Parteien nicht an ihre Kommunikation binden können. Besteht jedoch in der Konfliktsituation unvollständige Information auf seiten einer Partei, kann ein solcher Cheap-Talk nur unter spezifischen Voraussetzungen informativ sein.

Verhandlungen als weiteres Instrument der Selbststeuerung von Konfliktparteien spielen insbesondere bei Verteilungskonflikten eine wichtige Rolle. Verhandlungen stellen Prozesse dar, in denen die organisatorischen Einheiten durch Angebote, Gegengebote und Konzessionen versuchen, ihre Positionen einander anzunähern. Entstehen den Parteien durch ihr Verhandeln Kosten, etwa weil der Wert des Verhandlungsgegenstands im Zeitablauf geringer wird, dann kann es zu einer unmittelbaren Lösung des Verteilungskonflikts zwischen den Parteien kommen.

Bei der Fremdsteuerung durch Führung als zweite Form des lateralen Konfliktmanagement gestaltet der Konfliktmanager die institutionellen Rahmenbedingungen der Konfliktsituation so, daß eine zielorientierte Lösung des Konflikts gefördert bzw. ermöglicht wird. Der Konfliktmanager sichert als Vermittler die Auswahl bestimmter Gleichgewichte des Konflikts. Hier wurden verschiedene Möglichkeiten seiner Vermittlungstätigkeit untersucht:

Beispielsweise kann der Konfliktmanager Regelungen schaffen, durch die sich die Parteien glaubhaft an kooperative Strategien binden können. Bei bindenden Vereinbarungen kann grundsätzlich jeder Punkt des kooperativen Auszahlungsraums der Konfliktparteien erreicht werden.

In vielen Konfliktsituationen ist für den Konfliktmanager die Durchsetzung solcher bindenden Verträge allerdings problematisch, etwa wenn er das Handeln der Parteien nicht unmittelbar beobachten kann oder ihm geeignete Sanktionierungsmaßnahmen fehlen, um von einer Abweichung von der vertraglichen Vereinbarung effektiv abzuschrecken. Unter diesen Umständen kann der Konfliktmanager jedoch zumindest solche Vereinbarungen zwischen den Konfliktparteien ermöglichen, die selbststützend sind. Voraussetzung dafür ist, daß er jede Partei gezielt mit partiellen privaten Informationen versorgt.

In Konfliktsituationen, in denen die Parteien bereits private Informationen besitzen, die für die Ausgestaltung einer Zusammenarbeit bedeutsam sind, ist die Aufgabe des Konfliktmanagers komplexer. Er muß hier als Gestalter der Konfliktsituation auftreten, um sicherzustellen, daß sich die Parteien im Sinne des

Organisationsziels verhalten. Insbesondere muß er die privaten Informationen der Parteien bei der Gestaltung der Zusammenarbeit zwischen den Parteien im Vorfeld berücksichtigen. Dies setzt voraus, daß die Parteien Anreize haben, ihre privaten Informationen umfassend zur Verfügung zu stellen. Aufgrund dieser Mitteilungen bestimmt der Konfliktmanager dann die tatsächliche Form der Zusammenarbeit zwischen den Parteien.

6.4 Literaturhinweise

Die Literatur zu wiederholten Spielen ist sehr umfangreich. Stigler (1964) war einer der ersten Autoren, der die Möglichkeit der Bestrafung betrachtete, um Kollusionen zwischen verschiedenen Unternehmen in einem oligopolistischen Markt zu erklären. In einem spieltheoretischen Kontext wurde diese Idee von Green und Porter (1984) formalisiert und von Abreu, Pearce und Stacchetti (1986) erweitert. Aumann (1986, 1989), Mertens (1987) und Mertens, Sorin und Zamir (1990) liefern Übersichtsartikel zu wiederholten Spielen.

Das Folk-Theorem geht auf Friedman (1971) zurück und wurde von Rubinstein (1979) und Fudenberg und Maskin (1986) verallgemeinert. Eine ausführliche Diskussion finden sich bei Fudenberg und Tirole (1991). Die Literatur zur Wiederverhandlung von Verträgen geht auf die Arbeiten von Coase (1937) und Williamson (1985) zurück, die dieses Problem im Zusammenhang mit der Frage diskutieren, ob eine ökonomische Transaktion über einen Markt, durch einen Vertrag oder durch Änderung der Eigentumsrechte abgewickelt werden sollte. Formale Modelle zur Wiederverhandlung finden sich z.B. bei Grossman und Hart (1986), Hart und Moore (1988), Dewatripont (1988) oder Fudenberg und Tirole (1990).

Unsere Diskussion über Kommunikation und die damit verbundenen Auswirkungen auf das Verhalten von Akteuren geht auf Schelling (1960) zurück. Eine formale Diskussion von Pre-play-communication findet sich in Farrell (1988) und Myerson (1989). Eine Diskussion der Unterschiede zwischen Cheap-talk- und Signalisierspielen findet sich in Gibbons (1992). Für Anwendungen von Cheaptalk siehe Matthews (1989), Stein (1989), Austen-Smith (1990) oder Farrell und Gibbons (1991). Die Idee des korrelierten Gleichgewicht geht auf Aumann (1974) zurück. Siehe auch Myerson (1991), der ausführlich Spiele mit Kommunikation bespricht.

Die Literatur zu Verhandlungen ist sehr umfangreich. Neben dem hier vorgestellten Ansatz, der auf Rubinstein (1982) zurückgeht und die Dynamik der Verhandlungsprozesses untersucht, charakterisiert der axiomatische Ansatz zunächst Anforderungen, die eine Verhandlungslösung erfüllen sollte, und untersucht dann, welche Verhandlungslösungen überhaupt in Frage kommen. Dieser Ansatz geht auf Nash (1950b) zurück und wird auch als kooperatives Verhandeln bezeichnet. Eine allgemeine Einführung in die Theorie der Verhandlung geben Osborne und Rubinstein (1990).

Die Literatur zum Mechanism-Design ist sehr umfangreich. Green und Laffont (1979) bieten hierzu einen guten Einstieg. Laffont und Tirole (1987) untersuchen die Wahl eines optimalen Mechanismus in einer Situation, in der adverse Selektion und moralisches Risiko bestehen. Eine ausführliche Diskussion findet sich auch bei Myerson (1991) und Fudenberg und Tirole (1991).

Endnoten

1 Eine Typologie von Organisationskonflikten

1 Ursachen für Konflikte, die eine Organisation mit ihrer Umwelt hat, werden eingehend in anderen ökonomischen Disziplinen etwa in der Industrieökonomik oder in der Arbeitsmarktökonomik behandelt und würden den Rahmen dieses Buches sprengen.

2 Zwischen sozialen und psychologischen Konflikten bestehen natürlich vielfältige Wechselbeziehungen, die im folgenden nicht thematisiert werden. So kann beispielsweise selbst dann, wenn objektiv keine Abhängigkeit zwischen verschiedenen Parteien besteht, aus psychologischer Perspektive ein sozialer Konflikt entstehen, etwa wenn eine Partei ihre Aggressivität ausleben möchte. Siehe hierzu auch die Arbeiten von Grunwald (1976) und Feger und Sorembe (1983).

3 Diese Begriffsbezeichnung muß von der in der konflikttheoretischen Literatur unterschieden werden. Dort wird zwischen latenten und manifesten Konflikten differenziert, siehe z.B. Dahrendorf (1958) oder Pondy (1967). Ein latenter Konflikt liegt dann vor, wenn zwar Interessengegensätze zwischen den Parteien bestehen, diese sich aber nicht manifestieren. In unserer Terminologie wären demnach latente bzw. manifeste Konflikte Manifestationen der kooperativen bzw. konkurrierenden Interessen der Parteien in einer Konfliktsituation.

4 Im folgenden werden wir statt von internen Stakeholdern von organisatorischen Einheiten sprechen. Organisatorische Einheiten, wie etwa der einzelne Mitarbeiter, Teams, Abteilungen, Kollegien etc., werden in diesem Sinne von verschiedenen Stakeholdern gebildet, die entweder aus derselben Stakeholder-Gruppe oder aus verschiedenen Stakeholder-Gruppen kommen.

5 Diese Erkenntnis der Vorteilhaftigkeit von Spezialisierung wurde bereits von Adam Smith in seinem berühmten Nadelfabrik-Beispiel beschrieben.

6 Die ausschließliche Orientierung einer organisatorischen Einheit an ihren eigenen Interessen schließt nicht die Möglichkeit altruistischen oder sozialen Ver-

haltens aus. Dies ist vielmehr eine Frage der Bedürfnisse: Wenn das Bedürfnis eines Mitarbeiters beispielsweise darin besteht, anderen Kollegen bei der Arbeit zu helfen, dann kann die Realisierung dieses Wunsches als egoistisch bezeichnet werden, sein Verhalten sicherlich jedoch nicht.

7 In der Ökonomie wird dieses Problem vor allem in der Theorie der öffentlicher Güter als Trittbrettfahrerproblem diskutiert, siehe z.B. Olson (1965). In der Organisationspsychologie ist dieses Phänomen unter dem Begriff social loafing bekannt, siehe z.B. Williams, Harkins und Latane (1979) oder George (1992).

8 In der Literatur werden Zielbildungsprozesse in der Social Choice Theorie eingehend untersucht. Ausgangspunkt dieser Literatur ist das Unmöglichkeitstheorem von Arrow (1951), der zeigte, daß sich im allgemeinen kein Gruppenziel aus individuellen Bedürfnissen ableiten läßt, wenn man an den Zielbildungsprozeß gewisse Plausibilitätsaxiome stellt.

9 Dieses Phänomen wurde bereits 1931 in den Hawthorne-Studien beschrieben, siehe Roethlisberger und Dickson (1939). Siehe hierzu auch die Arbeit von Coch und French (1948). In der ökonomischen Literatur wurde der Ratchet-Effekt von Weitzmann (1980), Baron und Besanko (1984) sowie Freixas, Guesnerie und Tirole (1985) untersucht.

10 Dies wird beispielsweise in Krüger (1981, S.913f) oder Mack und Snyder (1957, S.217f) argumentiert.

2 Spieltheorie als konflikttheoretischer Ansatz

1 In jüngster Zeit wurden auch Versuche unternommen, psychologische Konflikte spieltheoretisch zu analysieren. Hier sind die Arbeiten von Frank (1988), Aumann et al. (1996) oder Güth und Kliemt (1996) zu nennen.

2 Dieses Beispiel greift auf eine Geschichte zurück, die in Dixit und Nalebuff (1991, S.245) erzählt wird.

3 Natürlich kann man bei der Modellierung einer realen Konfliktsituation nicht alle diese Aspekte berücksichtigen. Hier gibt es Grenzen, auf die jede Form der Modellbildung stößt.

4 Siehe hierzu auch Thomas (1976), der bis auf die Identifikation der Konfliktparteien die Wahrnehmung der Rahmenparameter einer Konfliktsituation aus
organisationspsychologischer Perspektive diskutiert.

5 Eine Unterscheidung zwischen agierender und reagierender Partei ist somit
gegenstandslos: Auch die agierende Partei ist in diesem Sinne eine reagierende
Partei.

6 Die empirischen Studien von Corwin (1969) und Rahim (1979) zeigen, daß ein
und dieselbe organisatorische Maßnahme sowohl zur Entstehung als auch zur
Vermeidung von Konflikten beitragen kann.

7 So Frank Saunders, Top-Manager bei Philip Morris, 1971 in der Zeitung *News
and Observer*.

3 Konfliktsituationen bei unabhängigen Entscheidungen

1 Vergleiche hierzu auch die Klassifikation von Konfliktsituationen nach Thomas
(1976), der aus organisationspsychologischer Perspektive zu einer ähnlichen
Darstellung kommt.

2 Würden die beiden Kandidaten alternativ z.B. das Ziel verfolgen, mit einer
möglichst großen Differenz an Stimmanteilen zu gewinnen, ergibt sich ein anderes Verhalten der Parteien bei den Betriebsratswahlen. Ebenso würde sich
ein anderes Verhalten der Kandidaten ergeben, wenn sie das Ziel hätten, mit
der Mehrheit der Stimmen der Belegschaft die Betriebsratswahl zu gewinnen.

3 Die folgende Argumentation kann nicht nur als Gedankenexperiment interpretiert werden, sondern auch als eine dynamische Version der Teamproduktion zwischen den beiden Mitarbeitern: Unterstellt man, daß ein Mitarbeiter das zukünftige Verhalten seines Kollegen immer aufgrund des heutigen
Arbeitseinsatzes von ihm extrapoliert, dann beschreibt unsere Argumentation einen Tâtonnement-Prozeß, der gegen das Gleichgewicht konvergiert. Das
Gleichgewicht in diesem Sinne wäre somit Ergebnis eines Lernprozesses. Diese Interpretation setzt allerdings voraus, daß die Parteien die strategischen
Auswirkungen ihres heutigen Verhaltens auf die morgige Entscheidung der anderen Partei ignorieren.

Eine alternative Interpretation des Gedankenexperiments geht von einem Anpassungsprozeß aus, bei dem aus einer großen Gruppe von Mitarbeitern jeweils zwei zufällig in einem Produktionsteam zusammenarbeiten. Da es unwahrscheinlich ist, daß sich dasselbe Produktionsteam künftig wieder trifft, hat ein Mitarbeiter keinen Grund, die Auswirkungen seines heutigen Arbeitseinsatzes auf das künftige Verhalten eines Kollegen in seinen Überlegungen mit zu berücksichtigen. Sind nun nach jeder Produktionsrunde die Arbeitseinsätze aller anderen Mitarbeiter beobachtbar und erwartet ein Mitarbeiter, daß sich sein künftiger Teamkollege entsprechend der vergangenen durchschnittlichen Arbeitseinsätze verhält, dann kann ein Gleichgewicht als Resultat der sukzessiven Mitarbeit in jeweils neuen Produktionsteams verstanden werden. Siehe hierzu z.B. Milgrom und Roberts (1989).

4 Diese Ergebnis gilt unabhängig davon, mit welchem Arbeitseinsatz der erste Mitarbeiter seine Überlegungen startet: Angenommen, er plant, einen Arbeitseinsatz e_1 zu wählen. Dann wird der zweite Mitarbeiter aufgrund seiner Reaktionsfunktion seinerseits einen Arbeitseinsatz von $\frac{1}{2}e_1 + \frac{3}{2}$ Einheiten wählen. Somit ist es für der ersten Mitarbeiter aber besser, einen Einsatz von

$$\frac{1}{2}\left(\frac{1}{2}e_1 + \frac{3}{2}\right) + \frac{3}{2} = \left(\frac{1}{2}\right)^2 e_1 + \frac{3}{2}\left(1 + \frac{1}{2}\right)$$

zu wählen. Ein Arbeitseinsatz in diesem Umfang hätte aber zur Folge, daß nun der zweite Mitarbeiter seinerseits einen Einsatz von

$$\left(\frac{1}{2}\right)^3 e_1 + \frac{3}{2}\left(1 + \frac{1}{2} + \left(\frac{1}{2}\right)^2\right)$$

präferiert, und so weiter. Einfache Induktion der obigen Argumentation zeigt nun, daß nach einer endlichen Anzahl von n Überlegungsschritten der erste Mitarbeiter einen Arbeitseinsatz von

$$\left(\frac{1}{2}\right)^n e_1 + \frac{3}{2}\left(\frac{1 - \left(\frac{1}{2}\right)^{n+1}}{1 - \frac{1}{2}}\right)$$

Einheiten bestimmt. Folglich konvergiert die (unendliche) Kette seiner Überlegungen gegen einen Einsatz von drei Einheiten, unabhängig von seinem Ausgangseinsatz e_1.

5 Der Zusammenhang zwischen den beiden Konzepten wird theoretisch einfach z.B. bei Gibbons (1992, S.12f) hergeleitet. In Gibbons (1992, S.33f) findet

sich auch ein Beweis der Existenz eines Gleichgewichts für Konfliktsituationen mit endlich vielen Parteien, die jeweils nur endlich viele Handlungsalternativen haben.

6 Die Regel von Bayes gibt an, wie eine Partei aufgrund einer Beobachtung ihre bisherige Einschätzungen über ein ihr unbekanntes Ereignis aktualisieren kann: Seien $P(E_i)$, die a priori Einschätzungen der Partei darüber, daß die Ereignisse E_i vorliegen. Nun beobachtet sie ein Ereignis B. Sie weiß, daß dieses Ereignis B mit der Wahrscheinlichkeit $P(B \mid E_i)$ eintritt, wenn tatsächlich das Ereignisse E_i vorliegt. Aufgrund der Beobachtung von B kann sie nun die Einschätzung für ein Ereignis E_i revidieren. Ihre a posterioi Einschätzung $P(E_i \mid B)$ ergibt sich nach der Regel von Bayes als

$$P(E_i \mid B) = \frac{P(E_i)P(B \mid E_i)}{\sum_k P(E_k)P(B \mid E_k)}.$$

7 Nach der Regel von l'Hospital gilt:

$$\lim_{x \to 0} \frac{p^*}{x} = \lim_{x \to 0} \frac{(4+2x)^{-1/2}}{1} = \frac{1}{2}$$

4 Die Dynamik von Konflikten

1 Eine solche Konfliktsituation mit vollständiger und perfekter Information hatten wir bereits im obigen Beispiel des Aufstiegs in einer Unternehmensberatung kennengelernt: Jeder Juniorberater weiß zu jedem Zeitpunkt, wieviele Überstunden die anderen Kollegen bisher gemacht haben. Er kann somit seine Entscheidung über zusätzliche Überstunden von den bereits geleisteten Überstunden der anderen abhängig machen. Die Informationen, die ein Juniorberater zu jedem Zeitpunkt seines Handelns hat, umfassen also die gesamte Historie der bisherigen Interaktion. Zudem ist jedem Juniorberater klar, daß der Gegenwartswert eines Aufstiegs genau 100 Einheiten beträgt und eine geleistete Überstunde für jeden Berater mit Arbeitskosten von 1 Einheit verbunden ist. Folglich kennt jeder Juniorberater die Auszahlungen, die die anderen Berater je nach ihren geleisteten Überstunden haben.

2 Da eine einelementige Informationsmenge nur einen einzigen Entscheidungsknoten enthält, wird eine solche Informationsmenge in der Darstellung des
Konfliktbaums nicht weiter hervorgehoben.

3 Den Fall, in dem beide Abteilungen die Zufallsentscheidung der Natur nicht
kennen, haben wir bereits im Zusammenhang mit Konfliktsituationen mit vollständiger und perfekter Information diskutiert.

4 Natürlich kann auch ein Mitarbeiter, der eine langfristige Perspektive im Unternehmen hat, kurzfristige Leistungen langfristigen vorziehen, etwa weil er
sein neu gebautes Eigenheim finanzieren will. Die Informationen, die der Vorgesetzte aus einem Cafeteria-System über die Zukunftsperspektive eines Mitarbeiters ziehen kann, geben also keine vollständige Klarheit über dessen Motive.
Weiterhin muß der Vorgesetzte natürlich auch das strategische Verhalten des
Mitarbeiters berücksichtigen: Dieser könnte ja langfristige Sozialleistungen gerade deshalb wählen, um vorzugeben, langfristig beim Unternehmen bleiben
zu wollen, obwohl er bereits beabsichtigt, bald seine Stelle zu wechseln.

5 Moderate Drohungen sind gegenüber zu exzessiven Drohungen vorteilhaft,
wenn beispielsweise mit dem Aufbau der Drohung Kosten verbunden sind oder
wenn die drohende Partei aufgrund unvollständiger Informationen unsicher ist
über die Wirkung der Drohung.

6 Da $\frac{1}{2} \cdot 100 + \frac{1}{2} \cdot 80 = 90$.

7 Da $\frac{1}{3} \cdot 100 + \frac{2}{3} \cdot 80 = 86\frac{2}{3}$.

8 Die Analyse macht deutlich, daß es unter gewissen Kostenkonstellationen durchaus zwei mögliche perfekte Bayesianische Gleichgewichte gibt: Eines, indem
kein Bewerber einen medizinischen Test durchführt und eines, indem jeder
Bewerber einen medizinischen Test durchführt. Im allgemeinen kann eines
der beiden Gleichgewichte durch zusätzliche Plausibilitätsüberlegungen ausgeschlossen werden.

9 Für dieses Beispiel existiert kein perfektes Bayesianisches Gleichgewicht, indem
der Arbeitseinsatz des Mitarbeiters von seinem Typ abhängt. Solche Gleichgewichte werden im nachfolgenden Beispiel der Ausbildung eines motivierten
Mitarbeiters diskutiert.

5 Vertikales Konfliktmanagement

1 In der nachfolgenden Diskussion gehen wir davon aus, daß der Mitarbeiter stets besser über die Konfliktsituation informiert ist als der Vorgesetzte. Diese Annahme liegt den meisten Arbeiten in der Prinzipal-Agenten Literatur zugrunde. Darüber hinaus wird in manchen Arbeiten aber auch der Fall diskutiert, daß der Vorgesetzte private Informationen besitzt, siehe beispielsweise Myerson (1983), Maskin und Tirole (1990, 1992) oder Jost (1996).

2 Der Vorgesetzte muß dem Mitarbeiter für ein hohes Engagement mindestens eine Entlohnung von 6 Einheiten geben, für ein niedriges Engagement mindestens eine Entlohnung von 4 Einheiten. Angenommen, der Vorgesetzte weiß vor Vertragsabschluß, daß die Teilsubstanz wirkungslos ist. Dann ist bei einem hohen Engagement des Mitarbeiters - und somit einer 50% Erfolgswahrscheinlichkeit - seine maximale Auszahlung $5 - 6 = -1$ Einheit. Für den Fall, daß der Mitarbeiter ein niedriges Engagement zeigt - und somit die Erfolgswahrscheinlichkeit bei 40% liegt - ist seine maximale Auszahlung somit $4 - 4 = 0$ Einheiten.

3 Ist die Teilnahmebedingung bindend, dann ist die erwartete Entlohnung für den Mitarbeiter $\delta\big(0.9 w_E(G) + 0.1 w_M(G)\big) + (1 - \delta)\big(0.4 w_E(S) + 0.6 w_M(S)\big)$ gerade identisch mit $3 + 3\delta + (1 - \delta)$. Insgesamt ergibt sich somit für den Vorgesetzten eine Auszahlung von $9\delta + 4(1 - \delta) - \big(3 + 3\delta + (1 - \delta)\big) = 3\delta$.

4 Angenommen, der Vorgesetzte weiß, daß die Arbeitskosten des Biochemikers hoch sind. Dann muß er dem Biochemiker bei einem hohen Arbeitseinsatz mindestens 9 Einheiten zahlen, bei einem niedrigen Einsatz mindestens 4.5 Einheiten. Da im ersten Fall ein Projekterfolg mit 90%iger Wahrscheinlichkeit eintritt, ist die Auszahlung des Vorgesetzten 0 Einheiten. Im zweiten Fall garantiert der Arbeitseinsatz des Biochemikers 50%ige Erfolgsaussichten und somit eine Auszahlung von 0.5 Einheiten.

5 Für die folgende Diskussion lassen wir die Teilnahmebedingung außer Acht. Diese kann immer durch geeignete Festsetzung des Gehalts des Lageristen erfüllt werden.

6 Siehe hierzu auch die in Kapitel 4 diskutierten Möglichkeiten der Selbstbindung. So kann beispielsweise der Vorgesetzte in einer langfristigen Beziehung
mit seinem Mitarbeiter eine Reputation aufbauen.

6 Laterales Konfliktmanagement

1 Die nachfolgenden Ausführungen über den Aufbau von Vertrauen gelten nicht
nur laterale Beziehungen, sondern auch für die Zusammenarbeit zwischen einem Vorgesetzten und seinem Mitarbeiter.

2 Die Auszahlungen in dieser Konfliktsituation sind als erwartete Auszahlungen
der beiden Kollegen zu interpretieren, die sich wie folgt ergeben: Mit einer
Wahrscheinlichkeit von 50% hat entweder Kollege 1 oder Kollege 2 vor Schließung der Bank noch Kunden zu betreuen. Der Kollege, der länger arbeiten
muß, erhält eine Auszahlung von 0 Einheiten, wenn sein Kollege nicht kooperiert, und eine Auszahlung von 6 Einheiten, wenn dieser kooperiert. Der
Kollege, der nicht länger arbeiten muß, hat eine Auszahlung von 8 Einheiten, falls er die Bank verläßt und nicht kooperiert, und eine Auszahlung von
6 Einheiten, wenn er bleibt und kooperiert.

3 Zwischen dem Diskontierungsfaktor δ und einem Zinssatz (Diskontrate) i besteht der folgende Zusammenhang:

$$\delta = \frac{1}{1+i}$$

Bei einem Zins von $i = 0$ besteht keine Diskontierung $\delta = 1$. Bei einem
Zins, der beliebig hoch ist, werden zukünftige Auszahlungen irrelevant, δ wird
beliebig klein.

4 Im folgenden gehen wir zur Vereinfachung der Diskussion und zur allgemeinen
Herleitung einer Theorie wiederholter Spiele davon aus, daß jeder Kollege am
Ende jeden Tages die Entscheidung des anderen Kollegen tatsächlich beobachten kann, obwohl dies nur für denjenigen zutrifft, der vor Schließung der Bank
keinen Kunden mehr zu betreuen hat. Die Berücksichtigung dieses Aspekts
bei der Modellierung der wiederholten Konfliktsituation zwischen den beiden
Kollegen würde die im Nachfolgenden hergeleiteten Ergebnisse qualitativ nicht
ändern.

5 Da $6 + 6\delta + 6\delta^2 + \dots = \frac{6}{1-\delta}$.

6 Eine konvexe Kombination einer Menge von Auszahlungen ist eine gewichtete Summe dieser Auszahlungen, wobei jedes Gewicht nichtnegativ ist und sich die Summe aller Gewichte zu Eins addiert.

7 Die konvexe Hülle einer Menge von Auszahlungen umfaßt alle konvexen Kombination dieser Auszahlungen.

8 In einer allgemeinen Konfliktsituation kommen hier nur solche Punkte des kooperativen Auszahlungsraums für eine vertragliche Einigung in Frage, die jeder Partei mindestens ihr Sicherheitsniveau garantieren. Das Sicherheitsniveau bezeichnet dabei die höchste erwartete Auszahlung, die diese Partei erzielen kann, wenn alle anderen Parteien die für sie schlechteste korrelierte Strategie wählen. Ist diese Anreizverträglichkeitsbedingung für jede Partei erfüllt, findet eine vertragliche Einigung aller Parteien im Vorfeld der Konfliktsituation statt. Siehe hierzu Myerson (1991).

9 Ein allgemeiner Mechanismus würde für jedes mögliche Berichtpaar ij der beiden Produktionseinheiten eine Allokation $(a_{ij}^1, a_{ij}^2, p_{ij}^1, p_{ij}^2)$ spezifizieren mit der folgenden Interpretation: Wenn die erste Einheit $i \in \{1, 2\}$ und die zweite Einheit $j \in \{1, 2\}$ mitteilt, dann wird der Kundenauftrag im Verhältnis $a_{ij}^1 : a_{ij}^2$ aufgeteilt. p_{ij}^1 bzw. p_{ij}^2 sind dann die Preise, die die Vertriebsabteilung den jeweiligen Produktionseinheiten zahlt.

10 Für einen allgemeinen Mechanismus müßten für jede Partei jeweils vier Bedingungen erfüllt sein: Zwei Anreizverträglichkeitsbedingungen, die sicherstellen, daß die Partei bei niedrigen (bzw. hohen) Produktionskosten einen wahrheitsgetreuen Bericht abgibt, gegeben die andere Partei verhält sich wahrheitsgetreu. Und zwei Teilnahmebedingungen, die sicherstellen, daß die Partei bei niedrigen (bzw. hohen) Produktionskosten mindestens ihre Reservationsauszahlung erhält.

11 Der Fall, in dem beispielsweise die zweite Produktionseinheit immer die Unwahrheit berichtet, ist mit der oben diskutierten Anreizverträglichkeitsbedingungen ausgeschlossen.

12 Dieser Mechanismus setzt voraus, daß sich die Parteien bei einer Indifferenz zwischen zwei Alternativen immer für die Alternative entscheiden, die für die Organisation vorteilhafter ist. Wenn wir $p_1 = 1.01$ und $p_2 = 1.51$ setzen

würden, wäre diese Annahme nicht notwendig. Die Vertriebsabteilung hätte dann allerdings Kosten von 150.50 Einheiten.

Literaturverzeichnis

ABREU, D., D. PEARCE und E. STACCHETTI. 1986. Optimal Cartel Equilibrium with Imperfect Monitoring. *Journal of Economic Theory* 39:251-269.

ARROW, K. 1951. *Social Choice and Individual Values.* New York: Wiley.

ARROW, K. 1986. Agency and the Market. In K. Arrow und M. Intriligator, Hrsg., *Handbook of Mathematical Economics.* Amsterdam: Elsevier Science Publishers B.V.

AUMANN, R. 1974. Subjectivity and Correlation in Randomized Strategies. *Journal of Mathematical Economics* 1:67-96.

AUMANN, R. 1986. Repeated Games. In G. Feiwel, Hrsg., *Issues in Contemporary Microeconomics and Welfare.* London: Macmillan.

AUMANN, R. 1989. Survey of Repeated Games. In *Essays in Game Theory and Mathematical Economics in Honor of Oskar Morgenstern.* Mannheim: Bibliographisches Institut.

AUMANN, R., S. HART und M. PERRY. 1996. The Absent-Minded Driver. Center for Rationality and Interactive Decision Theory. *The Hebrew University of Jerusalem.* Discussion Paper No. 94.

AUSTEN-SMITH, D. 1990. Information Transmission in Debate. *American Journal of Political Science* 34:124-152.

AXELROD, R. 1970. *Conflict of Interest - A Theory of Divergent Goals with Applications to Politics.* Chicago: Markham Publishing Company

BANKS, J. und J. SOBEL. 1987. Equilibrium Selection in Signaling Games. *Econometrica* 55:647-662.

BARCLAY, D. 1991. Interdepartmental Conflict in Organizational Buying: The Impact of the Organizational Context. *Journal of Marketing Research* 28:145-159.

BARNARD, C. 1938. *The Functions of the Executive.* Cambridge, Mass.: Harvard University Press.

BARON, D. und D. BESANKO. 1984. Regulation and Information in a Continuing Relationsship. *Information, Economics and Policy* 1:267-330.

384

BERNHEIM, B. 1984. Rationalizable Strategic Behavior. *Econometrica* 52:1007-1028.

BINMORE, K. 1987. Why Game Theory "Doesn't Work". In P. Bennet, *Analysing Conflict and its Resolution. Some Mathematical Contributions*. Oxford: Clarendon Press.

BINMORE, K. 1990. *Essays in the Foundations of Game Theory*. Cambridge: Basil-Blackwell.

Binmore, K. 1992. *Fun and Games: A Text on Game Theory*. Lexington, Mass.: D. C. Heath and Co.

BLAKE, R., H. SHEPARD und J. MOUTON. 1964. *Managing Intergroup Conflict in Industry*. Houston, TA: Gulf Publishing Co.

BLEICHER, K. 1991. *Organisation: Strategien - Strukturen - Kulturen*. Wiesbaden: Gabler-Verlag.

BOSETZKY, H. 1978. Interne Machtverteilung und Chancen von organisatorischen Änderungen. *Zeitschrift für Organisationstheorie* 47:219-227.

BOULDING, K. 1957. Organization and Conflict. *Journal of Conflict Resolution* 1:122-134.

BOULDING, K. 1964. A Pure Theory of Conflict Applied to Organizations. In R. Kahn und E. Boulding, Hrsg., *Power and Conflicts in Organizations*. London: Tavistock.

BRANDENBURGER, A. 1992. Knowledge and Equilibrium in Games. *Journal of Economic Perspectives* 6:83-101.

BRANDENBURGER, A. und E. DEKEL. 1990. The Role of Common Knowledge Assumptions in Game Theory. In F. Hahn, Hrsg., *The Economics of Missing Markets Information and Games*. Oxford, England: Oxford University Press.

CHO, I-K. und D. KREPS. 1987. Signaling Games and Stable Equilibria. *Quarterly Journal of Economics* 102:179-221.

COCH, L. und J. FRENCH. 1948. Overcoming Resistance to Change. *Human Relations* 1:512-532.

COASE, R. 1937. The Nature of the Firm. *Economica* 4:386-405.

CORWIN, R. 1969. Patterns of Organizational Conflict. *Administrative Science Quarterly* 14:507-521.

CROZIER, M. 1964. *A Bureaucratic Phenomenon.* Chicago: University of Chicago Press.

DAHRENDORF, R. 1958. Zu einer Theorie des sozialen Konfliktes. Hamburger Jahrbuch für Wirtschafts- und Gesellschaftspolitik. Tübingen: Mohr.

DASGUPTA, P., P. HAMMOND und E. MASKIN. 1979. The Implementation of Social Choice Rules. *Review of Economic Studies* 46:185-216.

DEMSKI, J. und D. SAPPINGTON. 1984. Optimal Incentive Contracts with Multiple Agents. *Journal of Economic Theory* 33:152-171.

DEUTSCH, M. 1976. *Konfliktregelung - Konstruktive und destruktive Prozesse.* München: Ernst Reinhardt.

DEWATRIPONT, M. 1988. Commitment through Renegotiation-Proof Contracts with Third Parties. *Review of Economic Studies* 55:377-390.

DIXIT, A UND B. NALEBUFF. 1991. *Thinking Strategically: The Competitive Edge in Business, Politics, and Everyday Life.* New York: Norton.

DORON, G. 1979. *The Smoking Paradox. Public Regulation in the Cigarette Industry.* Cambridge, Mass.: Abt Books.

DOYLE, A. 1990. *A Complete Facsimile Edition of Sherlock Holmes.* Mallard Press.

DUBBERT, U. 1981. Konfliktpotential von Organisationsstrukturen - eine theoretisch-praktische Analyse am Beispiel der Matrixorganisation. *Der Betriebswirt* 6:14-21

DUTTON, J. und R. WALTON 1966. Interdepartmental Conflict and Cooperation: Two Contrasting Studies. *Human Organisation* 25:207-220.

DYE, R. 1986. Optimal Monitoring Policies in Agencies. *The Rand Journal of Economics* 17:339-350.

ELSTER, J. 1986. *Rational Choice.* New York: New York University Press.

EPHRON, L. 1961. Group Conflict in Organizations: A Critical Appraisal of Recent Theories. *Berkeley Journal of Sociology* 6:53-72.

FARRELL, J. 1988. Meaning and Credibility in Cheap-Talk Games. In M. Dempster, Hrsg., *Mathematical Models in Economics.* Oxford: Oxford University Press.

FARRELL, J. und R. GIBBONS. 1991. Union Voice. *Cornell University.* Mimeo.

FEGER, H. und V. SOREMBE. 1983. Konflikt und Entscheidung. In H. Thomae, Hrsg., Enzyklopädie der Psychologie. Bd. 1: *Theorien und Formen der Motivation.* Göttingen: Hogrefe.

FRANK, R. 1988. *Passions within Reason.* New York: Norton.

FREEMAN, R. 1984. *Strategic Management. A Stakeholder Approach.* London: Pitman.

FREIXAS, X., R. GUESNERIE und J. TIROLE. 1985. Planning under Incomplete Information and the Ratchet Effect. *Review of Economic Studies* 52:173-192.

FRESE, E. 1995. *Grundlagen der Organisation: Konzept - Prinzipien - Strukturen.* Wiesbaden: Gabler.

FRIEDMAN, J. 1971. A Non-Cooperative Equilibrium for Supergames. *Review of Economic Studies* 38:1-12.

FUDENBERG, D. und E. MASKIN. 1986. The Folk Theorem in Repeated Games with Discounting and Incomplete Information. *Econometrica* 54:533-554.

FUDENBERG D. und J. TIROLE. 1991. *Game Theory.* Cambridge, Mass.: MIT Press.

GEANAKOPOLOS, J. 1992. Common Knowledge. *Journal of Economic Perspectives* 6:53-82.

GEORGE, J. 1992. Extrinsic and Intrinsic Origins of Perceived Social Loafing in Organizations. *Academy of Management Journal* 35:191-202.

GIBBARD, A. 1973. Manipulation for Voting Schemes. *Econometrica* 41:587-601.

GIBBONS, R. 1992. *A Primer in Game Theory.* Hemel Hempstead: Harvester Wheatsheaf.

GLASL, F. 1990. *Konfliktmanagement.* Bern: Paul Haupt.

GOLEMBIESKI, R. 1967. *Organizing Men and Power: Patterns of Behavior and Line-Staff-Models.* Chicago: McNally.

GOULDNER, A. 1957. Cosmopolitans and Locals: Toward an Analysis of Latent Social Roles. *Administrative Science Quarterly* 2:281-306.

GREEN, J. und J.-J. LAFFONT. 1977. Characterization of Satisfactory Mechanisms for the Revelation of Preferences for Public Goods. *Econometrica* 45:427-438.

GREEN, E. und R. PORTER. 1984. Non-cooperative Collusion under Imperfect Price Information. *Econometrica* 52:975-994.

GROSSMAN, S. 1981. The Informational Role of Warranties and Private Disclosure about Product Quality. *Journal of Law and Economics* 24:461-484.

GROSSMAN, S. und O. HART. 1982. Corporate Financial Structure and Managerial Incentives. In J. McCall, Hrsg., *The Economics of Information and Uncertainty.* Chicago: University of Chicago Press.

GROSSMAN, S. und O. HART. 1983. An Analysis of the Principal-Agent Problem. *Econometrica* 51:7-46.

GROSSMAN, S. und O. HART. 1986. The Costs and Benefits of Ownership: A Theory of Vertical and Lateral Integration. *Journal of Political Economy* 94:691-719.

GRUNWALD, W. 1976. *Psychotherapie und experimentelle Konfliktforschung.* München: Reinhart.

GRUNWALD, W. 1981. *Konflikt - Konkurrenz - Kooperation: Eine theoretisch-empirische Konzeptanalyse.* In W. Grunwald und H.-G. Lilge, Hrsg., *Kooperation und Konkurrenz in Organisationen.* Bern: Paul Haupt.

GRUNWALD, W. und W. REDEL. 1989. Soziale Konflikte. In: C. F. Graumann u.a., Hrsg., *Enzyklopädie der Psychologie, Themenbereich D: Praxisgebiete, Serie III: Wirtschafts-, Organisations- und Arbeitspsychologie, Band 3: Organisationspsychologie.* Göttingen: C.J. Hogrefe.

GUASCH, L. und A. WEISS. 1981. Self-Selection in the Labor Market. *American Economic Review* 73:275-284.

GÜTH, W. und H. KLIEMT. 1996. One Person - Many Players? On Björn Frank's 'The Use of Internal Games: The Case of Addiction'. *Journal of Economic Psychology* 17:661-668.

Harris, M. und A. Raviv. 1979. Optimal Incentive Contracts with Imperfect Information. *Journal of Economic Theory* 20:231-259.

HARSANYI, J. 1966. Some Social Science Implications of a New Approach to Game Theory. In K. Archibald, Hrsg., *Strategic Interaction and Conflict.* Berkeley: University of California.

HARSANYI, J. 1967. Games with Incomplete Information Played by "Bayesian" Players, I: The Basic Model. *Management Science* 14:159-182.

HARSANYI, J. 1968a. Games with Incomplete Information Played by "Bayesian" Players, II: Bayesian Equilibrium Points. *Management Science* 14:320-334.

388

HARSANYI, J. 1968b. Games with Incomplete Information Played by "Bayesian" Players, III: The Basic Probability Distribution of the Game. *Management Science* 14:486-502.

HARSANYI, J. 1973. Games with Randomly Disturbed Payoffs: A New Rationale for Mixed Strategy Equilibrium Points. *International Journal of Game Theory* 2:1-23.

HARSANYI, J. und R. SELTEN. 1988. *A General Theory of Equilibrium Selection in Games.* Cambridge, Mass.: MIT Press.

HART, O. und J. MOORE. 1988. Incomplete Contracts and Renegotiation. *Econometrica* 56:755-785.

HOLLOWAY, C. 1979. *Decision Making Under Uncertainty: Models and Choices.* Englewood Cliffs, N.J.: Prentice-Hall.

HOLMSTROM, B. 1979. Moral Hazard and Observability. *Bell Journal of Economics* 10:74-91.

HOLMSTROM, B. 1982. Moral Hazard in Teams. *Bell Journal of Economics* 13:324-340.

HOLMSTROM, B. und R. I COSTA. 1986. Managerial Incentives and Capital Management. *Quarterly Journal of Economics* 101:835-860.

HUME, D. 1988. *Treatise on Human Nature*, Hrsg., L. Selby-Bigge. Oxford: University Press.

IRLE, M. 1975. *Lehrbuch der Sozialpsychologie.* Göttingen: C.J. Hogrefe.

JESCHKE, B. 1993. *Konfliktmanagement und Unternehmenserfolg.* Wiesbaden: Gabler-Verlag.

JOST, P.-J. 1988. *On Control in Principal-Agent Relationships.* Bonn: Rheinische Friedrich-Wilhelms-Universität.

JOST, P.-J. 1996. On the Role of Commitment in a Principal-Agent Relationship with an Informed Principal. *Journal of Economic Theory* 68:510-530.

JOVANOVIC, B. 1982. Truthful Disclosure of Information. *Bell Journal of Economics* 13:36-44.

KAHN, R. und E. BOULDING. 1964. Power and Conflicts in Organizations. London: Tavistock.

KIESER, A. und H. KUBICEK 1992. *Organisation.* Berlin: de Gruyter.

KOFMAN, F. und J. LAWARREE. 1993. Collusion in Hierarchical Agency. *Econometrica* 61:629-656.

KREPS, D. 1988. *Notes on the Theory of Choice.* London: Westview Press.

KREPS, D. 1990a. Out-of-Equilibrium and Out-of-Equilibrium Behaviour. In F. Hahn, ed., *The Economics of Missing Markets Information and Games.* Oxford, England: Oxford University Press.

KREPS, D. 1990b. *A Course in Microeconomic Theory.* Princeton, N.J.: Princeton University Press.

KREPS, D., P. MILGROM, J. ROBERTS und R. WILSON. 1982. Rational Cooperation in the Finitely Repeated Prisoners' Dilemma. *Journal of Economic Theory* 27:245-252.

KREPS, D. und R. WILSON. 1982a. Sequential Equilibrium. *Econometrica* 50:863-894.

KREPS, D. und R. WILSON. 1982b. Reputation and Imperfect Information. *Journal of Economic Theory* 27:253-279.

KRIESBERG, L. 1973. *The Sociology of Social Conflicts.* Englewood Cliffs, N.J.: Prentice-Hall.

KRÜGER, W. 1981. Theorie unternehmensbezogener Konflikte. *Zeitschrift für Betriebswirtschaft* 51:910-951.

LAFFONT, J.-J. und J. TIROLE. 1987. Auctioning Incentive Contracts. *Journal of Political Economy* 95:921-937.

LAMBERT, R. 1986. Executive Effort and the Selection of Risky Projects. *Rand Journal of Economics* 16:77-88.

LAUX, H. UND F. LIERMANN. 1993. *Grundlagen der Organisation.* 3. Auflage. Berlin: Springer.

LAWRENCE, P. und J. LORSCH 1967. *Organization and Environment. Managing Differentation and Integration.* Boston: Harvard University Press.

LITWAK, E. 1961. Models of Bureaucracy which Permit Conflict. *American Journal of Sociology* 67:177-184.

LUCE, R. UND H. RAIFFA. 1957. *Games and Decisions: Introduction and Critical Survey.* New York: Wiley.

LUHMANN, N. 1975. *Legitimation durch Verfahren.* Darmstadt: Luchterhand.

MACHIAVELLI, N. 1950. *The Prince and the Discourse*. New York: Modern Library.

MACK, R. und R. SNYDER. 1957. The Analysis of Social Conflict - Toward an Overview and Synthesis. *Journal of Conflict Resolution* 1:212-248.

MARCH, J. und H. SIMON 1958. *Organizations*. New York: Wiley.

MASKIN, E. und J. TIROLE. 1990. The Principal-Agent Relationship with an Informed Principal: The Case of Private Values. *Econometrica* 58:379-409.

MASKIN, E. und J. TIROLE. 1992. The Principal-Agent Relationship with an Informed Principal II: Common Values. *Econometrica* 60:1-42.

MASLOW, A. 1954. *Motivation and Personality*. New York: Harper.

MATHEWSON, G. und R. WINTER. 1985. The Economics of Franchise Contracts. *Journal of Law and Economics* 28:503-526.

MATTHEWS, S. 1989. Veto Threats: Rethoric in a Bargaining Game. *Quarterly Journal of Economics* 104:347-369.

MAYO, H. 1960. *An Introduction to Democratic Theory*. New York: Oxford University Press.

MCDONALD, J. 1977. *Strategien und Taktiken für große Geschäfte und Abschlüsse - Spieltheoretische Analyse der größten Business-Stories unseres Jahrhunderts*. Zürich: Verlag Moderne Industrie.

MCLENNAN, A. 1985. Justifiable Beliefs in Sequential Equilibrium. *Econometrica* 53:889-904.

MCMILLAN, J. 1992. *Games, Stategies and Managers*. New York: Oxford University Press.

MELUMAD, N. und D. MOOKHERJEE. 1989. Delegation as Commitment: The Case of Income Tax Audits. *The Rand Journal of Economics* 20:139-163.

MERTENS, J.-F. 1987. Repeated Games. In *Proceedings of the International Congress of Mathematicians 1986*.

MERTENS, J.-F. und S. ZAMIR. 1985. Formulation of Bayesian Analysis for Games with Incomplete Information. *International Journal of Game Theory* 14:1-29.

MERTENS, J.-F., S. SORIN und S. ZAMIR. 1990. *Repeated Games*. Manuscript.

MILGROM, P. 1981. Good News and Bad News: Representation Theorems and Applications. *Bell Journal of Economics* 12:380-391.

MILGROM, P. und J. ROBERTS. 1982. Predation, Reputation, and Entry Deterrence. *Journal of Economic Theory* 27:280-312.

MILGROM, P. und J. ROBERTS. 1986. Price and Advertising Signals of Product Quality. *Journal of Political Economy* 94:796-821.

MILGROM, P. und J. ROBERTS 1991. Adaptive and Sophisticated Learning in Normal Form Games. *Games and Economic Behavior* 3:82-100

MILGROM, P. und J. ROBERTS. 1992. *Economics, Organization and Management.* Englewood Cliffs, N. J.: Prentice-Hall.

MINTZBERG, H. 1983. *Power in and around Organizations.* Englewood Cliffs, N.J.: Prentice-Hall.

MYERSON, R. 1979. Incentive Compatibility and the Bargaining Problem. *Econometrica* 47:61-73.

MYERSON, R. 1985. Bayesian Equilibrium and Incentive Compatibility. In L. Hurwicz , D. Schmeidler und H. Sonnenschein, Hrsg., *Social Goals and Social Organization.* Cambridge: Cambridge University Press.

MYERSON, R. 1983. Mechanism Design by an Informed Principal. *Econometrica* 51:1767-1797.

MYERSON, R. 1989. Credible Negotiation Statements and Coherent Plans. *Journal of Economic Theory* 48:264-303.

MYERSON, R. 1991. *Game Theory: Analysis of Conflict.* Cambridge, Mass.: Harvard University Press.

NAASE, C. 1978. *Konflikte in der Organisation.* Stuttgart: C. E. Poeschel Verlag.

NASH, J. 1950a. Equilibrium Points in N-Person Games. *Proceedings of the National Academy of Sciences* 36:48-49.

NASH, J. 1950b. The Bargaining Problem. *Econometrica* 18:155-162.

OECHSLER, W. 1979. *Konfliktmanagement - Theorie und Praxis industrieller Arbeitskonflikte.* Wiesbaden: Gabler.

OKUNO-FUJIWARA, M., A. POSTLEWAITE und K. SUZUMURA. 1990. Strategic Information Revelation. *Review of Economic Studies* 57:25-47.

OLSON, M. 1965. *The Logic of Collective Action.* Cambridge: Harvard University Press.

ORDESHOOK, P. 1986. *Game Theory and Political Theory: An Introduction.* Cambridge, Mass.: Cambridge University Press.

OSBORNE, M. und A. RUBINSTEIN.1990. *Bargaining and Markets*. San Diego: Academic Press.

OSBORNE, M. und A. RUBINSTEIN. 1994. *A Course in Game Theory*. Cambridge, Mass.: MIT Press.

PEARCE, D. 1984. Rationalizable Strategic Behavior and the Problem of Perfection. *Econometrica* 52:1029-1050.

PONDY, L. 1967. Organizational Conflict: Concepts and Models. *Administrative Science Quarterly* 2:296-320.

PONDY, L. 1969. Varieties of Organizational Conflict. *Administrative Science Quarterly* 14:499-506.

POUNDSTONE, W. 1992. *Prisoner's Dilemma*. New York: Doubleday.

PRATT, J. und R. ZECKHAUSER. 1985. Principals and Agents: An Overview. In J. Pratt und R. Zeckhauser, Hrsg., *Principals and Agents: The Structure of Business*. Boston, Mass.: Harvard Business School Press.

RADNER, R. 1985. Repeated Partnership Games with Imperfect Monitoring and No Discounting. *Review of Economic Studies* 53:43-58.

RAHIM, A. 1979. The Management of Intraorganizational Conflicts: A Laboratory Study with Organization Design. *Management International Review* 19:97-106.

RAPOPORT, A. 1964. Tacit Communication in Experiments in Conflict and Cooperation. *International Psychatric Clinic* 1:225-244.

RAPOPORT, A. 1979. Konflikterfassung mithilfe neuerer Methoden der Soziometrie. In G. Dlugos, Hrsg., *Unternehmensbezogene Konfliktforschung - Methodologische und forschungsprogrammatische Grundfragen*. Stuttgart: C. E. Poeschel Verlag.

RAPOPORT, A. und M. GUYER. 1966. A Taxonomy of 2x2 Games. *General Systems* 11:203-214.

ROETHLISBERGER, F. und W. DICKSON. 1939. *Management and the Worker*. Cambridge, Mass.: Cambridge University Press.

ROSS, S. 1973. The Economic Theory of Agency: The Principal's Problem. *American Economic Review, Papers and Proceedings* 63:134-139.

ROTEMBERG, J. und G. SALONER. 1995. Overt Interfunctional Conflict and its Reduction through Business Strategy. *Rand Journal of Economics* 26:630-653.

ROTHSCHILD, M. und J. STIGLITZ. 1976. Equilibrium in Competitive Insurance Markets: An Essay On the Economics of Imperfect Information. *Quarterly Journal of Economics* 90:629-666.

RUBINSTEIN, A. 1979. Equilibrium in Supergames with the Overtaking Criterion. *Journal of Economic Theory* 21:1-9.

RUBINSTEIN, A. 1982. Perfect Equilibrium in a Bargaining Model. *Econometrica* 50:97-109.

SALOP, J. and S. SALOP. 1976. Self-Selection and Turnover in the Labor Market. *Quarterly Journal of Economics* 90:619-628.

SAPPINGTON, D. 1991. Incentives in Principal-Agent Relationships. *Journal of Economic Perspectives* 5:45-66.

SCHEIN, E. 1985. *Organizational Culture and Leadership: A Dynamic View.* San Francisco et al: Jossey-Bass.

SCHELLING, T. 1960. *The Strategy of Conflict.* Cambridge, Mass.: Harvard University Press.

SCOTT, W. 1965. *The Management of Conflict: Appeals Systems in Organizations.* Homewood, Ill.: Irwin.

SEILER, J. 1963. Diagnosing Interdepartmental Conflict. *Harvard Business Review* 41:121-132.

SEILER, J. 1972. Diagnosing Interdepartmental Conflict. In J. Lorsch und P. Lawrence, Hrsg., *Managing Group and Intergroup Relations.* Homewood, Ill.: Irwin.

SELTEN, R. 1965. Spieltheoretische Behandlung eines Oligopolmodells mit Nachfrageträgheit. *Zeitschrift für die gesamte Staatswissenschaft* 12:301-324.

SELTEN, R. 1975. Reexamination of the Perfectness Concept for Equilibrium Points in Extensive Games. *International Journal of Game Theory* 4:25-55.

SELTEN, R. 1978. The Chain-Store Paradox. *Theory and Decision* 9:127-159.

SELTEN, R. 1982. Einführung in die Theorie der Spiele mit unvollständiger Information. *Schriften des Vereins für Socialpolitik* 126:81-147.

SEN, A. 1987. *On Ethics and Economics.* Oxford: Basil Blackwell.

SHAVELL, S. 1979. Risk Sharing and Incentives in the Principal and Agent Relationship. *Bell Journal of Economics* 10:55-73.

394

SPENCE, M. 1973. Job Market Signaling. *Quarterly Journal of Economics* 87:355-374.

STEIN, J. 1989. Cheap Talk and the Fed: A Theory of Imprecise Policy Announcements. *American Economic Review* 79:32-42.

STIGLER, G. 1964. A Theory of Oligopoly. *Journal of Political Economy* 72:44-61.

STIGLITZ, J. und A. WEISS. 1983. Sorting out the Differences between Screening and Signaling Models. *Princeton University*. Mimeo.

TANNENBAUM, R. und W. SCHMIDT. 1958. How to Choose a Leadership Pattern. *Harvard Business Review* 36:95-101.

THOMAS, K. 1976. Conflict and Conflictmanagement. In M. Dunnette, Hrsg., *Handbook of Industrial and Organizational Psychology*. Chicago: Rand McNally.

TWAIN, M. 1876. The Adventures of Tom Sawyer. New York: New American Library.

VAN DAMME, E. 1987. *Stability and Perfection of Nash Equilibrium*. Berlin: Springer.

VARIAN, H. 1992. *Microeconomic Analysis*. New York: Norton.

VON NEUMANN, J. UND O. MORGENSTERN. 1944. *The Theory of Games and Economic Behavior*. Princeton: Princeton University Press.

WALTON, , R. und J. DUTTON. 1969. The Management of Interdepartmental Conflict: A Model and Review. *Administrative Science Quarterly* 14:73-84.

WEITZMANN, M. 1980. The Ratchet Principle and Performance Incentives. *Bell Journal of Economics* 11:302-308.

WILLIAMS, K., S. HARKINS und B. LATANE. 1979. Identifiability as a Deterrent to Social Loafing: Two Cheering Experiments. *Journal of Personality and Social Psychology* 40:303-311.

WILLIAMSON, O. 1985. *The Economic Institutions of Capitalism*. New York: The Free Press.

WUNDERER, R. 1975. Personalwesen als Wissenschaft. *Personal* 27:33-36.

WUNDERER, R. 1985. Zusammenarbeit zwischen Organisationseinheiten - Zur Analyse von Grundmustern lateraler Kooperationsbeziehungen. In G. Probst und H. Siegwart, *Integriertes Management*. Bern: Paul Haupt.

Index

Peter-J. Jost

Organisation und Koordination

Eine Einführung
in die ökonomische Analyse von Organisationen

1999, ca. 400 Seiten, Broschur, ca. DM 68,–
ISBN 3-409-12260-5

Ökonomische Organisationen werden als Gebilde verstanden, in denen verschiedene Personen miteinander interagieren, um individuelle und kollektive ökonomische Ziele zu erreichen. Diese Definition erlaubt es, nicht nur Unternehmungen, sondern auch Märkte, zwischenbetriebliche Kooperationen oder andere kollektive Gebilde als Organisationen zu betrachten. Dies ist für ein Verständnis der Organisationsform „Unternehmung" aber entscheidend: Durch die sich verschärfenden Wettbewerbsbedingungen wird es zunehmend wichtiger, für die Gestaltung einer Unternehmung auch ein Verständnis anderer Organisationen zu gewinnen. So setzt eine aktive Gestaltung der Unternehmensumwelt die Kenntnis zwischenbetrieblicher Organisationsformen ebenso voraus wie die Kenntnis staatlicher Wirtschaftspolitik und des Funktionierens von Märkten. Eine unternehmensübergreifende Perspektive ist so zwingend erforderlich.

Nach einer allgemeinen Diskussion ökonomischer Organisationen und des Organisationsproblems entwickelt Peter-J. Jost einen ökonomischen Analyserahmen, der eine einheitliche Untersuchung verschiedener Organisationsformen erlaubt. Damit gelingt es, unternehmensinterne und unternehmensübergreifende organisatorische Fragestellungen systematisch zu beantworten. Zur Veranschaulichung dienen Fallbeispiele aus der Praxis.

Aus dem Inhalt
- Ökonomische Organisationen und die Bedeutung der Koordination
- Die Effizienz von Märkten
- Zwischenbetriebliche Koordinationsformen
- Hierarchische Koordination

Das Lehrbuch wendet sich an Studenten der Wirtschafts- und Sozialwissenschaften, insbesondere mit den Schwerpunkten Organisation und Personal, sowie an Praktiker in Organisation und Management.

Betriebswirtschaftlicher Verlag Dr. Th. Gabler GmbH, Abraham-Lincoln-Str. 46, 65189 Wiesbaden

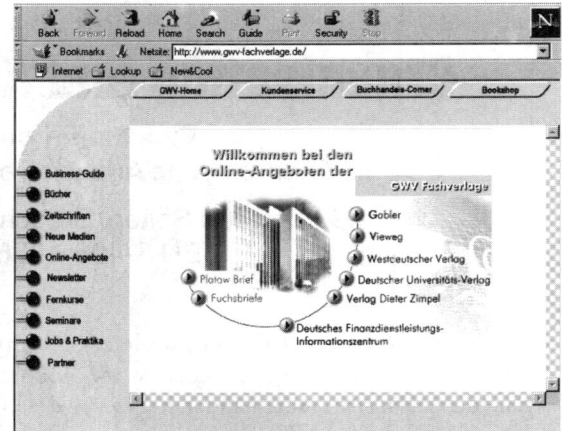